新史学丛书

谭徐锋 主编

唐代玄宗肃宗之际的中枢政局

任士英

——

著

重庆出版集团 重庆出版社

图书在版编目（CIP）数据

唐代玄宗肃宗之际的中枢政局 / 任士英著. — 重庆:
重庆出版社, 2024.3

ISBN 978-7-229-18242-7

Ⅰ.①唐… Ⅱ.①任… Ⅲ.①官制－研究－中国－唐
代 Ⅳ.①D691.42

中国国家版本馆CIP数据核字（2023）第250204号

唐代玄宗肃宗之际的中枢政局
TANGDAI XUANZONG SUZONG ZHIJI DE ZHONGSHU ZHENGJU

任士英 著

出　品：🖼华章同人

出版监制：徐宪江　秦　琥
责任编辑：陈　丽
特约编辑：张晴晴
营销编辑：史青苗　刘晓艳
责任校对：李　翔
责任印制：梁善池
装帧设计：周伟伟

🖼重庆出版集团
重庆出版社 出版

（重庆市南岸区南滨路162号1幢）

汇昌印刷（天津）有限公司　印刷
重庆出版集团图书发行有限公司　发行
邮购电话：010-85869375
全国新华书店经销

开本：889mm×1194mm　1/32　印张：11.875　字数：330千
2024年3月第1版　2024年3月第1次印刷
定价：75.00元
如有印装质量问题，请致电023-61520678

"新史学丛书"总序

"为什么叫新史学？"

"什么是新史学丛书？"

十五年来，总有朋友会问这些问题，我也一直在思考和试图解答这些问题。

新史学是一种取向。就作品而言，举凡新视角、新史料、新叙述，只要"言之成理，持之有故"，派不分中西古今，人不分新旧少壮，更不论是否成名成家，一切以作品见分晓，一切以给学术界、读书界呈现佳善的学术作品为依归，进而不断吸引更多志同道合者，用绵薄之力，促进历史学界乃至整个人文社会科学界的推陈出新。

新史学是一个过程。百余年来，新史学不断演进，如果层层堆累，甚至可以在新史学这个名号上不断加"新"：新新史学、新新新史学……但这只是文字游戏而已。新史学尽管随时关注国际学术前沿，但并不热衷于追逐新潮流，也不那么关注花样翻新，更多考虑消化、吸收此前的优秀作品，不少所谓的旧书也是新视角，其实不见得被学界重视。我们不断在引进跟进，但是如何创造性转化，依然任重道远。比如梁启超先生《中国历史研究法》的不少提法，至今依然很有启发，若干理念其实跟最新的史学流派若合符节。要将新史学发扬光大，需要做一个继往开来、温故而知新的工作，无论是欧美近百年来的开创性成果，还是中土近百年以来的前辈硕学之作，比如梁启超、陈寅恪、傅斯年、李济、梁方仲等先生的杰出贡献，在在值得我们用心传承。只有在过程中去理解和创新，创新才不会沦为口号，才会变得脚踏实地，成为源头活水，愈发悠远。

新史学是一种精神。在有所传承的同时，在引进域外新观念、新方法的同时，落脚点其实是中国史学的开拓，尤其是将注意力更多聚焦年轻学人，试图在他们小荷才露尖尖角之时，就予以足够的关注，将少年心事当拿云的种种憧憬与构想化为现实，化为作品，化为积累，积跬步以至千里。与此同时，我们也充分留意历史系本科生、研究生的成长，将史学初阶读物纳入计划，形成新系列，希望由此让史学新鲜人少走弯路。新史学更愿意接受各种不同的声音，在多元互动而不是闭目塞听中走向未来，凡是真诚的声音，都能够在新史学里面得到回应。

"新史学丛书"愿意秉持这种态度，"上穷碧落下黄泉，动手动脚找材料"，倾尽一切努力，将无尽的优秀作品聚集起来，聚沙成塔，集腋成裘。十五年来，新史学品牌包括"新史学＆多元对话系列""中华学人丛书""新史学文丛""新史学译丛""法国大革命史译丛""历史—社会科学译丛"，累计出版近两百种图书。作为再出发，除了"新史学＆多元对话系列"保持原貌外，其他丛书统一归入"新史学丛书"，会涵括本土与引进类著作、经典旧籍的整理、初阶史学读物，甚至部分长篇论文，远近高低各不同，中心是唯"才"是举。一本好书，除了内容上佳，还需要有好的物质形式，"新史学丛书"也力求在设计美学与阅读体验上多做尝试。

这一过程想必是艰辛的，但由于其开放性，无疑会充满惊喜。我们期待在学术界、读书界的支持下，将"新史学丛书"进一步提升。新史学尽管起源于欧美，但是我们期待，通过不断的坚守，在中土树立新史学的大旗，推动历史研究、历史阅读的再深化，从史学的角度促进学术本土化。

兹事体大，敬请海内外师友不吝赐教、赐稿，各位的鼎力支持，是新史学得以发展的保证与动力。

是为序。

谭徐锋

2022年9月18日于河北旅次

目 录

第一篇

引　论

一　本课题研究的学术背景与学术依据

本书以唐朝时期的中枢政局为考察对象，以中枢政局在唐朝玄宗、肃宗时期的演进为关注点。这首先是一个属于政治史范畴的研究课题。

对于唐代政治史有关问题的研究，属于唐史学界一个具有优良传统的研究领域。在现代学术视野之中，陈寅恪与内藤湖南可谓唐朝政治史研究的两座并峙的山峰。陈寅恪的《唐代政治史述论稿》是一部不朽的史学巨著，他以种族与文化以及地域与婚宦集团的视角对魏晋隋唐的政治变动进行了研究，他对"有唐一代三百年间其统治阶级之变迁升降，即是宇文泰'关中本位政策'所鸠合集团之兴衰及其分化"之论述以及唐朝以玄宗之世为时代划分界线等问题的探究[1]，堪称关于唐代政治变动的经典性研究。但是，对这一巨著中

1　陈寅恪先生在《唐代政治史述论稿》上篇《统治阶级之氏族及其升降》（转下页）

的缺陷与问题，史学界不时提出质疑。[1]黄永年先生就对陈寅恪先生一系列有关的学术观点提出了商榷，比如"关陇集团"在唐初是否仍然存在、唐玄宗时期是否仍然存在所谓武氏势力等。他还从政治集团与权力之争的角度对唐代政治史的若干问题探微发覆，提出了许多

（接上页）（上海：上海古籍出版社，1982，第48—49页）的结语中说："有唐一代三百年间其统治阶级之变迁升降，即是宇文泰'关中本位政策'所鸠合集团之兴衰及其分化。盖宇文泰当日融冶关陇胡汉民族之有武力才智者，以创霸业；而隋唐继其遗产，又扩充之。其皇室及佐命功臣大都西魏以来此关陇集团中人物，所谓八大柱国家即其代表也。当李唐初期此集团之力量犹未衰损，皇室与其将相大臣几全出于同一之系统及阶级，故李氏据帝位，主其轴心，其他诸族入则为相，出则为将，自无文武分途之事，而将相大臣与皇室亦为同类之人，其间更不容别一统治阶级之存在也。至于武曌，其氏族本不在西魏以来关陇集团之内，因欲消灭唐室之势力，遂开始施行破坏此传统集团之工作，如崇尚进士文词之科破格用人及渐毁府兵之制等皆是也。此关陇集团自西魏迄武曌历时既经一百五十年之久，自身本已逐渐衰腐，武氏更加以破坏，遂致分崩堕落不可救止。其后皇位虽复归李氏，至玄宗尤称李唐盛世，然其祖母开始破坏关陇集团之工事竟及其身而告完成矣。此集团既破坏后，皇室始与外朝之将相大臣即士大夫及将帅属于不同之阶级。同时阉寺党类亦因是变为一统治阶级，拥蔽皇室，而与外朝之将相大臣相对抗。假使皇室与外廷将相大臣同属于一阶级，则其间固无阉寺阶级统国政之余地也。抑更可注意者，关陇集团本融合胡汉文武为一体，故文武不殊途，而将相可兼任；今既别产生一以科举文词进用之士大夫阶级，则宰相不能不由翰林学士中选出，边镇大帅之职舍番将莫能胜任，而将相文武番汉进用之途，遂分歧不可复合。举凡进士科举之崇重，府兵之废除，以及宦官之专擅朝政，番将即胡化武人之割据方隅，其事俱成于玄宗之世。斯实宇文泰所创之关陇集团完全崩溃，及唐代统治阶级转移升降即在此时之征象。是以论唐史者必以玄宗之朝为时代划分界线，其事虽为治国史者所得略知，至其所以然之故，则非好学深思通识古今之君子，不能详切言之也。"

1　有关这方面的情况，似乎成为学术界的一道风景线。崔瑞德先生在《剑桥中国隋唐史》第一章《导言》中也对陈寅恪先生的观点进行了评论，并指出"陈寅恪的观点已受到详细的质问""受到了挑战"。不过，陈寅恪先生的观点能启发更多的学术思考与研究，正说明了他在学术上的"大贡献"。参见崔瑞德《剑桥中国隋唐史》，北京：中国社会科学出版社，1990，第11—12页。

具有启发性的论点。[1]章群先生也曾对陈寅恪先生的论点进行驳论。他提出，在研究唐朝一代政治格局时最好"能不囿于地域和婚姻关系的成见"[2]。应该说，陈寅恪对唐代中央中枢政局的若干问题已有所论述[3]，并得出了许多值得我们认真思考与体会的结论与见解。不过，也许是碍于研究的角度与立论的主旨[4]，陈寅恪先生对唐代中枢政局的若干问题并未进行深究，这给我们的学术研究留下了广阔的空间。内藤湖南的《概括的唐宋时代观》《中国近世史》等论著以及他的中

1　黄永年先生的一系列文章，如《敦煌写本常何墓碑和唐前期宫廷政变中的玄武门》《开元天宝时所谓武氏政治势力的剖析》《说李武政权》《"羯胡""柘羯""杂种胡"考辨》《唐肃宗即位前的政治地位和肃代两朝中枢政局》等，后来结集为《唐代史事考释》（台北：联经出版事业公司，1998）。

2　详见章群《论唐开元前的政治集团》，《新亚学报》，1956年第2期。他在论文的开篇便指出陈寅恪先生的一些说法"都不尽然"。此文又见《唐代研究论集》第一辑，台北：新文丰出版公司，1982，第745—771页。

3　陈寅恪先生在其《唐代政治史述论稿》中论列唐代中枢政局，主要集中在中篇《政治革命及党派分野》中。他另外有一些论文也涉及对唐代中枢政局的研究，关于这方面的情况，周勋初先生在《当代治学方法的进步》一文中就很清晰地点明了："陈氏在好几篇文章中论述过武曌在中古到唐代历史中发生的作用。考其出处，则又牵涉初唐时期的政局。"参见周勋初《当代学术研究思辨》，南京：南京大学出版社，1993，第132页。

4　关于陈寅恪论述之主旨与其学术之评论，可以参考汪荣祖：《史家陈寅恪传》（大陆版称为《陈寅恪评传》，南昌：百花洲文艺出版社，1992）与王永兴：《陈寅恪先生史学述略稿》（北京：北京大学出版社，1995）等论述。对于上述二书的得失评价，因碍于本文的立论主旨，此予不置论。只是陈寅恪先生在《唐代政治史述论稿》中，对一些不必涉及与不便涉及的问题，经常使用的表述用语有"非此篇所论范围，故不置言"（第35页）、"关于……之始末，非此所能详及"（第46页）；对有些问题，或说"兹不讨论"（第60页），或谓"今不能详述"（第62页），或谓"此为别一问题，非此篇所能论及也"（第67页），或谓"兹篇殊难详悉考辨"（第71页）、"此非本篇所能具论者"（第72页）等。当然，他对立论需要详述而且有可能详述的，则不吝惜笔墨。他的立论往往出人意表，即发人所未发、发人所不能发。

国古史探研的深邃眼光[1]，使他之后的日本史学界一直能够在很高的起点上考察中国历史上的诸多问题，而不仅仅局限于隋唐这一历史时期。以不同的角度与方法对唐代历史的各个层面进行剖析研究的学者还有很多，像以经济学的眼光对唐朝历史的变化进行论述的有全汉昇先生[2]与宫崎市定先生[3]等，从政治形态的角度对唐代社会的历史演变进行研究的则有邱添生先生[4]等。众多学者对隋唐政治史进行研究的其他论文，笔者将在以后的行文中征引与评论。

20世纪80年代以来，随着学术研究环境的改善，一些学术禁区被打破，以往不受学者关注或学者根本不敢涉足的领域陆续得到垦殖，一些极有学术价值的研究成果纷纷面世。在这样的学术大背景下，学术界对于唐代政治史的研究也取得了令人瞩目的进展。据笔者所知，直接把唐代中枢政局纳入学术视野并进行有关研究的就有黄永年先生[5]、吴宗

1　内藤湖南的著作集为《内藤湖南全集》（京都：筑摩书房，1969），以他为代表的日本京都学派对于唐宋时期的历史观点不仅在日本学术界有广泛而深入的影响，对欧美学界也影响至深。崔瑞德在《剑桥中国隋唐史》的《导言》部分就对内藤湖南的理论进行了转述与评论，称其为"是站得住脚的一家之言"，参见《剑桥中国隋唐史》，第9—10页。

2　如全汉昇的《中古自然经济》，《国立中央研究院历史语言研究所集刊》第10本，1948。这一点承蒙沙知先生提示赐告，谨此致谢。

3　如宫崎市定的《部曲与佃户——唐宋间社会变革之一面》，载《亚洲史论考》，朝日新闻社，1976。

4　参见邱添生《由政治形态看唐宋间的历史演变》，《大陆杂志》，第49卷第6期，1974年12月。

5　如黄永年所著的《唐肃宗即位前的政治地位和肃代两朝中枢政局》，见中国唐史研究会编：《唐史研究会论文集》，西安：陕西人民出版社，1983；又见其《唐代史事考辨》，台北：联经出版事业公司，1998。这是"文化大革命"后较早公开发表的专论唐代中枢政局的论文。

国先生[1]以及李鸿宾先生、王炎平先生、孙永如先生、陈明光先生、李锦绣先生、朱祥贵先生、郭锋先生、夏晓臻先生等。[2]他们的研究一般以唐代某一历史阶段或历史时期的中枢政局为考察对象，或就中枢政局的某一方面置论，呈现出阶段性攻关的研究特征。此外，在中国大陆以外地区的一些学者，像王寿南先生[3]、王吉林先生[4]以及前面提

1　吴宗国所著的《隋唐五代简史》（福州：福建人民出版社，1998）第七章第二节"天宝政局与安史之乱"，专门论述了天宝政局。值得提及者，此书并不关注对整个隋唐五代所有问题的论述，书中所论实际上表达了作者对这一历史时期许多重大问题的思考与认识，而且章节安排也与一般教科书不同。另，吴宗国主编的《中国封建王朝兴亡史·隋唐卷》（南宁：广西人民出版社，1996）也对这一问题有所注意，其中第三编的第三节、第五节就分别以"高宗后期政局"与"武则天晚年政局"为标题。

2　李鸿宾：《唐玄宗择相与开元天宝年间中枢政局》，《文献》，1995年第3期；王炎平：《论"二圣"格局》，载《中国唐史学会论文集》，西安：三秦出版社，1989；孙永如：《唐文宗朝中枢政局发微》，《扬州师院学报》，1996年3期；孙永如：《唐穆敬文武宣五朝中枢政局与懿安皇后郭氏》，《唐史论丛》第六辑，西安：陕西人民出版社，1995；陈明光：《皇帝·宰相·宦官——晚唐中枢权力分配格局变动述略》，《文史知识》，1996年7期；陈明光：《藩镇与唐朝中枢权力分配格局关系的几个问题》，《文史知识》，1997年3期；李锦绣：《试论唐睿宗、玄宗地位的嬗代》，载《原学》第三辑，北京：中国广播电视出版社，1995；李锦绣：《唐前后期度支变化的转折点——开天度支司》，载《北大史学》第四辑，北京：北京大学出版社，1997；夏晓臻：《唐德宗朝中枢政体新探》，《黄淮学刊》，1998年1期。

3　王寿南在《隋唐史》（台北：三民书局，1992）一书中用专章论述了"玄宗朝政局""德宗朝政局"等内容；由他所著的一系列论文汇集成的《唐代人物与政治》一书（高明士主编：《隋唐文化研究丛书·历史篇》，台北：文津出版社，1999）也涉及中枢政局的一些问题。

4　王吉林发表的以《由唐玄宗时代的宰相看安史乱前的政局》（收入《第一届国际汉学会议论文集·历史与考古组》上册）与《从安史之乱论肃宗一朝唐代政治与宰相制度变动的综合研究》（收入《第二届国际汉学会议论文集：历史与考古组》下册，台北："中央研究院"，1989）为主要特色的一系列文章，分别对唐代初年以及唐德宗时期的政治变动进行了考察，他用力最多的是对唐朝玄、肃两代以及唐朝初年至唐高、武时期政局的研究。他通过唐代宰相制度的演变与宰相人事的变（转下页）

及的章群先生等，也在各自的研究中对唐代中枢政局有所涉猎。

近年来，学术界对隋唐时期政治体制若干问题的研究也逐渐发生了改变，不再以职官制度代替全部政治制度，而且以往仅仅静态地研究政治制度的状况也得到纠正，学者们开始动态地考察唐代政治制度的发展与变化。北京大学历史系吴宗国先生的倡导与身体力行以及他指导的数届研究生与博士生的学位论文最可以反映这方面的情形。[1] 这样的研究让我们对唐代三百年历史发展中政治体制与国家制度发展演变的基本特征与面貌有了更加清晰的认识。这一学术发展的现状与相关研究的深入发展，给我们今天的工作提供了便利和进一步研究的基础。

中国古代政治体制的实质是以君主专制为中心的中央集权政治，它的核心是君权，即皇权政治。在中国古代政治体制中，研究围绕着

（接上页）动探讨唐代的君臣关系与政治变动，基于这一目的，他发表了一系列论文，其中包括上述两篇论文在内的七篇论文结集为《唐代宰相与政治》一书（高明士主编：《隋唐文化研究丛书·历史篇》）。台北：文津出版社，1999。

1　吴宗国：《隋唐五代简史》；刘后滨：《公文运作与唐代中书门下体制》，北京大学历史系博士论文，1999；刘后滨：《北周官制与南北朝隋唐间政治体制的演变》，《史学论丛》，中国人民大学历史系，1998年；刘后滨：《公文运作与唐前期三省关系中门下省的枢纽地位》，载《史学论丛》第二辑，北京：中国书店，1999；刘后滨：《论唐高宗武则天至玄宗时期政治体制的变化》，载荣新江主编《唐研究》第三卷，北京：北京大学出版社，1997；刘后滨：《安史之乱与唐代政治体制的演进》，《中国史研究》，1999年第2期；傅连英：《唐代后期宰相制度研究》，北京大学历史系硕士研究生毕业论文，1989；张连城：《论唐后期中书舍人的职权》，同前，1990；罗永生：《论张说奏改政事堂为中书门下》，同前，1991；张建利：《唐代尚书左右丞初探》，同前，1992；祁德贵：《唐代给事中研究》，同前，1993；李蓉：《唐代前期中书舍人参议表章问题》，同前，1995；雷闻：《隋与唐代前期六部体制研究》，同前，1997。其中的主要内容结集为吴宗国主编的《盛唐政治制度研究》一书，由上海辞书出版社于2003年8月出版。

皇权而存在的权力系统以及皇帝权力运作的一般情形，不仅是古代政治制度史研究的重要课题，更是古代政治史研究的重要课题。唐朝三百年是中国古代极其重要的历史时期，彼时皇权政治经过魏晋南北朝以来的发展整合，开始走出低谷并恢复了它固有的权威，实现了"向皇权政治的回归"[1]。田余庆先生在论述了东晋南朝总的政治体制之后说："皇权政治的各种制度经过南朝百余年的发展，终于与北朝合流而形成隋唐制度的重要渊源。皇权政治在这一曲折反复的变化过程中，本身也起着变化。隋唐的皇权政治并不全同于秦汉的皇权政治。他们之间存在着明显的差别，但毕竟都是皇权政治。"[2]田余庆先生在讨论东晋南朝门阀政治时，不仅为我们明确了中国古代皇权政治发展"曲折反复"的一般情形，指明了同属于皇权政治范畴的古代政治体制在不同历史时期的发展与存在的显著差别，而且在对东晋南朝总的政治体制得出结论后提示我们："……这种结论，仅从东晋百年历史还难看得清楚。只有当沙石澄清、尘埃落定的隋唐时期到来，我们放眼南北，后顾前瞻，才能把握这一历史进程的脉络。"[3]这一颇有启发意义的提示为我们进一步考察唐朝皇权政治提供了学术上的

1　田余庆：《论东晋门阀政治》，《北京大学学报》，1987年第2期。《东晋门阀政治》（第二版），北京：北京大学出版社，1991，第360页。并见《秦汉魏晋史探微》，北京：中华书局，1993，第380页。

2　田余庆：《秦汉魏晋史探微》，第380页。

3　田余庆先生经过宏观与周密的考察后认为：东晋南朝总的政治体制的"主流是皇权政治而非门阀政治。门阀政治只是皇权政治在东晋百余年间的变态，是政治体制演变的回流"，又说"从宏观看东晋南朝和十六国北朝全部历史运动的总体，其主流毕竟在北而不在南"。见前揭田余庆先生《东晋门阀政治》，第360页。

理由和依据。

二 本课题研究的视角与出发点

我们注意到，在唐朝时期，君主专制政治体制经过魏晋南北朝以来的发展，已经达到了空前详备的状态，皇权的发展也进入了一个新的历史时期。[1]隋唐时期的国家政治形态与秦汉时期一样都是皇权政治，但是，正如田余庆先生所指出的那样，它们之间的差异是很显著的。不仅如此，即使在唐朝，皇权政治的形态也是不断变化的，这种变化使皇权政治在唐朝的不同历史时期呈现出不同的面貌。[2]特别是我们从中枢政局的层面对唐朝的皇权政治的演进进行考察时，会得到更加清晰的认识。我们的工作的意义，就是通过这样的考察来进一步认识唐代皇权政治的一般形态，并对皇权政治运行过程中不同权力系统与利益集团之间的关系进行剖析，具体考察那些与皇权政治密切相关的权力系统和利益集团在皇权这一政治中枢之下的状态。在这里，我们所说的中枢政局就是皇权政治在运行中的一般形态，包括围绕皇权而存在、服务并服从于皇权的权力系统和利益集团所处的一种

1 关于这一问题的描述，笔者撰写了《论隋唐皇权》，发表在《学术界》2003年第1期。见本书"附录"——补记。

2 关于魏晋至隋唐时期国家政治面貌的描述，陈寅恪先生使用了"关中本位政策""关陇集团及其崩溃"等概念（参见陈寅恪《唐代政治史述论稿》《隋唐制度渊源略论稿》等）；在日本学术界则有"贵族制向官僚制过渡""律令制时代"等表述，参见《内藤湖南全集》、砺波护《律令体制及其崩坏》（载中国中世史研究会编《中国中世史研究》，东海大学出版会，1970）等论著。

状态以及这种状态的演进态势。

本书以唐玄宗、肃宗时期的中枢政局为考察对象,是因为在唐玄宗、肃宗时期,国家中枢政治体制发生了巨大变化。陈寅恪先生在《唐代政治史述论稿》上篇《统治阶级之氏族及其升降》中,就已经对"玄宗之朝为时代划分界线"[1]之问题进行了探究,这给了我们极大的启示,那就是应该如何从中枢政局的演变来论述唐玄宗、肃宗之际时代的变化与政局的变化。陈寅恪先生从关陇集团入手论列唐代统治阶级的转移升降,不仅极大地拓宽了唐代政治史研究的畛域,而且为我们的研究提供了一个相当具有参照意义的模式。我们拟以皇权之继承权与辅政权即皇太子与宰相之权力地位及其政治关系为考察对象,借此对唐代玄、肃两朝的皇权政治与中枢政局有所认识。具体点说,我们主要研究这一时期皇太子与宰相之间的权力地位及政治配置关系的变化,并在此基础上对皇权运行的状态和一些特征进行论述。研究唐朝玄宗、肃宗之际的中枢政局,有助于我们深入认识这一时期唐朝中枢政治体制的变化。为达到这样的目的,我们认为非常有必要进行这样的研究:一方面考察这一时期中枢政局的面貌是在怎样的国家体制之下呈现出来的,它又是如何演进与发展;另一方面则考察这一时期国家政治体制的变化又如何影响了中枢政局的面貌及其演进。也就是说,对唐代中枢政局的研究,虽然是一个政治史课

1　陈寅恪:《唐代政治史述论稿》,第48—49页。另外,陈寅恪还在《论唐代之李武韦杨婚姻集团》(《历史研究》,1954年第1期)和《论韩愈》(《历史研究》,1954年第2期)两篇文章中将这一观点表达得很清楚,《论韩愈》并见《金明馆丛稿初编》(上海:上海古籍出版社,1980)。

题，但不能仅仅局限于从政治史的视角来考察，而应该同时尝试从国家政治体制的角度来研究。我们认为从这一角度出发，可以对中枢政局的变动做出较为深刻而确切的解释，能够解释政治的变动会给国家政治体制带来怎样的影响。简单地说，通过这样的探讨，我们既可以弄清唐朝中枢政治的变动是在怎样的政治格局与政治大背景下发生的，又可以弄清中枢政治的变动是怎样影响政治格局的演进与政治体制的变化的，也可弄清中枢权力在怎样的国家体制之中运作、中枢权力的运作是否给国家体制带来变化或者带来怎样的变化，避免只囿于对当时人事纷争或历史事件表面现象的考察。

　　我们认为，历史上人物活动的个性差异尽管十分明显，但人物的活动必须依据一定的社会政治、经济和法律条件，必须受特定社会之政治、经济与法律条件的制约，即使在纷然杂陈的人事之争与政治斗争中，不同政治集团的活动也不能无所顾忌，他们必须从一定的政治条件出发，依据一定的法律条件，尽量寻找所谓合法的手段与武器进行政治上的较量。即使采取非正常的手段进行政治较量，无论在双方较量的过程中还是在较量结束之后，他们都会为各自的行动寻找政治上的依据，宣传其行为的合理性。也就是说，历史上任何集团的任何活动都不是随心所欲的。尤其是发生在国家中枢的政治行为，更要遵循一定的法律和国家体制的运行法则，更要受到这些运行法则的制约。所不同的是，发生在国家政治中枢的行为，对国家政治体制产生的影响和冲击会更大、更猛烈，有时这种猛烈的冲击会冲破现行政治体制和法律制度的制约与规范。因此，在研究的过程中，我们不仅要注意中枢政治集团的行为的国家政治体制背景，也要注意中枢政治集团的行为对当时的国家政治体制造成的影响。总之，我们在考察唐朝玄宗、肃宗之际的中枢政局时，要从这一时期国家中枢政治体制的角度着手，尝试以政治体制的视角研究政治史，研究政治与政局的变动。

三 问题的提出

自秦汉以来，中国古代国家政治体制的形式就是专制主义中央集权制度。它的核心是君主专制。皇帝权力（君权）是国家政治的最高权力。[1]因此，皇权政治也就是中国古代国家政治制度——君主专制政体的核心，皇权的运作情况直接反映着国家政治体制的内容与面貌。尽管皇权的运作机制经历过起伏波折[2]，但这一点并无实质性的改变。有唐一代是继承了两晋南北朝数百年历史成果的大一统的中央集权王朝，南北朝以来诸多政治制度的损益整合使唐朝的国家政治体制达到空前详备的状态，皇权政治的发展进入了一个新的历史时期。

在唐朝近三百年的历史发展过程中，皇权政治的演进自然不是一成不变的，唐朝中央中枢政局的面貌因此有很大改观。特别是在唐玄

1　宁可、蒋福亚：《中国历史上的皇权和忠君观念》，《历史研究》，1994年第2期；又载宁可《宁可史学论集》，北京：中国社会科学出版社，1999，第296页。

2　像东晋时期出现的所谓"晋主虽有南面之尊，无总御之实"（《晋书》卷117《姚兴载记》，第2980页），就反映出因门阀政治的影响，皇权的运作进入到低谷的情形。在这一时期，皇权的行使方式亦发生了变形。田余庆先生把这种"门阀政治"概括为"中国古代皇权政治在特定条件下的变态"，参见田余庆《论东晋门阀政治》，《北京大学学报》，1987年第2期；《东晋门阀政治》（第二版），第357—360页；《秦汉魏晋史探微》，第377页。

宗（712—756年在位）时期，唐朝的社会政治、经济、军事和边疆局势等各个方面的状况与唐初相比都发生了很大变化，唐朝皇权政治在运行过程中所处的条件和状态与唐初相比也有很大的差异。这样一来，不仅皇权政治本身的面貌和状态出现了变化，在这一政治中枢之下不同政治利益集团的关系和各个权力系统之间的配置以及政治结构也出现了很多与唐初相比不同的情况。事实上，陈寅恪先生早就通过所谓"关陇集团"的兴衰及其分化，论述过有唐一代三百年间统治阶级之变迁升降，指出唐玄宗时期所显露的时代变迁之特征，亦即"以玄宗之朝为时代划分界线"[1]。对于玄宗时期唐朝社会各个方面的巨大变化，几乎是治史者人人耳熟能详的事情，不过，对其所以然之故，尽管学界已经颇事论说，鄙意以为仍如陈寅恪先生所指出的那样"不能详切言之也"，至少在许多论证中还存有空隙。特别是一些研究对开元天宝时代的盛衰与唐玄宗个人政治品格的前后转变用力甚多[2]，但是，学者们很少将之与中央中枢政治格局的变化联系起来进行考察，因此，与这一主旨相关的话题仍然留有余地。众所周知，玄宗开元天

---

[1] 陈寅恪：《唐代政治史述论稿》上篇《统治阶级之氏族及其升降》，第48页；同样的表达在《论韩愈》一文中也很清楚，见《历史研究》1954年第2期；《论唐代之李武韦杨婚姻集团》，载《历史研究》1954年第1期，前文并见《金明馆丛稿初编》，上海：上海古籍出版社，1980。

[2] 如对唐玄宗由励精图治到怠于国政、由任贤纳谏到信用奸佞、由克己戒欲到纵情好色、由所谓圣明到昏聩等方面的转变，就颇多论著。其实，关于统治前后期唐玄宗个人诸方面变化的解析与论说，早在唐朝就已经开始了，这方面有官修国史、实录与私家著述。后来，后晋编《旧唐书》，北宋欧阳修、宋祁撰《新唐书》，司马光修《资治通鉴》时都注意到了此类问题。详见许道勋、赵克尧《唐玄宗传》（又称《唐明皇与杨贵妃》，北京：人民出版社，1996）之第二十四章，第586—605页；阎守诚、吴宗国：《唐玄宗》，西安：三秦出版社，1989，第244页。

宝之际的中枢政局发生过重大动荡，皇太子李瑛在做了二十余年的皇位继承人后被废黜，随即又发生了所谓"三庶之祸"。此后，围绕皇位继承人的选择，中央朝廷与宫廷之间互相角力斗争，尤其在选定李亨为太子之后，中央中枢政局中的宰相集团与太子集团展开了激烈的斗争，以至于他们的矛盾与斗争成为从玄宗在位的开元后期到肃宗即位之前的整个天宝年间中央中枢政局中最引人注目的问题。而且，这一矛盾斗争所产生的政治影响并没有因为唐肃宗的即位而消失，相反，那些引起太子与宰相之间矛盾斗争的诸多因素，在肃宗即位之初还直接影响着中央中枢政局的基本面貌，并在一定程度上影响了肃宗时期中枢政局演进的进程与方向。

此外，我们还注意到，玄宗在位期间宰相与太子之间的斗争，在很大程度上改变了唐初以来唐朝中央中枢政局政治斗争的面貌。这是因为在唐初以来中央朝廷围绕皇位继承权所展开的历次斗争与较量中，宰相集团的政治态度都与唐玄宗时期接替张九龄担任中书令的李林甫、杨国忠等人的政治态度不同。在张九龄仍然担任中书令之前，作为朝廷中枢的宰相集团，其成员即使不一定是全部，也有一部分是现实皇位继承人的政治支持者，甚至在太子李瑛被废之时，以张九龄为代表的当朝宰相仍然是李瑛政治上的支持者。那么，唐玄宗选定皇三子李亨为皇太子后，中央中枢政局中为何会出现宰相与皇太子之间的矛盾斗争呢? 作为国家政权上层建筑领域的内容，这一矛盾斗争的实质无疑是政治斗争与权力之争。从政治斗争与权力之争的角度来索解宰相与太子的矛盾斗争无疑是正确的。但是，仅仅如此是否能解释这一斗争的全部内涵，我们总是有些疑惑。因为当时发生在国家政权内部的每一次不同利益集团与权力系统之间的较量，几乎无一例外地可以通过那些集团之间的利益关系与权力配置关系去求得解释，所以，这样的解释更多的只是反映了一种历史事实的共同特征。建立在对历史事实的共性即一般性基础上的解释，对于历史事实的理解可能会少一些误差，但是在历史理解的准确性上就不免要弱一些。从历史发展的一般性规律来说，唐玄宗在位时期发生在中枢政局内的政治斗争和历史上的任何一次政治斗争相比都无实质上的区别。不过，开元天宝时期特别是天宝时期唐朝中央中枢政局中的宰相与太子之间的矛盾与斗争，毕竟有其时代特点和特殊性。因为，在古代国家政治体制之下，国家政体的核心与根本是专制主义中央集权的君主专制亦即皇权政治，皇权是国家政治的最高权力。这一政治体制要求以宰相为枢纽的官僚系统行使皇帝的权力意志。宰相作为国家行政系统全部官僚队伍和整个官僚机构的领班与长官，不仅在国家政治体制中处于行政枢纽地位，而且它体现出的是皇权之辅弼权的存在与这一存在的一般状态。它的政治意义在于保障皇权的有效行使。而皇太子作为君之储副，乃国家根本，是皇权之继承权的拥有者，所体现出的是皇权之继承权的存在与这一存在的一般状态，其政治意义在于保障皇权的正常延续与顺利过渡。也就是说，体现着皇权的辅弼权与继承权之存在的宰相与太子属于两个政治功能不同的权力系统。然而，在古代国家皇权政治之下，皇权的运作又要求它们进行政治上的配合。这是确保皇权有效行使和保持稳定的现实政治需要。事实上，在唐朝前期的中枢政局中，宰相集团与太子围绕皇权这一核心，在皇帝的意志之下基本处于能够相互协调与配合的状态。那么，为什么到了唐玄宗在位时期尤其是天宝年间，情况就与唐朝前期大相径庭，双方由协调与配合的状态发展为冲突与斗争呢？还需注意的一点是，尽管双方在较量中各擅胜场，然而从当时的表面情况来看，却是宰相集团步步进逼、太子李亨步步退让，最终发展到刀兵相见，其较量之激烈程度实在触目惊心。

我们认为，仅仅从政治斗争与权力之争的角度去解释这一矛盾与斗争，还不足以阐明这一事实的全部历史内容，应该做进一步的探讨。唐朝中央中枢政局中宰相集团与太子的矛盾斗争，究竟反映出哪些未被充分认识的问题？其中涉及国家政治体制的问题又有哪些？在宰相集团与太子展开激烈斗争的过程中，作为国家最高权力的皇帝权力是如何运作和介入这一矛盾斗争的呢？现在应如何看待这个问题？这些问题都需要我们进行探究并做出回答。为了解答这些问题，我们在对这一时期中枢政局的演进过程进行必要论说的同时，尝试以皇太子与宰相（皇权的继承权与皇权的辅弼权）两个权力系统为基本点，从唐玄宗时期中枢政局的配置结构与中枢政治权力的职权变动等情况入手做一些分析。同时，我们也希望借此对理解与解释陈寅恪先生所说的何以"玄宗之朝为时代划分界线"有所助益。

第二篇

唐玄宗时期中枢政局变动的起点
——以开元时期太子的废立为考察中心

一　唐玄宗立李瑛为太子时政局的一般状况

唐玄宗李隆基以唐睿宗第三子的身份被立为皇太子，是因为他平定唐中宗皇后韦氏之乱，有克定邦本的功勋。因功而获得皇储之位，显然与所谓嫡长子继承制不符。不过，既然有皇帝册立的诏制[1]，自然不能称为"违法"[2]。当时唐玄宗的长子，宋王李成器主动谦让时所谓"国家安则先嫡长，国家危则先有功。苟违其宜，四海失望"[3]云云，即使并非由衷之言，多少也能反映当时人们对选择皇储所抱持的较为普遍的看法。唐玄宗于延和元年（即先天元年，712年）八月即位之后，

1　（宋）宋敏求：《唐大诏令集》，上海：学林出版社，1992，卷27《立平王为皇太子诏》、卷28《册平王为皇太子文》，第86、89页。既有册文，则有礼典。

2　雷家骥：《隋唐中央权力结构及其演进》第三章中评价唐玄宗得册立为太子"是隋唐百余年间唯一违反立嫡法律，而纯粹引用'立嫡以贤'为原则的事件。……亦为百余年间唯一的一次和平转移嫡权的违法事件"。台北：东大图书公司，1995，第301页。

3　《通鉴》卷209，睿宗景云元年六月，北京：中华书局，点校本，1956，第6650页。

又经历了一番政治动荡，消灭了太平公主后开始亲政。唐玄宗在亲政的第二年即开元二年（714年）十二月辛巳立皇次子李嗣谦（李瑛）为太子，开元三年（715年）正月四日丁亥即行册礼。[1]由于直到开元八年（720年）正月初一李瑛才被加元服[2]，说明李瑛被立为皇太子时尚未成年。此时，唐朝立国已近百年，皇统自唐高祖肇基以来，已传至第六代，其间尚有武则天的以周代唐以及由此导致的唐中宗与唐睿宗的二番登基。自唐高祖以下的唐朝皇帝，登基之后都会及时地考虑继承人的问题。也就是说，唐玄宗即位之后便考虑皇位的继承问题，这一点与他的列祖列宗没有什么不同。尽管有学者认为唐朝"努力维持嫡子继承的制度"，特别是武德、贞观时更是努力维护"嫡权"[3]，但是，自唐高祖以来直到唐玄宗即位之前，唐室均未能让嫡长子获得继承

1　关于李瑛被立的时间，《旧唐书》（北京：中华书局，点校本，1975）卷107《废太子瑛传》第3258页、卷8《玄宗纪上》第174页与《新唐书》（北京：中华书局，点校本，1975）卷5《玄宗纪》第124页、卷82《太子瑛传》第3607页均作开元三年，不载开元二年。但是据《通鉴》卷211"玄宗开元二年十二月"条第6707页及《唐大诏令集》卷27《立郢王为皇太子制》第86页，知李瑛被立于开元二年十二月。唯《唐大诏令集》所载制书作"十二月十七日"，因当月系甲寅朔，按《通鉴》所载辛巳日，当为十二月二十八日，存疑。两《唐书》之纪、传所载开元三年为其行册的时间，皇太子需先立之后再行册礼，李瑛虽未成年，仅行内册之礼，亦须合礼制。此据《唐大诏令集》卷28《册郢王为皇太子文》第86页"维开元三年，岁次乙卯，正月甲申朔四日丁亥"以及卷29《开元三年册皇太子敕》第93页可知。《唐会要》（北京：中华书局，排印本，1955）卷4《储君》第43页作"开元三年正月十七日册为皇太子"，也可以参考，唯作"十七日"不确。

2　《旧唐书》卷8《玄宗纪上》第180页。《唐会要》卷26《皇太子加元服》、《唐大诏令集》卷29《皇太子加元服制》《皇太子加元服宴百官诏》同。《旧唐书》卷107《废太子瑛传》第3258页作"七年正月"，恐误。

3　参见雷家骥《隋唐中央权力结构及其演进》，第304页。

权。[1]应该说，唐玄宗即位后以皇次子李瑛为皇位继承人，虽然并不符合旧有的礼法，但与唐玄宗即位之前唐朝皇统继承的实际情况比较，并无相悖之处。也就是说，唐玄宗即位之初对继承人的选择也并无任何异常之处。我们之所以回顾唐朝前期皇位继承方面的一些基本事实，不仅是想说明这些遗规旧典或多或少对唐玄宗的施政产生了一定的影响，更是为了说明唐玄宗即位以后，在考虑与决定皇统的传承时，已经完全放弃了嫡子或嫡长子继承制度与维护所谓"嫡权"的努力。这也许与他自己非嫡长子继统有关。不过，这一事实本身已经说明，到唐玄宗即位以后，此前唐朝律令中所倡导的嫡长子在继承制度上的优越性[2]已经逐渐被淡化，具体到皇位继承，可以说已经发生了动摇[3]。这也难怪有的研究者从立嫡的法令角度出发，认为唐玄宗立"庶次子"为皇太子属于"非法"。[4]我们认为这是一个信号，一个国

1　唐高祖李渊即位后便立长子建成为皇太子，唐太宗以政变手段夺嫡而取得帝位，是以皇次子身份继承皇统。唐太宗即位后仅两个月〔李世民以武德九年（626年）八月甲子即位，十月癸亥立承乾为太子，参《新唐书》卷2《太宗纪》第27页，册立诏书见于《唐大诏令集》卷27，唯系时于该年七月；"七"恐系"十"之误讹〕也立长子承乾为太子，只是承乾仍被废；唐高宗李治即位后，于永徽三年（652年）立长子李忠为太子，开耀二年（682年），唐高宗甚至又立已为太子的李哲的长子为皇太孙，并令"开府置官属"，还改元永淳（《旧唐书》卷86《中宗诸子传》第2835页）；唐中宗李显未及立储被废，继立的唐睿宗也于文明元年（684年）立长子成器为太子，不过，最终是李隆基即位。
2　唐朝重视立嫡与嫡子在继承制度中的优越性，可参见《唐律疏议·户婚律》以及《唐大诏令集》卷31《降太子忠为梁王诏》第111页等封诰诏令。与皇位之继承相关的有关论述，请参见雷家骥前揭书，第277—305页。
3　《唐大诏令集》卷27第86页所载孙逖在开元二十六年《立忠王为皇太子制》中所谓"以长则顺，且符于旧典"，则系另有所指，说详于后，此不赘。
4　参见雷家骥《隋唐中央权力结构及其演进》，第301页。

家律令制度在某些方面已经开始崩溃的信号，因为选择皇位继承人是关乎国运皇统的事情，是"邦国之本"。可以说，在遵循已有律令与礼法方面，唐玄宗比他的先祖越来越远地偏离了唐朝立国以来既定律令礼制的轨道。

到开元二十五年（737年），唐玄宗又把做了二十余年皇太子的李瑛废黜，剥夺了他的皇位继承权。类似这样的情况在中国历史上并不鲜见。即使是唐玄宗一日杀死包括皇太子李瑛在内的三位皇子，制造了唐朝历史上颇为有名的"三庶之祸"，虽然当时的情景略显酷烈，但是从历史上的情况来看，这次事件似乎并不显得多么稀奇。不过，这次事件对于唐玄宗时期中枢政局的变动与演进却有很大的意义。可以这样说，废黜太子李瑛的过程，充分显示当时唐玄宗对于国家政治体制的调整与不同权力系统的重新配置已经进入到一个新阶段（即开始与唐朝前期不同）。从皇权运行的角度考虑，唐玄宗这样决定必然有他的理由。或者说，太子的废黜必定体现着皇权的意志与需要。因为太子的继承权是为了满足现实皇权的正常延续，是为了确保现实皇权的最大政治利益的实现。所以，唐玄宗褫夺太子李瑛的皇位继承权，首先是对李瑛所能肩负的以及将要肩负的政治责任的否定。鉴于太子在国家政治中枢内的地位与职能，太子的废立无疑是国家政治生活中的大事，它直接牵扯到围绕皇权的各个权力系统与利益集团。尽管历史上的每一次太子废立未必都会引起中枢政局的激烈动荡，但是，皇位继承人的更换，往往会成为当时政治中枢内矛盾斗争的焦点，能够反映出因皇权的需要而对国家政治中枢内的不同权力系统所进行的新的政治配置。我们把废黜太子李瑛的过程当作唐玄宗时期中枢政局演变的起点，是基于以下两点认识。第一，在这一过程中，唐朝中枢政局中不同权力系统的配置关系发生了变化。简单说来，一方面，作为国家行政枢纽，宰相所负责的日常事务较之以前越来越繁，处理庶务的权力也越来越重，宰相机构在处理国家行政事务方面的政治职能也越来越突出（即以往宰相以往的政治职能因皇权的强化与突出而略微显得有些萎缩，我将在以后的论述中有所分析）。另一方面，作为皇权继承人，皇太子在国家政治中枢之中的地位较之以前越来越低、权力越来越弱。第二，皇帝权力在这一新的政治配置中得到进一步强化。实际上，这是与宰相、太子权力的变化互为因果的。

　　造成上述中枢政治权力结构变动的原因，从根本上说，是开元时期唐朝政治中枢在中央政府层面不得不面对新的社会政治形势与挑战。特别是由于开元时期国家内政外交等方面的事务日益繁重，以皇权为中心的国家政治体制运作要求处于行政枢纽地位的宰相所统领的整个官僚系统发挥更大的作用。同时，由于唐玄宗并没有也不可能把皇位的承袭即皇权的交接纳入其政治日程，作为皇权继承人的皇太子在国家政治中枢中的活动空间势必会遭到压缩。因为太子权力的扩大，必然导致太子势力的膨胀，这样难免会形成对现实皇权的威胁，甚至造成太子觊觎最高权力的结果。无论是基于个人的政治生活经验，还是鉴于历史上一幕幕宫廷流血事件的教训，唐玄宗对太子权力的扩大非常警惕。故在扩大宰相这一最高行政中枢的庶务权限的同时，对皇位继承人的权力有所削弱，并淡化皇位继承人在国家中枢内的政治地位，就成为必有之义。此外，在新的政治配置与权力结构中，以宰相为最高长官的官僚系统与皇权的关系更加密切，在国家政治体制中处于行政枢纽地位的宰相更加忠实地执行皇权意志。宰相与宰相机构被皇权更加灵活地支配与驱使，因此得到皇帝更多的倚重，以至于到开元以后，逐渐出现了"权相"（像李林甫、杨国忠之类）。"权相"并不符合唐朝立国之时的三省体制下的宰相制度，与唐玄宗之前的政事堂体制也不完全吻合，但是体现出他的政治需要，符合他的政治理想，因此就成为他的政治实际。在这种政治结构之下，宰相集团再也不需要像以前那样，要设法拥戴一位皇太子或者皇子才能取得政治上的利益与稳定，而只要忠于皇帝，按照皇权意志办事就万事大吉了。于是，这一时期的皇太子在朝廷政治中枢之中不仅旧有的地位被削弱，而且也缺乏应有的政治奥援。如果皇太子想谋求政治发展或者试图恢复自己旧有的政治地位，不仅会引起现实皇权的嫌忌，更会招致忠实执行皇权意志的宰相集团的嫉恨并因此与皇太子发生矛盾冲突，展开斗争与较量。由此而言，这两大集团之间的矛盾与较量，其实有皇权居中操纵与驾驭的政治内涵。所以，在宰相与太子进行政治较量时，总是得到皇权支持的一方占据上风。在中枢政局内不同政治势力的斗争中，皇权的介入方式与态度是值得我们考察的。在这一政治格局中，皇太子的政治权力尤其是皇太子可能享有的行政权力遭到极大压缩，其政治地位也渐趋下降。皇太子政治地位的下降，不仅是唐玄宗之后皇太子政治地位变动的一个明显趋势，而且从唐朝以后中国古代国家政治体制的演进过程来考察，自赵宋以降，皇位继承人的地位亦无不渐趋下降，发展到清朝雍正年间就废除了预立预选皇位继承人的制度，改为密建皇储制度。这并不是说皇位继承制度遭到质疑或者否定，恰恰相反，预立太子制度的废除与密建皇储制的确立，正是皇位继承制度得以完善与进一步强化的结果。只是皇帝权力的威严在此过程中得到更大、更充分的体现，使皇位继承更加符合皇权的需要。

退一步说，上述两种情形当然还不能包括玄宗时期唐朝中枢政局变动的全部内容，尤其是，在开元时期的中枢政局中，上述两个方面的变动在整个国家体制中的表现还不是很明显，许多征兆只是通过一些非体制的即现实体制之外的因素显露出来。然而，经过几十年的发展，到天宝年间时，非体制因素逐渐成长为体制内事物，体制外的政治力量也慢慢壮大为体制内的政治势力[1]，并且在与体制内原有势力的较量中逐渐占据了优势地位。在这种情况下，原来的体制也开始发生变化。这种唐朝政治体制的变动则通过中枢政局内的一系列斗争更加清晰地表现出来。也就是说，在唐玄宗时期，国家政治体制处于一个转型期，政治体制中的新旧内容亦即体制内与体制外的因素是

---

[1]　非体制因素成长的根源，也许可以求解于唐玄宗时期地主制经济之下社会经济结构与经济制度的变动等。不过，简单说来，使非体制因素成长为体制内的力量，则是皇权政治的现实需要。因为皇权是国家政治体制的核心，当时政治体制变动的出发点，就是为了将不同政治势力的活动纳入皇权政治的范畴。不过，这种体制外因素的成长以及由此而引起的体制的变化仍然是渐进式。即使非体制因素成长为体制内的力量，在体制之外仍然存在一定的力量在影响着体制演进的方向与进程。也就是说，在新体制的成长过程中，旧体制的东西仍然存留着，在这种新旧交替之中，中枢政局内的斗争的内涵往往不容易讲清楚，与体制相关的一些内容也往往容易被忽视。因此，我们只是以宰相集团与皇太子的矛盾斗争为讨论的中心。关于这一点，我们在论述时应该予以比较明确的说明。这样做并不是为了给有关的论述留有余地，而是这一研究的确存在一定的困难。体制因素与非体制因素，是笔者针对中枢政局演进中政治制度的变迁与政治运作的一种表达，是试图以制度变迁研究政治运作的一种思路。限于本研究的主旨，笔者对其内核不再深究。

交织在一起的。只有当新体制的内容得到全面认识与理解之后，我们才可能理解一些旧体制中的新内容和那些依稀表现出新内容的征兆的意义。正如猴体解剖之于人体解剖的意义一样，我们丝毫不能忽视对旧体制所显露出的某些征兆的解剖。只有放眼于更加广阔的历史背景与政治体制变动的空间，至少应该对比唐玄宗时期与唐玄宗之前以及此后政治体制变动的情形，我们才能更加准确地把握这一时期政治体制由外到内的变化脉络，才能更加了解唐玄宗时期中枢政局的变动是在怎样一种体制的转型状态中演进的。

下面我们首先对唐玄宗废黜皇太子李瑛之前的中枢政治格局的有关情形略加解说，以阐明唐玄宗时期中枢政局的变动是在怎样的政治体制之下向前推演的。

二　宫城布局的变化与太子不居东宫之局面的形成：李瑛被废前皇太子地位变化的一般情形

随着皇太子年龄的增长，唐玄宗对其政治上的关注也就越来越多。在李瑛被废之前，皇太子的政治生活空间因为唐玄宗的关注而逐渐受到压缩，旧日的东宫不再是皇太子生活与接受政治训练的场所。由于唐玄宗时期国家政治中枢所在地的变更，以皇太子为中心的东宫体制也随之发生变化，这一变化在李瑛被废之前还只是一个隐约可见的征兆，到天宝时期就变得清晰起来。一切变化以皇权为中心，现实政治势力根据皇权的需要所进行的新的政治配置与政治机构的调整，其目的在于使国家政治中枢更加符合加强皇权的政治需要，减少国家政治中枢的动荡。事实证明，当皇太子的权力逐渐被压缩，皇太子遭到排挤后，以往历史上屡屡出现的某些政治势力或者权力集团拥立皇太子或者皇太子直接出面发动政变以谋取最高权力的动荡得到相当程度的遏制。可以说，这种性质的政变在京师的宫城之中基本上得到了有效防范（马嵬之变是在京城之外发动的，另当别论，后详）。

如前所述，李瑛得立为太子之时，尚未成年。唐玄宗亲政后励精图治，宫中也一切平静。等到太子于开元八年（720年）正月正式加元服即所谓"成人"[1]之后，唐玄宗的帝王生涯也一步步走向辉煌。开元十三年（725年）十一月，唐玄宗在东岳泰山举行了封禅大典。泰山封禅，乃告成于天地，这几乎是历代帝王所梦寐以求的盛典。唐玄宗东封的成功，是他帝王生涯的一个辉煌纪录。随着皇太子与诸位皇子一天天长大，唐玄宗对他们政治上的关注也就越来越多。我们从开元十三年前后发生的皇太子与诸皇子改名徙爵一事，就可以例证唐玄宗对太子和其他皇子重视之程度。

这年（725年）三月，皇太子李嗣谦改名为李鸿，长子李嗣直改名为李潭，徙郯王爵为庆王，其余诸皇子也都更名徙爵。唐玄宗一共有30个儿子，除七位早夭之外，凡在世者陆续获得了封爵。[2]所谓"古之

1　《唐大诏令集》卷29《皇太子加元服制》《皇太子加元服宴百官诏》，第97、98页。

2　皇太子与诸王改名徙爵事参见《旧唐书》卷8《玄宗纪上》、《通鉴》卷212"玄宗开元十三年三月"条；《新唐书》卷5《玄宗纪》、卷82《十一宗诸子传》，《旧唐书》卷107《玄宗诸子传》亦载同。唯两《唐书·肃宗纪》载时为陕王的皇三子嗣升徙封忠王、改名李浚一事在开元十五年（正月），《册府元龟》卷11、《唐会要》卷1《帝号上》并同。然考之《册府元龟》卷257载皇太子嗣谦改名鸿的制书，作开元十三年三月甲午；同书卷265载封皇八子涺为光王事同，《唐会要》卷46《封建》载此事亦作"（转下页）

名子，必由象类；人道之大，可无慎乎！"[1]因此，改名是关乎"人道"的大事。那么，唐玄宗为什么会在开元十三年为他的儿子们改名徙爵呢？我想这必定有其理由。值得注意的是，皇太子等人的名字皆改从"水"，是不是与水有关呢？据文献记载，在开元十三年前后，唐朝遭遇了十分严重的旱情，唐玄宗甚至亲自在宫中祷天求雨。[2]他把儿子们的名字改为从水，也许有期盼天降甘霖的意思。此举不仅与唐玄宗重视旱情的思路一致，而且也说明皇太子和诸皇子在唐玄宗心目中的分量越来越重。开元二十三年（735年）秋七月，"皇太子鸿改名瑛，庆王直以下十四王并改名"[3]。把名字中从水的字改为从玉，更名的理由则

（接上页）开元十三年"（唯月份作"二月"，恐系三月之误）；故颇疑两《唐书·肃宗纪》等书载改名徙爵事在十五年为十三年之讹。然又不敢自是，谨录以存疑，待考。

1　《唐大诏令集》卷29载开元二十三年二月颁《皇太子诸王改名敕》，第98页。

2　（唐）郑处诲：《明皇杂录》卷上："唐开元中，关辅大旱，京师阙雨尤甚，巫命大臣遍祷于山泽间，而无感应。"北京：中华书局，点校本，1994，第27页。又据《新唐书》卷35《五行志二》第916页载："开元二年春，大旱。十二年七月，河东、河北旱，帝亲祷雨宫中，设坛席，暴三日。九月，蒲（治今山西永济）、同（治今陕西大荔）等州旱。十四年秋，诸道州，旱。十五年，诸道州十七，旱。十六年，东都（今河南洛阳）、河南宋（治今河南商丘）、亳（治今安徽亳县）等州旱。二十四年夏，旱。"

3　《旧唐书》卷8《玄宗纪上》，第202页。其称庆王直殇为旧称，当为"潭"。按：改名时间据《通鉴》卷214引唐《实录》作开元二十四年二月，《旧（唐书）·（玄宗）纪》《唐历》作开元二十三年七月〔参见《通鉴考异》（简称《考异》）〕；《唐会要》卷4《储君》第43页亦以太子改名瑛在开元二十三年七月。《唐大诏令集》卷29《皇太子诸王改名敕》作"开元二十三年二月"，但太子与庆王以下列忠、棣、鄂、荣、光、仪、颖、永、寿、延、盛、济、信、义、陈、丰、恒、凉、汴共19王，与《旧唐书·玄宗纪》所载"十四王"不符。《旧唐书》卷107《玄宗诸子传》第3257页载其改名时间更是纷乱不一，《废太子瑛传》作"二十五年七月"，《荣王传》亦作"二十五年"，《奉天皇帝琮传》作"二十一年"，《永王传》《盛王传》则作"二十年（七月）"。其余诸王更名或者作"二十四年（二月）"，如棣王、陈王、丰王、恒王、凉王、汴王；或作"二十三年（七月）"，如鄂王、光王、仪王、颖王、寿王、延王、济王、信王、义王等。《旧唐书·肃宗纪》、（转下页）

是因"往所制名，或亦未惬，今以德命，悉宜改之"[1]。这多少能够反映出开元十三年时的改名是出于某些考虑或含有一些权宜之计的因素。

　　按照一般的理解，唐玄宗重视皇太子和诸子，便要对他们进行政治上的培养。然而，从目前所见的文献来看，除了皇太子李瑛在加元服前后曾往国学行齿胄礼、谒太庙[2]，在开元十三年以前，我们并不曾见到太子在国家政治事务中有何作为。行齿胄礼与谒太庙均属于国家礼仪之事，倒是在开元十五年（727年）五月，庆王以下诸皇子被分别授以地方诸州都督、诸军镇节度大使，但依然均不出阁。到开元二十二年（734年）夏，唐玄宗又率皇太子和诸皇子在宫苑里收割他们亲手种下的麦子。[3]这件事的意义同于躬耕籍田，但它并不能说明皇太子在国家政治活动中的应有地位。从被册立直到被废，李瑛做太子二十余年，我们很难见到他在国家政治事务中所起的作用。或许可以这样认为，唐玄宗对太子的关注，并不是想让太子在国家政治中发挥像以往唐朝皇储那样的一般职能，而是按照他的政治设计与现实需要，对

（接上页）《新唐书·肃宗纪》、《唐会要》卷1《帝号上》载忠王改名亦在开元二十三年（七月），又参以《皇太子诸王改名敕》所详列以上更名之皇太子与诸王，颇疑今本《旧唐书·玄宗诸子传》所载有误，如《废太子瑛传》作"二十五年七月"。按：李瑛于开元二十五年四月被废，此处作二十五年七月改名事必误。然未知所以。存疑俟考。因诸王更名与其加开府仪同三司等事有关，又可反映出唐玄宗对太子及诸子的态度，故略加说明。

1　《唐大诏令集》卷29《皇太子诸王改名敕》，第98页。

2　《旧唐书》卷8《玄宗纪上》，第180页；《唐大诏令集》卷29《皇太子诣太学诏》，第98页。

3　《旧唐书》卷8《玄宗纪上》第201页载玄宗谓太子等："此将荐宗庙，是以躬亲，亦欲令汝等知稼穑之难也。"

太子的政治生活甚至是日常生活进行更加严格的控制与约束。这一点在皇太子等诸皇子年幼时还不是十分明显，随着他们年龄的增长，唐玄宗对他们政治上的控制就越来越严格。《旧唐书》卷107《玄宗诸子传》记载：

> 先天之后[1]，皇子幼则居内，东封年，以渐成长，乃于安国寺东附苑城同为大宅，分院居，为十王宅。令中官押之，于夹城中起居，每日家令进膳。又引词学工书之人入教，谓之侍读。十王，谓庆、忠、棣、鄂、荣、光、仪、颍、永、延、济，盖举全数。其后，盛、仪、寿、陈、丰、恒、凉六[七2]王又就封，入内宅。二十五年，鄂、光得罪，忠继大统，天宝中，庆、棣又殁，唯荣、仪等十四王居[内]院，而府幕列于外坊，[岁]时通名起居而已。外诸孙成长，又于十宅外置百孙院。每岁幸华清宫，宫侧亦有十王院、百孙院。宫人每院四百，百孙院三四十人。又于宫中置维城库，诸王月俸物，约之而给用。诸孙纳妃嫁女，亦就十宅中。太子不居于东宫，但居于乘舆所幸之别院。太子[之子3]亦分院而居，婚嫁则同亲王、公主，在于崇仁之礼院。[4]

1　《新唐书》卷82《十一宗诸子传》作"开元后"，第3616页。

2　《唐会要》卷5、《新唐书》卷82《十一宗诸子传》均作"七王"。参《旧唐书》卷107《玄宗诸子传》第3274页"校勘记"。

3　[ ]中诸字据《唐会要》卷5《诸王》第52页补。（宋）程大昌：《雍录》卷9《唐东宫》条作"太子、元子亦分院而居"，参见杨恩成、康万武点校本，西安：陕西师范大学出版社，1996，第182页。按：作"元子"恐误。

4　《新唐书》卷82《十一宗诸子传》第3616页略同，亦无前注《唐会要》卷5（转下页）

东封年，即开元十三年（725年）。其中，"太子不居于东宫，但居于乘舆所幸之别院"乃尤可注意者。按：东宫一直是皇太子的居所，同时也是对属于皇太子之官署的总称。把东宫当成太子的代名词，至少不晚于东汉。[1]那么，唐玄宗令皇太子不居东宫，改变了承袭数百年的皇位继承人居于东宫的旧制，等于撤销了旧日太子所依托的政治舞台。我们从唐朝时期东宫在长安宫城中的位置，就可以了解唐玄宗此举对皇太子的政治权力和当时国家中枢体制的巨大影响。

唐玄宗于开元十三年（725年）改变皇太子居于东宫的旧制，与他把政治中枢转移到兴庆宫似乎有一定的关系，但从时间上来看，又比兴庆宫成为新的政治中枢要早一些。兴庆宫于开元二年（714年）开始营建，开元十四年（726年）置朝堂，开元十六年（728年）正月唐玄宗正式听政于此。[2]这样看，唐玄宗改变皇太子居于东宫的旧制，是他的政治方略中的一个环节。这与他营建兴庆宫为其新的听政之地在施政思路上既有相通之意，又与兴庆宫成为新的政治中枢并无直接的关系。也就是说，即使没有营建兴庆宫为其新的政治中枢，按照唐玄宗的施政思路，他也会对皇太子在中枢政治中的地位做出重新安排。只是在唐玄宗亲政之后开始营建兴庆宫为其新的政治中枢，给其改

（接上页）《诸王》中所补[ ]中"之子"二字，但增加"此承平制云"数字。按：《旧唐书》所谓"盛、仪、寿、陈、丰、恒、凉六王"云云，本为七王，谓六王有误，且前已有仪王，此又列入仪王，恐误（参见《旧唐书》本条校勘记）。《新唐书》《唐会要》作"寿、信、义、陈、丰、恒、凉七王"，无盛、仪二王，有信、义二王。

1　周良霄：《皇帝与皇权》，上海：上海古籍出版社，1999，第156页。

2　（清）徐松：《唐两京城坊考》卷1《兴庆宫》，北京：中华书局，点校本，1985，第25页；《旧唐书》卷8《玄宗纪上》，第192页；《唐会要》卷30《兴庆宫》，第558页。

变皇太子居于东宫的旧制减少了阻力，使他的一切政治安排得以顺利推行，并且因为兴庆宫崛起为新的国家政治中枢，使得唐玄宗对旧制的这一变革固定下来。从此以后，唐朝以太极宫、大明宫与兴庆宫并称"三宫"[1]，只是它们的地位并不相同[2]。兴庆宫被称为南内，成为唐玄宗时期的政治中枢所在地[3]；大明宫被称为东内，于唐高宗当政之后已见崇重，只是因为唐高宗与武则天多居于东都，彼时大明宫的政治中枢地位尚不十分突出，到唐肃宗收复长安以后，大明宫才开始重新成为唐朝的政治中枢；而被称为西内的太极宫，自唐玄宗开元之后基本上从唐朝政治中枢的地位上跌落下来，只是在一些国家礼典的场合

1　如《旧唐书》卷184《宦官传》序第4754页："开元、天宝中，长安大内、大明、兴庆三宫"云云；《雍录》卷3《唐宫总说》第49页："唐都城中有三大内。"

2　兴庆宫作为唐朝政治中枢所在地，只是唐玄宗一朝之事例，故宋人程大昌称之为"离宫"，西内太极宫与东内大明宫则被称为正宫。不过，程大昌认为"太极尊于大明"，若从国家礼仪的场合论说尚可，从他所谓"诸帝多居大明，或遇大礼大事复告太极。如高宗、玄宗每五日一御太极，诸帝梓宫皆殡太极，亦有初即大位不于大明而于太极者"可知，但若从国家政治中枢的角度置论，则有违于历史真实。上见《雍录》卷3《唐宫总说》，第49—50页。

3　按：唐玄宗改在兴庆宫听朝理政，但没能改变大明宫在宫城中的地位，这在开元时期尤为突出。像开元十六年五月唐昌公主出降，有司进仪注于紫宸殿行五礼，中书门下两省谏官联名上疏，以紫宸殿系元极之地为由提出反对，认为此举"言词僭越，事理乖张；既黩威灵，深亏典制"。唐玄宗纳其言，移于光顺门外行礼（《唐会要》卷30《大明宫》，第554页）。按：紫宸殿系大明宫中的内朝正殿。后来到了天宝时期，大明宫内的设施仍然一应俱全，但由于唐玄宗不再离开京师前往东都，兴庆宫的政治中枢地位越来越重要。兴庆宫内不仅设正衙置朝堂，更有勤政务本楼为大朝、理政之所，如《通鉴》"玄宗天宝元年正月"条："丁未朔，上御勤政楼受朝贺，赦天下，改元。"（《通鉴》卷215，以及本条胡注，第6847页）不过，唐玄宗于开元二十年"筑夹城入芙蓉园。自大明宫夹东罗城复道，经通化门观以达此宫"（《唐两京城坊考》卷1《兴庆宫》，第26页），兴庆宫与大明宫之间仍有往来，这是应该说明的。

才显示出以往宫城的意义。[1]

　　唐玄宗着手在京城旧日藩邸兴庆坊（隆庆坊）营建宫阙，据说是因此地有所谓"帝王之兴"的"云龙之祥"以及"龙池"，时人对此事颇多附会，其夸饰诞妄，宋人程大昌早有辨析。[2]不过，玄宗在开元二年（714年）诏令祠龙池，开元十六年诏置龙池坛及祠堂，甚至在开元十六年（728年）二月"亲行事"。此后，每年仲春二月，他都令有司行祭，一直到上元元年（760年）闰四月才废祭。在兴庆宫祭五龙坛，"古礼无此祠"[3]，这是唐玄宗首创。这一举动意在从国家礼制的角度表明兴庆宫在国家礼仪场合中的地位，从而巩固兴庆宫所具有的政治中枢地位。因为通常由有司摄事的祭祀一般是为了显示祭祀在政治上的特殊性才会由皇帝亲祭。[4]而在兴庆宫设立祠堂祭五龙坛，几乎与唐玄宗以兴庆宫为其政治中枢的时间同步，到上元元年废祭后不久，已是太上皇的唐玄宗也被迁出兴庆宫，安置在西内太极宫。因此，我们认为，唐玄宗营建兴庆宫的真实目的在于营造一个取代太极宫·大明宫的新的政治中枢。他的这一决策在客观上会改变以太极宫·大明宫为核心的宫城布局之下的各种权力配置关系，消除原来那些依附于

1　有关唐朝朝会场所与宫廷位置变更之关系等问题，详参拙撰《论隋唐皇权》，《学术界》，2003年第1期，第208—220页。

2　程大昌：《雍录》卷4《兴庆宫说》《兴庆池》，第83—84页。

3　《唐会要》卷22《龙池坛》，第433页；（唐）王泾：《大唐郊祀录》卷7《祀礼·祀五龙》，北京：民族出版社，影印本，2000，第779页。按：此条材料在国家礼仪上的意义承史睿学兄指点，谨此说明。

4　关于唐朝皇帝祭祀的礼仪，可参见金子修一《皇帝制度》（抽印本），谷川道雄等编《魏晋南北朝隋唐时代史的基本问题》，东京：汲古书院，1997；妹尾达彦：《唐长安城的礼仪空间——以皇帝礼仪的舞台为中心》，《东洋文化》第72号，1992年3月，第1—35页。

宫城的影响中枢政局稳固的因素或者政治势力。如陈寅恪先生等所论宫城北门——玄武门以及驻扎在玄武门的禁军与唐代中央政治革命之成败的关系[1]、唐玄宗对左右屯营禁军驻扎地点的调整与变更[2]、对北门禁军将领王毛仲和葛福顺等人的制裁[3]，都与他以兴庆宫为新的政治中枢的思路有相通之处。另外，经营新的政治中枢，可以摆脱唐睿宗之前历代政治对当前政局的影响；不令继承人居于东宫，而是在皇帝居所近侧的别院另外安置，皇帝便可对太子的势力变动情况有

1　陈寅恪：《唐代政治史述论稿》中篇《政治革命及党派分野》，第51页，论中央政治革命之成败"关键实系于守卫宫城北门禁军之手，而北门之重要则由于唐代都城建置之形势使然"；他在《隋唐制度渊源略论稿》二《礼仪》章所附《都城建筑》（上海：上海古籍出版社，1982，第63页）中亦论："至唐代则守卫宫城北门之禁军，以其驻屯地关系之故，在政变之际，其向背最足为重轻，此李唐一代中央政治革命之成败所以往往系于玄武门禁军之手者也。"对于这一论点，学术界颇有异议与修正，参见黄惠贤《常何墓碑跋》，载武汉大学历史系编《魏晋南北朝隋唐史资料》第2期；黄永年：《敦煌写本常何墓碑和唐前期宫廷政变中的玄武门》，见《唐史事考释》第37—56页。黄永年先生在文中认为："政变成败的关键仍不在于是否首先抢占玄武门，……也不是因为玄武门地势如何重要，而因为玄武门是禁军屯营所在……禁军左右屯营既不复屯驻玄武门，大明宫及大内的玄武门仅各留一营兵力。此后玄武门的重要性自不能和前此左右屯营俱在时同日而语。中唐是禁军左三军列皇帝所居大明宫东面南边大和门外，右三军列西面北边九仙门外，玄武门就更无关大局了。"（第42页）按：无论是因都城建置之形势还是因禁军屯驻于此，玄武门曾经在唐玄宗之前的宫城布局中占据过极其重要的地位，似无异议。又按：据黄永年先生前文引《唐会要》卷72《京城诸军》所载敕令，左右屯营变更屯驻地点，不复在玄武门驻扎是在开元十年九月二十七日。这同唐玄宗着手调整宫城布局以及依附宫城而分布着的不同政治势力的时间与思路正相吻合。
2　据《唐会要》卷72《京城诸军·羽林军》第1292页："开元十年九月二十七日敕，驾在京，左右屯营宜于顺义、景风门内安置。北衙亦著两营，大明北门安置一营，大内北门安置一营。"
3　《旧唐书》卷106《王毛仲传》，第3253页；《通鉴》卷213，玄宗开元十九年正月，第6793页。

所掌握，并使太子与诸皇子处于现实皇权更加直接、更加严密的控制之下。事实上，如果说在唐玄宗把政治中枢转移到兴庆宫之前，还偶有部分屯营兵入宫城作乱的话，自开元十六年以后，经过唐玄宗对宫城布局和宫城内力量部署的调整，京师内就几乎没有发生过禁军叛乱。[1]

兴庆宫成为唐朝新的国家政治中枢，使此前以太极宫·大明宫为政治中心的宫城格局发生了变化。按理说，原来从属于整个宫城布局的东宫，就可能有理由随着政治中心的改变而发生变化，这当然只是从其在京师之中的地理位置来说。这就是说，在兴庆宫取代太极宫·大明宫成为新的国家政治中枢之后，如果东宫的政治地位不发生变更，势必应该有一个新的符合原来规格的东宫建筑群存在，然而，唐玄宗在把政治中枢转移到兴庆宫以后，并没有给皇太子一个相应的类似于原来东宫那样规格的居所，而是让皇太子居于"乘舆所幸之别院"，这实际上就把皇太子与其居所东宫以及东宫所属的官衙署舍分离开来了。而在原来的宫城布局中并非如此。据《唐两京城坊考》记载："东宫，傅宫城之东，南北与宫城齐"[2]，东宫似为宫城之附属。不过，根据考古工作者的实际测量，太极宫与东宫东西总宽为1967.8米，

1　据《通鉴》卷212"玄宗开元十年"条第6752页与《旧唐书》卷8《玄宗纪下》第184页载，这年九月左领军兵曹拥京师部分屯营兵自景风、长乐等门斩关入宫城构异，但此年二月唐玄宗幸东都，次年三月才返回。故而乱兵虽假借立襄王（温王）李重茂之子的名义有政治上的意图，但唐玄宗此时并不在京师。后来的马嵬之变也是在郊外发动，也不在京师。对此后文有详说。

2　徐松《唐两京城坊考》卷1《西京·宫城》，第7页。

合唐制四里一步[1]，说明《长安志》所谓唐"宫城东西四里"[2]的说法相当准确，而且说明"文献所记的宫城，是指太极宫与东宫，并不包括掖庭宫"[3]。也就是说，在太极宫为国家政治中枢之时，设计宫城时是把太子东宫当作宫城的组成部分的。[4]只是因为太子不居东宫，各种相关文献对"太子事迹著宫城之内者"记载很少[5]，而且，对于东宫内部建筑物的数量、名称，尤其是宫门的位置和名称的记载多有出入。[6]不过，从目前所见的唐朝官方律令文献来看，在城门管理上，东宫诸门与太极宫诸门的地位是基本一致的。[7]此外，考古实测还揭示了这

---

1 参见马得志、杨鸿勋《关于唐长安东宫范围问题的研讨》，《考古》，1978年第1期。李健超《增订唐两京城坊考》卷1引《唐代长安城考古纪略》（《考古》，1963年第11期）作"实测太极宫与东宫东西长2117.8米合唐制四里（1440步，合2116.8米），历史文献记载相当准确"。西安：三秦出版社，1996，第3页。按：此处引文恐有误。据原文云："若每步以1.47米折算，今实测宫城的东西广1967.8米。"

2 宋敏求：《长安志》卷6《宫室四·唐上》，见平冈武夫《唐代的长安与洛阳·资料篇》，东京：同朋舍，1985，第93页。

3 马得志、杨鸿勋：《关于唐长安东宫范围问题的研讨》，《考古》，1978年第1期，第60—64页。按：马得志执笔、署名中国科学院考古研究所西安唐城发掘队的《唐代长安城考古纪略》（《考古》，1963年第11期，第595—611页）也这样认为："所谓'宫城'，是包括太极宫、东宫、掖庭宫三部分的总称。……实测东西广2820.3米、南北长1492.1米。"

4 程大昌《雍录》卷4《长生殿》第182页"东宫一宫固在太极宫城之内"或有可商，但卷9《唐东宫》说"唐东宫在太极宫中"，若以太极宫为宫城之代称，则可谓的论。

5 程大昌：《雍录》卷9《唐东宫》，第182页。

6 参见马得志、杨鸿勋《关于唐长安东宫范围问题的研讨》，《考古》1978年第1期；李健超：《增订唐两京城坊考》卷1《西京·宫城》，第9页。

7 《唐六典》卷8《门下省·城门郎》条："明德等门为京城门，朱雀等门为皇城门，承天等门为宫城门，嘉德等门为宫门。"西安：三秦出版社，影印广池训点本，1990，第186页。仁井田陞：《唐令拾遗》卷15《宫卫令》据以复原令文称为[开七]开元七年令，不知何据。东京：东方文化学院东京研究所，1933，第358页。（转下页）

样一个基本事实：东宫的规划分为东、中、西三路，东宫各官署的布局是按中轴线左右对称布置的，其主体建筑明德殿（嘉德殿）、东宫正门（重明门）和东宫朝堂均在这一中轴线上。[1]这一点与太极宫的太极殿、承天门一线是整个京师和宫城的中轴线一样。[2]由此可见，东宫不仅与太极宫同属于宫城建筑的组成部分，而且还有其独立的核心和对称布局。此外，从宫城和皇城的官衙分布来看，属于东宫系统的衙署与所谓南衙机构也有相通之处。比如，东宫衙署中的左、右春坊等，在宫城中有一套，在皇城中也有一套，这与南衙机构中的中书、门下在太极宫中有内省，在皇城中有外省是一样的。而且，从这些机构的组成与职掌来说，左、右春坊之于东宫的意义，与中书、门下之于朝廷的意义是一样的。不仅如此，整个东宫机构建制几乎可以比拟朝廷体制，而且东宫机构又有与之相对应的朝廷机构。按照今本《唐六典》与

（接上页）《唐律疏议》卷7《卫禁》"诸阑入宫门"条注谓"阑入宫城门，亦同"，本条疏文"嘉德等门为宫门，顺天等门为宫城门"，"诸登高临宫中者"条疏亦同义谓"准例，宫城门有犯，与宫门同"。北京：中华书局，点校本，1983，第150、158页。按：唐律与《监门式》中宫门与宫城门同，殿门、皇城门、京城门亦各有差等；又《唐律疏议》卷7《卫禁律》"奉敕夜开宫殿门"条疏谓"驾在大明、兴庆宫及东都"云云，前文已讲兴庆宫在开元时才成为唐玄宗的听政之地，此处谓兴庆宫，说明此条疏已经增加了开元时期的内容，故《唐律疏议》于永徽间修撰，开元年间又有改定删补。

1　参见马得志、杨鸿勋《关于唐长安东宫范围问题的研讨》。

2　唐朝宫城建筑在京师长安的对称布局以及太极殿处于太极宫之中轴线、东宫官署等建筑的对称布局与其主体建筑明德殿（嘉德殿）处于东宫之中轴线上的情形，有关唐长安的专门文献均有解说，从平冈武夫《唐代的长安与洛阳·地图篇》所附录宋人吕大防《长安城图》（图版二）、清人徐松等《长安宫城图》（图版一三、一四）、《咸宁县志》等《东宫图》（图版一六）诸多图版以及妹尾达彦《唐开元末长安城图复原试论》（载《历史人类》第26本，日本筑波大学历史人类学系，1998，第43—91页）所附《唐长安城之宫城与皇城复原图》可以更直观地获得如上印象。

《旧唐书·职官志》《通典·职官典》的有关记载[1]，我们可以大致了解玄宗之前唐朝完备的东宫体制。下面我们对这一体制下东宫的机构建制规模及其所对应的朝廷机构的基本情况略加叙述，以便于以后的有关研究。

东宫所属诸机构及其官员职掌如下。（甲）太子三师（太子太师、太子太傅、太子太保）、三少（太子少师、太子少傅、太子少保）与太子宾客：各掌太子的辅导教谕与侍从规谏，赞相礼仪，其官不必备设，与三师、三公的设置同理。（乙）太子詹事府：置詹事、少詹事等职，掌"统东宫三寺（家令寺、率更寺、仆寺）、十率府之政令，举其纲纪而修其职务……凡天子六官之典制，皆视其事而承受焉"。凡敕令及尚书省、左右春坊的符牒颁下东宫诸司者，以及东宫诸司之申上文案，皆由詹事府负责。詹事府制度大致类似于尚书都省并略有扩展；詹事府置太子司直，掌弹劾东宫僚属，纠举职事，掌同御史之职。（丙）左、右春坊：左春坊，唐高宗之前沿用隋朝旧称为门下坊。左春坊设左庶子、中允、司议郎等，掌侍从、赞相礼仪，驳正启奏、监省封题，印署覆下太子令书，送詹事府，其职掌与门下省之侍中、侍郎、给事中相似；另设左谕德、左赞善大夫，掌教谕、规讽，其职掌与门下省之左散骑常侍、左谏议大夫相似。下属崇文馆，"其课试、举选如（门下省）弘文馆"；又有司经局，掌东宫四库之图书，其职掌与秘书省相类；设典膳局、药

1　唐东宫官署承袭前代并有所厘革调整，《唐六典》大约反映了唐玄宗之前东宫建制的一般状况，故依据其卷26、27、28之记载并参以《旧唐书》《通典》的记载加以解说。至于其中的曹司设置与职掌、名称等变化情况，容笔者在以后的论述中详细说明，此处不赘述。

藏局、内直局、典设局，其职掌类似于殿中省下设的尚食局、尚药局、尚衣局（兼含门下符宝郎之职掌）、尚辇局、尚舍局之职；宫门局职掌与门下省城门郎相似。右春坊，隋朝时称典书坊。右春坊制度大体与中书（内史）省相似，设右庶子、中舍人、太子舍人、太子通事舍人、右谕德、右赞善大夫等员。右庶子职拟中书令；中舍人职拟中书侍郎；太子舍人掌侍从、行令书、令旨及表、启之事；太子通事舍人掌导引东宫诸臣辞见之礼及承令劳问之事，职同中书省之舍人、通事舍人；右谕德与右赞善大夫职拟中书省之右散骑常侍、谏议大夫。其制度如左春坊之同于门下省一致。（丁）太子内坊，设典内等职，掌东宫阁内之禁令及宫人之衣食开支等，职拟内侍省之内侍、内常侍。（戊）太子内官司闺（领掌正、掌书、掌筵）、司则（领掌严、掌缝、掌藏）、司馔（领掌食、掌医、掌园），职拟内宫及宫官六尚。（己）家令寺、率更寺、仆寺，由詹事府掌统，其职掌与朝廷诸寺、监相类。如家令寺掌太子饮膳、仓储、库藏，与光禄、太府、司农诸寺相似；（庚）十率府，即左右卫率、左右司御率府、左右清道率府、左右监门率府、左右内率，各统东宫兵仗羽卫、巡警等事，与朝廷十六卫守护京师与宫禁相类。

由上可见，唐玄宗之前的东宫体制已相当完备，东宫官署的建制确立了对太子严格赞导、精心教育的制度，这套制度可以使太子熟悉治道，谙练国家体制运行的诸多环节与关联，以便能够在承继大统后很快进入角色、行使权力，而且，这套制度与中央朝廷的政治体制形成了极为密切的对应关系。从东宫建置来说，东宫机构对于身为储君的太子来说，其意义类似于南衙百司（朝廷）之于皇帝。因此，东宫体制是一个相当完备的权力体系，可以说它是一个微缩的朝廷或者

"准朝廷"。按理说，东宫体制应该包括在整个国家的中枢政治体制之中，正如东宫包含在宫城建筑群之内一样。东宫体制的政治意义，正在于它为日后皇权的顺利交接做了一定的准备工作。如唐高宗出于"为政之方，义资素习"的考虑，特降诏令太子李弘"每五日于光顺门内坐，诸司有奏，事小者并启皇太子"[1]。这样一来，太子可借此"接对百僚，决断庶务，明习政理"[2]。所以，每当皇帝晏驾，遗诏中常令太子"枢前"（或灵前）即皇帝位。此举的目的，在于防止权力交接过程中出现权力真空，此所谓"宗社存焉，不可无主，……军国大事，不可停阙"[3]。新君立即登基，是为了永葆宗庙、社稷之稳固。东宫体制与朝廷制度相类，其政治意义即保障皇权继承人的政治权益，实现皇权的顺利过渡。

以上的叙述可以说明两层意思：第一，在以太极宫为中心的唐代宫城布局中，东宫不仅是整个宫城建筑群的组成部分，而且它的机构和衙署与朝廷的机构建置相对应。第二，作为皇权继承人的生活场所，东宫是一个具有一定独立性的宫城建筑，以太子为核心的东宫体制是一个具有相对独立性的权力系统。也就是说，无论是作为一个宫城建筑群，还是作为一个权力系统，一方面，东宫包括在宫城和整个国家政治体制之内，这是它能够实现皇权顺利过渡之政治职能的前提，东宫依据这一政治理由而形成的权力系统与政治集团具有合法性；另一方面，东宫又具有相对的独立性。这种相对的独立性，使它组

1　《唐大诏令集》卷30《大帝命皇太子领诸司启事诏》，第100页。

2　《旧唐书》卷78《张行成传》，第2704页。

3　《唐大诏令集》卷11《太宗遗诏》，第60页。

成的具有合法性的权力系统与政治集团又不可避免地游离于现实皇权之外，与现实皇权发生矛盾，甚至因为东宫依据这一合法力量进行政治经营而发生宫廷政变。玄宗之前，唐朝历次宫廷政变的情况尽管各有不同，但凡是太子参与或者介入的政变均有抢班夺权的性质。

然而，自从太子不居东宫后，东宫和东宫体制的政治内涵在很大程度上被忽略了。也就是说，东封泰山之后，随着唐玄宗辉煌时代的到来，东宫在宫城中、东宫体制在国家政治体制中的政治意义逐渐被有意识地淡化。在这一点上，十王宅内诸王与王府僚属的景况可以给我们一定的启示。据文献记载，开元二十三年（735年）七月，光王、仪王等年长者诸王授开府仪同三司，而如陈王等诸王因年幼虽"未授官，并置府官僚属。……俄除十五王府元僚，并未有府幕，同于礼院上，亦无精选"[1]。这就是说，诸王虽然有王府僚属，但因为不出阁，根本不可能与僚属有密切的关系，所谓"府幕列于外坊，岁时通名起居而已"[2]，甚至有些亲王虽有僚属却"未有府幕"，那么这些僚属则系挂名，只是虚衔而已。这样，十王宅中诸王就在政治上被严格控制起来，他们所能做的不外乎游乐消遣了。[3]同样，太子不居东宫后，尽管所属宫僚的衙署还没有从东宫中撤销，但东宫官与太子的联系开始慢慢疏淡。到天宝时期，东宫官与诸王府中的僚属类似，逐渐变为闲职，失去

1　《旧唐书》卷107《玄宗诸子·光王琚传》，第3262页。

2　《唐会要》卷5《诸王》，第52页。《旧唐书》卷107《玄宗诸子传》，第3271—3272页。

3　参见（宋）钱易《南部新书》癸卷："十宅诸王，多解音声，倡优百戏皆有之，以备上幸其院。迎驾作乐，禁中呼为'乐音郎君'。"北京：中华书局，《丛书集成初编》本，1985，第108页。

　　　　　　　　唐代玄宗肃宗之际的中枢政局

了它们往日之于东宫的政治意义。不过，东宫官与太子在名分上还保留着隶属关系，唐朝从未像隋朝那样颁布"东宫官属不得称臣于皇太子"[1]之类的诏令。在以东宫官身份进呈太子笺表时，他们还要向太子称臣。开元二十三年（一说开元二十五年）八月的《仪制令》中明文规定："皇太子已下率土之内，于皇帝皆称臣……皇后已下率土之内，于皇帝、太皇太后、皇太后皆称妾；百官上疏于太皇太后、皇太后称殿下，自称皆曰臣；百官及东宫[官]对皇太子皆称殿下，百官自称名，宫官自称臣。"[2]这显然保持了皇太子对皇帝称臣、东宫官对皇太子称臣的旧仪，当然，朝廷百官对皇太子不称臣而自称名。

但是，在有关列戟之数的礼仪中，东宫宫门与太极宫宫门就有了差别。据《唐六典》："凡太庙、太社及诸宫殿门，东宫及一品已下诸州门，施戟有差：凡太庙、太社及诸宫殿门各二十四戟，东宫诸门施十八

1　《隋书》卷2《高祖纪下》，北京：中华书局，点校本，1973，第45页。这一诏令颁布于开皇二十年（600年）十二月，当年十月隋文帝废太子杨勇，十一月立杨广，这一诏书可能与当时特殊的政治形势有关。不过这一诏令的精神后来并没有得到执行，唐开元《仪制令》就与此不同。但是它可能触及皇权政治下中枢斗争的症结，体现了现实皇权的政治要求。有学者对这一诏令从"加强皇帝的绝对权力"与"加强皇帝对百官的控制"立论，可谓已见其深意。参见何兹全《中国文化六讲》，新竹："清华大学"人文社会学院思想文化史研究室，1997，第54—55页。

2　《唐会要》卷26《笺表例》，第505—506页。[官]字据《唐六典》卷4《尚书礼部》第87页"凡君臣上下皆有通称"条谓"百官于皇太子亦曰殿下，自称名，东宫官则称臣"补。按：《唐令拾遗》卷18《仪制令》第471页引《开元礼》亦补"官"字。又按：开元二十年（732年）修新五礼，虽然唐朝修礼与定令的时间互有先后，但是开元二十三年（735年）定令之事未见，今本《唐会要》作二十三年，疑为二十五年之误。《唐令拾遗》卷18《仪制令》作[开七]与[开二五]，两存之。

载，正一品门十六戟……"[1]按今本《唐会要》的提示，这是天宝六载（747年）四月八日敕改《仪制令》的内容[2]，这一规定在唐德宗贞元五年十二月十九日又以敕旨的形式加以确定。[3]我们认为，即使按照日本学者仁井田陞《唐令拾遗》中的观点，这一规定是开元二十五年令甚至是开元七年令的内容，也多少可以说明东宫宫门与诸宫殿门在某些方面存在一些差异。当然，其中一些差异在玄宗开元时期以前就已经隐约可见了。[4]

这一点也许可以说明，改变东宫在整个宫城中的地位，并非唐玄宗突发奇想。降低东宫的地位和压缩东宫体制的规模，关于这一政治意图，我们在从唐朝建国以来到唐玄宗改以兴庆宫为新的政治中枢这一历史时期中，还是可以寻觅到一些蛛丝马迹的。只是在唐玄宗开元以前，这种变化还不够显著，没有对现有体制造成多大的冲击或者影响。经过十几年——开元天宝之际社会各个方面都发生急剧变化的十几年——的发展，到唐玄宗天宝年间，东宫体制的一些变化开始较为鲜明地表现出来。

值得注意的是，唐玄宗改变太子居于东宫的旧制，宰相或其他政

1　《唐六典》卷4《尚书礼部》，第92页。

2　《唐会要》卷32《戟》，第586页。唯《唐六典》中作"二十四载"，《唐会要》与《通典》卷25《职官典七·卫尉卿》（第149页）均作"二十载"。按：前注《唐六典》中有与此相同的内容，是《唐六典》中已经包含了天宝时期的内容，还是开元礼令中就已经有了这一条文，抑或新旧交替时期之情形，尚待探究。

3　《唐会要》卷32《戟》（第586页）：中书门下为官员列戟事进奏，"准天宝六载敕"。

4　唐律与《监门式》所规定的"阑入""夜开"等条就已经对擅入殿门、宫门（宫城门）、皇城门、京城门的处罚做了等级区分；参见《唐律疏议》卷7《卫禁律》，第150—162页。按：《唐律疏议》虽然有开元年间删补的内容，但其主体还是唐高宗永徽年间的内容。

治权力集团并未提出异议或表示反对。但在唐太宗时期，类似的做法却遭到大臣的反对。贞观二十年（646年），"太宗于寝殿侧[别]置一院（室），令太子居之，绝不遣（令）往东宫"，就引起了门下侍郎兼太子宾客褚遂良的异议，他上疏征引古礼与周室问安、汉储视膳的旧事进行谏诤，要求皇帝"远览殷周，近遵汉魏，常许（太子）旬日半月，遣还宫，专学艺以润身，布芳声于天下"。唐太宗最终听从了他的奏请。[1]应该指出的是，此时的褚遂良乃宰相成员。[2]开元十三年（725年），唐玄宗令太子不居东宫，没有人对此提出异议，若与贞观时期相比，这一情况反映出这一时期朝廷政治力量与皇权在配置关系上的变化。这种变化在开元初期还只是表现为一些征兆。

从某种意义上来说，太子居东宫，因与皇帝异宫分处，所以在政治上与生活上具有相对较大的独立性。这表现在太子生活的许多方面，从唐玄宗之前屡屡见诸文献记载的皇帝对东宫的视察与召见太子的事例中，我们可以看出这一点。当时的朝廷大臣尤其是东宫官员会自觉维护太子生活的独立性。比较典型的例子如长安三年（703年）太子詹事[3]崔神庆上疏一事。崔神庆认为武则天临时征召太子入内朝参，太过随意，不符合重慎之道，故上表提出质疑。其表略云："今五品以

1　《唐会要》卷4《储君·杂录》第44页及卷51《识量上》第887页；并参《旧唐书》卷80《褚遂良传》第2737页，略同。

2　据《旧唐书》卷80《褚遂良传》第2735页：贞观十八年（644年），拜黄门侍郎参综朝政；《唐会要》卷51《识量上》第887页所载与此同；《新唐书》卷61《宰相表上》第1635页作"参豫朝政"，亦即宰相之号。

3　《通鉴》卷207第6568页"则天后长安三年十一月"条作"宫尹"。按：武周天授以后太子詹事更名为宫尹，《通鉴》是。

上所以佩龟者，为别敕征召，恐有诈妄，内出龟合，然后应命。况太子国本，古来征召，皆用玉契，此诚重慎之极也。昨缘突厥使见，太子应预朝参，直有文符下宫，曾不降敕处分。臣愚谓太子非朔望朝参、应别召者，望降墨敕及玉契。"他在上疏中还提出："太子既与陛下异宫，伏望召太子，先报来日。"对于这一建议，武则天表示赞同。[1]

显然，皇太子因居东宫而与皇帝异宫分处，皇帝召见太子就少了一些随意性。太子在生活中具有相对独立性，一定程度上削弱了皇帝对太子日常生活与政治活动的控制。唐玄宗时期，太子不居东宫而居于皇帝起居所在之"别院"，崔神庆所谓"别敕征召"之法也就失去了意义。太子居所的改变，不仅导致太子日常生活环境发生变化，更重要的是，还会引起太子权力地位的若干变化，引起东宫体制的变化，使皇位继承权在国家权力中枢内的地位产生变化。相关情况我们会在后文中进行论述。值得注意的是，太子生活居所的变化，并没有因为唐玄宗之后国家政治中枢重新转移到大明宫而发生改变。自开元十三年"太子不居于东宫"后，后来唐朝的皇位继承人再也没有回到原来属于宫城的东宫，其居于"乘舆所幸之别院"的状况也没有发生改变。

考察唐玄宗改变太子居于东宫的旧制之缘由，可能与他设立十王宅一样，一定程度上是他根据个人的政治生活经验而采取的政治策

1　《唐会要》卷4《储君·杂录》，第45页，并参见《通鉴》卷207"则天后长安三年十一月"条，第6568页。按：据《通鉴》，崔神庆上疏事在神都洛阳，略与西京宫城之事不同，引用此事意在以类相推，且神都系武周时期之政治中心也。

略[1]。唐玄宗位居东宫之时与太平公主的冲突以及与唐睿宗之间的微妙关系，使他当政后势必会对皇位继承人在国家政治中枢中的地位有所关注。太子不居东宫、诸皇子不出阁，这些政治举措为唐玄宗之后的帝王所继承。此外，玄宗还命人在宫院与诸皇子的宅第之间设夹城以相通，这样既保障了皇帝起居往来的安全，也加强了对太子与诸皇子的控制。[2]此后，太子居于"少阳院"[3]，或者称为"长生院"[4]。长生

1　《旧唐书》卷95《睿宗诸子·让皇帝宪传》第3011页："初，玄宗兄弟圣历初出阁，列第于东都积善坊，五人分院同居，号'五王宅'（《新唐书》卷81《三宗诸子传》第3597页作"五王子宅"）。大足元年，从幸西京，赐宅于兴庆坊，亦号'五王子宅'（《唐会要》卷30《兴庆宫》第558页亦作"五王子宅"）。及先天之后，兴庆是龙潜旧邸，因以为宫。宪于胜业东南角赐宅，申王㧑、岐王范于安兴坊东南赐宅，薛王业于胜业西北角赐宅，邸第相望，环于宫侧。玄宗于兴庆宫西南置楼，西面题曰花萼相辉之楼，南面题曰勤政务本之楼。玄宗时登楼，闻诸王音乐之声，咸召登楼同榻宴谑，或便幸其第，赐金分帛，厚其欢赏。诸王每日于侧门朝见，归宅之后，即奏乐纵饮，击毬斗鸡，或近郊从禽，或别墅追赏，不绝于岁月矣。游践之所，中使相望，以为天子友悌，近古无比，故人无间然。"《次柳氏旧闻》亦云："兴庆宫，……圣历初五王宅也。"参见丁如明辑校：《开元天宝遗事十种》，上海：上海古籍出版社，1985，第7页。

2　把夹城当作"一套完备之宫廷系统"加以论述，可以参见赵雨乐《唐宋变革期之军政制度》第一章之《唐代三宫之设置与夹城关系》，台北：文史哲出版社，1994，第15—29页。

3　《旧唐书》卷175《庄恪太子传》："太子归少阳院。"（清）王昶：《金石萃编》卷10《宫闱令西门珍墓志铭》："顺宗嗣位，选著德以辅嗣皇，转为少阳院五品。"（北京：中国书店，影印扫叶山房本，1986）又，《册府元龟》卷710《宫臣部·讲习》第8458页："开成二年七月，以（窦）宗真为太子侍读……令每遇双日入对皇太子，（三年）九月，又诏……依前隔日入少阳院。"（北京：中华书局，影印明崇祯本，1960）。唐长孺先生说："少阳院太子所居……直到唐末，太子仍居少阳院。"参唐长孺《唐代的内诸司使（上）》，载武汉大学历史系编《魏晋南北朝隋唐史资料》第5期，第1—11页。

4　《册府元龟》卷708《宫臣部·选任》第8441页："太和九年七月以（王）起及翰林学士太常少卿知制诰陈夷行并充皇太子侍读，仍每五日一入长生院对皇太子。"《册府元龟》卷710《宫臣部·讲习》第8458页："王起为皇太子侍读。文宗开成（转下页）

院和少阳院似乎并非同一所在。大明宫内只有一个"少阳院"[1]，而在兴庆宫中虽然不见"少阳院"之类的太子居所，但我们推测在皇帝居所附近必定有一个太子居所。[2]十王宅作为诸皇子在宫苑内的居所，后来又称"十六宅"[3]，由内使家臣"十王宅使"管理内苑诸王的起居。实际上，十王宅使的任务就是监视诸皇子，唐长孺先生曾较为详细地论述

（接上页）二年正月诏起及陈夷行再入长生院对皇太子讲读……，二月诏起、夷行三日入长生院对皇太子讲读……，三月诏起、夷行五日一入长生院对皇太子讲读……，四月甲午朔皇太子于长生殿对陈起、夷行。"《旧唐书》卷173《陈夷行传》第4495页作太和"八年，兼充皇太子侍读，诏五日一度入长生院侍太子讲经"。清人徐松认为"大内之寝殿通曰长生殿，太子所居通曰长生院矣"，但是不知其在宫城的具体位置。见《唐两京城坊考》卷1《西京·东宫》，第8页。

1　据徐松的说法，其位置在史馆北。按：《雍录》引《阁本大明宫图》同此，但另录《大明宫学士院图》，在学士院、翰林院北又有少阳院（卷4，第72页；平冈武夫：《唐代的长安与洛阳·地图篇》第32图）。据《唐两京城坊考》卷1《大明宫》第20页："《通鉴注》：少阳院在浴堂殿之东。盖近东南也，《长安志》言右银台门北、翰林院北有少阳院，误。"可以参见。

2　如太子瑛，据《通鉴》谓"与瑶、琚会于内第"，《旧唐书·玄宗诸子传》谓"同居内宅"（第3262页）；胡三省谓"时太子、诸王皆居禁中"（《通鉴》卷214"玄宗开元二十四年"条注，第6823页）、中书令张九龄谓"太子已下，常不离深宫"（《旧唐书》卷107《废太子瑛传》，第3259页）；太子李亨时，其居所应已固定。

3　（宋）赵彦卫《云麓漫钞》卷8即谓"先天以后为十六王内宅"，北京：中华书局，点校本，1996，第142页；《唐会要》卷26《侍读》第511页："大中十二年四月以谏议大夫郑章、兵部郎中李邺为郓王侍读，居十六宅。"唐长孺说："十王宅置于开元，……后来又称'十六宅'。《旧唐书》卷175史臣曰之'手才揽于万机，目已睨于六宅，防闲禁锢，不爱人情'"，其中"六宅"乃"十六宅"省文，亦即十王宅。参唐长孺《唐代的内诸司使（上）》，载武汉大学历史系编《魏晋南北朝隋唐史资料》第5期，第1—11页。又《通鉴》卷213"玄宗开元十五年五月"条胡三省注曰：安国寺之大宅分处十王，是十王宅，后来的六王"又就封入内宅，是为十六宅"，则是把六、十、十六视为实数。按：《旧唐书·德宗纪》的确记有十王宅、六王宅，又见《增订唐两京城坊考》，第23页。

了十王宅使监视诸王活动的职责。[1]毋庸置疑，唐玄宗的这些做法使太子与诸皇子处于现实皇权更加直接、更加严密的控制之下。

　　总之，在开元天宝之际，唐玄宗不曾把皇位的继承问题提到政治日程上来，权力的交接与皇位的延续还不是他亟待解决的问题。在这一政治大前提之下，基于个人政治生活经验与政治利益的驱动，尤其是稳固个人现实政治权力的需要，唐玄宗在潜邸营建新的政治中枢时，改变太子居于东宫的旧制，从而造成了对太子政治生活空间的压缩，使当时太子政治生活与日常生活的基本面貌发生了很大变化，并加强了对太子的政治监控。如此一来，庶几可以防止因为太子的成长与势力的膨胀所造成的皇位继承权与现实皇权之间的矛盾与不协调。太子不居东宫后，原来东宫体制下的东宫僚属与太子的关系也逐渐发生了变化，这一变化直接导致了宫臣[2]在国家政治体制中地位的变化，从而造成东宫体制的变化。这些征兆在太子李瑛被废之前表现得并不明显，直到唐玄宗天宝年间才较为清楚地浮现出来。到那时，开元以降到天宝时期的中枢政局的面貌，也因此发生了改变。

1　唐长孺：《唐代的内诸司使（上）》，载武汉大学历史系编《魏晋南北朝隋唐史资料》第5期，第1—11页。
2　这里所说的"宫臣"，是指属于东宫系统的各级官僚属员。这是借用《册府元龟·宫臣部》对此类成员的称呼。

三　李瑛被废前后唐玄宗朝中枢政局：对中枢权力机构的调整以及对宰相集团政治态度的试探

太子李瑛被废之前，唐玄宗已经开始着手压缩太子的政治生活空间和削弱太子的权力地位。同时，他对中央辅政权力系统也进行了调整，放宽辅政权力机构的职责权限，从而对唐初以来的中枢政治体制进行了调整，使唐玄宗一朝中枢政治体制内的权力系统处于新的配置关系之下，中枢辅政权力机构也因此发生了巨大的变化。这一调整过程如果从唐玄宗开元十一年（723年）中书令张说奏改政事堂为中书门下算起，到开元二十四年（736年）李林甫取代张九龄出任中书令，唐玄宗大约用了十几年的时间。在这个过程中，由于中枢政治权力系统处于新的政治配置关系下，故这一时期唐朝中枢政局呈现出不同于以往的新面貌。以下我们就对太子李瑛被废前，皇权对中枢政治体制内辅政权力机构与权力集团的调整情况加以分析，以便于对这一时期中枢政局的有关问题进行讨论。

开元二十五年（737年）四月，唐玄宗废黜已居储君之位二十余年的皇太子李瑛，同时被废的还有两位皇子鄂王与光王，此即唐朝政治史上影响巨大的所谓"三庶之祸"或"三庶人之祸"。"三庶之祸"给唐朝中枢政局带来了巨大动荡，而它的发生又是中枢政局变动的结果。唐玄宗为什么要废黜太子李瑛，由于现有文献记载不足，其中诸多问题还没有办法完全弄清楚。但由于废黜太子一事在唐玄宗时期中枢政局演进过程中具有特殊意义，故太子李瑛被废前后的史实仍值得我们索解。尤其是废黜太子一事中的起伏波折，能帮助我们解读玄宗朝的中枢政局变动。

关于"三庶之祸"的起因，据《旧唐书》卷106《李林甫传》："玄宗终用（李）林甫之言，废太子瑛、鄂王瑶、光王琚为庶人，太子妃兄驸马都尉薛锈长流瀼州，死于故驿，人谓之'三庶'，闻者冤之。"《新唐书》卷223上《李林甫传》也有如此说法："帝卒用其言，杀三子，天下冤之。"均说皇太子李瑛等人被废的直接原因是唐玄宗听从了李林甫的建议。《新唐书》卷76《后妃上·玄宗贞顺皇后武氏传》："李林甫以寿王母爱，希妃意陷太子、鄂光二王，皆废死。"虽然没有将"三庶之祸"完全归咎于李林甫，但丝毫没有回避李林甫在此事上的责任。笔者认为文献中对此事的记载颇多空白与失实之处，对于旧史中的一些说法，也觉得有不少疑点。[1]比如，既然唐玄宗听从李林甫之言废黜李瑛的太子之位，为什么不从其言改立寿王？既然说李林甫是为了讨好武惠妃而拥立寿王，那么为什么在武惠妃死后他依然极力向唐玄宗推举寿王为太子？为了便于对"三庶之祸"进行分析，我们有必要对此事的过程略加叙述，从事情发生、发展的过程中找到一些有价值的线索。

1　由于废储诏制系于宫内颁布，并未宣行天下，如张九龄所说"人未见过"或可理解，若两《唐书》云三庶之祸天下冤之，恐非当时实录。此事会引起中枢政局的动荡，但对于一般吏民的影响恐怕不大。再说"三庶人以罪废，寿王以母宠得爱，议者颇有夺宗之嫌。道路悯默，朝野疑惧"。政治态势如此严峻，是否有人会在朝廷上为皇太子鸣冤，也值得怀疑。也难怪司马光就独孤及《裴稹行状》言其为此慷慨陈词一事表示怀疑："稹若敢为太子直冤，则声振宇宙，岂得湮没无闻，而诸书皆不言此事，盖出于及之虚美耳。"见《通鉴》卷214"玄宗开元二十五年四月"条《考异》，第6829页。

（一）唐玄宗何时动念废储

唐玄宗何时动念废储，目前暂时缺乏直接的文献依据，但至少在开元二十三年（735年）之前，尚没有见到唐玄宗公开流露出废储之意。开元二十三年后，由于朝廷内外政治因素的变化，唐玄宗渐渐产生废储想法，并在朝廷中向宰相即辅政大臣公开。据《通鉴》卷214"玄宗开元二十四年十一月"条："太子与瑶、琚会于内第，各以母失职有怨望语。驸马都尉杨洄尚咸宜公主，常伺三子过失以告惠妃。惠妃泣诉于上曰：'太子阴结党与，将害妾母子，亦指斥至尊。'上大怒，以语宰相，将欲废之。"司马光系此事于开元二十四年（736年）十一月，恐有些太迟，因为在东都洛阳时太子瑛的所谓罪状就已经有所显露。我们从开元二十五年四月颁布的《废皇太子瑛为庶人制》中也可以看出这一苗头："皇太子瑛，幼而钟爱，爰加训诱，亲之师范，所望日新；年既长成，与之婚冠。而妃之昆弟，潜构异端，顷在东都，颇闻疑议；所以妃兄薛愿，流谪海隅，导之诲之，谓其迁善。"[1]到开元二十四年十一月时，唐玄宗已经从东都返回京师长安。[2]由于事情的起因是驸马都尉杨洄的告发，而杨洄尚主的时间是在开元二十三年（725年）七月[3]，据此估计，唐玄宗有意废黜太子瑛的时间不会太早。当然，杨洄未必是在尚主之后才开始为武惠妃构陷太子。问题是唐玄宗在东都时

1　《唐大诏令集》卷31《皇太子·废黜》，上海：学林出版社，第112页。"顷在东都，颇闻疑议"一语尤可注意。

2　唐玄宗此次幸东都是在开元二十二年正月到达，开元二十四年十月还西京长安。见《旧唐书》卷8《玄宗纪上》，第200—203页；《通鉴》卷214，第6805、6822页。

3　《通鉴》卷214"玄宗开元二十三年七月"条，第6812页。按：杨洄所尚咸宜公主系武惠妃之女。

就已经听到人们对皇太子的议论，并召集宰相就废储一事进行过讨论，只是在东都时迫于当时的朝廷局势，主要是中书令张九龄的坚决反对，他虽动念废储，但是无法付诸实施。《旧唐书》卷107《玄宗诸子·废太子瑛传》：

　　瑛母赵丽妃，本伎人，有才貌，善歌舞，玄宗在潞州得幸。及景云升储之后，其父元礼、兄常奴擢为京职，开元初皆至大官。及武惠妃宠幸，丽妃恩乃渐弛。时鄂王瑶母皇甫德仪、光王琚母刘才人，皆玄宗在临淄邸以容色见顾，出子朗秀而母加爱焉。及惠妃承恩，鄂、光之母亦渐疏薄，惠妃之子寿王瑁，钟爱非诸子所比。瑛于内第与鄂、光王等自谓母氏失职，尝有怨望。惠妃女咸宜公主出降于杨洄，洄希惠妃之旨，规利于己，日求其短，谮于惠妃。妃泣诉于玄宗，以太子结党，将害于妾母子，亦指斥于至尊。玄宗惑其言，震怒，谋于宰相，意将废黜。中书张九龄奏曰："陛下纂嗣鸿业，将三十年，太子已下，常不离深宫，日受圣训。今天下之人，皆庆陛下享国日久，子孙蕃育，不闻有过，陛下奈何以一日之间废弃三子？伏惟陛下思之。且太子国本，难于动摇。昔晋献公惑宠嬖之言，太子申生忧死，国乃大乱。汉武威加六合，受江充巫蛊之事，将祸及太子，遂至城中流血。晋惠帝有贤子为太子，容贾后之谮，以至丧亡。隋文帝取宠妇之言，废太子勇而立晋王广，遂失天下。由此而论之，不可不慎。今太子既长无过，二王又贤，臣待罪左右，敢不详悉。"玄宗默然，事且寝。其年，驾幸西京。

且不论张九龄以"太子既长无过"为理由反对废储之事实，只论其反对废储而唐玄宗不得不暂时放弃废储之念，我们便可以清楚地看到唐玄宗当时所面对的局势。唐玄宗对张九龄"不敢奉诏"表示出"不悦"，而在这次讨论中李林甫因为在开元二十二年五月以礼部尚书同中书门下三品（开元二十三年十一月为户部尚书）得以与会。李林甫在这次讨论中的态度不得而知，史云其"惘然而退，初无言。既而谓中贵人曰：'家事何须谋及于人。'"[1]同样的记载又见于《新唐书》卷223上《李林甫传》："皇太子、鄂王、光王被谮，帝欲废之，张九龄切谏，帝不悦。李林甫惘然，私语中人曰：'天子家事，外人何与邪？'二十四年，帝在东都，欲还长安……"以上记载同时也说明，是在这次讨论结束后，唐玄宗一行才返回西京的。《旧唐书·李林甫传》也记载唐玄宗首次与宰相讨论废储一事是在开元二十三年后[2]，参考其他记载，此说应该可据。不论怎样，至少说明唐玄宗明确提出废储一事并召集宰相进行讨论是在驾幸东都之时。故有学者断言："废太子瑛的初次交锋，发生在开元二十四年十一月，即返回长安不久。"[3]显然也是可以商榷的。

1　《旧唐书》卷106《李林甫传》，第3236页。

2　《旧唐书》卷106《李林甫传》第3236页又载张九龄之语："陛下，三个成人儿，不可得[按：此处中华书局点校本未加句读]。太子国本，长在宫中，受陛下义方，人未见过，陛下奈何以喜怒间忽欲废之？臣不敢奉诏。"

3　许道勋、赵克尧：《唐玄宗传》，第316页。

（二）"此陛下家事"索解

从文献记载来看，玄宗终用所谓"（李）林甫之言"者，当为李林甫对唐玄宗所说"家事"[1]云云一语。当然，这句话在不同的记载中有不同的表达方法。我们仔细分析旧史所载太子李瑛被废的过程，说明在东都的废储讨论中，李林甫就已经表达过天子废储乃皇帝"家事"的观点。也就是说，李林甫此番"家事"之语不止讲过一次，应该说至少讲过两次。一次是在东都，只是并没有在朝廷上公开发表，而是私下对中人言及，已见上述。即使如此，唐玄宗应该了解李林甫的这一态度。另一次则是在西京，且这次李林甫是在公开场合讲的这番话。此可据《旧唐书》卷107《玄宗诸子·废太子瑛传》：

> 其年（开元二十四年），驾幸西京。以李林甫代张九龄为中书令，希惠妃之旨，托意于中贵人，扬寿王瑁之美，惠妃深德之。二十五年四月，杨洄又构于惠妃，言瑛兄弟三人与太子妃兄驸马薛锈常构异谋。玄宗遽召宰相筹之，林甫曰："此盖陛下家事，臣不合参知。"玄宗意乃决矣。使中官宣诏于宫中，并废为庶人，锈配流，俄赐死于城东驿。天下之人不见其过，咸惜之。

---

1 在古代贵族政治体制之下，由于国君的家臣同时负责国家的政务，尽管家臣常常走出内廷，成为外朝政务官，但国事与家事的界限仍然比较模糊，有时甚至难以区分。在官僚制政治体制下，因为律令制代替了宗法制，国事与家事不分的情况有所转变，但是历史上的详细情况尚比较复杂，不便一言以蔽之。将皇位继承之事称为皇帝的家事，这在唐朝并非一二特例，是否反映出关陇集团或李武韦杨婚姻集团下的贵族政治之遗风，尚有待考察。本文所关注者，是李林甫所谓"家事"一语何以因他前后表态时的场合与身份不同而产生了不同的效果。

又，《新唐书》卷82《十一宗诸子·太子瑛传》：

> （开元）二十五年，（杨）洄复瑛、瑶、琚与妃之兄薛锈异谋。惠妃使人诡召太子、二王，曰："宫中有贼，请介以入。"太子从止。妃白帝曰："太子、二王谋反，甲而来。"帝使中人视之，如言，遽召宰相（李）林甫议，答曰："陛下家事，非臣所宜豫。"帝意决。

又，《通鉴》卷214"玄宗开元二十五年四月"条：

> 杨洄又奏[谮]太子瑛、鄂王瑶、光王琚，云与太子妃兄驸马薛锈潜构异谋，上召宰相谋之。李林甫对曰："此陛下家事，非臣等所宜豫。"上意乃决。

应当注意的是，李林甫在东都与西京先后讲的同样的话却产生了完全不同的效果，由此导致了太子截然不同的前途与命运，确实耐人寻味。在唐朝历史上，以皇位继承问题为皇帝的"家事"并非李林甫这一特例。玄宗之前，永徽六年（655年），唐高宗意欲废王（皇后）立武（武则天），遭到贞观顾命大臣的反对，眼看没有转机，李勣即以"此陛下家事，何必更问外人"[1]对答，解高宗于困境；玄宗之后，"德

1　《通鉴》卷199，高宗永徽六年九月。对此解说，另参拙撰《李勣与唐朝前期的政局》，《历史教学》，1998年第9期。

宗舒王之议亦祖此说"[1]。无疑，这种说法在唐朝历史上颇有一些影响。[2]李林甫用"家事"一语来应对唐玄宗，表面上看有敷衍搪塞之意，实际上表示的是无条件支持皇帝的决断，即把事情的最终裁决权归之于皇帝。如此一来，就产生了一个不为人所注意的问题：既然李林甫在废储一事上自始至终都对唐玄宗表示政治上的支持，为什么唐玄宗直到返回西京的开元二十五年（737年）四月才将废储一事付诸实施呢？质言之，为什么因为有张九龄的反对而"太子得不废"[3]，并且"讫（张）九龄罢相，太子得无动"[4]可保平安？为什么当李林甫取代张九龄而任中书令之后，皇太子李瑛即遭废黜？在这里，应该首先弄清楚的是，从唐玄宗在东都动议废储到在西京最终下决心废储，太子的罪证有无增加？这样我们才能分析唐玄宗的这一决定与宰相集团政治态度之间的关系。

（三）李瑛被废之"恶迹"考索

从前引《旧唐书·玄宗诸子传》的记载中可知，唐玄宗在东都打算废储之时，皇太子的罪状是与鄂王、光王结为私党，指斥至尊，也就是把矛头指向皇帝。按照上述文献记载，三人心生怨望、结为私党的原因是生母宠衰爱弛，而一切的起因是武惠妃得宠。这些罪状都是骈

1　《通鉴》卷199，高宗永徽六年九月，胡三省注，第6292页。

2　谢明勋：《"此陛下家事，无须问外人"一语对唐史的影响》，《历史月刊》（台北），1999年第3期。

3　《新唐书》卷82《十一宗诸子·太子瑛传》，第3607页。

4　《通鉴》卷214，玄宗开元二十四年十一月，第6824页。

马都尉杨洄暗中罗织向武惠妃汇报的，对于这些罪状的真实性，现在已无从探知，不过我们有理由表示怀疑。因为武惠妃自唐玄宗即位以来"渐承恩宠"[1]，本不是开元二十三年（735年）之后的事；另外，李瑛的生母赵丽妃已在开元十四年（726年）死去[2]，故开元二十三年时不应该存在所谓"母氏失职"的情况。[3]所以，张九龄在反对废储时可以说"今太子既长无过，二王又贤"云云，而唐玄宗默然无对。到开元二十五年玄宗再次动议废储时，杨洄与武惠妃所构陷的皇太子的罪状，不过是李瑛与其妃家薛氏兄弟等人构乱，与在东都时相比并无实质性的变化，只是增加了一些细节，就连官方文件对太子李瑛罪状的解释也同样如此。此可据开元二十五年四月颁布的《废皇太子瑛为庶人制》[4]，其文曰：

1　《旧唐书》卷51《后妃上》，第2177页。

2　《新唐书》卷76《后妃上》把赵丽妃之死与武惠妃的进宫联系起来："及（武惠）妃进，丽妃恩亦弛，以十四年卒。"另据《通鉴》卷213"玄宗开元十四年四月"条第6772页："丁亥，太原尹张孝嵩奏：'有李子峤者，自称皇子，云生于潞州，母曰赵妃。'上命杖杀之。"按：这出冒充皇子的闹剧与赵丽妃之死有无关系，不得确证。从唐玄宗对冒充者的处理来看，虽然不能与武惠妃得宠联系起来，但赵丽妃的低贱出身确实令皇室有些难堪。

3　《旧唐书》卷107《玄宗诸子·光王琚传》第3262页载光王琚与鄂王瑶"皇子中有学尚才识，同居内宅，最相爱狎。琚有才力，善骑射。初封甚善，玄宗爱之。以母见疏薄，尝有怨言，为人所构得罪，人用怜之"。按：若以光、鄂二王以母氏失宠有怨言，或亦可通，然张九龄何以又谓之"贤"？若张九龄所言与实际出入太大，唐玄宗又如何会默然以对？我们并无意为皇太子李瑛等人进行开脱，但唐肃宗刚刚驾崩后的宝应元年（762年）五月，唐朝中央朝廷追复三人的官爵，为他们恢复了名誉。鄙意以为这一时期文献所列三庶人之罪扑朔迷离，颇多疑点。这对于我们从唐玄宗废储之事的过程来认识这一时期中枢政局的若干情况亦有所提示。

4　《唐大诏令集》卷31《皇太子·废黜》，第112页。

皇太子瑛，幼而钟爱，爱加训诱，亲之师范，所望日新；年既长成，与之婚冠。而妃之昆弟，潜构异端，顷在东都，颇闻疑议；所以妃兄薛愿，流谪海隅，导之诲之，谓其迁善。驸马都尉薛锈，亦妃之兄也，今又扇惑，谋陷弟兄；朕之形言，愧于天下，教之不改，其如之何！盖不获已，归诸大义。瑛可废为庶人。鄂王瑶、光王琚等，自幼及长，爱加抚育，为择师资，欲其恭顺；而不率训典，潜起异端，及与太子瑛构彼凶人，同恶相济，亦即彰露；咸引其咎，孽由己作，义在灭亲，并降为庶人。驸马都尉薛锈，离间骨肉，惑乱君亲，潜通宫禁，引进朋党；陷元良于不友，误二子于不义，险薄之行，遂成门风；皆恶迹自彰，凶慝昭露，据其所犯，合置严诛；言念瑣姻，用申宽典，舍其两观之罚，俾就三危之窜，可长流瀼州百姓。

从制书的"朕之形言，愧于天下"云云，可以推知其中一定还有不便公布的细节。不过，对于其中的细节，司马光在修《资治通鉴》时已有怀疑并对《新唐书》的记载做了考辨。[1]从中我们可以看到，太子李瑛与两位皇子被废，主要是因为他们与皇太子妃之昆弟相互勾结，潜起异端。应该说，唐玄宗前后两次讨论废储问题时，太子的罪状并无

1　《通鉴》，玄宗开元二十五年四月，《考异》云："按瑛等与惠妃相猜忌已久，虽承妃言，岂肯遽被甲入宫！又按废太子制书云：'陷元良于不友，误二子于不义'，不言被甲入宫也。盖洄谮瑛等欲害寿王瑁耳。今从《旧传》，但云'潜构异谋'。"按：司马光此处对废太子制书的怀疑可以参考，不过他对制书内容的理解有误，因为所引制书中二句是指驸马都尉薛锈之罪而不是指太子瑛。

增加，至少没有实质性的变化。值得注意的是，唐玄宗让宦官在宫内宣布废黜太子为庶人的制书，似乎是为了表明废储确为自己的家内之事，不必在朝廷上大肆宣扬。然而，仔细分析废太子制书中的字句，废储一事，除了所涉及的人事关系为皇子与其姻亲之家，所涉及的问题并非家族亲属关系所能涵盖，特别是其中"皆恶迹自彰，凶慝昭露，据其所犯，合置严诛"云云，就与唐律中的"十恶"条对谋反罪的解释正好相通。《唐律》云："为臣为子，惟忠惟孝。乃敢包藏凶慝，将起逆心，规反天常，悖逆人理，故曰'谋反'。"谋反即"谋危社稷"[1]。无论是开始的"指斥至尊"，还是后来的"凶慝昭露"，李瑛等人的罪状虽无增加，但均说明为臣为子之所作所为与忠孝之道不符，特别是把他们的罪状与谋反联系起来，不仅说明唐玄宗废储属于大义灭亲，太子李瑛已经没有资格继承皇位，更重要的是说明此举关乎国运与皇统，实际上是国事而非家事。此外，废太子制书虽然在宫内宣布，但制书中也表达了太子元良"为国之本"的观点。既然用唐玄宗家族关系的矛盾冲突不能说明废太子一事的真正意含，那么我们仍然需要从国家政治体制的调整与变动中去寻求答案。

（四）中书令地位的变化与太子的废立

从废太子一事的整个过程来看，虽然事情的最终结果符合唐玄宗的初衷，太子最终被废是遵循皇权意志的结果，但是玄宗废储所遇到的波折，说明这一时期中枢政局内的政治权力系统与利益集团尚处

1　《唐律疏议》卷1《名例》"十恶"条，第6—7页。

于调整之中。从表面上看，唐玄宗的废储之议最初搁浅是因为担任中书令的张九龄反对，后来如愿以偿则是由于担任中书令的李林甫支持。简单来说，中书令反对，唐玄宗就只能放弃废储想法，至少是暂时放弃；中书令支持，唐玄宗就能够如愿废储。既然太子李瑛的废立与中书令在此事中的政治态度有如此密切的关系，那么我们在通过太子被废一事考察玄宗朝中枢政局的变动时，就应该充分注意中书令与皇太子之间的政治关系，注意中书令在唐朝中枢政治体制中权力地位的变化及其与皇太子政治配置关系的调整。当然，我们完全可以通过考察中枢政治体制的变动来探求废太子一事的隐秘原因。

按照学术界的传统观点，在唐朝确立的以三省制为特色的中枢辅政体制下，三省的长官地位平等、权力平行。那么，为什么到了唐玄宗时期，中书令在国家政治体制中的地位会变得如此特殊与重要？这就要求我们必须考察唐朝国家政治体制的调整与转变，只有把中书令的变化放到唐朝整个国家体制的调整与转变的具体过程中去考察，才能明了中书令政治地位的变化。

众所周知，唐承隋制。唐朝建立以后确立了以三省制为主体的宰相制度，三省的长官是宰相，三省机构是所谓宰相机构。在国家中枢政治体制中，三省之间既有分工又有合作，共同担当辅政之责。中书令以中书省首长的身份任宰辅，只是三省分职授政的一个环节。再从三省长官的秩次来说，中书令与门下侍中都是三品官，不分高下；中书令的地位不仅无法与尚书省长官尚书令等量齐观（尽管尚书省在唐朝时期发生了若干变化[1]），甚至无法与尚书左、右仆射平起平坐。所以说，在唐朝确立三省制之初，中书令的权力与政治地位并无特殊之处。

从国家政治体制的设计来看，三省制是一种维持了辅政权力均衡的宰相制度，但是在实际的运作中，这样一种貌似完善的制度因为皇权的需要而发生了变化。这一变化经过唐朝建国以来近百年的发展，到唐玄宗开元年间便发生了突变。宰相机构的变化不仅使三省制为主体的辅政体制名存实亡，而且使宰相群体与成员的构成也发生了很大变化。也就是说，在开元时期，太子的政治生活空间与政治地位发生变化的同时，作为中央辅政机构的三省体制也发生了巨大变化。不过，从一定意义上说，三省体制下中央辅政机构的变化与太子政治地位变化的方向正好相反。因为一方面是太子的政治地位逐渐下降、政治权力不断受到压缩，另一方面则是宰相的政治地位有所上升、政治权力有所膨胀。当然，这里所说的宰相政治地位的上升与权力的膨胀，并不是简单地从一般意义上论说。比如宰相权力的膨胀并不意味着三省体制为主体的宰相机构的膨胀，实际情况也是恰恰相反。也就是说，开元时期唐朝中枢政治体制之下宰相与太子所代表的两大权力系统的变化方向在实际皇权政治中并不是一致的。对于唐朝三省制与宰相问题的解说，尽管目前学术界立论的视角与侧重点不同，甚至有的研究还明显存在诸如对文献解读的问题[2]，但学术界对这一问题的

1　关于三省体制下的尚书省的职权与有关变化，请参见拙撰《略论唐代三省体制下的尚书省及其变化》，《烟台师范学院学报》，1998年第3期。

2　比如对唐朝前后期的情况不加区分，忽视文献的时代特征，因此在讨论（转下页）

　　　　唐代玄宗肃宗之际的中枢政局

讨论已颇为详尽[1]，本书不另作赘述。所欲另加申论者，一是这一时期宰相机构和宰相权力的变化与整个中枢权力系统的配置关系；二是宰相与太子之间政治关系的变化。即对这一时期皇权在中枢政治体制中的运行状态加以论述，考察皇权在这一新的权力配置关系中所体现出的政治品格与特性。

首先应该强调的是，传统观点所认为的中书省出令、门下省审议、尚书省执行的所谓三省制并不确切，这种表述其实并不能真正概括唐朝三省制的内容。[2]我们认为，唐朝建立以后所确立的三省制度其实是一个体系十分庞大的政治设施，是一个辅政权力系统与行政事务系统并重的结合体。三省长官作为真宰相肩负辅政之职，三省作为辅政机构的同时还担负师长百僚、监督百司的行政之责。从唐朝中枢体制的运作来说，三省制作为中央辅政体制的主体，其辅政职能的发挥，并不仅仅通过三省之间的分工来实现，更多的是通过三省长官即宰相群体成员集中于政事堂议事决事来实现，当然这中间经历了一

（接上页）三省制问题时貌似很透彻，但实际上根本无法真正对其变化的时代特征有所把握；另外则囿于宋朝人对唐朝制度的理解与解释，因此论说有所偏差。参刘后滨对谢元鲁《唐代中央政权决策研究》的评论（载《唐研究》第二卷，北京：北京大学出版社，1996）、韩国磐（《唐初三省长官皆宰相》，《厦门大学学报》，1997年第4期）对李湜《论唐代宰相中书门下二省制》（《中国史研究》，1996年第1期）的评论等。

1　例如，王素：《三省制略论》，济南：齐鲁书社，1986；祝总斌：《两汉魏晋南北朝宰相制度研究》（第二版），北京：中国社会科学出版社，1990；陈仲安、王素：《汉唐职官制度研究》，北京：中华书局，1993；张国刚：《唐代官制》，西安：三秦出版社，1987；袁刚：《隋唐中枢体制的发展演变》，台北：文津出版社，1994。
2　关于这一问题，笔者在阎守诚先生等主编的《中国大通史·隋唐五代史》卷之"国家政治体制编"之"宰相制度与宰相机构"一节中有比较详细的论述。

个较长的发展过程。中书令政治地位的变化正是与唐朝政事堂创立以来职能与地位的变化密切联系在一起的。政事堂变化的一个很重要的内容，是它从最初三省制下宰相成员的议事场所逐渐发展为超越三省体制的新的中枢辅政体制下的权力机构。

关于政事堂的创立与相关问题，学术界的意见并不一致[1]，但是政事堂作为宰相议政场所演变为决政之所在的轨迹是清晰可循的。据《新唐书》卷46《百官志》：

> 宰相之职，佐天子总百官、治万事，其任重矣。然自汉以来，位号不同，而唐世宰相，名尤不正。初，唐因隋制，以三省之长中书令、侍中、尚书令共议国政，此宰相职也。……初，三省长官议事于门下省之政事堂，其后，裴炎自侍中迁中书令，乃徙政事堂于中书省。开元中，张说为相，又改政事堂号"中书门下"，列五房于其后：一曰吏房，二曰枢机房，三曰兵房，四曰户房，五曰刑礼房，分曹以主众务焉。

1　较早对此问题进行讨论的是姚澄宇先生的《唐朝政事堂制度初探》一文（《中国史研究》，1982年第3期）。针对此文的论点有王超先生《政事堂制度辨证》进行辩驳（《中国史研究》，1983年第4期）。对王超文中的研究，陈振先生又加以辩论（《中国史研究》，《〈政事堂制度辨证〉质疑》，1985年第1期）。后来，魏向东先生在其研究生学位论文的基础上也连续发表了数篇有关论文加以讨论，如《也谈政事堂的创设时间》（《苏州大学学报》，1987年第4期）、《试论唐代政事堂宰相集议制度》（《苏州大学学报》，1989年第2、3期）、《论唐玄宗时期的政事堂宰相独断制》（《中国史研究》，1992年第4期）等。另外，一些政治制度史或者职官制度方面的论著也都不同程度地涉及这一问题。以上论著仅仅就唐朝政事堂的设立是在武德时期还是贞观时期就聚讼纷纭，见仁见智。因这一问题不关本研究的立论主旨，故不予详论。

政事堂因为裴炎任中书令而由门下省迁往中书省[1]，治史者多注意到政事堂因此在职能上发生的变化，我们则认为这是中书令在三省制之下地位开始突出的标志，同时也是其地位不断突出的结果。值得注意的是，裴炎迁徙政事堂之所以成功，很重要的原因是他以中书令执政事笔，所谓"中书令裴炎以中书执政事笔，其政事堂合在中书，遂移在中书省"[2]。在笔者看来，中书令执政事笔与政事堂迁往中书省，这正是中书令地位得到提高的一个有力证据。以三省体制为特色的宰相制度的变化，其实从三省体制确立之初就已经开始了，如尚书省之尚书令的阙置、尚书仆射失去相权成为事务官；特别是宰相加衔的普遍化使宰相群体的组成突破了三省主官的范围，如同中书门下三品、同中书门下平章事之类的加衔到唐高宗时期已经入衔[3]，并成为固定

1　政事堂从门下省迁往中书省的具体时间，诸书记载不一，请参见王素《三省制略论》，第226页，注[1]；张晋藩、王超《中国政治制度史》，第422页，注[1]，北京：中国政法大学出版社，1987。王素先生认为，政事堂迁徙的时间"应在高宗既死、武后开始擅权的弘道元年（683）十二月甲戌[戌]稍后"，并认为"这是三省由并重到偏重的转折点。……政事堂的迁徙成功，说明中书令在与侍中的较量中占了优势，并由此确立了中书省在三省中的暂时主导地位"。此推论无疑正确，但略显审慎。按：《唐会要》卷51《官号·中书令》载此事作"永淳三年七月"，因永淳无三年，此必元年或二年之讹。若据此记载，此时唐高宗仍然在位，而非武后。

2　《唐会要》卷51《官号·中书令》，第883页；《新唐书》卷117《裴炎传》第4247页："至炎，以中书令执政事笔，故徙政事堂于中书省。"按：另有曰"以中书执政事堂笔"（《通鉴》卷212，开元十一年，胡三省注）、"执宰相笔"（《全唐文》卷316，李华《中书政事堂记》）甚至"执朝政"（《大唐新语》卷10《厘革第二十二》）者，其意均同。

3　此类职衔主要成为外司四品以下官员知政事的加衔。对同平章事与同三品的区别，有的学者认为："本官为尚书省六部侍郎、中书门下两省侍郎或卿监者，为相多称同中书门下平章事，而本官为六部尚书，任相时则多称同中书门下三品。这种情况如果说在开元前还有例外的话，此后似乎已形成了不成文的制度。"参见张国刚《唐代官制》，第5页。按：这两个加衔之间虽然存在任官资历上的差异，但这一差异并不是（转下页）

的宰相职衔。《新唐书》卷46《百官志一》："自高宗已后，为宰相者必加'同中书门下三品'，虽品高者亦然；惟三公、三师、中书令则否。"[1]说明中书令的政治地位在唐高宗以后就被大大提升。政事堂在唐高宗、武则天时期迁往中书省，正是中书令地位提高的必然结果。在此之前，入政事堂参加宰相议事，除了三省的长官，一般要加知门下省事[2]，在此之后，则不必再如此。在这一过程中，三省的辅政职能逐渐合并、集中、上移到政事堂，三省的行政事务职能也逐渐向政事堂集中上移。由于政事堂职能地位的变化，它逐渐取代了原来三省制下的辅政机构与辅政职能[3]，中书令因为执政事堂笔而把政事堂迁到中书

（接上页）如同天隔，如武后圣历三年（700年）四月敕："同中书门下三品、平章事，赐会并同中书门下三品例。"见《通典》卷21《职官典三·宰相》，北京：中华书局，影印十通本，1984，第120页。

1　又据《旧唐书》卷43《职官志二》第1894页载：自永淳二年（683年）后"两省长官及他官执政未至侍中[? 中]书令者，皆称同中书门下平章事也"。按：侍中、中书令即为两省长官，即称"未至"云云者，长官就不应包括在内。《旧唐书》此处颇不易解。又，唐高宗永淳、弘道（682—683年）之际仍然有裴炎以正议大夫、刘齐贤以中大夫守侍中、崔知温以正议大夫守中书令并同中书门下三品事，对此，唐人杜佑曾分析说："此当以阶卑官高，令所给禄秩同三品耳，当时权时之制。其后亦有阶卑为侍中、中书令者，即更不言。"见《通典》卷21《职官典三·宰相》，第120页。不过到神龙元年（705年）四月凤阁侍郎同平章事的张柬之为中书令以后，也加同中书门下三品（参见《新唐书》卷《宰相表上》，第1671页）。这至少说明，中书令优越地位的确定经历了一个过程，并不是朝夕之间的事情。

2　《新唐书》卷117《裴炎传》第4247页："旧，宰相议事门下省，号政事堂，长孙无忌以司空、房玄龄以仆射、魏徵以太子太师皆知门下省事。"（唐）刘肃《大唐新语》卷10《厘革第二十二》第152页载："旧制，宰相臣尝于门下省议事，谓之政事堂。故长孙无忌、魏徵、房玄龄等，以他官兼政事者，皆云知门下省事。"北京：中华书局，点校本，1984。

3　开元以后，三省之间的相对均衡被打破，"时谓尚书省为南省，门下、中书为北省……或通谓之两省"（《通典》卷21《职官典三·中书省》，第124页），因为（转下页）

　唐代玄宗肃宗之际的中枢政局

省，这一迁移进而巩固了中书令的秉笔宰相地位[1]，中书令也因此逐渐成为辅政官员中的首席长官。到唐玄宗时期，中书令的职权地位又有很大提高，比如在开元二年（714年），根据紫微令（中书令）姚崇的奏请，中书令可以在中书舍人分押尚书诸曹的连署状与论事本状后论其优劣、奏听进止。[2]这样一来，中书舍人参与机务的权力就集中到中书省长官之手，从此中书舍人"唯知撰制，不复分知机务"[3]。到开元四年时，紫微令姚崇更在灭蝗一事上以宰相身份"出牒处分"[4]政事。中书令地位提高的结果是在开元十一年（723年）政事堂更名为"中书门下"，同时，其政事之印也改为"中书门下之印"[5]。我们认为，这正是中书

（接上页）北省职责上的共同性而使其职权行使上的一体化趋势加强。宰相兼带尚书省六部职事，实际上导致了宰相群体对尚书省行政事务的介入与干预增多。这在政事堂（中书门下）的事务权力扩大的情况下，尤能让我们注意到宰相行政权膨胀的情形。

1　在政事堂迁往中书省之前，并不是仅限于中书令执政事笔，比如在神龙初，韦巨源即以吏部尚书同中书门下三品任其事。"时要官缺，执政以次用其亲，巨源秉笔，当除十人，杨再思得其一，试问余授，皆诸宰相近属。"参《新唐书》卷123《韦巨源传》，第4375页。

2　《唐会要》卷55《省号下·中书舍人》第944页载其奏请及结果云："'中书舍人六员，每一人商量事，诸舍人同押连署状进说。凡事有是非，理均与夺；人心既异，所见或殊。抑使雷同，情有不尽，臣令商量。其大事执见不同者，望请便作商量状，连本状同进。若状语交互，恐烦圣恩。臣既是官长，望于两状后略言二理优劣，奏听进止。则人各尽能，官无留事。'敕曰：可。"《通典》卷21《职官典三·中书舍人》第126页载略同。

3　《通典》卷21《职官典三·中书舍人》，第126页。

4　《旧唐书》卷96《姚崇传》第3024页：姚崇针对当时朝廷上对灭蝗的争议，提出"此事请不烦出敕，乞容臣出牒处分"，结果"上许之"。吴宗国先生对此事在国家制度调整中的重要意义极为重视，他在自己主持的北京大学历史系博士生读书班上也几次加以强调。不过，吴先生在《隋唐五代简史》中只轻描淡写地说："说明宰相和政事堂这时除了协助皇帝决策，也已兼管行政。"福州：福建人民出版社，1998，第168页。

5　《旧唐书》卷43《职官志二》，第1842页；《唐会要》卷51《中书令》，第883页。

令在当时的中枢辅政体制内政治地位得以固定下来的典型标志。

政事堂更名为中书门下，并不仅仅是名称的改变，其政治内涵在于经过这一更名，三省制的中枢辅政体制发生了变化，原来在三省制下宰辅权力行使的方式也由三省分职授政变为中书门下直接承君，同时又直接以下属堂后五房分曹主持众务[1]。中书令处理庶务的方式见唐人李肇《国史补》卷下："宰相判四方之事有堂案，处分百司有堂帖。"[2]中书门下遂成为唐朝宰相固定的议政、决政的办公机构。唐朝以三省制为特色的宰辅制度也就名存实亡了。中书令遂在玄宗时期政治体制的变动过程中逐渐确立了它在中枢辅政体制内优越的政治地位。此后，尽管仍然存在中书省、门下省地位的轻重变化[3]，但唐玄宗时期中书令在政事堂即中书门下一直处于首席宰辅的地位，这一时期中书令在宰相成员中的地位也不同寻常。据载："源乾曜玄宗时为尚书左丞相兼侍中在政事[堂]十年。时张嘉贞、张说相次为中书令，乾曜不敢与之争权，每事推让之。及李元纮、杜暹知政事，遂无所参议，唯

1　吴宗国先生指出："中书门下掌握了从决策到执行的全部权力，成为最高决策兼执行机关。"并说这些权力是"从法律上肯定下来，并在制度上得到了保证"。参其《隋唐五代简史》，第168页。

2　宋人沈括曾说："唐中书指挥事，谓之堂帖子。曾见唐人堂帖，宰相签押，格如今之堂札子也。"(《梦溪笔谈》卷1，北京：文物出版社，影印元刻本，1975，第9页) 说明唐朝宰相处理内外事务即在政事堂 (中书门下) 之内。因此，唐朝宰相有"堂老"之称 (洪迈《容斋四笔》卷15《官称别名》、李肇《唐国史补》卷下)。

3　据王素先生的研究，中书省与门下省地位孰重孰轻，因时而异，没有恒定。在唐朝后期的宪、穆之世以及五代时期，曾经出现了门下在上、中书在下的情形。对出现这种状况的原因，王素先生也未做出进一步解释，不过，他明确指出了自唐玄宗以后，"尚书省的最次地位一直不变" (见《三省制略论》，第228页，第230—232页)，这对我们的研究有很大的佐证价值。

诺署名而已。"[1]又如担任中书令的萧嵩,唐玄宗可以使其"择相",而以黄门侍郎同中书门下平章事的宰相韩休只能"荐(李)林甫堪为宰相"[2]。甚至唐玄宗时政事堂内的侍中也不能与中书令平起平坐。这早在姚崇任紫微令时就已经显露出苗头[3],到天宝年间李林甫、杨国忠为中书令时表现得更加突出,当时同居相位者均不敢议政事,遇事无所是非,唯自容而已。就连位于门下省附近的史馆,开元二十五年中书令李林甫也"以中书地切枢密,记事者宜其附近"为由,奏移于中书省北。[4]从此,人们比较习惯于用中书或者中书省代指中书门下政事堂。胡如雷先生曾专门论及开元时期的宰相政治。我们在研究唐玄宗时期的政事堂与宰相制度时,应该深刻理解胡如雷先生的"宰相政治"这一概念。对于这一问题,胡先生说:"开元时期宰相政治中经常出现的一个问题是有的宰相实际上处于被架空的状态,起不了真正的作用。"对此,他解释说,除了像牛仙客之类能力不足的宰相,"政事

1　《册府元龟》卷335《宰辅部·窃位》,第3952页;《旧唐书》卷98《源乾曜传》,第3072页,略同。《旧唐书·源乾曜传》史臣曰:"乾曜职当机密,无所是非,持禄保身,焉用彼相?"按:源乾曜任相在开元四年十一月,八年五月任侍中,同时,张嘉贞任中书令;张说为中书令在开元十一年。

2　《旧唐书》卷106《李林甫传》。按:据《新唐书》卷62《宰相表中》第1688页,萧嵩为中书令在开元十七年六月,韩休入相则在开元二十一年三月。

3　像黄门监卢怀慎因灭蝗事提醒姚崇时,姚崇对以"此事崇已面经奏定讫,请公勿复为言",史言"怀慎既庶事曲从,竟亦不敢逆崇之意"。参见《旧唐书》卷96《姚崇传》,第3025页。又据《册府元龟》卷329《宰辅部·任职》第3886页:唐玄宗"军国庶务,多访于崇,同时宰相卢怀慎、源乾曜但唯诺而已。崇独当重任,明于吏道,断割不滞"。姚崇为紫微令在开元元年十二月,四年闰十二月罢。卢怀慎为黄门监在开元二年正月,以疾去官在四年十一月。

4　参见《通典》卷21《职官典三·中书令》,第127页。

堂集体议政的体制也使尸位素餐者有适宜的生存土壤"[1]。我们上面的论述可以对胡如雷先生的研究作进一步的补充说明：那些宰相之所以被架空是因为中书令的职权地位被空前提高，由于中书令在宰相集团中处于极其优越的政治地位，所以其他宰相难以起到真正的作用。这与他们的能力无关，而且在中书门下取代政事堂之后，往日政事堂宰相集体议政的体制也发生了变化。特别到牛仙客等人与李林甫同处宰辅之位时，李林甫"日在政府"[2]，根本不与其他同僚集议政事，所谓"林甫久典枢衡，天下威权，并归于己，台司机务，（陈）希烈不敢参议，但唯诺而已"[3]。

在这里应该指出的是，中书门下体制取代三省制，中书令成为首席秉笔宰相，并不意味着宰相群体在决策"朝廷之大政"时权力比原来政事堂时期有所扩张。从宰相集团权力运作的情形来看，唐玄宗时期宰相群体权力的扩大主要表现在"邦国之庶务"[4]的处理权上，即在处决庶政方面。[5]而且，宰相集团对此也比较清醒。关于这一问题

1　胡如雷：《唐"开元之治"时期宰相政治探微》，《历史研究》，1994年第1期，第66—74页；又载《隋唐政治史论集》，石家庄：河北教育出版社，1997，第295—308页。
2　《通鉴》卷215，玄宗天宝二年正月，第6857页。此条胡三省注："政府，谓政事堂。"按：实即中书门下也。
3　《旧唐书》卷106《李林甫传》，第3238页。
4　《唐六典》卷9《中书省·中书侍郎》。
5　刘后滨从"敕后起请"等文书的应用中考察了开元十一年改政事堂为中书门下以后唐代政治体制的变化，他指出：此类文书的应用，表明"宰相决策权逐渐走向实务化，宰相职权日渐政务化"，"宰相在决策过程中逐渐处于具体政务裁决者的地位，成为皇帝命令的完善和补充者……宰相逐渐纳入政务化执行部门的范畴之中，宰相与君主的联系更多地作为'参总庶务'的政务官而不是'坐而论道'的咨询者"（《敕后起请的应用与唐代政务裁决机制》，《中国史研究》2001年第1期）。我们所说的（转下页）

　　　　　　　　　　　　唐代玄宗肃宗之际的中枢政局

的解说极为复杂，我们在此不详加讨论。此处只征引《唐会要》卷54《省号上·中书省》所载，由此可略见一斑："天宝八载（749年）七月，中书门下奏：'比来诸司使及诸郡并诸军，应缘奏事，或有请中书门下商量处分者。凡所陈奏，皆断自天心；在于臣下，但宣行制敕。既奏之内，则不合别请商量。乃承前因循，有此乖越。自今已后，应奏事，一切更不合请付中书门下。如有奏达，听进止。'敕旨：从之。"另外，在开元二十六年（738年），唐玄宗"又改翰林供奉为学士，别置（翰林）学士院，专掌内命，凡拜免将相，号令征伐，皆用白麻"[1]，很大程度上侵夺了中书令掌知纶音密命之权。也就是说，这一时期中书门下的职能权限主要体现在它的事务化，其职权的行使更加具体而琐细。此正是唐玄宗所谓"朕年事渐高，心力有限，朝廷细务，委以宰臣"[2]之意也。这与唐玄宗开元以来军国事务急剧增多以及日趋复杂的社会政

（接上页）庶务化，也就是刘后滨先生文中所说的"实务化""政务化"。

1　《新唐书》卷46《百官志一》，第1183页。按：据《新唐书》载，唐玄宗设立翰林供奉的初衷就是针对"以中书务剧，文书多壅滞"，而且翰林学士与"弘文、集贤分隶中书、门下省"不同，它"独无所属"，故有"天子私人"之称。学术界有关唐朝翰林学士的研究，近年来颇不乏人，成果亦颇可观，此不赘述。

2　（唐）郭湜：《高力士外传》，据丁如明辑校《开元天宝遗事十种》本，第116页。《旧唐书》卷106《李林甫传》第3238页也有相同的记载："上在位多载，倦于万机，恒以大臣接对拘检，难徇私欲，自得林甫，一以委成。"其中"朝廷细务""接对拘检"云云，正可反映出宰相执掌朝廷庶务的状况。《次柳氏旧闻》载姚崇于帝前请序次郎吏事及唐玄宗所谓"朕即任崇以庶政，事之大者当白奏，朕与之公决；如郎署吏秩甚卑，崇独不能决，而重烦吾耶"更可说明任宰相以庶政的具体情景。《通鉴》卷210"玄宗开元元年十月"条第6690页的记载与上略同。按：司马光在《通鉴考异》中解释"郎吏"时很谨慎，我推测郎吏为郎官属下的流外官。详见拙作《唐代流外官制研究（下）》，载史念海主编《唐史论丛》第六辑，第176页。

治形势有关，唐玄宗以后使职差遣的大量出现可以佐证这一社会政治形势。由于唐朝宰相大量介入国家具体庶务的处理，以致后来有人这样评价："宰相事无不统，故不以一职名官，自开元以后，常以领他职，实欲重其事，而反轻宰相之体。故时方用兵，则为节度使；时崇儒学，则为大学士；时急财用，则为盐铁转运使，又其甚则为延资库使。至于国史、太清宫之类，其名颇多。"[1]从宰相成员的人数构成来看，除了中书令与侍中，以他官参与政事者"自先天之前，其员颇多，景龙中至十数人，开元以来，常以二人为限，或多则三人。天宝十五年之后……其秉钧持衡亦一二人而已。"[2]这种状况使中书令在国家政治体制中的地位得到巩固。无疑，这是唐朝国家中枢政治体制变动与调整的结果。

如此一来，就形成了一个非常奇特的现象。一方面，从国家中枢政治体制的角度说，中书令的政治地位空前优越，庶务权力的膨胀，使其在唐玄宗时期国家政治事务中的作用与影响空前扩大，因此也加深了唐玄宗对中书令在国家日常事务处理上的依赖。这就是唐玄宗在废储一事上如此重视中书令之政治态度的深刻原因；也是废储一事遭到中书令张九龄反对时，唐玄宗采取克制态度的原因。另一方面，具体到中书令的履职情况，无论中书令在国家政治体制中处于多么优越的地位，他处理庶务时都不能违背皇权意志，丝毫不能与之相悖，而必须处于皇权的掌控下，这是皇权政治运行的需要，也是国家

1　《新唐书》卷46《百官志一》，第1183页。

2　《通典》卷21《职官典三·宰相》，第120页。

政治体制运作的要求。正因为中书令成为首席宰相,国家政治体制便对其提出了更加明确的政治要求,即要求中书令更加准确完整地执行皇权意志,与皇权意志保持一致。也正因如此,当中书令张九龄的表现不符合皇权意志时,唐玄宗便开始通过更换中书令的人选来解决这一矛盾。通过调整人事来解决问题,不仅无损于皇权的权威性,反而可以让皇权更大可能地支配宰相和整个官僚集团。也就是说,问题能否得到解决,是检验皇权是否具有权威的真正有效的途径。唐玄宗就是在这样一种政治状态下通过更换中书令人选来实现对宰相班子的调整的。调整了宰相班子之后,唐玄宗就顺利废储了。这也是张九龄会被李林甫取而代之、唐玄宗要通过更换中书令才最终实现废储的原因。这一现象凸显出唐玄宗时期皇权与相权关系的一些新特点,也正是由于当时国家中枢政治体制处于调整过程中,这些新的情况方才呈现出来。

另外,由于唐玄宗时期的宰相不再像此前那样经常加带宫臣职衔,宰相与太子两大权力集团之间在以往体制内所存在的政治上的隶属关系,因此也就从国家现实体制的层面上被割断了。这样,在体制运作的要求下,不仅宰相与太子两大权力集团在皇权政治的框架中处于一种新的政治配置状态,而且由于它们之间几乎不再存在政治上的依附关系,所以它们往往可以毫无忌讳地进行政治上的较量。事实上,出于对各自政治利益的追逐,宰相与太子确实会发生政治上的冲突与矛盾。至少到唐玄宗时期,宰相对太子的政治态度由以前的拥戴与保护而变为倾动与打击。这在前后担任中书令的张九龄与李林甫身上就明显地表现出来。这也是唐玄宗时期出现的一种新的政治态势。

至于为什么会出现这样的政治态势，正是我们想探索的。

（五）从张九龄到李林甫：论中书令人选的更替兼论"文学吏治之争"

以上我们只是在讨论唐玄宗废储一事时才提到他对中书令人选的调整。实际上，唐玄宗对中书令人选的调整，并不仅仅基于废储这一件事，而是与这一时期国家政治形势的急剧变化以及国家体制的转型与调整有着密不可分的联系。

唐玄宗即位以来，唐朝的社会政治、经济与军事局势都发生了巨大的变化。国家政务千端万绪，给中枢政治体制的运作带来巨大压力，以三省六部为主体的行政格局已经不能有效、裕如地应对不断变化的复杂形势，除了中书门下取代三省制下的政事堂成为新的中枢辅政权力机构，大量使职差遣的出现也是对旧体制的补葺。在这种形势下，为了应对繁杂的国家行政事务，国家迫切需要富有"吏干"的事务性人才。开元十七年（729年），国子祭酒杨玚感慨国家在选拔人才方面"服勤道业之士不如胥吏之得仕"，这一情况其实反映出当时国家对实用人才的重视。开元二十五年（737年）二月敕："进士以声韵为学，多昧古今；明经以帖诵为功，罕穷旨趣。自今明经问大义十条，对时务策三首；进士试大经十帖。"[1]开始对科举考试的内容有所调整，加强对时务能力的考查。李林甫能够最终取代张九龄成为最高辅政首长，是与这种政治形势的要求相吻合的。对于唐玄宗时期中书令人

1　《通鉴》卷214，玄宗开元二十五年二月，第6826页。

选的更替, 汪篯先生曾经以文学与吏治之争作解, 指出张九龄以进士词科进用, 以制诰诗词知名, 李林甫则以门荫入仕, 以吏干知名, 二人"既是臭味不投, 冲突在所难免", 并把张九龄与李林甫的争执当作历史上的一段公案来加以考察。[1]汪篯先生以出身与进用的不同将他们分为文学与吏治两派, 并进一步注意到唐高宗与武则天前后"在用人方面风气的变化"。汪篯先生对于这一问题的论述极为精辟, 显然深得陈寅恪先生的真传。关于唐玄宗时期"文学吏治之争"的解说, 吴宗国先生在汪篯先生的论证基础上又对其中一些细节与相关问题做了更深入的论述。[2]不过, 若仅从文学吏治之争入手讨论张九龄与李林甫之间的人事更替, 思考时容易局限于唐玄宗的用人与朝臣党争这一层面, 不利于从中枢政治体制的变动尤其是从皇权运作的角度来进行深入剖析。我们这样说, 丝毫无损于汪篯先生提出的"文学吏治之争"论题的学术价值。[3]正是他从文学与吏治之争研究这一"公案",

---

1　《唐玄宗时期吏治与文学之争——玄宗朝政治史发微之二》, 见唐长孺等编《汪篯隋唐史论稿》, 北京: 中国社会科学出版社, 1981, 第196—208页。

2　如他在与阎守诚师合著的《唐玄宗》中说: "张九龄提出文学, 李林甫提出材识, 其实是正在发展的才学标准的两个方面, 本来是不矛盾的, 而张、李却各执一端, 恰恰反映了当时官吏队伍中的一些内在矛盾。"见《唐玄宗》, 西安: 三秦出版社, 1989, 第124页。他在《隋唐五代简史》又明列"文学吏治之争"一题, 不仅对吏治派官吏的构成情况做了分析, 而且指出双方斗争结局的出现"还有更深刻的原因, 那就是西北形势的紧张", 同时指出文学、吏治两派官吏之争反映出"文学、政事的分途"。见《隋唐五代简史》, 福州: 福建人民出版社, 1998, 第168—171页; 另请参见《唐玄宗治国之策与唐朝的盛衰》, 《北京日报》, 1993年6月23日, 第七版。

3　许道勋、赵克尧《唐玄宗传》第七章有专题"如何看待吏治与文学之争"论及这一命题, 认为这一观点"不够确切", 难以接受。按: 许道勋、赵克尧重新考察汪篯先生的观点, 这一点值得重视, 不过, 他们认为汪篯先生称宇文融、李林甫等人 (转下页)

才启发我们对张九龄与李林甫之间的人事更替继续进行探讨。

若从中枢政治斗争的惯性来看，张九龄与李林甫之间的人事更替，其实与开元十四年（726年）宇文融等与张说的斗争是一脉相承的。宇文融倒张之时，李林甫就是一员深得宇文融赏识的干将，张九龄则是张说当年大力奖掖的属下。这次斗争的结果从表面上看是两败俱伤，张说被唐玄宗罢去宰相之位，宇文融则被贬为外州刺史。此事之过程与因果，汪篯先生业已论述清楚。在论述过程中，汪篯先生指出唐玄宗重视文治，是"以张说的用事为真正的转折点"。那么，是否可以这样理解：自从张说罢去相职，所谓重视文治就成了唐玄宗政治生活的一种装饰品。不然的话，此后事情的进展就令人费解了。唐玄宗虽然给张说保留了尚书右丞相[1]的职衔，但在第二年（开元十五年，727年）即令其致仕在家修史。当开元十七年（729年）张说复拜尚书左丞相、集贤院学士时，已在开元十六年征调入朝、自称"使吾居此（指相位）数月，庶令海内无事"的宇文融也在同一年以户部侍郎拜黄门侍郎加同中书门下平章事[2]。按：宇文融任相百日而罢，此为另一问题。

（接上页）是"吏士派官员的代表"，显然是他们自己的引申，而不是汪篯先生本来的观点。因此，我们也认为，"所谓'吏士派'的提法，是不够确切的"。见北京：人民出版社，1996，第176页以及注[3]。这一时期朝廷官员朋党的吏治文学之争，反映出当时较为复杂的社会政治状况，应该说符合当时的历史真实。唐玄宗时期官员对于朝廷朋党的敏感与无奈，我们从刘晏所言"朋"字正不得的话中多少有所领悟。关于这一问题，吴丽娱先生在《试析刘晏改革的宫廷背景》（《中国史研究》，2000年第1期）一文中已有重大揭示，可以参见。

1　此据《新唐书》卷62《宰相表中》，第1687页；并参《唐大诏令集》卷55《张说停中书令制》第264页："宜罢中枢之务，义亦有在，更全端右之荣。"

2　《旧唐书》卷105《宇文融传》，第3221页；《新唐书》卷62《宰相表中》，第1688页。

不过，宇文融是在张说复出为尚书左丞相时担任宰相的，而张说再也没有进入政治中枢。开元二十四年（736年），张九龄与李林甫围绕中枢政治内的一系列问题产生争执并进行较量，较量的最终结果和开元十四年（726年）宇文融与张说斗争的结果截然不同。因为被汪篯先生称为吏治派的李林甫，不仅没有像宇文融那样在被贬之后才被征调入朝为宰相，而是从一个同中书门下三品的加衔宰相一跃而成为中书令，取代张九龄成为首席辅政宰相，张九龄却同当年的张说一样被加了一个尚书右丞相的职衔，罢知政事。应当说，无论是张说还是张九龄，唐玄宗都对他们寄予了很高的政治期望。从当时的形势推测，唐玄宗在张说之后再次启用张九龄[1]，确实如吴宗国先生所说的是想用"那些既有文学才华，又有政治才能的人来执掌朝政"[2]。事实上，二张在主政中书门下时，既有令唐玄宗欣赏的文学才能[3]，又具有不

1　据《旧唐书》卷99《张九龄传》第3098页：开元十四年，因受张说的牵累，张九龄以中书舍人被贬。张说卒（开元十八年十二月）后，唐玄宗又"召拜为秘书少监、集贤院学士、副知院事。再迁中书侍郎。常秘有陈奏，多见纳用"。开元二十一年十二月起复为中书侍郎、同中书门下平章事，明年五月，迁中书令。又据《唐大诏令集》卷45《命相二》第199页载张九龄中书令制书，其中就称他"经济之才，式是百辟"。就连罢其为尚书右丞相的制中，仍然称他"器识宏远，文词博达；负经济之量，有谋猷之能"。同前引书，卷55《罢免上》，第264页。

2　吴宗国：《隋唐五代简史》，第171页；另见前引文，《北京日报》，1993年6月23日，第七版。

3　张说为当时文坛之翘楚，自不待言，张九龄的个人风度与文才也让唐玄宗赞叹不已。史云张九龄被罢后，宰相每荐引公卿，唐玄宗必问"风度得如九龄否"（《旧唐书》卷99《张九龄传》，第3099页）。至于唐玄宗谓"张九龄文章，自有唐名公皆弗如也。朕终身师之，不得其一二。此人真文场之元帅也"〔（五代）王仁裕：《开元天宝遗事》卷下，丁如明辑校：《开元天宝遗事十种》本，第97页〕云云更是经常被称引。

凡的政治才能，他们皆非表现平庸的尸位素餐之辈。像张说曾经出将入相，不乏政治建树[1]；张九龄在才干上虽然不如张说，但他对政事颇为用心，且具备相当的行政与政治才能。[2]用这些人才来管理国家的各项事务，汪篯先生认为这是好大喜功的君主要在太平盛世"粉饰文治"[3]。除这种作用之外，我们认为，任用这些富有真才实学的所谓文学派官僚，不仅能加强国家的政治经济建设，也能推进国家的文化建设，特别是在太平盛世的开元时期，让这些具有文学才干的官僚主政中书门下，可以在一定程度上避免政治行为只追求眼前利益与短期效益的苟且与短视，制订出促进国家政治、经济、军事等各个方面发展的长期规划，从而给这一时期的国家政治品格带来积极的影响[4]，形成健康向上的发展风貌。

唐玄宗使用二张应该有这样的期待，只是随着皇位的稳固、经济的繁荣、社会局势的安定，巨大的成功与帝王的成就感使他不再为营

1　像他奏改政事堂为中书门下，提高宰相的行政职能，已见前述。又如建议罢卫士当番，招募强壮宿卫、通和吐蕃乃至首倡封禅等，均可见一斑。参《旧唐书》卷97《张说传》，第3051—3057页。

2　如他"建议复置十道采访使，又教河南数州种水稻，以广屯田"。见《旧唐书》卷99《张九龄传》，第3099页。又据王仁裕《开元天宝遗事》卷下："张九龄累历刑狱之司，无所不察。每有公事赴本司参勘，胥吏辈未敢讯勘，先取制于九龄。因于前面分曲直，口撰案牍，因无轻重，咸乐其事。时人谓之'张公口案'。"丁如明辑校：《开元天宝遗事十种》，第92页。不过，张九龄任职期间，也确实"没有认真去解决实际问题"，参见吴宗国《隋唐五代简史》，第170页。但这并不是他的政治才能不济，而是有更复杂的原因。

3　汪篯：前引文，载《汪篯隋唐史论稿》，第200页。

4　如张说在朝廷之上以"士可杀不可辱"之理反对向士大夫使用杖刑，乃为天下士君子尊严请命，则可注意也。参见《旧唐书》卷99《张嘉贞传》，第3091页。

造一个持续发展的政治环境而努力，尤其是他无法忍受宰相的作为与他的意志相悖。这也就是说，无论张说还是张九龄，他们的政治才干都毋庸置疑。既然如此，是不是也就可以这样来思考这一问题：他们被罢免中书令之职，绝不是因为才干方面的问题。那么，张说与宇文融相争，两罢之还可以暂不置论，何以李林甫与张九龄相争，结果却是汪篯先生所谓文学派失势呢？当重新审视唐玄宗调整中书令人选的前后过程时，我们发现，对于中书令，唐玄宗除了要求他们能在中书门下很好地担负起辅政之责，还会考察中书令能否忠实地执行他的指令和准确地理解他的旨意。随着开元盛世的到来，四海升平时日已久，唐玄宗在这方面的敏感度就越来越高。

在废储过程中，唐玄宗是在确切了解了张九龄与李林甫等人的政治态度之后，才最终决定更换中书令人选的。我们认为，大约在开元二十三四年前后，除废储一事之外，唐玄宗至少还通过以下几件事试探过宰相成员的政治态度。

一是对幽州节度使张守珪的封赏。开元二十三年（735年），因为张守珪防御东北强蕃契丹成效卓著，唐玄宗想给张守珪加宰相的名号以示褒奖[1]。中书令张九龄以"宰相者，代天理物，非赏功之官"为由表示反对。鉴于中书令此时在国家中枢政治中的地位，唐玄宗必须慎

---

[1]　幽州节度使，治范阳，任务即"临制奚、契丹"（《旧唐书》卷38《地理志》；《通鉴》卷215，天宝元年正月）。张守珪对付契丹有功就加以封赏，是因为东北边防在唐玄宗的心目中地位重要。有关这一问题，请参见黄永年《〈通典〉论安史之乱的"二统"说证释》《唐代河北藩镇与奚契丹》等文，见《文史探微》，北京：中华书局，2000，第263—311页。又参见王永兴《唐代前期西北军事研究》，北京：中国社会科学出版社，1994。

重对待张九龄的反对意见。他只好退一步，想只"假以其号而不使任其职"，但张九龄仍然表示反对："不可。惟名与器不可以假人，君之所司也。且守珪才破契丹，陛下即以为宰相，若尽灭奚、[突]厥，将以何官赏之？"唐玄宗只得作罢。[1]实际上，唐玄宗所欲加于张守珪者，就是所谓不任职的"使相"，即以节度使身份加带宰相的荣誉称号，但并不入政事堂参知政事。事实上，在封赏张守珪之前，唐玄宗已经用使相一职封赏过多人。[2]因使相这一问题无关本文宏旨，故此处不予申论。由于张九龄的反对，唐玄宗只能在张守珪来东都献捷时拜他为羽林大将军兼加御史大夫的宪衔，而没有加上宰相称号。

二是返回西京长安。由于种种原因，尤其是关中地区粮食供应紧张，唐朝天子经常往返于西京长安与东都洛阳之间。[3]唐玄宗此次到达东都的时间是开元二十二年（734年）正月。对于西归，先前已经颁敕准备在开元二十五年（737年）二月二日动身，因宫中有怪异，唐玄宗就打算提前西行。中书令张九龄认为"今农收未毕，请俟仲冬"，即至少要等到十一月才可以。另一位宰相、侍中裴耀卿也附议。时以同中书门下三品出席宰相会议的李林甫则持不同看法："长安、洛阳，陛下东西宫耳，往来行幸，何更择时！借使妨于农收，但应蠲所过租税而

1　《通鉴》卷214，玄宗开元二十三年正月，第6811页。

2　据《唐会要》卷1《帝号上》第7页：唐玄宗时期的使相有八人，即源乾曜、张说、王晙、张嘉贞、王琚、杜暹、萧嵩、哥舒翰。按：张嘉贞死于开元十七年秋，张说死于开元十八年十二月，源乾曜死于开元十九年冬，均在唐玄宗打算封赏张守珪之前。

3　有关这一情况，可参见《唐大诏令集》卷79《典礼·巡幸》所载唐玄宗时期朝廷颁发的巡幸东都等地的制书。

已。臣请宣示百司，即日西行。”对此建议，“上悦，从之”。[1]结果，唐玄宗得以在开元二十四年（736年）十月初二戊申从东都出发，并于当月二十一日丁卯[2]到达西京。《资治通鉴》记述这一事件时有一个细节似乎应该特别予以注意：“二相退，林甫独留，言于上。”《新唐书》的记载更加详细，说朝议之后“林甫阳蹇，独在后，帝问故”[3]。也就是说，李林甫向唐玄宗表达自己的意见，并不是在唐玄宗召集宰相举行的会议上，而是在中书令与侍中退下之后单独表达的。这与他在唐玄宗讨论废储之初时私语中人几乎如出一辙。李林甫所言，反映出中书令之外的其他宰相成员在国家政治中枢中的地位状态。如果按照张九龄等人的意见，唐玄宗只能推迟返还西京的时间，而根据李林甫的提议则可以如愿以偿。我们认为关键在于唐玄宗从李林甫的奏事中得到了极大的满足，体会到帝王至高无上的权威。从此，唐玄宗对宰相成员的态度逐渐开始发生转变。

三是委任牛仙客为尚书。开元二十四年（736年）秋，先前接替萧嵩任河西节度使的牛仙客出任朔方行军大总管（《通鉴》作朔方节度使），他在河西任上“能节用度，勤职业，仓库充实，器械精利。上闻而嘉之，欲加尚书”。中书令张九龄“执奏以为不可”，认为“尚书，古之纳言，唐兴以来，惟旧相及扬历中外有德望者乃为之。仙客本河湟

1　参见《通鉴》卷214，玄宗开元二十四年十月，第6822页。

2　《通鉴》卷214，玄宗开元二十四年十月。按：《旧唐书》卷8《玄宗纪上》载唐玄宗返京为丁丑日，恐误。按：据陈垣《二十史朔闰表》（北京：中华书局，1999），此年十月丁未朔，则本月无丁丑，十一月为丙子朔，丁丑系十一月初二日。

3　《新唐书》卷223上《李林甫传》第6344页还记载说：“帝问故，对曰：‘臣非疾也，愿奏事……’”

使典，今骤居清要，恐羞朝廷"，意在维护朝廷尊严。唐玄宗无奈，又想为牛仙客加实封。在与宰相商议时，张九龄仍然加以谏阻："封爵所以劝有功也。边将实仓库，修器械，乃常务耳，不足为功。陛下赏其勤，赐其金帛可也；裂土封之，恐非其宜。"唐玄宗闻之默然。这时，李林甫言于上："仙客，宰相材也，何有于尚书! 九龄书生，不达大体。"明确表示对皇帝的支持，唐玄宗"大悦"。在次日朝会上讨论时，张九龄仍然固执如初。这让唐玄宗大怒，变色曰："事皆由卿邪? "张九龄以退为进，顿首谢曰："陛下不知臣愚，使待罪宰相，事有未允，臣不敢不尽言。"仍然是不肯让步。张九龄之所以敢于力谏，是因为他要忠于自己首席宰辅的职责，维护国家体制，而没有在意唐玄宗的意愿。他坚持认为，自己蒙皇帝擢居宰辅，与牛仙客并无私怨，但牛仙客出身小吏，目不识字，"若大任之，臣恐非宜"。实际上，这种宰相的责任感，恰恰是唐玄宗所不能忍受的。但由于张九龄的坚持，唐玄宗没有马上如愿。李林甫又是在退朝之后表态说："但有材识，何必辞学，天子用人，何有不可? "对比李林甫的态度，唐玄宗对多次违背自己意愿的张九龄越来越不满意。[1]开元二十四年（736年）十一月二十三日戊戌，唐玄宗赐牛仙客陇西县公，食实封三百户。这说明中书令张九龄的反对终归无效，不过，这并不代表皇帝可以无视中书令的意见，事实上，张九龄在当月的二十七日壬寅[2]即被罢免了中书令一职。

1　以上参见《通鉴》卷214，玄宗开元二十四年十月，第6822页。《旧唐书》卷103《牛仙客传》，第3196页；同书卷106《李林甫传》，第3237页。《大唐新语》卷7《识量》第104页载略同，又有"九龄文吏，拘于古义，失于大体"。

2　《新唐书》卷62《宰相表中》，第1689页。

此外，开元二十三年（735年）三月，东都发生了罪臣张审素之子为复仇杀死陷害其父的朝廷官员之事。朝廷上对事情的处理存在分歧意见，"议者多言二子父死非罪，稚年孝烈能复父仇，宜加矜宥。张九龄亦欲活之。裴耀卿、李林甫以为如此，坏国法"。唐玄宗在此事上同意李林甫等人的意见。他对张九龄说："孝子之情，义不顾死；然杀人而赦之，此途不可启也。"遂按照这一思路，下敕杖杀之。[1]从国家行政的角度来说，此事并不是多大的案子。但是，此事所引发的朝廷上的分歧以及对此事的不同处理方式背后所隐含的意义却值得我们深思。张九龄等人从孝亲、人情的角度来理解张审素之子的复仇并欲加宽宥是不违背古礼的基本精神的，况且，唐朝倡导孝亲，唐玄宗也曾亲自注解《孝经》。而从李林甫不识选人判语"杕杜"一词，可知李林甫等人对于儒家经典并不熟谙。[2]但是"孝子之情"，国法不容。在情与法的较量中，唐玄宗与所谓吏治派官僚选择了国法为上。这说明唐玄宗对文学派官僚所奉行的原则未必真的赞同。李林甫等人的守法[3]，也许让唐玄宗感觉，与张九龄等人相比，他们才是堪托大事之人。

比较了几次事情的处理之后，唐玄宗越发觉得中书令张九龄固

1　《通鉴》卷214，玄宗开元二十四年三月，第6811页。

2　《旧唐书》卷106《李林甫传》载其"自无学术，仅能秉笔"，不识"杕杜"一词只是一个例子。按："杕杜"一词出于《诗经》。以此推测李林甫不读《诗经》，想必不会太过。

3　像《旧唐书·李林甫传》等正史中对李林甫的有关记载多有剪裁，也有明显的倾向性。尽管如此，史书中还是记载了一些他守法的事例。如：宋璟之子浑，因与李林甫善而任谏议大夫、平原太守、御史中丞、东京采访使，当有人告发宋浑兄弟骗婚、贪赃时，李林甫立即奏请把宋浑"就东京台推"，因事属实，宋浑被贬（《旧唐书》卷96《宋璟传》，第3036页）；又如揭发萧嵩行贿中官牛仙童事（《旧唐书》卷99《萧嵩传》，第3095页）等。

执、不合时宜。《通鉴》说："是时，上在位岁久，渐肆奢欲，怠于政事。而张九龄遇事无细大皆力争。"尽管张九龄忠于职守，但当时中书令在国家政治中枢中已经居于优越地位，他身居如此要职却不能与皇帝同频，不能忠实地执行皇权意志，必然引起皇帝的不满，再加上"李林甫巧伺上意，日思所以中伤之"[1]，张九龄也就不可避免地一步步陷入政治灾难之中。史言李林甫"面柔而有狡计，能伺候人主意，故骤历清列，为时委任。而中官妃家，皆厚结托，伺上动静，皆预知之，故出言进奏，动必称旨"[2]；或谓他"善刺上意""善养君欲"[3]。通过中人探知皇帝的意思，这当然说明李林甫善于政治经营和政治投机，同时也说明李林甫具有文学派官僚所缺乏的政治生存本领与技巧。我们不能仅从个人政治品质的角度来评论李林甫的"善刺上意"，而更应该从当时政治运作的角度来理解他忠实执行皇权意志的政治自觉。

正是他们灵活处理国家事务，尤其是准确理解和忠实执行皇权意志的能力，让唐玄宗逐渐感觉到李林甫等人的善权变。李林甫也因此逐渐成为唐玄宗信赖的辅弼之才。开元二十四年（736年）十一月，蔚州刺史王元琰犯贪污罪下三司[4]，唐玄宗因这起普通案件罢免了张

1　《通鉴》卷214，玄宗开元二十四年十一月，第6823页。

2　《旧唐书》卷106《李林甫传》，第3236页；《册府元龟》卷339《宰辅部·邪佞》第4008页载略同。

3　《新唐书》卷223上《李林甫传》，第6345页。

4　关于审讯者，《通鉴》谓为三司，《旧唐书》则谓三司使。《旧唐书》卷106《李林甫传》详载此事云："九龄与中书侍郎严挺之善。挺之初娶妻出之，妻乃嫁蔚州刺史王元琰。时元琰坐赃，诏三司使推之，挺之救免其罪。玄宗察之，谓九龄曰：'王元琰不无赃罪，严挺之嘱托，所由辈有颜面。'九龄曰：'此挺之前妻，今已婚崔氏，不合有情。'玄宗曰：'卿不知，虽离之，亦却有私。'玄宗籍前事，以九龄有党，（转下页）

九龄的中书令一职，改任他为尚书右丞相，将他排除在政治中枢之外。同时被罢知政事的还有侍中裴耀卿，改任他为尚书左丞相。李林甫兼任中书令。

从笔者的直觉上来说，唐玄宗把一件贪污案作为调整中书令人选的导火线，其实是对张说、张九龄等所谓文学派官员政治形象的一种贬损，是对他们所秉持的社会公共价值观的一种破坏。不过，从当时国家政治体制的运作来说，唐玄宗是经过一番比较，才最终选择富有卓越政治才能与事务才干的吏治派官吏李林甫，而抛弃文学派官员张九龄的。事实证明，李林甫担任中书令后，能全面协助唐玄宗自如应对国家内外事务，以致唐玄宗一度认为天下无复可忧，有意委政于李林甫。[1]

那么，为什么张九龄任中书令期间会在唐玄宗用人、赏罚、废储

（接上页）与裴耀卿俱罢知政事，拜左、右丞相，出挺之为洺州刺史，元琰流于岭外。即日林甫代九龄为中书、集贤殿大学士、修国史；拜牛仙客工部尚书、同中书门下平章事，知门下省事。"按：中书侍郎是中书令在省中副官，严挺之与张九龄交好，而与李林甫因事结有积怨，严挺之为前妻之夫请托所由，自然是授李林甫以口实。从唐玄宗与张九龄的一席对答，再结合前述张审素之子复仇案的处理来看，说明他们君臣对一些问题的看法存在着思路上的明显差异。张九龄为唐玄宗所不容，自然不难理解。

[1] 对于这一问题，司马光在《通鉴》卷216"玄宗天宝十一载十一月"条载："上晚年自恃承平，以为天下无复可忧，遂深居禁中，专以声色自娱，悉委政事于林甫"，是肯定的叙述口吻。而郭湜的《高力士外传》则记载了唐玄宗的这样一番话："朕自住关内向欲十年，俗阜人安，中外无事……军国之谋，委以林甫，卿谓如何？"在天宝十载，唐玄宗又对高力士说："朕年事渐高，心力有限，朝廷细务，委以宰臣……卿谓如何？"高力士则有"开元二十年以前，宰臣授职，不敢失坠；边将承恩，更相戮力。自陛下假威权于宰相，法令不行"云云，又是另外一种口吻。其中唐玄宗所谓"朝廷细务，委以宰臣"一语尤可注意，这一点前文已有涉及。

等一系列问题上持不同意见，而李林甫却能给唐玄宗以极大的支持呢？我们认为，张九龄按照士大夫对国家制度的理解来恪守传统意义上的宰相职责[1]，忠于现行国家体制，但不懂得根据新情况与皇帝保持政治上的一致，又在一些诸如执法等问题上被皇帝抓住把柄，所以吴宗国先生称"张九龄是武则天时期成长起来的最后一个政治家"[2]。李林甫则以务实的态度面对变化了的国家局势，他所效忠的是唐玄宗，而不是这个已经发生了巨大变化并且正在发生更大变化的国家现有体制，旧史中评论他"每事过慎，条理众务，增修纲纪，中外迁除，皆有恒度"[3]，正说明他的一切工作是在皇帝所允许的范围内开展的，且是为了实现玄宗本人的政治目标与理想。李林甫之所以在唐玄宗废储一事上发表"此陛下家事"的意见，正是为了避免与国家政治体制发生直接冲突。他的支持自然为唐玄宗的随心所欲提供了更大的活动空间，也在更大范围内与皇帝保持了政治上的一致，因此深得玄宗信任。若从个人的政治品格来看，张九龄的表现更具有宰相的政治责任感，李林甫则多了一些服从与依从的奴才相。李林甫的"动循格令"[4]，实际上就是忠实执行皇权意志。不过，李林甫在主持或参与修

1　像他所谓"陛下不知臣愚，使待罪宰相"云云，自然使人联想到汉初宰相陈平在朝廷上对汉文帝说的"陛下不知其驽下，使待罪宰相"那番话。参见《史记》卷56《陈丞相世家》，第2061页。李林甫也说"九龄文吏（《通鉴》则径作"书生"），拘于古义，失于大体"（《大唐新语》卷7《识量》，第104页）。

2　吴宗国：《隋唐五代简史》，第171页；并见前引文，《北京日报》，1993年6月23日，第七版。

3　《旧唐书》卷106《李林甫传》，第3238页。

4　《旧唐书》卷106《李林甫传》，第3241页。

定新的律令条文（包括奉敕纂注《唐六典》）以及处理种种复杂的内外军政事务时所展现的政治才能，表明他的确是应时而出的人才。[1]如果从以上多个角度来分析，我们也许能更加深刻地把握这一时期唐玄宗对中枢政治体制调整的政治内涵。

因此，李林甫最终取代张九龄成为唐朝中枢辅政体制中的首席长官，与其说是他适应了唐玄宗对国家中枢政治体制调整的政治需要，不如说正是这一调整的必然结果。因为说到底，与皇权意志保持一致，首先是皇权的需要，也是对最高辅政长官中书令的政治要求。这也是由中书门下取代政事堂、宰相机构的职能逐渐趋于事务化、国家机器的运转状况更加取决于中枢决策者意志的政治局势所决定的。

李林甫成为中书令后，其所拥有的威仪规格超过之前的唐朝历任宰相。据记载："故事，宰相居台辅之地，以元功盛德居之，不务威权，出入骑从简。自林甫承恩顾年深，每出，车骑满街，节将、侍郎有所关白，皆趋走辟易，有同案吏。"[2]但是，这只是宰相自身地位的变化，皇

1　张说在这方面其实就有很强烈的自觉，他曾经对张嘉贞说："宰相者，时来即为，岂能长据？"（《旧唐书》卷99《张嘉贞传》，第3092页）这里的所谓"时"，是国家的需要、皇帝的需要，尤其是皇权的需要。这也揭示出政治权力变动中的制度内因，揭示出制度建构的状态对政治运作的制约。

2　《旧唐书》卷106《杨国忠传》，第3244页。《通鉴》卷215"玄宗天宝六载十二月"条又这样说："出则步骑百余人为左右翼，金吾静街，前驱在数百步外，公卿走避，……宰相驺从之盛，自林甫始。"司马光解释说，这是因为"林甫自以多结怨，常虞刺客"，见第6884页。这一解释与《旧唐书》卷106《李林甫传》第3241页中对李林甫晚年居处隐蔽之事的叙述是相同的，所谓"林甫晚年溺于声妓，姬侍盈房，自以结怨于人，常忧刺客窃发，重扃复壁，络板甃石，一夕屡徙，虽家人不之知"。这显然与李林甫盛其驺从不是一回事。

帝对待宰相的礼仪则是另一种情况。李林甫担任中书令后，唐玄宗对待宰相的礼仪规格发生了微妙的变化。不过，这一变化并没有表现在国家礼典上，而是体现在唐玄宗的日常政治生活中。此可见唐朝人李德裕所撰的《次柳氏旧闻》[1]：

> 玄宗初即位，体貌大臣，宾礼故老，尤注意于姚崇、宋璟，引见便殿，皆为之兴，去则临轩以送。其他宰臣，优宠莫及。至李林甫以宗室近属，上所援用，恩意甚厚，而礼遇渐轻。

唐玄宗最初对宰相礼遇甚隆，还可举《开元天宝遗事》卷上《步辇召学士》[2]的记载：

> 明皇在便殿，甚思姚元崇论时务。(开元元年)七月十五日，苦雨不止，泥泞盈尺。上令侍御者抬步辇召学士来。时元崇为翰林学士[3]，中外荣之。自古急贤待士，帝王如此者，未之有也。

至于京兆尹韩朝宗所谓"自陛下临御已来，所用宰相，皆进退以礼善始令终"[4]，显然是阿谀之辞。从唐玄宗对待姚崇与李林甫的礼

1　丁如明辑校：《开元天宝遗事十种》，第2页。

2　丁如明辑校：《开元天宝遗事十种》，第65页。

3　谓姚崇为翰林学士，误。说详见洪迈《容斋随笔》卷1，《笔记小说大观》本，扬州：江苏广陵古籍刻印社，1984。

4　《旧唐书》卷99《张嘉贞传》，第3093页。

仪变化中，我们可以看出皇权政治地位的若干变化。实际上，在帝制时代，君主对待宰辅之臣的礼仪正是一直处于下降趋势。

（六）唐玄宗"何以舍寿王瑁而立肃宗"索解

开元二十四年（736年）十一月，唐玄宗完成对中书令人选的调整。开元二十五年（737年）四月，监察御史周子谅上疏力陈牛仙客才非所任，且引谶语证明己说。此举犯了唐玄宗的忌讳，周子谅遂被杖责，后又被流贬，死于途中。李林甫借题发挥，称"（周）子谅，张九龄所荐也"，结果，张九龄也被贬出朝廷。失去了张九龄等大臣的保护，太子李瑛很快陷入灭顶之灾。张九龄被贬的第二天[1]，唐玄宗在宫中宣布了废储的制书。自此之后，皇储之位虚悬达一年零两个月。直到开元二十六年（738年）六月，唐玄宗才宣布立忠王为太子。在重新选择储君的过程中，颇有竞争力且呼声甚高的寿王瑁没能进入唐玄宗的视野。在开元末年皇位继承人的选择中，唐玄宗何以取忠王而舍寿王，这是一个值得探讨的问题。

陈寅恪先生在他的《唐代政治史述论稿》中说："玄宗何以舍寿王瑁而立肃宗为皇太子，此为别一问题，非兹篇所能论及也"[2]，一笔带过，没有从正面解答。后来，他又从唐代李武韦杨婚姻集团的角度重新提出这一难题。他认为，李亨"终能立为太子"，是因为武则天之后武氏政治势力到开元、天宝时犹未衰歇，李亨生母杨妃是武氏姻

1　据《通鉴》卷214"玄宗开元二十五年四月"条第6828页：甲子，贬张九龄，乙丑，即宣制废瑛等为庶人。

2　陈寅恪：《唐代政治史述论稿》中篇，第67页。

亲，且对李亨出生有恩的张说也是武氏之党的缘故。[1]对于武氏政治势力在武周以后的存在情况以及在开元天宝时期是否仍然存在，黄永年先生既有正面的论述，也有针对性的剖析，指出陈寅恪先生对这一问题的立论难以成立。[2]另外，赵永东先生也对这一问题进行了研究，指出陈寅恪先生的立论"不足为训"。[3]他认为，唐玄宗在武惠妃死前之所以未册寿王为太子，主要有两个原因：一是似乎对武惠妃的政治品行并不完全信任，心存疑虑；二是寿王与太子李瑛被废死有关。这无疑是有道理的。不过，若认为是唐玄宗对早已废死的王皇后的"追悔之念"抑制了他确立寿王为太子的行动，认为李亨最终被选为继承人是因为唐玄宗对王皇后的所谓"追悔之念"与王皇后对李亨的"抚养之恩"[4]，则未必是对此事的恰切解释。细绎此事之因果，我们发现要对此事做出完美的解答并非易事。不过，通过梳理，我们从中能发现这一时期中枢政治格局的若干内容。从忠王与寿王的条件比较可以

1　陈寅恪：《记唐代之李武韦杨婚姻集团》，《历史研究》，1954年第1期；并见《金明馆丛稿初编》。

2　黄永年：《说李武政权》，见《文史探微》，第220—242页；《开元天宝时所谓武氏政治势力的剖析》，见《唐代史事考释》，第119—131页。

3　赵永东："即照（陈寅恪）这一逻辑，被立为皇太子的也应是寿王李瑁，因在亲族关系上，武惠妃较之杨妃距离武则天要更近得多；而且陈先生还把李林甫算作武氏之党，而李林甫当权之日，张说早已去世时，在李林甫这个最大的'武氏之党'的拥戴下，玄宗自不应舍寿王而立忠王。"见《唐玄宗立李亨为皇太子之因试析》，《南开学报》，1992年第6期，第38—40页。其实，这样的推论我们还可以增加若干补充，如陈寅恪先生把开元时先后任相的姚崇、宋璟、张说、张九龄等人皆视为"武氏之党"，而张九龄却是在武惠妃倾动太子李瑛时最坚决的反对者，当李亨被选立为太子时，张九龄已被斥出朝廷，后病死。李亨得立为太子，显然与张九龄等人是否为武氏之党无关。

4　赵永东：《唐玄宗立李亨为皇太子之因试析》，《南开学报》，1992年第6期。

发现，继承人的选择不唯涉及朝廷宰相，也涉及后宫势力以及宰相与后宫力量的结合等。看来，这还是一个不乏意义的问题。我们拟在前贤研究的基础上，重新对这一问题略加探讨。

李瑛被废之后，唐玄宗为选择继承人颇费了一番心思。《旧唐书》卷10《肃宗纪》：

> 初，太子瑛得罪，上召李林甫议立储贰，时寿王瑁母武惠妃方承恩宠。林甫希旨，以瑁对。

时任中书令的李林甫在唐玄宗向他征求储君人选时，推荐寿王瑁是实情，但若说是"希旨"，则并不是实录。在重新选择继承人时，唐玄宗从未向身边的人透露过个人意向。直到开元二十六年六月，就连近侍宦官高力士也不清楚唐玄宗的真实想法。在这种形势下，李林甫敢于表明自己的政治态度，既与他的中书令身份有关，据说也有讨好武惠妃的私心。不过，有人认为李林甫开始为巴结武惠妃做拥立寿王的台柱，而武惠妃死后"态度有所变化"，"狡猾的李林甫也就不必尽力保护寿王"[1]，与事实并不相符。《旧唐书》卷106《李林甫传》："其冬，惠妃病，三庶人为祟而薨。储宫虚位，玄宗未定所立。林甫曰：'寿王年已成长，储位攸宜。'"说明李林甫在武惠妃死后拥戴寿王的态度仍一如既往。按：武惠妃死于开元二十五年十二月丙午。李林甫的这一政治态度仅仅用他巴结武惠妃来解释可能还远远不够。另据史书记

1　许道勋、赵克尧：《唐玄宗传》，第322页。

载:"李林甫以寿王母爱,希妃意陷太子、鄂光二王,皆废死。"[1]也就是说,无论是从当初三庶人之祸的发生与结局而论,还是此后拥立寿王瑁,都说明此时出任中书令的李林甫与皇位继承问题颇有干系。且不管李林甫的本意若何,仅从中书令在国家政治中枢中的重要地位这一个角度,就不能不使唐玄宗认真对待宰相与皇位继承人之间的政治关系。从前文的论述中我们可以知道,自开元以来,无论是对太子的政治权力还是对其政治生活的空间,唐玄宗都已经着手加以削弱与压缩。他通过调整宰相集团成员实现废黜太子瑛,所以,他当然不会希望再看到未来的皇位继承人与中书令之间存在深厚的政治渊源。道理很简单,太子与朝廷宰相之间的任何形式的政治联系,都会使太子获得政治发展与势力膨胀的机会与可能性。笔者认为,寿王之所以没有成为新的皇位继承人,正是由于在唐玄宗看来,他与中书令李林甫之间存在一种不被现实皇权所容忍的政治渊源。这一点其实正好反映出唐玄宗开元二十五六年前后唐朝国家政治体制的一些特征与基本面貌。

另外,在唐玄宗的诸子之中,寿王还有一点与众不同,那就是他与宁王之间存在其他皇子所不具备的深厚渊源。原因是寿王出生后即被送往宁王府邸,尔后在宁王府生活了十几年,由宁王一手抚养成人。送寿王到宁王府中举养,是因为其母武惠妃所生二子一女,皆襁褓不育。至于是"帝命宁王养外邸"[2]还是"宁王请养邸中"[3],抑或是

1　《新唐书》卷76《后妃上·玄宗贞顺皇后武氏传》,第3492页。

2　《新唐书》卷76《后妃上·玄宗贞顺皇后武氏传》,第3492页。

3　《新唐书》卷82《十一宗诸子·寿王瑁传》,第3612页。

宁王妃元氏"请于邸中收养"[1]，史书记载不一，但是寿王被送往宁王府后，是元氏"自乳之，名为己子"却是实情。正是由于他"十余年在宁邸，故封建之事晚于诸王"[2]。宁王是唐玄宗的长兄，以其"嫡长，合当储贰"，且文明元年（684年）时也曾为太子。平定韦后之乱时唐玄宗功大，唐睿宗复位后也因此为选择继承人而伤神。宁王主动上表辞让，方使问题化解。唐玄宗即位以来，表面上与诸兄弟相处融洽，但丝毫没有松懈对诸王的防范。他把宁王等兄弟安置在紧邻兴庆宫的胜业坊、安兴坊内，不时亲往诸王府邸或派中使探看，都不乏深意，自非"天子友悌"[3]一言可以道尽。宁王于开元二十九年（741年）十一月死后，唐玄宗特为其加册"让皇帝"之谥。显而易见，对居于藩邸的诸兄弟，唐玄宗在政治上没有丝毫的轻忽。如此一来，选择与藩王有如此深厚渊源的寿王瑁为皇位继承人，并不符合此时唐玄宗的政治思路与策略，因为唐玄宗不希望太子在政治上拥有任何可能获得发展的条件，更何况宁王这个时候仍然在世。

在唐玄宗的诸子之中，由于东封后设立十王宅，诸子虽然分别被授以边地都督或节度大使，但均系遥领，并不实任；诸王虽加开府，却无府僚。若论及诸子的个人才干与政治资本，客观上讲，无一有机会出人头地者。也就是说，由于唐玄宗设立十王宅，诸皇子的任何风吹草

1　《旧唐书》卷107《玄宗诸子·寿王瑁传》，第3266页。

2　《旧唐书》卷107《玄宗诸子·寿王瑁传》，第3266页；《新唐书》卷82《十一宗诸子·寿王瑁传》第3612页，略同。

3　《旧唐书》卷95《睿宗诸子·让皇帝宪传》，第3011页。

动都处于他的严密控制下[1]，这样一来，也就成功阻止了诸皇子凭借个人才能进行政治上的经营。从这一点上来说，唐玄宗设立十王宅的效果是很明显的。从目前所见的史料来看，倒是有一件与李亨有关的记载，多少反映了十王宅中的忠王李亨的出格之处。据记载：开元十八年，奚、契丹犯塞。六月，唐朝以"[十]八总管"[2]兵进讨，以李亨遥领河北道行军元帅。大军出发时，"仍命百僚设次于光顺门，与上相见。左丞相张说退谓学士孙逖、韦述曰：'尝见太宗写真图，忠王英姿颖发，仪表非常，雅类圣祖，此社稷之福也。'"[3]张说拿李亨与唐太宗作类比，并称为社稷之福，显然有为他进行政治鼓吹的意图。不过，在开元十八年（730年）六月时，忠王李亨与十王宅中的其他诸王并无任何相异之处，张说自罢任中书令以后，一度致仕在家修史，虽然开元十七年（729年）复任尚书左丞相，但他的政治影响力已经是大打折扣。再说，张说自开元十八年生病，"玄宗每日令中使问疾，并手写药方赐之"[4]，十二月即不治而终。张说的身体状况是否有可能支撑他进行这一系列的动作，确实值得怀疑。张说同样的一番话在《通鉴》中则被记载为"吾尝观太宗画像，雅类忠王，此社稷之福也"，与《旧唐

1　如四子棣王琰的二孺人密求巫者书符置其履中以求媚之事，也为唐玄宗得知。虽然与棣王琰无关，但因涉嫌"厌魅圣躬"，棣王琰仍被囚于鹰狗坊内，忧惧而死。此事虽然发生在天宝十一载，但仍在一定程度上佐证了唐玄宗对十王宅的控制。参见《旧唐书》卷107第3260页和《新唐书》卷82第3608页之《十一宗诸子·棣王琰传》。

2　《旧唐书》卷8《玄宗纪》第195页以及《通鉴》卷213"玄宗开元十八年六月"条第6790页均作"十八总管"。

3　《旧唐书》卷10《肃宗纪》，第239页。

4　《旧唐书》卷97《张说传》，第3056页。

书·肃宗纪》所载又略有不同。因此，对于有关李亨的这则史料的可信度，我们表示怀疑。有的学者已经指出："张说此说必为肃宗即位后所伪撰，……欲借张说之口宣示天命，并标出于诸皇子间，肃宗有特殊的形象。"[1]只可惜未作进一步的申论。

总之，在唐玄宗选立继承人时，任何一位皇子都不会因为他们的政治才干或政治资本相对优越而当选。所以，即使是中书令在国家政治事务中处于极其优越的地位，李林甫在拥立寿王时也举不出可以说服唐玄宗与朝廷的理由。唐玄宗对李林甫的提议虽然没有立即加以否决，但是对他的提议完全不予理睬。同理，唐玄宗选定的继承人，也不会因为令人瞩目的政治才能折服朝廷百官。也许正是出于这样的原因，在三庶人之祸以后，唐玄宗为继嗣不定而犹豫不决、郁郁寡欢，重新立储费时达一年又两个月，而且还是在武惠妃死后半年。正是在这样的情况下，宦官高力士提出的"推长而立"的原则成为解决这一问题的最佳选择。《通鉴》卷214"开元二十六年五月"条记载了他们之间的对话。话题是高力士借关心唐玄宗的生活起居引出的：

> ……高力士乘间请其故。上曰："汝，我家老奴，岂不能揣我意！"力士曰："得非以郎君未定邪？"上曰："然。"对曰："大家何必如此虚劳圣心，但推长而立，谁敢复争！"上曰："汝言是也！汝言是也！"由是遂定。

1　林伟洲：《灵武自立前肃宗史料辨伪》，载成功大学中国文学系主编《第四届唐代文化学术研讨会论文集》，台南：成功大学教务处出版组，1999，第745页。

高力士在这个时候提出立长的建议，自然说明了他丰富的政治经验，也反映出他在唐玄宗政治中枢中的地位。不过，这是否如黄永年先生所说是属于"内廷与外朝之争"、是"已成为内相即玄宗的代理人"的高力士抑制外朝宰相的手段[1]，有人也说恐怕可以进一步讨论。[2]毕竟，在这一过程中，高力士并不曾得到什么政治利益。再说，高力士多年在皇帝左右，言行举止极为谨慎，此前宰相人选的更换、王皇后与太子李瑛被废，他均是三缄其口。当立储之事陷于微妙之际，高力士敢于直陈己见，说明他经过冷静的分析，对形势有了比较准确的把握。事实证明，高力士的建议非常符合皇帝的思路。至于高力士如何能对形势有如此准确的把握，我们不得而知。现存文献中有这样一则记载可以帮助我们了解唐玄宗此时的政治思路：开元二十六年（738年）正月，即武惠妃死后的第二个月，唐玄宗在举行亲祀东郊的典礼[3]时，用忠王为亚献，并用颍王为终献[4]。笔者认为这是一个颇

1　黄永年：《唐肃宗即位前的政治地位和肃代两朝中枢政局》，载《唐史研究会论文集》；并见《唐代史事考释》，第271—296页。

2　赵永东《唐玄宗立李亨为皇太子之因试析》一文中也有论说，《南开学报》，1992年第6期。

3　据《旧唐书》卷9《玄宗纪》第209页及卷24《礼仪志四》第913页，即皇帝亲迎气于东郊，祀青帝。据王泾《大唐郊祀录》卷5第766页《立春祀青帝灵威仰于东郊》：唐朝以前"皆以四立各于其郊迎气，……开元定祀礼，因采东汉故事兼用（郑）康成之义焉"。此东郊亲祀之礼仪，另详见《大唐开元礼》卷12《皇帝立春祀青帝于东郊》，北京：民族出版社，2000，第84—89页。

4　《唐大诏令集》卷73，《敕亲祀东郊德音》，第370页："亚献忠王玙，宜赐物一千匹，终献颍王璲，赐物五百匹。"这与《全唐文》卷24元宗《春郊礼成推恩制》同，且忠王之"忠"字不缺。上海：上海古籍出版社，缩印本，1990，第116页下栏。

有意味的信号，多少可以透露出唐玄宗内心的一些玄机。[1]

　　确定了立长原则，皇位继承人的人选也就容易明确了。因为唐玄宗第一次立储时没有遵循立长原则，李瑛是以皇次子的身份居于储君之位的。实际上的皇长子李琮在玄宗第一次立储时没有考虑进来，再次立他为太子的可能性不大[2]，加之李琮没有子嗣，收养了废太子李瑛的儿子[3]，所以他更不可能成为新的皇位继承人。除庆王琮之外，唐玄宗最年长的儿子就是忠王李亨了。再说，别的不论，若与庆王无子相比较，忠王在这方面的优势就大大地表现出来了。因为李亨在开元十四年（726年）十二月时就有了长子李俶，李俶就是唐玄宗的长孙[4]。也就是说，唐玄宗的取舍只可能在寿王与忠王之间。按照立长原则，在皇三子忠王与十八子寿王之间当然也就只能选择忠王李亨。经过这

1　亲祀东郊礼，虽"终献如亚献之仪"（《大唐开元礼》卷12《皇帝立春祀青帝于东郊》，第89页），但终献与亚献的区别是显而易见的。笔者认为，唐玄宗在用忠王亚献的同时，又用颍王终献，这些安排比较隐晦地表达了他对忠王的态度。从《旧唐书》卷107《颍王传》载后来唐玄宗对颍王的态度中，我们可知颍王也颇得其心，这里用颍王是为了衬托忠王。高力士可能就是通过这样一些迹象探知玄宗心迹的。

2　据《通鉴考异》引《明皇杂录》："上与李林甫议立太子，意属寿王。林甫从容言于上曰：'古者建立储君，必推贤德，苟非有大勋于社稷，则惟元子。'上默然曰：'朕长子琮，往年因猎苑中，所伤面目尤甚。'林甫曰：'破面不犹愈于破国乎！陛下其图之。'"《新唐书·李林甫传》略同，司马光认为所载"可疑"，不取。见《通鉴》卷215，天宝六载十一月，第6883页。若据此，长子琮不得立，是因其破面。不过，实际上并不止于此。

3　《旧唐书》卷107《废太子瑛传》："瑛有六男……庆王琮先无子，瑛得罪后，玄宗遣鞠[? 按此字疑当校改为鞠]之"，第3260页。按：对庆王无子一事，赵永东在前引文中也有论及。

4　《旧唐书》卷11《代宗纪》谓之"嫡皇孙"，不当。按：此时的李亨只是十王宅中普通的一位皇子，称之为长孙尚可，而不应谓之"嫡"。彼时李亨尚未为皇太子也。清人赵翼《廿二史札记》卷19《玄宗五代一堂》谓"肃宗为太子时，生代宗，为嫡皇孙"，可谓失察之甚矣。参王树民校证本，北京：中华书局，1984，第400页。

番较量与唐玄宗的反复斟酌，李亨得以在开元二十六年（738年）六月被立为太子。当年七月，唐玄宗为他举行了册礼。

出于中书舍人孙逖之手的《立忠王为皇太子制》[1]，比较准确地表达出唐玄宗再次立储的政治思路。其中有云："以长则顺，且符于旧典"；在《册忠王为皇太子文》之中仍然称"仰稽天道，俯察人心，立长则顺，天所助也"[2]。这显然是针对当时朝廷上立长的舆论与唐玄宗所认可的立储原则而言的。事实上，唐玄宗选立李瑛时就不曾遵循立长的"旧典"，选立李亨是不是属于真正的立长也值得疑问，甚至事隔多年以后，就连李亨自己都认为由他继承大位属于"非次"[3]。因此，所谓"推长而立"云云，不过是唐玄宗立储时的一种从权变通、一个方便操作的手段，是他在当时的体制之下寻求政治稳定的策略，他并不是真的要遵循立长的原则。这样说来，李亨得以被立为储君，他较之寿王更为年长自然是一个很重要的因素，但并不是决定性因素。除李亨以外，比寿王年长的皇子还有多位。因此，李亨被选为皇位继承人，应该另有他为唐玄宗所看中的优势与条件。在我们看来，当时李亨与李林甫为首的宰相集团之间缺乏像寿王那样的政治上的渊源关系是

1　《唐大诏令集》卷27《立忠王为皇太子制》。

2　《唐大诏令集》卷28《册忠王为皇太子文》。按：孙逖草拟立太子制书后，即因父丧丁忧，册文当系他人所撰，然其文意与思路如出一辙，正说明朝廷大臣对皇帝考虑此事的思路的把握是基本一致的。

3　唐肃宗于上元元年（760年）为其兄庆王（靖德太子）琮再加谥号的诏书中称："朕昔践储宫，顾诚非次，于君父之命，所不敢违；以长少而言，岂忘其序？每思恳让，竟莫获从，遽顺圣慈，守兹宝位。……敬用追谥曰奉天皇帝。"（《唐大诏令集》卷26《靖德太子谥奉天皇帝诏》，第78页）虽言不由衷，但也反映出某些历史真相。

唐玄宗选中他的重要原因。[1]此外，李亨此时已二十八岁，在十王宅中生活没有显露任何劣迹，更不见他在后宫中有什么依靠。至于说李亨被立为太子，与所谓"武氏之党"及武氏势力左右政局并无关系，黄永年先生早已有论述，可视为定论，在此不另外赘述。总之，此时的李亨在内廷外朝没有任何政治力量可以依赖，这一点正是唐玄宗所看中的。而得到中书令李林甫拥立与武惠妃支援的寿王也就不可能被唐玄宗选中。由于寿王与中枢政治有关联，安史之乱爆发后，唐玄宗命太子以外的皇子主持平叛，就只任用了永王、盛王与丰王，却没有委任寿王。这倒可以帮助我们了解唐玄宗在第二次立储时何以舍寿王。

唐玄宗之所以舍寿王而选择政治上毫无势力可言的忠王作为继承人，是因为此时太子的政治地位还没有被完全纳入新的政治体制，皇位继承权与其他权力系统在皇权政治之下的配置关系仍处于调整与组合中。选择忠王李亨作为继承人，是唐玄宗在实体化的东宫体制还没有完全被打破的形势下，为了在当时的体制下寻求政治稳定所采取的一种政治策略，即通过用人事的办法达到现有体制暂时还不能达到的效果。同时，这一选择也是为了继续对政治体制进行调整以赢得政治空间，从而最终实现对继承人进行有效控制的政治目标。

我们再对李亨被立与所谓王皇后的"抚养之恩"之间的关系加以考辨，借以了解唐玄宗对后宫的调整以及这种调整对政局的影响。

1　"从玄宗的心理来看，他既然将朝政大权交给李林甫，当然不希望这位权相再去拥立一个太子，因为太子和权相的结合将会构成对皇位的威胁。而忠王则多年来一直不受重视，在宫中和外朝都没有形成个人势力，易于控制。"参见阎守诚、吴宗国《唐玄宗》，第110页。

论者以李亨被立乃"得之于王皇后的抚养之恩"，主要应是依据《新唐书》卷76《后妃上·玄宗元献皇后杨氏传》：

> 初，肃宗生，卜云："不宜养。"乃命王皇后举之。后无子，抚肃宗如所生。

此事在《旧唐书》卷52《后妃上·元献皇后杨氏传》中的记载略有不同：

> 既而太平诛，后果生肃宗[1]。太子妃王氏无子，后班在下，后不敢母肃宗，王妃抚鞠，慈甚所生。

李亨是唐玄宗的第三子，在他出生前后，正是唐玄宗与太平公主矛盾激化的非常时刻。《旧唐书》卷52《后妃上·元献皇后杨氏传》略载其事：

> 后（杨氏）景云元年八月选入太子宫。时太平公主用事，尤忌东宫。宫中左右持两端，而潜附太平者，必阴伺察，事虽纤芥，皆闻于上，太子心不自安。后时方娠，太子密谓张说曰："用事者不欲吾多息胤，恐祸及此妇人，其如之何？"密令（张）说怀去

---

1 唐肃宗（李亨）生于唐睿宗景云二年（711年）九月三日，此时唐玄宗以皇太子的身份监国。唐玄宗诛太平公主是在先天二年（713年）七月，此时李亨已经三岁。《旧唐书》的这一记载在时间顺序上显然有问题。

胎药而入。

唐玄宗如此谨小慎微，笔者推测与历史上借口皇太子沉湎女色难当大任而行废立的情况有关[1]，堕胎之举也不一定是事后编造[2]。至于把李亨交给王氏抚养是因王氏无子还是杨氏"不宜养"，现在已不容易弄清楚。不过，李亨出生后就送给当时的太子妃王氏抚养是实情。关于此事，《新唐书》有"命王皇后举之"一句，据周一良先生考证，"举"除了长养之意，"又有承认其身份地位之意"[3]。依照这一看法，唐玄宗把李亨交由王氏举养，是为了确立李亨的名分，表明李亨如同王氏所出，以免授人以柄，并不是为了让李亨享受寻常人的母爱。[4]事实上，在开元时期，王皇后从来没有因为举养过李亨而被认为有己

1　如隋朝的杨勇被废，很重要的原因之一就是宠爱昭训云氏，被独孤皇后认为难隆基业，而杨广伪装成不好声色，则得入东宫；太子李承乾被废黜，也与他过于宠爱美貌的太常乐人称奴令唐太宗大怒有很大关系。唐玄宗此时已有二子，景云元年（710年）八月新娶杨氏，次年九月即生子，他未必没有类似的担忧。堕胎之举，也未必不可信。

2　关于唐玄宗欲使杨氏堕胎，因梦见"神人覆鼎"才作罢，以及肃宗如何受王皇后的抚鞠喜爱，黄永年先生认为"是肃宗即位后所编造，为肃宗鼓吹天命并制造其地位本高于其他皇子的舆论"。参其《开元天宝时所谓武氏政治势力的剖析》，载《唐代史事考释》，第126页。

3　周一良：《魏晋南北朝史札记》，北京：中华书局，1985，第153页。按：周一良先生只是指出这一情况见于"魏晋南北朝文献中"。周先生还指出"魏晋以来重门阀世系，严嫡庶之别，庶出子女极受歧视，以至不予承认。北朝承中原旧习……东晋南朝之士族，初亦沿袭中原习惯"。

4　至于王氏对李亨是否"慈甚所生"则为另一问题，不予讨论。从《新唐书》卷76本传说她"抚下素有恩"，说明她还不是生性恶毒的女人。不过，即使如此，由于开元十二年（724年）王皇后被废，李亨与她的关系并不是很密切。王皇后死后，亦未见李亨以何种方式对她表示悼念，王氏之皇后名分的恢复，是在宝应元年（762年）时。此时，李亨早已君临天下数年。说详后。

出之子。比如，开元十年（722年），唐玄宗与亲信大臣姜皎密谋废后，所举出的理由便是"后无子"[1]，"后兄（王）守一以后无子，常惧有废立"[2]。由此来看，李亨被立为太子是因为"得之于王皇后的抚养之恩"，这一观点很难讲通。另外，由于王皇后在开元十二年（724年）十月死去，李亨的生母杨氏也在开元十七年撒手人寰[3]，开元二十六年时才被立为太子的李亨到底能得到王皇后的哪些助益，我们无从知晓。再者，从王皇后被废的过程中，我们还可以看出唐玄宗对这位早年"颇预密谋，赞成大业"的妃子没有丝毫的留恋。这时，王皇后与三庶人的母亲皆色衰爱弛，武惠妃则有取代王皇后之心。

由于宫闱之内争宠，开元十年（722年）至十二年（724年）间朝廷发生了一系列的政治动荡，直接导致王皇后被废。一是大臣姜皎的流死。此事之起，乃因武惠妃恃宠，"阴怀夺倾之志，（王）后心不平，时对上有不逊语。上愈不悦，密与秘书监姜皎谋以后无子废之"[4]。姜皎是唐玄宗的亲信，但他不小心将密谋泄露，唐玄宗只得将他治罪。[5]受此事牵连者若干。姜皎死于贬流途中，朝廷之上议论纷纷。[6]甚至

---

1 《通鉴》卷212，玄宗开元十年八月，第6751页。

2 《旧唐书》卷51《玄宗废后王氏传》，第2177页。

3 《旧唐书》卷51《玄宗废后王氏传》，第2177页；同书卷52《玄宗元献皇后杨氏传》，第2184页。

4 《通鉴》卷212，玄宗开元十年八月，第6751页。

5 据《通鉴》卷212"玄宗开元十年"条第6751页以及《旧唐书》卷59《姜謩传附姜皎传》第2336页载，密谋泄露后，唐玄宗大怒，即敕中书门下究其状，中书令张嘉贞希旨构成其罪，罪名是"假说休咎，妄谈宫掖"。这显然是唐玄宗推过于大臣。

6 据《旧唐书》卷59《姜謩传附姜皎传》第2337页："时朝廷颇以（姜）皎为冤，而咎（张）嘉贞焉，源乾曜时为侍中，不能有所持正，论者亦讥之。"

直到王皇后被废时，此事还成为她的一条罪责。[1]二是王皇后之兄、太子少保王守一被赐死。姜皎事件之后，唐玄宗将废后之事暂时搁置起来，所谓"上犹豫不决者累岁"。但是王守一为求皇后得子，以保平安，竟然不顾禁令[2]，劝皇后于宫中行厌胜之术[3]。事情败露后，王守一被处置，张嘉贞因受牵连再次被贬。三是王皇后被废为庶人。四是唐玄宗欲立武惠妃为皇后，结果朝廷大臣反应强烈。这些事情之间皆存在相互联系。我们注意到，王皇后被废，唐玄宗亲自审究其罪，《旧唐书》卷51王皇后本传中载废后制书中所谓"有可讳之恶"云云，至少可以证明唐玄宗此时废后的决心。再结合前面所讲的情况来看，若说李亨颇乏后宫之助力，是符合事实的。笔者认为，这一点恰恰是李亨得以被立为太子的重要因素之一。

相比之下，寿王李瑁在得后宫之助力方面比李亨有更大的优势，因为他的生母就是开元以来颇得唐玄宗宠爱的武惠妃。不过，唐玄宗欲立武惠妃为后之举遭到朝廷大臣的反对后，他并没有像当年唐高宗立武则天为后那样与朝臣们闹翻，而是"特赐号惠妃，宫中礼秩，一同皇后"[4]，这只是给予武惠妃与皇后相同的生活待遇，并不是给予她

1　《旧唐书》卷51《后妃上》载有废后制书，中有"早期狱讼，朋扇朝廷"之语，当指姜皎事件。

2　开元十年（722年）九月唐玄宗降制，要求皇宗戚属之间"除非至亲以外，不得出入门庭，妄说言语"、百官"不得与卜祝之人交游来往"。见《旧唐书》卷8《玄宗纪上》，第184页。

3　此法自汉魏以来极为流行，但在宫中均被禁止。像"造畜蛊毒、厌魅"等，"其事多端，不可具述，皆谓邪俗阴行不轨"，唐律将此列入"不道"，系十恶之罪。见《唐律疏议》卷1《名例》，第10页。

4　《旧唐书》卷51《后妃上·玄宗贞顺皇后武氏传》，第2177页。

皇后的名分。武惠妃"贞顺皇后"的名分只是在她死后所加的谥号而已。唐玄宗后来宠爱的杨贵妃同样没有得到皇后的名分。也就是说，自王皇后被废之后，唐玄宗的后宫之中不再有真正的皇后，不仅如此，甚至在此后的唐朝后宫之中，皇后之位也几乎是完全虚悬。[1]这一状况大约是从唐玄宗时期开始形成的。无论是武惠妃还是杨贵妃，即使仪比皇后，她们的身份仍然是类比"三夫人（妃）"，属于内官系统，按照国家体制，仍然是佐助皇后坐而论妇礼者也。而皇后则可与皇帝并称"二圣"，与皇帝的君临天下相对而言，皇后则母仪天下。自古以来，皇后就是"君也。……明配至尊，为海内小君，天下尊之"[2]，故谓之后。因此，内官虽贵，与皇后相比仍天远地隔，不可同日而语。武惠妃之所以苦心孤诣地要入主中宫，恐怕其奥妙即在于此。废黜王皇后以后，唐玄宗不在宫中设立皇后，应该是有意对后宫势力进行控制。开元十年（722年），唐玄宗还颁布制敕，对诸王、公主、驸马、外戚严加诫喻，并要求他们把诫令书之座右，这说明控制后宫势力正是他当时的理政思路。而且，这一思路与他加强宰相机构中书门下的事务性权力是一致的，其出发点都是为了进一步加强与巩固皇权，维护政权的稳定。

应该说明的是，朝廷大臣反对立武惠妃为后，除举出惠妃出身武

1　唐肃宗李亨曾立张良娣为皇后，但此事发生在安史之乱这样的非常时期；唐昭宗也曾立曾氏为后，当时处于唐朝末年乱世的特殊政治形势下；这两种情况另当别论。其他像唐德宗的皇后王氏是在其死后当天被册立的，唐宪宗的懿安皇后郭氏也是死后追加谥号。

2　班固：《白虎通》卷10《嫁娶》，见陈立《白虎通疏证》，北京：中华书局，点校本，1994，第489页。

氏、不应以妾为妻等理由之外，还特别把立后一事与太子的前途联系起来："且太子（按：此为太子李瑛）本非惠妃所生，惠妃复有子。若惠妃一登宸极，则储位实恐不安。"[1]唐玄宗不立武惠妃为皇后，从后来的史事来看，当然不是为了保障太子李瑛的皇位继承权，因为李瑛的太子之位最终并没有保住。不过，把后宫变动与太子的安危联系起来，势必会提示唐玄宗加强对后宫的关注。寿王没有在立储中得到胜筹，应该与武惠妃在宫中的优势地位有关。唐玄宗舍寿王而立李亨，就是不想让一个得到后宫倾力支持的皇子成为皇位继承人。割断太子与后宫之间的密切联系，自然可以避免给太子政治上的发展带来更多的条件和机会。应当说，唐玄宗不立皇后，已经有效地预防了太子利用后宫之羽翼获得政治上的发展，再选择一位在后宫中缺乏奥援的皇子李亨，更是做到了釜底抽薪。这样一来，太子与后宫之间可能的政治联系便不复存在了。再说，李亨之生母杨氏、养母王皇后此时均已离世，李亨也不具备与后宫建立密切联系的条件。唐玄宗在立储时同意所谓"立长"并因此选择李亨，是不是有这样的意图与考虑，我们可以加以深究。历史上汉武帝时的钩弋之祸与北魏道武帝时的子立者则母死的旧朝遗制，其实亦可以从更广阔的历史背景来思考。不管怎样，经过对后宫的调整，太子与后宫之间的政治联系就被割断了，以往所常见的储君（太子）与小君（皇后）之间的政治关系在唐玄宗开元末年不复存在。这种情况也许只是某一历史时期内暂时的政治现

1　《唐会要》卷3《皇后》，第27页。《新唐书》卷76《后妃上·玄宗贞顺皇后武氏传》第3492页；《通鉴》卷213，玄宗开元十四年《考异》第6772页略同。

象，但它展现出唐玄宗开元末年中枢政局的一些特征与面貌。

　　抑制太子政治上的发展，压缩太子的政治空间，正是唐玄宗开元年间废立太子的基本思路。朝廷上下对此都洞若观火，人人心知肚明。李亨在得立太子后，就对将要举行的册礼仪注提出减损改易的请求。原来，在以往的太子册礼中，均有"中严""外办"的规定，而且新立太子身着绛纱袍，其礼仪规格和服饰与皇帝行礼时相同。李亨认为这样不妥，"嫌与至尊同称，表请易之"。于是，玄宗在李亨的册礼上停"中严"，改"外办"为"外备"，并将绛纱袍改为朱明服。在册礼举行的七月二日当天，李亨"不就辂，自其宫步入"，也没有遵循"太子乘辂至殿门"的"故事"[1]。此举显然意在示以谦抑，自然能够博得唐玄宗的好感。李亨自请减损册礼的相关仪注，与唐玄宗削弱太子的政治地位、调整太子东宫体制的思路相吻合，顺应了玄宗的政治需求。李亨这一不同寻常的政治自觉，使他在以后虽然处于太子体制的调整过程与中枢政局的风云变幻中，却一直有惊无险，没有重蹈李瑛的覆辙。附带说一下，很有意思的是，李亨以后的皇储颇不乏自谦自抑者。如唐宪宗时，"太子学书，至'依'字辄去其傍人字"，原因是"君父每以此字可天下之奏，臣子岂合书之"[2]！其惺惺作态之势跃然纸上。甚至忽必烈时皇太子真金览阅臣下进呈《承华事略》[3]，"至汉成帝不绝驰道，唐肃宗改服绛纱为朱明服"时也曾表示"我若遇是礼，亦当如

1　《通鉴》卷214，玄宗开元二十六年六月、七月，第6834页。

2　《唐会要》卷4《储君·杂录》，第47页。

3　此书二十篇，王恽编撰。按：以承华"指太子其人或东宫机构而言"，是沿西晋以来之旧习。参见周一良《魏晋南北朝史札记》"宋书·承华门"条，第165页。

是"[1]。说明历代皇储均以自减其礼仪规格、深怀谦养为能事。这与现实皇权日趋极端强化、皇位继承权日趋被压缩的大趋势是完全一致的。

1　《元史·王恽传》，参见邓绍基《元杂剧〈岳阳楼〉校读散记》注第[15]，载《中国典籍与文化论丛》第六辑，中华书局，2000，第122页。

第三篇

天宝初年的中枢政局
——以宰相与太子的矛盾斗争为考察中心

陈寅恪先生认为"凡唐代之太子实皆是已指定而不牢固之皇位继承者"[1]，然何以如此，他并没有详论。在开元末年的政治格局中，唐玄宗不仅对中书令人选进行了调整，而且对太子人选也做了更换，这一过程虽然有些许波折，已如前述，但李亨最终还是被唐玄宗确立为新的皇位继承人。这种人事上的变化，已经折射出唐玄宗开元年间中枢政治体制的调整状况。此后唐玄宗时期中枢政局的演变就是在这一前提与背景下展开的。天宝年间，国家政治体制与权力结构均在开元以来调整的基础上呈现出一些新面貌。中书令在辅政官员中的地位更加突出，其职权的事务化特征越来越明显。同时，以太子为中心的所谓东宫体制更是发生了较大的变化，不仅宰相与太子之间的政治配置关系发生了变化，东宫官员即宫臣在唐朝官员系统中的地位也发生了重大变化。这样一来，太子已经被大大压缩的政治空间与被严重

1　陈寅恪：《唐代政治史述论稿》中篇，第62页。

削弱的权力地位因为这一体制的变化而显得越来越萎缩。在中枢政局中，以中书令李林甫（继而是杨国忠）为首的宰相成员与太子展开了一系列的斗争较量，成为天宝时期中枢政局内十分引人注目的问题。那么，这一时期为什么会出现这一矛盾与斗争？这一斗争所包含与反映的问题又有哪些？应该怎样评价这一政治斗争？皇帝权力在这一斗争中的介入情形又是怎样的？这些都是我们关注并试着进行解答的问题。当然，对于我们来说，完全讲清楚这些问题并不容易，不过其中有些问题也许并不需要详尽的论证。下面我们将对这一时期中枢政局内宰相与太子之间的矛盾斗争的若干情形加以论述，并尝试从这一时期的国家体制特别是东宫体制的变动中，对这一矛盾斗争的发生略做考察。

一 天宝五六载唐朝中枢政局内的几次案狱述略

如前所述，在政治上缺乏根基与羽翼的李亨被立为太子，暂时结束了唐玄宗开元末年中枢政局内围绕皇位继承问题所展开的较量。同样，由于政治势力微弱，李亨不时会遭到朝廷政治势力的威胁，这一威胁首先来自以中书令李林甫为首的宰相集团，而且这也是威胁最大的政治势力。不过，关于李亨被立后最初几年宰相集团与太子之间斗争较量的情况，还没有史料显示具体情形若何。我们虽然不能据此断言双方相安无事，但至少可以肯定当时还没有出现斗争太过激烈的迹象。到天宝五载（746年）初，情况发生了变化。李亨好像进入到一个灾难之秋，一个个大案接二连三地发生，使他感到自己皇位继承人的地位岌岌可危。这些案狱皆是继任中书令的李林甫在当政期间指使兴起的。对于这些案狱的性质，汪篯先生曾经在论及唐玄宗时期的文学吏治之争时讲道："至于张九龄罢相一事以后，李林甫还兴起好几次大狱，那都似乎只属于私人争权的性质。"[1]汪篯先生并没有对这几次大狱的具体情况加以说明，为何属于私人争权的性质也未予以申论，我们不好断言涉及太子李亨的那几次大狱就是汪篯先生所说的"李林甫还兴起好几次大狱"，但它们一定包括在汪篯先生所指的几次案狱中。[2]笔者认为这几次案狱是否仅仅属于"私人争权"，颇值得重新加以探讨。为了方便对有关问题进行分析，我们首先对天宝五六载涉及太子李亨的几次案狱的情况略加叙述。

（一）韦坚、皇甫惟明之狱

第一个是天宝五载（746年）正月的韦坚、皇甫惟明之狱。《通鉴》卷215"天宝五载正月"条中这样记载此事的前因后果：

初，太子之立，非（李）林甫意。林甫恐异日为己祸，常有动摇东宫之志；而（韦）坚，又太子之妃兄也。皇甫惟明尝为忠王友，时破吐蕃，入献捷，见林甫专权，意颇不平。时因见上，

1　《唐玄宗时期吏治与文学之争——玄宗朝政治史发微之二》，见唐长孺等编《汪篯隋唐史论稿》，第206页。

2　据李德裕《次柳氏旧闻》："肃宗在东宫，为李林甫所构，势几危者数矣。"见丁如明辑校《开元天宝遗事十种》，第5页。说明李林甫所罗织的几次案狱主要是针对太子李亨。

乘间微劝上去林甫,林甫知之,使(御史中丞杨)慎矜密伺其所为。会正月望夜,太子出游,与坚相见,坚又与惟明会于景龙观道士之室。慎矜发其事,以为坚戚里,不应与边将狎昵。林甫因奏坚与惟明结谋,欲共立太子。坚、惟明下狱,林甫使慎矜与御史中丞王鉷、京兆府法曹吉温共鞫之。上亦疑坚与惟明有谋而不显其罪,癸酉,下制,责坚以干进不已,贬缙云太守;惟明以离间君臣,贬播川太守;仍别下制戒百官。

通过这段文字,我们可以了解到,这一案件的缘由表面上看是因为皇甫惟明对李林甫专权有所不平,确实包含了权力之争的内容,特别是皇甫惟明在唐玄宗面前指斥李林甫专权时,又"称(韦)坚才",更加突出了这一迹象。韦坚因主持漕运有功而颇得唐玄宗的欣赏与重用,"以得天子意,锐于进,又与左相李适之善"招致李林甫的嫉恨与反感,因此被明升暗降,从正四品下的御史中丞改授为正三品的刑部尚书,其担任的诸使职被褫夺,"坚失职,稍怨望"[1]。李林甫有意压制韦坚的职权膨胀,除了因为权力之争,恐怕还另有深意。前引司马光《通鉴》的记载已经明显表明,李林甫实际上是"有动摇东宫之志"。若据《新唐书》卷223上《李林甫传》:"太子既定,林甫恨谋不行,且畏祸,乃阳善韦坚。……使任要职,将覆其家,以摇东宫。乃构坚狱……",则韦坚之狱不是权力之争,而且李林甫之兴此狱,是蓄谋已久。应当说,韦坚是太子妃兄,与李亨是姻

1　《新唐书》卷134《韦坚传》,第4561页。

亲，皇甫惟明从前则是李亨的旧属。二人即使不是太子集团中人[1]，但因他们与太子李亨有一定的关系，很容易被当成倾动太子的突破口。而天宝五载（746年）正月，陇右节度使兼河西节度使皇甫惟明向唐玄宗提出斥去李林甫的意见，则已直接介入太子与李林甫的斗争较量。不管这一介入方式是否得到过太子的授意或与太子有无关系，都势必会引起李林甫的防范与反击。[2]韦坚与边将私下来往[3]本身就犯了大忌，另外，二人相会的景龙观又是一个极其秘密的

1　对于韦坚、皇甫惟明等人与太子的关系，吴宗国先生认为，他们被重用是唐玄宗"原来为了自己死后太子能顺利继位"而做的政治安排（参见《隋唐五代简史》，第231页）。这显然已经把他们看成太子集团中人。另有学者更直接地指出韦坚、王忠嗣等人属于太子集团，因此认为李亨在朝中有相当的势力（赵鸿昌：《论南诏天宝之战与安史之乱的关系》，《云南社会科学》，1985年第2期）。不过，此案发生时，韦坚已不再负责漕运，对韦坚的使用当然也就谈不上是唐玄宗对太子继位所做的安排。皇甫惟明虽然曾为忠王友，但十王宅时期的诸王府僚基本上居于外坊，通名起居而已，他与李亨在政治上到底多大程度上存在联系，现在实在不易弄清。因政治上缺乏倚赖力量而当选的李亨，在任太子后能否在政治上获得发展的机会而丰其羽翼，值得置疑。

2　有一种观点认为，韦坚、裴宽、裴敦复、皇甫惟明等人"结成了一个令人生畏的集团，在财政和防务这两个关键领域有强大的势力"，同时认为这样"一个有才能和有野心的、感到自己被李林甫所挫的贵族集团的领袖"是接替牛仙客的新宰相李适之。见崔瑞德《剑桥中国隋唐史》，第七章，第419页。显然，若只关注此时朝廷政争之表象，轻忽对其深层内容的索解，必然会在探求历史真相时偏离方向。而且，这一观点实际上大大高估了李适之在此事件中的政治地位与影响力。

3　《新唐书》卷134《韦坚传》第4561页载："正月望夜，惟明与坚宴集，林甫奏坚外戚与边将私，且谋立太子"，《旧唐书》卷105《韦坚传》第3224页则载二人"夜游，同过景龙观道士房，为李林甫所发"，《通鉴》则记为杨慎矜受李林甫的指使，出面揭发其私下的来往，所载二人的来往细节与两《唐书》略有不同。《旧唐书》卷106《李林甫传》第3238页则不载韦坚与皇甫惟明来往事，只记载韦坚在太子出游时与之相见一事。《新唐书》第4561页在记载此事时也特别提示说"惟明故为忠王友，王时为皇太子矣"。

所在[1]，且韦坚与皇甫惟明相会之前曾与太子有见，此事自然会被李林甫利用。李林甫举发此事时坚持认为"（韦）戚里，不合与节将狎昵，是构谋规立太子"[2]，向唐玄宗奏称二人之罪是结谋拥立太子。这引起了皇帝的重视。唐玄宗当然不希望看到朝臣勾结边将行逼宫或拥立之事，遂立即下诏审讯。不过，当李林甫指使有关人员着意"文致其狱"[3]时，唐玄宗并没有听任此案按照宰相的思路进行下去。唐玄宗对此事的处理很耐人寻味。旧史虽然说唐玄宗惑于李林甫之言，但是他只是对韦坚之举表示"大怒，以为不轨"[4]，并没有理会李林甫想要牵连太子李亨的企图。看得出，唐玄宗并不想使案件扩大化，他以"干进不已"的罪名处理韦坚、以"离间君臣"的罪名处理皇甫惟明，说明对他们的处理仅限于对其个人过失的惩治，均与谋立太子无关，反映出唐玄宗并不想在政治上针对太子。皇甫惟明被贬之后，他所领的河西、陇右节度使交由朔方、河东节度使王忠嗣兼领，由于王忠嗣的特殊身份，这一安排保障了地方统兵军将驻防区域的基本格局没有发生大的改观。

这一案件本来可以按照唐玄宗的思路终结，却因韦坚的两个弟弟鸣冤，且引太子为证，事态很快恶化了。唐玄宗对此极为震怒，将韦坚从缙云郡（今属浙江）太守贬往江夏（今湖北武汉）任别驾，将他的

1　景龙观位于京师崇仁坊，西隔南北大道与皇城相邻，东即唐玄宗诸兄所居之胜业坊，且与兴庆宫相连。此处原来是唐中宗长宁公主的旧宅，从地理位置来看，是一个闹中取静的场所。

2　《旧唐书》卷105《韦坚传》，第3224页。

3　《新唐书》卷134《韦坚传》，第4561页。

4　《旧唐书》卷106《李林甫传》，第3238页。

两个弟弟贬往岭南。太子李亨大惧，为求自明，立即上表，并以"情义不睦"为由请求与已经生有两子（兖王僴、绛王佺）两女（永和公主、永穆公主）的太子妃韦氏离婚。李亨特别提出"不以亲废法"，显示出自己在此事上的坚决态度。唐玄宗"抚慰之，听离"[1]。由于太子反应及时、得体，这一案件没有对其储君地位产生进一步的威胁。有评价说是因为唐玄宗"素知太子孝谨，故谴怒不及"[2]，把保住太子之位归功于李亨的"孝谨"，似乎没有完全道尽这一案件的真正政治内涵。在我们看来，关键是以中书令李林甫为首的宰相集团利用韦坚一案作为打击太子的工具，对于皇帝的权威并没有造成任何威胁。从案件的进展过程来看，皇帝的最高权威一直得到了充分的体现。通过韦坚一案反映出来的宰相与太子间的矛盾斗争，不管以何种方式展开，作为皇帝的唐玄宗对事态的发展都具有真正的最终的决定权。只要保证了这一条，李林甫就可以比较随心所欲地行动。再说唐玄宗对太子李亨所拥有的政治力量底牌是很清楚的，他也不想再一次废储。而对于韦坚、皇甫惟明一案所涉及的朝廷官员像李适之等人以及韦坚的亲属，唐玄宗并没有采取任何保护措施，更没有出手阻止李林甫的行动。唐玄宗对李林甫听之任之，采取放任态度，案件涉及的有关人员

1　《通鉴》卷215，玄宗天宝五载七月，第6873页；《旧唐书》卷52《后妃传下》第2188页略同。按：《旧唐书》卷105《韦坚传》第3224页载："肃宗时为皇太子，恐惧上表，称与新妇离绝。"谓之"新妇"云云，并不符合事实。又据《旧唐书·后妃传下》，韦氏所生之女有永穆公主，而《新唐书·诸帝公主传》、《唐会要》卷6《公主》、《册府元龟》卷300所载唐肃宗李亨七女并无永穆之号。李亨诸女于史传中所载名号有无缺漏、次序有无倒错，存疑俟考。参见岑仲勉《唐史徐渖》之"肃宗女"条，中华书局，1960，第116页。

2　《通鉴》卷215，玄宗天宝五载七月，第6873页。

也就在劫难逃。除了韦坚之妻姜氏因为是李林甫舅父姜皎之女，得以用"久遭轻贱"的名义放还本宗，其余亲属多遭贬斥，长流岭外。韦坚一案株连甚广，而且持续的时间很长。李林甫一直没有放松对此案的处理，韦坚被贬斥后，他还"讽所司发使于江淮、东京缘河转运使，恣求（韦）坚之罪以闻"。地方政府为了搜集证据，不惜刑讯逼供，许多人"死于公府"。直到天宝十一载（752年）李林甫死后，此案才不了了之。[1]由于唐玄宗并没有废储之心，太子李亨的储君地位便没有因为此案而发生动摇。

（二）杜有邻、柳勣之狱

第二个是杜有邻、柳勣之狱。这是在韦坚之狱还没有完全结束时发生的又一起牵连到太子李亨的案狱。

杜有邻时为赞善大夫，是正五品上阶的东宫属臣，女儿为太子良娣。良娣是秩次正三品的太子姬妾，属于内命妇系统。柳勣时为正八品下阶的左骁卫兵曹，其妻是太子良娣杜氏之姊。天宝五载（746年）十一月，柳勣为飞语，上告岳父杜有邻。他捏造的罪状是杜有邻"妄称图谶，交构东宫，指斥乘舆"[2]。由于案情涉及最高政治中枢，李林甫直接令京兆府官员吉温会同御史台推鞫。从现存的文献可以看出，柳勣一案的案情十分简单，原因是柳勣"与妻族不协，欲陷之"，经审理也证实"乃（柳）勣首谋"[3]，完全是柳勣在搞鬼。但是，由于案子牵扯

1　《旧唐书》卷105《韦坚传》，第3224—3225页。
2　《通鉴》卷215，玄宗天宝五载十一月，第6874页。
3　《通鉴》卷215，玄宗天宝五载十一月，第6874页。

到太子，李林甫遂大做文章。吉温在李林甫的授意下指使柳勣供出著作郎王曾并引时任北海（治今山东青州）太守的李邕为证。王曾、李邕均当时名士，与柳勣来往比较密切。这样一来，案子涉及的人员从中央扩大到地方，案情也变得复杂起来。因柳勣坦白他与李邕"议及休咎，厚相赂遗"，唐玄宗敕令监察御史罗希奭与刑部员外郎祁顺之"驰往就（北海）郡决杀之"[1]。所以后来有李邕"以东宫之姻，妄词连之，千里狱讯，不得谳报，年七十三，卒于强死"之说[2]。御史中丞王铁与杨国忠也直接参与案件审讯，将矛头直接指向太子李亨。

唐玄宗对此事的态度仍然十分谨慎，虽然在这年十二月时他已将此案所涉及的有关人员依法惩办，但对太子的处理仍留有余地。处理杜有邻、柳勣一案的诏书中就指出："杜有邻、柳勣念以微亲，特宽殊死，决一顿，贬岭南新兴尉。"[3]当然，杖刑在执行时出入很大，杜、柳等人实际上皆被杖杀，积尸大理寺。此案有一点值得注意，杜有邻从身份上说虽然是太子姻亲，但他是太子属僚。杜有邻身为宫臣，其职掌便是讽诵规谏太子，与太子来往属于正常活动，何以柳勣以"交构东宫"之罪名状告他，使他下狱致死？这说明这一时期东宫宫臣与太子之间的来往已不被允许，还是另有原因？此案所反映出的宫臣与太子之间政治隶属关系的变化，我们将在后面的论述中详加解说，此处不赘述。同时，我们注意到，此案与韦坚、皇甫惟明案被罪以谋立太子不

1　《旧唐书》卷190中《李邕传》，第5043页。

2　周绍良主编：《唐代墓志汇编》（下），大历009，《李邕墓志》，第1766页，上海：上海古籍出版社，1992。

3　《通鉴》卷215，玄宗天宝五载十二月《考异》引诏书，第6874页。

同，因为杜有邻被指控"指斥乘舆"，即对皇帝的权威发出挑战，所以案子很容易被李林甫用来作为对付皇太子的工具。此案震动中外，矛头所指很明显是太子李亨。太子李亨感到事态严峻，为求自保，再一次故伎重演，出杜良娣为庶人，仍以离异为手段，以求摆脱与此案人员的"微亲"关系。李亨的太子之位虽然有惊无险地保住了，但在此案进行审理的过程中，李林甫又让御史奉敕，分别前往韦坚、皇甫惟明的贬谪之地，将他们赐死。可以看出，此案与韦坚、皇甫惟明案相比，只是发生的时间略有先后，其内容与实质并无区别。从这一点上，我们甚至可以说此案是韦坚、皇甫惟明之狱的延续，李林甫利用这一案狱进一步加大了在韦坚、皇甫惟明之狱中对太子打击的力度，扩大了打击成果。

有一种观点认为，这一案狱的发生是柳勣"欲助林甫，乃上（杜）有邻变事，捕送诏狱赐死……太子亦出（杜）良娣为庶人"[1]。既然连柳勣都知道以事牵连太子有助于中书令李林甫，那么，李林甫的政治意图昭然若揭，这种案狱不能仅仅以私人争权目之也就无须置辩。

无论韦坚、皇甫惟明等人是不是太子李亨集团中人，也不论太子李亨是否实际上已形成个人的政治集团势力，只要李亨以任何方式有意或无意地培植或聚结其政治势力，均会遭到宰相集团的沉重打击。李亨的两次婚变反映出他在面对辅政权力集团的巨大政治威胁时，只能以哀哀不争的退让韬晦之策换取平安。这一状况恰恰从一个方面反映出天宝年间中枢政局内不同权力系统的配置状态。

1　《新唐书》卷223上《李林甫传》，第6345页。

（三）王忠嗣之狱

第三个是天宝六载（747年）的王忠嗣之狱。天宝五载（746年）正月，王忠嗣在皇甫惟明被贬后以河东、朔方节度使的身份兼领了河西、陇右二镇节度使，成为当时唐朝北方沿边地区的最高军事将领，所谓"忠嗣佩四将印，控制万里，劲兵重镇，皆归掌握，自国初已来，未之有也"[1]。不过，王忠嗣身兼四镇的时间很短，据《旧唐书·王忠嗣传》："（天宝）五年正月……其载四月，固让朔方、河东节度，许之。"[2]对王忠嗣固辞朔方、河东两镇，两《唐书》王忠嗣本传与其他文献都未加以解释。只是《旧唐书》本传对王忠嗣身兼四镇之后的处境有这样一段记载："初，忠嗣在河东、朔方日久，备谙边事，得士卒心。及至河、陇，颇不习其物情，又以功名富贵自处，望减于往日矣。"按照一般理解，王忠嗣既然对河、陇之地颇不习其物情，他应该辞去所兼领的河西与陇右，为什么要坚决放弃自己经营多年、颇得士卒心的河东和朔方两镇呢？这显然有免于自重与避嫌的意味，是一种自我减损威望的做法。那么，王忠嗣何以要这样做呢？《旧唐书·王忠嗣传》中有这样的记载：

> 李林甫尤忌（王）忠嗣，日求其过。

1　《旧唐书》卷103《王忠嗣传》，第3199页。

2　《通鉴》卷215"玄宗天宝六载四月"条记此事在天宝六载四月，较之《旧唐书·王忠嗣传》迟了整整一年。参证以李鸿宾先生所撰《朔方节度使任职表》，亦作王忠嗣"至天宝五载（746）四月自动让职"；又据此表，天宝五载十二月张齐丘任朔方节度使。见李鸿宾《唐朝朔方军研究》，长春：吉林人民出版社，2000，第362页。据此，疑《通鉴》所载有误。

《新唐书》卷133《王忠嗣传》也有类似的说法：

> 李林甫尤忌其功，日钩摭过咎。

看来，王忠嗣身陷大狱是因为宰相李林甫想找他的麻烦。不过，如果说李林甫仅仅是因为王忠嗣身兼数镇而忌恨之，则很难说得通。因为边将兼统者既非从王忠嗣始[1]，也非以王忠嗣终，当时身兼数镇者也不只王忠嗣一人[2]。对于其中的缘由，《通鉴》卷215 "天宝六载正月" 条是这样解释的：

> 李林甫以王忠嗣功名日盛，恐其入相，忌之。

若根据司马光的这一说法，李林甫忌恨、构陷王忠嗣是为了巩固个人权力，《资治通鉴》与两《唐书》之《李林甫传》等旧史不止一次表达过这种看法，如对唐朝久任胡人为守边大将一事，都认为是李林甫出于 "专宠固位" 的私心，是为了杜绝边镇节度使出将入相之源，

1　如盖嘉运于开元二十八年（740年）兼统河西、陇右节度使，《通鉴》卷216 "天宝六载十二月" 条第6889页谓 "盖嘉运、王忠嗣专制数道，始兼统矣" 是笼统说法。另据唐长孺先生所说："为了统一指挥，节度使虽有十道，却往往兼任。平卢军分自范阳，开元八年（公元720年）之后久由范阳节度使兼任，甚或一度废并入范阳，……河西本分自陇右，开元天宝时，郭知运、王君㚟、盖嘉运、皇甫惟明、王忠嗣等并兼领两镇……，（天宝末）不过袭用旧例，并非特殊措施。" 见唐长孺《魏晋南北朝隋唐史三论》，武汉：武汉大学出版社，1992，第431页。
2　像安禄山在天宝三载三月时已经以平卢节度使兼任范阳节度使等，到天宝十载二月又兼河东节度使。

而且认为安禄山之得重用乃至走上反叛之路均与此有关。这种说法是否符合史实,乃另外的问题,我们在此不拟辩论。即使按照旧史的这一说法,不应只有王忠嗣一人遭到李林甫的忌恨。因此,我们认为李林甫忌恨王忠嗣并不是因为担心他功名日盛而入相,而是另有深意。

笔者认为,可以把这一问题放入这一时期中枢政局内矛盾斗争的背景中进行考察,则能做出符合逻辑关系的解释。事实上,李林甫之所以"尤忌忠嗣,日求其过",正与宰相集团和太子之间的矛盾斗争有关,李林甫是想用王忠嗣来打击太子李亨。这样讲,是不是就意味着王忠嗣是太子李亨集团中人?依笔者看,这倒未必。当然,王忠嗣与太子李亨的确有一些渊源。这可据《旧唐书·王忠嗣传》所载:"忠嗣……年九岁,以父死王事,起复……,(唐玄宗)赐名忠嗣,养于禁中累年。肃宗在忠邸,与之游处。及长,雄毅寡言,严重有武略。"[1]唐代宗大历十年(775年),王忠嗣的女婿元载所撰《王忠嗣神道碑》亦云:"每随诸王问安否,独与肃宗同卧起;至尊以子育,储后以兄事。公亦唯专唯直,不倾不堕,未尝迕目,孰云有过!"[2]更说明王忠嗣当年作为烈士遗孤在宫中生活的情景。也就是说,王忠嗣与当年十王宅中的忠王李亨是幼年时期的伙伴,而且朝夕相处、关系融洽。不过,他们的交往并没有超越唐玄宗许可的范围,而且据《新唐书》的记载,唐玄

1 《旧唐书》卷103《王忠嗣传》,第3197页。
2 《金石萃编》卷100《唐六十·王忠嗣碑》;《全唐文》卷369,元载《王忠嗣神道碑铭并序》,第1659页。

唐代玄宗肃宗之际的中枢政局

宗对王忠嗣青眼有加，李亨与他的交游是秉承了皇帝的旨意。[1]后王忠嗣从边地被召入侍，"时方就冠。元献皇太后降家人之慈，盛择配之礼，命之主馈，恩情甚厚"[2]。这些至多说明他与李亨关系密切，并不能表示王忠嗣与太子李亨两人有建立政治联系的条件。在此案中，王忠嗣是不是太子李亨集团中人并不是问题的关键，正如韦坚也只是太子姻亲而未必是太子集团中人却仍然可以被利用来倾动太子一样。从案子后来的发展来看，李林甫用王忠嗣案大做文章时，的确有意把王忠嗣与太子的政治发展联系起来。此外，王忠嗣案发生时，正是李林甫利用韦坚、杜有邻两个案子对太子李亨加紧打击之际。王忠嗣案能够被李林甫用于中枢政局内的政治斗争，不仅因为此案与韦坚案、杜有邻案有时间上的衔接，更因为此案与韦、杜两案有相通之处。

首先，王忠嗣是在皇甫惟明于韦坚案中被贬斥后接受河西、陇右节度使的任命的，又鉴于与太子李亨之间的关系，王忠嗣就比较容易被李林甫当成第二个皇甫惟明。而王忠嗣在接受任命短短几个月后就主动提出辞去原来担任的河东、朔方节度使，应该是已经感受到来自朝廷的政治压力。李林甫曾经利用安禄山对王忠嗣势力的膨胀进行掣

1　《新唐书》卷133《王忠嗣传》第4552页："忠嗣时年九岁……入见帝，伏地号泣，帝抚之曰：'此去病孤也，须壮而将之。'更赐今名，养禁中。肃宗为忠王，帝使与游。"

2　《全唐文》卷369，元载《王忠嗣神道碑铭并序》，第1659页；《金石萃编》卷100《唐六十·王忠嗣碑》王昶所加按语云："元献太后者，元宗后杨氏，生肃宗及宁亲公主……碑所谓'择配、主馈'之语，所未详也。"按：据《旧唐书》卷103本传，王忠嗣天宝八载（749年）卒，年四十五，据此倒推其生年当在神龙元年（705年）。又按：开元二年（714年）其父死时，王忠嗣方当九岁，如此倒推则其又当生于神龙二年（706年）。时王忠嗣被养于宫中，则其就冠之年，应当在开元十三年前后。此时李亨刚改爵忠王，十王宅也刚刚设立。如此，元载神道碑铭中所述或容有可疑耶？

肘[1]，这一行动业已显露出李林甫试图打压王忠嗣的某种迹象。我们注意到，王忠嗣辞去的河东节度使后来由安禄山接任，朔方节度使后来由李林甫亲自兼统（遥领），李林甫卸任后由他推荐的安禄山的弟弟安思顺接任。这一背景提示我们应该洞悉王忠嗣辞去河东与朔方两镇节度使这一举动所蕴含的深意，并由此对这一时期的中枢政局有更加深入的认识。我们认为，王忠嗣主动提出辞去河东与朔方两镇节度使的职务，极有可能是迫于安禄山方面的压力，而安禄山是李林甫所控制与倚重的边地将领；如果说王忠嗣是太子集团中人，那么王忠嗣的避让大约可以看作太子在与宰相李林甫进行斗争较量时所做出的退避与忍让。这正好说明，在唐玄宗时期，当太子的政治权力被大大削弱，政治生活空间被大大压缩之后，太子任何自我壮大与寻求政治上发展的努力与尝试都会遭到沉重的打击。在一本出自唐朝人之手的《安禄山事迹》中甚至有这样的记载：

> （李）林甫危害肃宗（即太子亨），告禄山思作难，约令其子引兵来援。[2]

1　安禄山曾经借口在其辖区内修筑雄武城"请忠嗣助役，因欲留其兵。忠嗣先期而往，不见禄山而还"，《通鉴》卷215"玄宗天宝六载正月"条第6877页记此事在王忠嗣辞去河东、朔方节度使之前。按：李林甫与安禄山之关系颇有可置论者，今不能详述，只引《安禄山事迹》卷上所载："（天宝）六载正月二十四日，加（安禄山）兼御史大夫。右相李林甫素与禄山交通，复屡言于玄宗，由是特加宠遇。"可见其一斑。参见（唐）姚汝能《安禄山事迹》，上海：上海古籍出版社，点校本，1983，第4页。

2　《安禄山事迹》卷上，第4页。

这显然有借安禄山势力对朝廷施压之意。但此事并无下文，也无其他资料可以佐证，其可靠程度如何，颇值得怀疑。[1]不过，上述史料至少可以说明，唐朝中枢政局内的矛盾斗争与相互较量，已经投射到唐朝边防军事势力之中，换句话说，地方将领已经卷入到中枢政局内的斗争之中。王忠嗣屡奏安禄山有谋反之心，因此遭到李林甫更大的仇视；安禄山入朝不拜太子，加速走上反叛之路（这一问题容后再做详论），都反映出这种政治态势。

其次，王忠嗣之狱的发生，又是因为王忠嗣在军事上没有贯彻皇帝意志，给时刻在寻找王忠嗣把柄的李林甫以可乘之机。天宝六载（747年）十月，唐玄宗欲使王忠嗣攻取吐蕃在开元二十九年（741年）十二月陷落的石堡城（位于今青海西宁西南）。此乃唐蕃交通要冲，处于双方攻守的前沿。自石堡城失陷后，唐玄宗一直放心不下。"玄宗方事石堡城，诏问以攻取之略"，作为陇右节度使的王忠嗣从军事的角度对攻取之略做了分析，并认为攻取石堡城"所得不如所失"，且时机不成熟，主张谨慎从事，"玄宗因不快"[2]。正当此时，将

1　倒是在唐高祖武德年间，秦王李世民与太子建成斗争激烈时，曾经发生过庆州（治今甘肃庆阳）都督杨文幹起兵声援太子建成一事，但旋即被平定。到唐玄宗时，国家军事体制自有一套统兵、调兵制度。据《安禄山事迹》卷中载，安禄山在天宝十四载七月曾请献马三千匹、每匹牵马夫二人，车三百乘，每乘夫三人，并令番将二十二人部送（第22页）。此举虽然未必如《新唐书》卷225上《安禄山传》第6416页所说是"因欲袭京师"，但也的确引起了唐朝中央政府的警觉。唐玄宗特颁诏许官给人夫，并待冬季再献。这样看，即使李林甫有意假其为援，安禄山能否派兵援助中枢政争的一方，确实值得怀疑。不过，李林甫威服安禄山，安禄山畏之如虎，此朝廷上下人人皆知，李林甫引之以为外援，遥为声威，也未必不可能。
2　《旧唐书》卷103《王忠嗣传》，第3200页；《新唐书》卷133《王忠嗣传》第4553页载同。

军董延光主动请缨，"上命忠嗣分兵助之。忠嗣不得已奉诏，而不尽副延光所欲，延光怨之。……延光过期不克，言忠嗣沮挠军计，上怒"[1]。如果事情到此为止，王忠嗣之事不过是一个寻常的战术事件。但一直密切关注事态发展的李林甫见时机成熟，遂利用唐玄宗对此事的不满，"又令济阳别驾魏林告忠嗣，称往任朔州刺史，忠嗣为河东节度，云'早与忠王同养宫中，我欲尊奉太子'。玄宗大怒，因征入朝，令三司推讯之"[2]。《旧唐书》卷106《李林甫传》也记载此事，略云：

> 林甫尝令济阳别驾魏林告陇右、河西节度使王忠嗣，林往任朔州刺史，忠嗣时为河东节度，自云与忠王同养宫中，情意相得，欲拥兵以佐太子。

由于李林甫的刻意安排，王忠嗣之事很快转变为政治事件，并轻而易举地把太子牵连进来。到大历十年（775年），元载为王忠嗣撰写神道碑时，指出王忠嗣在石堡城问题上"以孤特之姿，失贵臣之意；安禄山保奸伺变，忌公宿名；李林甫居逼示专，嫌公不附；寝营平之奏，沮乐毅之谋；内隙外谗，阴中交讪；卒从吏议，竟罹大狱"，也把此案归结于李林甫等人的谗陷。不过，碑铭中大致道出了"皇天震怒，以时致罪"[3]的原因。这大致可以视作唐代宗时期唐朝人对此事的看法。

1　《通鉴》卷215，玄宗天宝六载十月，第6878页。
2　《旧唐书》卷103《王忠嗣传》，第3200页。
3　《金石萃编》卷100《唐六十·王忠嗣碑》；《全唐文》卷369《王忠嗣神道碑铭并序》，第1659页。

李林甫指使济阳别驾、王忠嗣为河东节度使时的属下官吏魏林揭发王的政治问题，意在说明魏林所告并非空穴来风[1]，显然具有一定的欺骗性。不过，告发者魏林的个人政治信誉很值得怀疑。因为魏林曾经担任朔州（治今山西朔州）刺史，朔州在唐朝虽然属于下等州，但是州刺史秩次仍是正四品下阶。而济阳辖域大部划归东平郡，属于紧州，依上等州例，别驾也只是从四品下阶的官员。不仅他现任的秩次与以往朔州任上要差两阶，而且他现任职务只是州郡上佐，更难与州郡长官刺史相比。显然，魏林是一位在仕途上颇不得意的官员。不仅如此，魏林所告发的王忠嗣的罪状更是漏洞百出。他告发王忠嗣在河东节度使任上所谓"早与忠王同养宫中，我欲尊奉太子"[2]云云，内容十分含混。我们看《旧唐书》卷106《李林甫传》所载魏林告发王忠嗣"自云与忠王同养宫中，情意相得，欲拥兵以佐太子"一句，若从字面上理解"拥兵以佐太子"，的确是佐助忠王为太子之意，同样的用法在《旧唐书·李林甫传》中至少还另有一处，所谓"林甫自以始谋不佐皇太子，虑为后患，故屡起大狱以危之"，这显然是说李林甫没有建策拥立忠王李亨为太子之意。但是，我们从时间上推算，王忠嗣以军功兼领河东节度使是在开元二十八年（740年），忠王李亨被立为皇太

1　《通鉴》卷215"玄宗天宝六载十月"条胡三省注云："魏林先为朔州刺史，忠嗣节度河东，朔州其巡属也，故使林谮之，以示言有所自来。"（第6879页）

2　《通鉴》卷215"玄宗天宝六载十月"条第6879页载："李林甫因使济阳别驾魏林告'忠嗣尝自言我幼养宫中，与忠王相爱狎'，欲拥兵以尊奉太子。敕征忠嗣入朝……"。按：点校本《通鉴》此处标点容有可商，鄙意以为"欲拥兵以尊奉太子"句应当置于引号内。不然，则与两《唐书》之《王忠嗣传》所载不同，且此句可以理解为系魏林告事时主观揣度之言。若如此，则王忠嗣之所谓罪责必然要打折扣。

子是在开元二十六年（738年）六月。也就是说，王忠嗣为河东节度使时李亨早已被册立为太子。这样看来，魏林所告发王忠嗣拥戴忠王为太子从时间上就不成立了。那么，魏林所告王忠嗣"欲拥兵以佐太子"事，是不是说王忠嗣欲拥立太子李亨即位为新君呢？若据《新唐书》卷223上《李林甫传》的记载："太子既定，林甫恨谋不行……未几，擿济阳别驾魏林，使诬河西节度使[1]王忠嗣欲拥兵佐太子，帝不信，然忠嗣犹斥去。林甫数曰：'太子宜知谋。'帝曰：'……此妄耳！'"倒也不乏这样的意思。只是这样一来，案件的主次关系就应当发生变化，太子当为主，王忠嗣则为辅。这样看来，李林甫指使魏林告事的意图倒是昭然若揭，只是魏林所告之事越发令人心生疑窦。且不管当时王忠嗣有无这样的实力与胆量，倘若有，王忠嗣就不应再云"与忠王"如何如何，而应该云与太子如何如何。也就是说，从告事之语气上就难以让人相信。须知此类告事绝非儿戏，魏林不会不明白，即使是诬告，也必须尽量显得有真凭实据。这般漏洞百出，也难怪唐玄宗不相信了。此外，假若说王忠嗣有心拥戴李亨为太子应从他担任河东节度副使的开元二十一年（733年）秋算起，那从时间上说的确是吻合的。但是，在开元二十五年（737年）四月以前，李瑛仍是太子，此前尔后武惠妃恃宠为寿王瑁经营储君之位，中书令李林甫也以寿王为请，且全力举荐之。李亨不过是十王宅中一位普通的亲王而已。在这一政治态势下，

1　此谓"河西节度使"云云，当系指王忠嗣所任现职。《旧唐书》卷106《李林甫传》第3239页径直云"林甫尝令济阳别驾魏林告陇右、河西节度使王忠嗣，林往任朔州刺史，忠嗣时为河东节度"。

只是作为藩镇副使的王忠嗣[1]是否有实力介入太子的废立是不言而喻的。退而言之，当宫廷内外围绕皇位继承人问题展开激烈角逐之时，王忠嗣明确表示要拥立尚没有被推到政治舞台的幕前且政治上毫无资本的皇三子忠王，这一说法是站不住脚的。显然，魏林告事尽管迷惑性很大，貌似言之有据，但未必能够坐实，要据此将王忠嗣定罪亦非易事。也就是说，李林甫虽然能够罗织王忠嗣之狱，但要借题发挥倾动太子李亨仍非易事。

在这一形势下，李林甫又制造了一起政治案狱——杨慎矜案。这是李林甫在蓄意制造王忠嗣一案时，与王铁共同罗织的另一起政治案件。

旧史记载此事时谓："会慎矜擢户部侍郎，仍兼（御史）中丞，林甫疾其得君，且逼己，乃与铁谋陷之。"[2]仍然是没有摆脱李林甫恃宠固位、排斥异己的叙事套路。[3]其实，如果仔细考察杨慎矜案的始末，我们就会发现事情并非如此简单，李林甫对此案的策划与布置颇含机

1　王忠嗣时尚兼河东节度使属下的大同军使，其职衔为左金吾卫将军同正员并兼左羽林军上将军，到开元二十九年（741年）方加领朔方节度使。不久，他权知的河东节度使为人接替。参见《旧唐书》卷103《王忠嗣传》，第3198页。

2　《新唐书》卷134《杨慎矜传》，第4563页；《旧唐书》卷105《杨慎矜传》第3226页谓"林甫见慎矜受主恩，心嫉之"；《通鉴》卷215"玄宗天宝六载十一月"条载与此略同。

3　《旧唐书》卷105《王铁传》第3231页也有类似说法："初，铁与御史中丞、户部侍郎杨慎矜亲，且情厚，颇为汲引，及贵盛争权，铁附于李林甫，为所诱，陷慎矜家。"不过，《明皇杂录》中述其事则是唐玄宗从杨慎矜侍婢明珠处得知其以术士史敬忠行厌胜之事，"上大怒，以告林甫。林甫素忌慎矜才，比为相。以吉温阴害，有撼于慎矜，遂构成其事"。见《太平广记》卷143《征应九》第1029页"杨慎矜"条，北京：中华书局，1961。

心与深意。首先，此案的缘起，与杨慎矜在天宝五载韦坚案中的政治态度有关。此旧史中所谓"韦坚之狱，王铁等方文致，而慎矜依违不甚力，铁恨之，虽林甫亦不悦"[1]。杨慎矜本来是与王铁一起秉承李林甫之意办理韦坚案的，由于唐玄宗在韦坚案中并不想过深地把太子牵连进来，所谓"上亦疑（韦）坚与（皇甫）惟明有谋而不显其罪"[2]，杨慎矜就与王铁等人的积极态度不同，有意"引身中立以候望"[3]，这就招致了李林甫与王铁等人的愤恨。从《旧唐书》卷106《杨国忠传》的记载"初，杨慎矜希林甫旨，引王铁为御史中丞，同构大狱，以倾东宫。既帝意不回，慎矜稍避事防患，因与铁有隙。铁乃附国忠，奏诬慎矜，诛其昆仲，由是权倾内外，公卿惕息"，可以更加清楚地明了这一点。这样看来，李林甫选择审理王忠嗣案的同时[4]罗织此案，是想对王忠嗣案的承办人员进行警示，促使他们按照自己的思路办案。虽然承办杨慎矜案的人员与王忠嗣案的未必相同，但负责两案的机关并无根本区别。[5]其次，李林甫把杨慎矜案弄成了一桩政治案件。所谓"（王）铁于林甫构成其罪，云慎矜是隋家子孙，心规克复隋室，故蓄

1　《新唐书》卷134《杨慎矜传》，第4562页。

2　《通鉴》卷215，玄宗天宝五载正月，第6871页。

3　《旧唐书》卷105《杨慎矜传》，第3226页。

4　据《旧唐书》卷105《杨慎矜传》第3227页："时天宝六载十一月，玄宗在华清宫，林甫令人发之。玄宗震怒"，正与王忠嗣案同时。

5　唐玄宗令三司负责王忠嗣案；杨慎矜于案发后被系之尚书省，"诏刑部尚书……、大理卿……、少卿……、侍御史……、殿中侍御史……同鞫之。"《旧唐书》卷105《杨慎矜传》，第3227页。按：唐代三司的组成有大小不同的层次，刑部、大理与御史台为其中之一。

异书，与凶人来往，而说国家休咎"[1]。这样一来，可以借用此案的政治惯性，既把形势弄得更加复杂，又有利于王忠嗣案的审结。笔者认为，杨慎矜案是李林甫为了让办案人员按照他的思路审结王忠嗣案而精心策划的一次政治案件，此案虽然一举数得，但李林甫的最终目的仍然在王忠嗣案。所以，杨慎矜案在不到一个月的时间里就结案了。杨慎矜兄弟于当月二十五日诏赐自尽，亲属被配流、解官、决杖者十几家。

　　杨慎矜案使朝野上下在涉及国家政治安全与皇位继承问题时变得敏感起来，朝廷之上无人敢对杨慎矜案表示异议，更无人为杨慎矜兄弟鸣冤[2]。杨慎矜在旧史中被视为"奸佞之辈""聚敛之臣"，与韦坚、宇文融等一样，被称为"开元之倖人"[3]。当然，对他们的个人评价属于另一问题。[4]无论怎样，由于杨慎矜案的影响，朝廷上的政治气候变得更加紧张起来。当时朝廷上下对杨慎矜案噤若寒蝉的态度大致反映出当时中枢政局内的一种政治态势。李林甫的真正用意就在于企图借杨慎矜案的政治惯性将王忠嗣案审结定性，从而达到危及太子李亨的政治目的。《王忠嗣神道碑》所云："当秉钧之颛国也，巧文伤诋，纲密事聚；借公为资，动摇国本；讽操危法，言酷意诬。"[5]就很能

1　《旧唐书》卷105《杨慎矜传》，第3227页。

2　到宝应初，方为其"复官爵"，即为其平反，恢复名誉。参见《新唐书》卷134《杨慎矜传》，第4564页。

3　《旧唐书》卷105，史臣曰，第3232页。

4　阎守诚师认为："对上述诸人，不应一概否定，要作具体分析，区别对待，给予恰当的评价才是。"仅仅把这些人视为"奸臣"是不公道的。参见《宇文融括户》，载《平准学刊》第三辑上册，北京：中国商业出版社，1996，第65—82页。

5　《金石萃编》卷100《唐六十·王忠嗣碑》；《全唐文》卷369，元载《王忠嗣神道碑铭并序》，第1660页。

说明这一问题的动向。

就在三司为王忠嗣案的审结费力搜寻证据时，李林甫屡屡奏言："太子宜知谋"[1]，但是唐玄宗并不为其所左右，并且再次为王忠嗣案定了性。他说："吾儿居深宫，安得与外人通谋？此必妄也。但劾忠嗣沮挠军功。"[2]根本不理会魏林所告王忠嗣究竟是拥立忠王为太子还是拥立已经为太子的李亨为新君，只追究王忠嗣的败军之责。这样一来，王忠嗣案的性质发生了转变，由原来的政治案件一变而为追究边帅统兵失职的案子。太子李亨再次逃过一劫。由上可见，唐玄宗的态度与介入在这一转变中起了最关键的作用。

唐玄宗为什么会在王忠嗣案审理的关键时刻出面为其定性呢？关于这一问题，两《唐书》之《王忠嗣传》与《哥舒翰传》乃至元载《王忠嗣神道碑》等均认为是接替王忠嗣任陇右节度使的哥舒翰在皇帝面前"极言忠嗣之枉"并"请以己官爵赎罪"，才使唐玄宗改变了对王忠嗣的看法。事实上，我们仔细分析两《唐书》的记载可知，哥舒翰并没有也不可能使皇帝改变对王忠嗣案性质的看法。哥舒翰之极力解救所能改变的只是在三司定王忠嗣死罪以后，使皇帝宽贷其罪，"忠

1　《新唐书》卷223上《李林甫传》，第6345页。《通鉴》卷215，天宝六载十一月《考异》，第6882页："《新·传》，李林甫屡白太子宜有谋上云云。按林甫虽志欲害太子，亦未肯自言之。今不取。"按：据《考异》所引《新·传》，不仅可知与今本《新唐书》有异文，且李林甫所白不唯王忠嗣之罪，更直陈太子有"谋上"之心。

2　《通鉴》卷215，玄宗天宝六载十一月，第6882页。《旧唐书》卷106第3239页、《新唐书》卷223上第6345页之《李林甫传》载略同，均无"但劾忠嗣沮挠军功"一语。按：此句不唯开脱太子，更是为案子定性。唐玄宗所谓"吾儿居深宫"（或"我儿在内"）者，正是基于开元以后唐朝太子不居东宫而"居于乘舆所幸之别院"的状况而言的。

嗣不及诛"[1]，只被贬为汉阳太守。也就是说，由于哥舒翰的出手，王忠嗣暂时保住了一条命。这与杨慎矜兄弟冤死而朝廷无一人出手相救的状况相比已有很大不同，故朝廷之上"义而壮之"[2]。哥舒翰之所以敢于出手，除了他替代王忠嗣为陇右节度使"特承恩顾"[3]，恐怕关键在于唐玄宗为此案定性后，此案不再是一桩政治案件。仅此一点，王忠嗣案与杨慎矜案就大不相同。否则，即使哥舒翰恃宠上言，也未必能起到什么作用。事实上，王忠嗣被贬以后，也没能平安无事。尽管天宝七载唐玄宗将他"量移汉东郡太守"，较之原汉阳郡距京师较近，但在第二年，即天宝八载，年仅四十五岁的一代名将王忠嗣"暴卒"[4]，成为一个历史谜案。天宝八载（749年），哥舒翰出兵收复了石堡城，但正如王忠嗣所预料的，唐朝方面付出了沉重的代价。王忠嗣的暴卒与此事有无关系或者有何关系，因碍于本文主旨，不便深论，但仍能启发我们对王忠嗣案进行思考。

王忠嗣案虽然没有使太子陷于灭顶之灾，但是它被宰相集团用作在中枢政局中打击太子的工具，不管最终的结局如何，都说明了这样一个历史事实：唐代玄宗朝中枢政局内的矛盾斗争与政治较量，并不仅仅在朝廷之上的政治势力与权力集团之间进行，而且还延展到中枢政治势力以外的边疆军事政治势力中。我们认为，王忠嗣案的发生

1　《新唐书》卷135《哥舒翰传》，第4570页。

2　《旧唐书》卷104《哥舒翰传》，第3212页。

3　《旧唐书》卷103《王忠嗣传》，第3200页。

4　《旧唐书》卷103《王忠嗣传》，第3200页。按：据《新唐书》卷133第4554页《王忠嗣传》："宝应元年，追赠兵部尚书。"这应该能够反映出唐肃宗晚年对王忠嗣事件的政治态度。

就是唐朝地方军将介入中枢政治体制与权力结构调整的一个信号。[1]
这种介入对中央中枢政治产生了重大影响，是唐朝中枢政局演变的重要内容和一个侧面。安禄山叛乱以及后来唐朝中央政府对藩镇节度使的管理失控，甚至唐朝最终亡于宣武镇节度使朱全忠之手，均可纳入边疆地方军事势力影响唐朝之内政与中枢政局之面貌的范畴中来考察。

地方军事将领形成固定政治势力并能够渗透到中枢政局之中，是与唐玄宗天宝以后军事制度的演变以及国家军事力量布局的变化密切相关的。众所周知，唐朝前期大军出征与戍守[2]，军将皆不专任，军功显赫者自有一条出将入相的坦荡仕途。[3]在这种情况下，军将在地方上根本不可能形成固定的政治势力。但到了后来，由于府兵制被

1　又有观点认为，开元二十四年（736年）牛仙客由地方节度使被任命为宰相，就"标志着边陲将领日益卷入朝廷政治的时期的开始"。如果从《剑桥中国隋唐史》所论牛仙客"是第一个通过边镇新体制而升任宰相的人"（见崔瑞德：《剑桥中国隋唐史》，第七章，第407—408页）这样的角度立论，这一论点倒颇有启发意义。但是，《剑桥中国隋唐史》又把天宝三载（744年）地方节度使安禄山向唐玄宗告发中央在选举中的舞弊之事称作"是边将第一次干预朝政的行动"（同上，第420页），说明《剑桥中国隋唐史》在讨论边将卷入中央政争的若干情形时，并没有明确的标准。不过，这里所指出的两种情况，都比王忠嗣案发生的时间要早。

2　关于唐朝时期的行军制度，孙继民先生有全面细致的研究，他认为行军是有事出征，无事还朝，是与府兵制并行的具有战时性、临时性、机动性的野战军组织。临时出征的行军一变为长期屯边的镇兵，再变为兼管民政的节度使制。详情参见其所著《唐代行军制度研究》，台北：文津出版社，1995；《敦煌吐鲁番所出唐代军事文书初探》，北京：中国社会科学出版社，2000，第141页。

3　任士英：《唐代尚武之风与追求功名观念的变迁》，载郑学檬、冷敏述主编《唐文化研究论文集》，上海：上海人民出版社，1994。

破坏[1]，统兵将领不专任的情况再难以维持。为了适应新的边防形势的需要，唐朝不仅有了常备军，也设置了常任军官。那些常年专统边兵的诸道节度使，往往还兼领驻扎州郡的行政长官甚至道内采访使，渐渐地，这些边镇节度使就成为地方上新的政治力量与固定的政治势力。

唐朝的边防政策是在东北地区消极防御，而在西北地区积极进攻[2]，此唐人杜佑所谓"哥舒翰统西方二师，安禄山统东北三师……于是骁将锐士、善马精金，空于京师，萃于二统"[3]。因此，西北与东北地区的军事将领不仅更易于形成固定的地方政治势力，而且也比较容易进入中央中枢政局的视野，并容易介入中枢政治内的斗争与较量。特别是西北地区的军将更是如此，正因如此，西北守边军将之易人也相对频繁。相形之下，东北地区就不如西北地区那样受到中央的关注。特别是从天宝元年（742年）安禄山崛起之后，东北地区就一直是他担任最高军政长官，直到他发动叛乱为止。这一情形多少能够反映出东北地区与西北地区在唐朝中枢政治格局之中的不同地位。陈寅恪先生曾经

1　唐长孺先生指出，唐朝前期府兵固然是重要的军事力量，但其首要任务只是宿卫（限于南衙）以及近战，在征行中从来不占重要地位。因此他认为："唐朝军事制度的变化，首先是征兵制（包括卫士与兵募）的破坏而不限于府兵，……至少不能全部归之于府兵制的破坏。"参其《魏晋南北朝隋唐史三论》，第414页。

2　陈寅恪先生说："李唐承袭宇文泰'关中本位政策'，全国重心本在西北一隅，而吐蕃盛强延及二百年之久。故当唐代中国极盛之时，已不能不于东北方面采维持现状之消极政略，而竭全国之武力财力积极进取，以开拓西方边境，统治中央亚细亚，藉保关陇之安全为国策也。……此东北消极政策不独有关李唐一代之大局，即五代、赵宋数朝之国势亦因以构成。……则唐代之所以开拓西北，远征葱岭，实亦有不容已之故，未可专咎时主之黩武开边也。"见《唐代政治史述论稿》下篇，第133、137页。

3　《通典》卷148《兵典》总序，第773页。并参见黄永年《〈通典〉论安史之乱的"二统"说证释》，载《唐代史事考释》，第165—186页；又见《文史探微》，第292—311页。

对唐朝外患与内政之关系有过精湛的论述，王忠嗣案也从一个侧面证明了唐朝之内政与边疆局势（主要是与边疆军事将领所形成的政治势力集团）关系密切。事实上，无论是韦坚、皇甫惟明案还是王忠嗣案，它们的发生在一定程度上说明了西北地区军将集团在唐朝中枢政局内的政治地位。当然，这也与唐朝的御边政策有关。

不过，王忠嗣案的发生和审结，说明在李林甫辅政之时唐朝中央朝廷仍然有力地控制着地方守藩军将，一纸诏书就能把王忠嗣从河西、陇右驻地征调入朝就是明证。这与安禄山叛乱爆发后的情形大不相同。无论如何，王忠嗣案促使我们更多地关注西北军事势力对唐朝中央中枢政治的介入与影响，这样可以更加立体、丰富地认识唐朝的中枢政局。

（四）小结

通过上面的叙述，我们不仅可以对天宝初年中枢政局内不同权力系统与政治集团之间矛盾斗争的若干情形有所了解，而且十分清楚这些矛盾斗争并不是简单的"私人争权"。

对于李林甫兴起的这几次大狱，旧史所谓"时右相李林甫怙权用事，志谋不利于东储，以除不附己者"[1]，在一定程度上反映出历史的真实。《通鉴》卷215"玄宗天宝六载十一月"条亦云：

> 李林甫屡起大狱，别置推事院于长安。……事有微涉东宫

1　《旧唐书》卷105《王铗传》，第3229页。

者，接指擿使之（杨国忠）奏劾，付……鞫之。

从这一记载我们可以看出，已经处于辅政之中枢核心的中书令李林甫以"不利于东储"为目的，他"除不附己者"只是手段而已。李林甫意在打击太子之行动，当然不仅仅是为了个人争权。作为唐玄宗天宝初年中枢政局内政治斗争的主要表征，他的这一系列行动自然隐含着这一时期中枢政治体制调整演进的深层内容。

总而言之，上述三大案狱并不是朝廷官员之间的争权那样简单。从案件本身来说，它们之间存在一定的联系。三大案件有一个共同点，那就是宰相借与太子相关的人和事，首先兴起狱讼，进而加以罗织，借以打击和倾动太子，所涉及的人员除了朝廷官员，还有地方官员与地方军事将领。在宰相与太子之间的斗争与较量中，宰相集团几乎是步步进逼，太子则几乎处于无力还手的被动局面。而斗争较量的结果却并没有导致天宝中枢政局内不同权力系统之间的配置关系发生根本改变，特别是李亨的太子之位没有发生动摇。每当太子的继承人地位面临危机时，唐玄宗都会介入其中，使局面发生变化。显然，从表面上来看，唐玄宗对宰相与太子之间的斗争听之任之，但从事件的进展来看，几乎每一次的斗争较量的最终结果，都是以唐玄宗的态度为指归。也就是说，皇帝的意志直接决定了这几大案件的结果。这一状况较为直观而立体地展示了唐玄宗天宝时期中枢政局内的若干情况。

二　天宝年间李林甫为首的宰相集团倾动太子原因试探

对于天宝年间宰相集团与太子之间为何会出现矛盾斗争，完全可以用统治阶级内部争权夺利来笼统地加以解释。不过，这样做并不能对天宝时期中枢政局内的具体历史事实给出有针对性的解释。我们试着通过这一时期宰相与太子两个权力系统在国家政治体制内的面貌及其配置关系的变化，对这一问题略加说明。

（一）"自以始谋不佐皇太子"并非正解

对于李林甫倾动太子李亨的原因，《旧唐书·李林甫传》有这样的解释：

> 林甫自以始谋不佐皇太子，虑为后患，故屡起大狱以危之，赖太子重慎无过，流言不入。

《新唐书·李林甫传》也有类似的说法。[1]《通鉴》中亦云：

> 初，太子之立，非李林甫意。林甫恐异日为己祸，常有动摇

1　《新唐书》卷223上《李林甫传》第6344页载："及帝将立太子，林甫探帝意，数称道寿王，语秘不传，而帝意自属忠王，寿王不得立。太子既定，林甫恨谋不行，且畏祸……乃构（韦）坚狱，……林甫数危太子，未得志。"《通鉴考异》认为《新唐书》此事出于《明皇杂录》，事有可疑，不取。参见《通鉴》卷215"玄宗天宝六载十一月"条第6883页。

> 东宫之志……李林甫屡起大狱，别置推事院于长安……事有微
> 涉东宫者，皆……鞠之。[1]

以上记载均认为李林甫之所以倾动太子是因为忠王李亨被立不
由所请而致，所谓"自是林甫惧，巧求阴事以倾太子"[2]。倘若如此，
在李亨被立为太子之后的七八年中，即天宝五载（746年）以前，为什
么不见李林甫为倾动太子采取某些过激的手段？事实上，在李亨被立
为太子之后，也许是由于册立太子的政治惯性作用，李亨的地位基本
上处于较为稳定的时期。如果李林甫仅仅因为当初没有拥立李亨为储
君而兴起上述的一系列大狱，那么李亨这种表面上看来平定的生活怎
么能维持七八年之久？特别令人不解的是，在天宝十一载继李林甫之
后担任中书令的杨国忠并没有不拥立李亨的政治包袱，他为什么和李
林甫步调一致，也倾动太子呢？此据《旧唐书》卷106《杨国忠传》：

> 时李林甫将不利于皇太子，掎摭阴事以倾之。侍御史杨慎
> 矜承望风旨，诬太子妃兄韦坚与皇甫惟明私谒太子，以国忠怙宠
> 敢言，援之为党，以按其事。京兆府法曹吉温舞文巧诋，为国忠
> 爪牙之用，因深竟坚狱，坚及太子良娣杜氏、亲属柳勋、杜昆
> 吾等，痛绳其罪，以树威权。于京城别置推院，自是连岁大狱，
> 追捕挤陷，诛夷者数百家，皆国忠发之。林甫方深阻保位，国忠

1　《通鉴》卷215，玄宗天宝五载正月、六载十一月，第6870、6883页。

2　《旧唐书》卷106《李林甫传》，第3238页。

凡所奏劾，涉疑似于太子者，林甫虽不明言以指导之，皆林甫所使，国忠乘而为邪，得以肆意。

如果说杨国忠这样做是为了攀附李林甫，以获得个人政治上的发展，那么为什么他在接替李林甫成为最高辅政长官中书令之后仍然与太子李亨势同水火，以致最后刀兵相见、命丧马嵬？更何况天宝十一载又发生了邢璀、王銲案。这一案件的始末《通鉴》卷216"天宝十一载三月、四月、五月"诸条是这样记载的：

（御史大夫、京兆尹王）铁弟户部郎中銲，凶险不法……銲所善邢璀，与龙武万骑谋杀龙武将军，以其兵作乱，杀李林甫、陈希烈、杨国忠；前期二日，有告之者。夏，四月，乙酉，上临朝，以告状面授铁，使捕之。铁意銲在璀所，先使人召之，日晏，乃命（长安尉）贾季邻等捕璀。……铁与杨国忠引兵继至……会高力士引飞龙禁军四百至，击斩璀，捕其党，皆擒之。国忠以状白上，……上怒。……铁赐自尽，銲杖死于朝堂……。五月……凡王铁所绾使务，系归（杨）国忠。

初，李林甫以国忠微才，且贵妃之族，故善遇之。国忠与王铁俱为中丞，铁用林甫荐为大夫，故国忠不悦，遂深探邢璀狱，令引林甫交私铁兄弟及阿布思事状，陈希烈、哥舒翰从而证之；上由是疏林甫。国忠贵震天下，始与林甫为仇敌矣。

《旧唐书》卷105《王铁传》所载内容略详，但是没有点明杨国忠与李林甫在此案中的政治冲突。事实上，通过《通鉴》的记载，我们可以看出，邢璹、王銲案是李林甫与杨国忠政治冲突公开化的标志。也就是说，李、杨二人并没有因为在倾动太子一事上步调一致而形成坚如磐石的政治联盟。不过，《通鉴》从杨国忠的贵盛来解释他与李林甫之间的矛盾只是注意到表面现象，恐怕尚未得其实。李、杨之间产生政治分歧，特别是宦官高力士以所掌飞龙禁军介入邢璹、王銲案，使天宝时期中枢政局内的局势变得复杂起来。在这里，邢璹、王銲案显示出中枢政局中的辅政集团在利益与权力的组合过程中所处的一种状态。除此之外，这一过程所凸现的皇权对这种状态的控制程度以及皇权对这一集团成员的调整方式同样值得我们注意。总之，邢璹、王銲案之因果颇值得探求，因碍于我们在此所讨论问题（探讨宰相集团与太子集团之间的政治斗争而不是辅政官员或者整个朝廷官员之政治分野）的范围，不便太多涉及，有关论述，容笔者另撰文探讨。

由上可知，旧史所谓李林甫倾动太子是因为他"自以始谋不佐皇太子"，这一个人目的只是表层原因，或者说至少不是唯一原因，并不能完全解释宰相倾动太子这一历史现象。要弄清楚这一问题，还需要从其他方面与角度进行深入探讨。

（二）中书令政治人格的变化：从李林甫与杨国忠的职衔分析入手

我们认为，正如前述中书令在太子李瑛的废立问题上所起的作用一样，考察李林甫倾动太子的原因应该从二者在当时国家政治格局中所处的地位即政治人格入手，首先考察此时中书令在国家政治体制中的职权地位，然后再考察以中书令为首的辅政官员与太子在国家政治体制中的权力配置关系的变化。这样就可以从国家体制与政治制度的角度对天宝时期中枢政局内的矛盾斗争与起伏波折做出解释，避免仅仅认为李林甫所兴起的几次大狱属于私人争权的活动。从国家体制与政治制度的角度来解释这一时期政局之内的矛盾斗争与政治变动，可避免只注意有关问题发生的偶然性因素，从而对其必然性因素与内在原因有所把握与认识。

毋庸置疑，处于国家政治体制之中枢的权力集团，往往会对国家政治产生一定的影响。从表面上来看，国家现行政治制度的变化往往取决于国家政治中权力结构的变化，也就是各个利益集团在国家政治体系中的权力配置关系的变化，而不是国家体制与政治制度决定政治格局的演变。但是，事实上，任何政治集团，他们的存在与活动都必须依据一定的社会、政治与法律的规范，要有一定的国家政治制度与法令作为基础，否则，任何政治集团的权力地位都将不复存在。退一步说，即使国家政治体制对政治格局变动的影响有限，对不同权力集团的存在与活动却是直接产生影响与作用的。也就是说，无论是李林甫还是杨国忠抑或是太子李亨，其职权地位的确定都是根据当时国家的政治体制与有关的法令法规，他们均在皇权政治与国家政治体制的规范之下发挥作用。如果没有这种制度与法律上的依据，他们在国家现行体制内所处的地位与拥有的政治权力都将成为无源之水、无本之木。事实上，正如前述，中书令能够成为中央最高辅政长官，并非一朝一夕之事，而是唐玄宗不断对国家政治体制进行调整的结果，如果没有唐玄宗对唐朝初年三省制为主体的中枢辅政体制的调整，中书令不可能获得如此优越的职权地位，成为中枢辅政长官。

在我们看来，李林甫、杨国忠所代表的中枢辅政集团与太子之间的政治斗争，并不能简单地视为统治阶级内部争权夺利的斗争。这一矛盾斗争只是一种表面现象，它暴露出玄宗朝国家政治体制调整这一转型时期出现的症结和一些尚不能有效解决的问题。考察这一矛盾斗争发生的深层原因，对于进一步认识唐玄宗时期社会与政治的面貌以及中枢政局的演变等，均不无积极意义。

我们在探讨天宝年间中枢政局内政治斗争的原因时，之所以会试着从分析李林甫与杨国忠的职衔入手，是因为他们乃这一时期中枢政治斗争的主要力量。至于除他们之外的其他宰相成员，像先后与李林甫（包括杨国忠）同居宰辅的牛仙客、李适之、陈希烈和韦见素，他们不仅位居宰辅的时间较之李林甫要短，而且在实际的辅政过程中也没有发挥应有的作用，基本上可以被视为"伴食宰相"[1]。所以，我们这

1　牛仙客于开元二十四年（736年）十一月入相，李林甫任中书令之时为工部尚书、同中书门下三品，知门下事，开元二十六年（738年）正月守侍中一直到天宝元年（742年）薨。据《旧唐书》卷103《牛仙客传》第3196页："仙客既居相位，独善其身，唯诺而已。所有锡赏，皆缄封不启。百司有所谘决，仙客曰：'但依令式可也'，不敢措手裁决。"李适之于天宝元年（742年）代牛仙客任左相，倒是"与李林甫争权不叶"，但在天宝五载（746年）因韦坚、皇甫惟明之狱遭李林甫罗织被罢知政事（《旧唐书》卷99《李适之传》，第3101页）。陈希烈在李适之被罢后继任为同平章事，于天宝六载（747年）三月为侍中，一直到天宝十三载（754年）八月罢任。此时杨国忠已经接替两年前死去的李林甫任中书令。陈希烈与李林甫"同知政事，相得甚欢"（《旧唐书》卷97《陈希烈传》，第3059页），不过"凡政事一决于林甫，希烈但给唯诺。……主书抱成案诣希烈书名而已"（《通鉴》卷215，玄宗天宝五载四月，第6872页）。到杨国忠接替李林甫后，陈希烈依然如故（《旧唐书》卷106《杨国忠传》，第3244页），"凡事唯诺，（转下页）

里只把注意力放在中枢辅政长官中书令一方，而对中书令以外的宰相成员不予过多关注。至于太子在这一时期政治地位的最大变化，就是不再居于东宫。关于这一点，前篇业已述及，在此略作提示，不再赘述。

1.李林甫与杨国忠职衔分析之一：庶务职能扩张的"权相"

对李林甫、杨国忠担任中书令期间的职衔进行分析之前，我们有必要首先就天宝年间的"权相"问题略加申说。所谓"权相"，是指李林甫与杨国忠在担任中书令期间所行使的宰相职权，不仅超出了唐朝以往任何一位辅政宰相，而且几乎凌驾于同时位居宰辅的同僚之上。这正如旧史中所谓："林甫久典枢衡，天下威权，并归于己，台司机务，（陈）希烈不敢参议，但唯诺而已……所以秉钧二十年，朝野侧目，惮其威权。"[1]权相的出现，显然与唐朝三省制下三省机构地位平等、职权均衡的宰相制度不符，而且也与唐玄宗开元初年政事堂体制之下宰相集体议政、决政的制度有异。《旧唐书》卷106《杨国忠传》：

（接上页）无敢发明"（《旧唐书》卷108《韦见素传》，第3275页）。韦见素于天宝十三载（754年）以同平章事知门下省事任相职，虽然到唐肃宗至德二载（757年）三月被罢，但在天宝十五载（756年）六月马嵬之变时，杨国忠成为刀下鬼，此后的事情可做别论。在他与杨国忠同居宰辅之时，遇事"亦无所是非，署字而已，……不措一言"。（《旧唐书》卷108《韦见素传》，第3276页）以上基本上属于伴食宰相。他们的任职时间除参考本传外，均同时参考《新唐书·宰相表中》，第1689—1692页。按：伴食宰相一说，在开元初即已有焉。"卢怀慎开元初为黄门监，与紫微令姚崇对掌枢密。怀慎自以为吏道不及崇，每事皆推让之，时人谓之'伴食宰相'。"见《册府元龟》卷335《宰辅部·不称》，第3959页。

1　《旧唐书》卷106《李林甫传》，第3238页。

旧例，宰相午后六刻始出归第，(李)林甫奏太平无事，以巳时还第，机务填委，皆决于私家。主书吴珣持籍就左相陈希烈之第，希烈引籍署名，都无可否。(杨)国忠代之，亦如前政。

身为中书令的李林甫、杨国忠既决处"机务"于私家，只是由负责文案的中书主书[1]前往同时担任宰辅的左相（侍中）陈希烈的私第，请他在私第"引籍署名"而已。这只不过是例行政府公文运作的手续而已[2]，陈希烈对于机务的处理，"都无可否"，并没有发挥应有的影响力。其他宰相即使在公府，有司也无法前往咨事，所谓"百司悉集林甫第门。台省为空。陈希烈虽坐府，无一人入谒者"[3]也。不过，李林甫、杨国忠行使职权绝非寻常所说的滥用职权。像李林甫"自处台衡，动循格令，衣冠士子，非常调无仕进之门"[4]。既然"动循格令"，也就是一切举措遵循国家制度。事实上，唐玄宗时期中书令职权地位的提高，乃至成为中枢最高辅政长官，这是天宝年间国家政治体制调整的结果。从这一角度考虑，天宝时期所谓"权相"的出现，正与这一时期国家体制与政治制度处于大的调整过程中有关。这还可从旧史的一段

1　此主书当为中书政事堂内的属僚。主书在唐朝系流外入流者专任的一类职官，对其地位与职掌，拙作《唐代流外官制研究（下）》第五章中已有申论，亦见史念海主编《唐史论丛》第六辑，第160—240页，唯对其所属机构未能深究。其实，这对考察当时的公文运作是有意义的。

2　从政府公文运作的角度探讨门下省之地位的论文，可参见刘后滨《公文运作与唐前期三省关系中门下省的枢纽地位》，第20—36页。

3　《通鉴》卷215，玄宗天宝六载十二月，第6884页。

4　《旧唐书》卷106《李林甫传》，第3241页。

记载中得到佐证：

> 国忠既以宰臣典选，奏请铨日便定留放，不用长名。先天已前，诸司官知政事，午后归本司决事，兵部尚书、侍郎亦分铨注拟。开元已后，宰臣数少，始崇其任，不归本司。故事，吏部三铨，三注三唱，自春及夏，才终其事。国忠使胥吏于私第暗定官员，集百僚于尚书省对注唱，一日令毕，以夸神速，资格差谬，无复伦序。明年注拟，又于私第大集选人，令诸女弟垂帘观之，笑语之声，朗闻于外。故事，注官讫，过门下侍中、给事中。国忠注官时，呼左相陈希烈于座隅，给事中在列，曰："既对注拟，过门下了矣。"吏部侍郎韦见素、张倚皆衣紫，是日与本曹郎官同咨事，趋走于屏树之间。既退，国忠谓诸妹曰："两员紫袍主事何如人？"相对大噱。[1]

另外，对宰相职权行使的这一状况，后来唐肃宗还做了若干调整。如至德二载（757年）三月，"宰相分直主政事笔，每一人知十日"[2]，就是鉴于宰相专权的教训，所谓"惩林甫及杨国忠之专权故也"[3]。这显然正是从中枢体制运作的角度着手的。

1　《旧唐书》卷106《杨国忠传》，第3244页。

2　《通典》卷21《职官典三·宰相》，第120页；《唐会要》卷51《中书令》，第883页。《通鉴》卷219"肃宗至德元载十月"条又作"令宰相分直政事笔、承旨，旬日而更"，胡三省注云："令宰相在政事堂，分日当笔及承上旨。"（第7001页）

3　《通鉴》卷219，肃宗至德元载十月，第7001页。

在考察天宝中枢政局内政治斗争与较量的双方情况时，分析李林甫与杨国忠的职衔，是为了能够直观地考察他们在当时的国家体制中所拥有的政治活动空间、政治地位以及和太子在皇权政治中的政治配置关系。由于他们当政期间专决机务的情况已如上述，所以我们对其所担任的中书令职衔也就不另加叙述。也就是说，这里所关注的并不是李林甫与杨国忠所担任宰相职务的衔名，而主要考察他们在担任首席辅政宰相中书令时所兼加的其他职衔，以此来探究宰相集团在当时中枢政治体制中的地位。由于开元二十六年（738年）唐玄宗选定皇三子李亨为太子时，李林甫已经担任中书令，所以我们对其职衔的考察并不仅仅局限于天宝年间。

根据《李林甫兼河西节度使制》，李林甫在开元二十六年（738年）五月时的职衔是：金紫光禄大夫、兵部尚书[1]、兼中书令、持节经略支度营田大使、知节度事、集贤院学士、修国史、上柱国、晋国公，并兼充河西节度、经略、支度、营田、长行、转运、九姓等使，节度赤水军事，仍判凉州事。[2]这些可视为李林甫在开元末年的职衔的一般

---

[1] 《旧唐书》卷106《李林甫传》第3238页："林甫既秉枢衡，……又加吏部尚书。"又据《新唐书》卷62《宰相表中》第1689—1690页：开元二十三年（735年）十一月，李林甫为户部尚书；二十四年（736年）七月为兵部尚书；二十七年（739年）四月为吏部尚书，同时，侍中牛仙客为兵部尚书。据此，到开元末年，中书令李林甫已经不再担任兵部尚书甚明。从严耕望先生《唐仆尚丞郎表》卷4《通表下》（北京：中华书局，1986，第258—264页）所得提示，李林甫之后的兵部尚书一般是由门下侍中（左相）兼领，这与此前的宰相兼衔情况略有差异。

[2] 《全唐文》卷310，孙逖《授李林甫兼河西节度使制》，第1390页；《唐大诏令集》卷52《李林甫兼河西节度使制》，第249页。按："判凉州事"，《旧唐书》卷9《玄宗纪下》第210页作"判梁州事"。又，据《旧唐书》卷106《李林甫传》第3238页，（转下页）

状况。李林甫在奉敕撰注《大唐六典》完成时所展示的职衔有：集贤院学士、兵部尚书兼中书令、修国史、上柱国、开国公，这不过仅题署了所谓馆职、勋、爵以及实际所担任的职务，至于其散阶与所兼领的使镇并未具列。到天宝年间，李林甫的职衔又有变化。天宝元年（742年）八月，李林甫以吏部尚书兼中相（中书令）加兼尚书左仆射[1]。寻又进阶特进[2]。在天宝四载（745年）九月时，李林甫的职衔为"特进、行左仆射兼右相、吏部尚书、集贤学士、修国史、上柱国、晋国公"[3]。到天宝十载（751年）正月[4]，李林甫又兼（遥）领安北副大都护[5]、朔方节度使，同时，他还领关内支度、营田、盐池、押诸蕃部落副大使、知节度事，六城水运使、节度管内军郡、采访处置使等。此外，除前面已述

（接上页）李林甫除兼领河西外亦曾兼领陇右，到天宝初才"停知节度事"。《新唐书》卷62《宰相表中》第1690页载李林甫"持节遥领陇右节度副大使，知节度事"在开元二十六年正月，他"遥领河西节度副大使，知节度事，仍判凉州事"则在这年的五月，尚迟于领陇右时。

1　《旧唐书》卷9《玄宗纪下》，第215页；《全唐文》卷308，孙逖《授李林甫左仆射兼右相制》略同，并加有光禄大夫、吏部尚书兼集贤殿学士、上柱国之官名。按：《文苑英华》卷385，《中书制诰六》所载作《授尚书右仆射制》，其余与此同。北京：中华书局，影印本，1966，第1962页。

2　见《全唐文》卷250，苏颋《授李林甫特进制》，第1117页。严耕望先生指出，此制非苏颋所撰，《唐仆尚丞郎表》卷5《辑考一上·左仆》，第330页。特进为正二品文散阶，高于光禄大夫阶。

3　《金石萃编》卷87，《唐四十七·石台孝经》碑后题衔。

4　《旧唐书》卷9《玄宗纪下》第224页、《通鉴》卷216"玄宗天宝十载正月"条等均同。唯《唐大诏令集》卷52《李林甫兼朔方节度使制》第249页载此作"开元二十四年十一月"。考其行迹，此说法恐有不当。

5　《唐大诏令集》卷52《李林甫兼朔方节度使制》，第250页；《全唐文》卷33，元宗《以李林甫兼领朔方节度诏》，第55页，均作"安北副大都督"。按：《旧唐书》卷106《李林甫传》第3239页则作"十载，林甫兼领安西大都护、朔方节度，俄兼单于副大都护"。

的各类职衔[1]外，李林甫又有开府仪同三司[2]、崇玄馆大学士、太清及太微宫使等加衔[3]。到天宝十二载（753年）二月，因事"追削故右相李林甫在身官爵"[4]。《李林甫除削官秩诏》[5]中所具结的李林甫的官爵职衔为：左仆射兼右相、吏部尚书、上柱国、晋国公、赠太尉、广陵大都督。显然，这里并没有具列李林甫的散阶品秩、馆职以及所兼领的使职差遣。

应该说明的是，唐朝自开元以后，宰相的加衔十分杂乱，宋人欧阳修曾评论说："宰相事无不统，故不以一职名官。自开元以后，常以领他职……时崇儒学，则为大学士；……至于国史、太清宫之类，其名颇多。"[6]李林甫所兼加的职衔，像馆职一类并不是专门加于中书令者。至于所兼吏部尚书，根据严耕望先生《唐仆尚丞郎表》卷3《通表

1　《金石萃编》卷86，《唐四十六·嵩阳观圣德感应颂》，李林甫书此碑时的结衔为：开府仪同三司、行尚书左仆射兼右相、吏部尚书、崇玄馆大学士、集贤院学士、朔方节度等副大使、修国史、上柱国、晋国公。严耕望先生对此有质疑："碑以天宝三载二月五日建，而阶已开府仪同三司，何邪？领朔方节度乃十载事，此已入衔，又何邪？"见《唐仆尚丞郎表》卷5《辑考一上·左仆》，第330页。岂碑文有疑问耶？谨录此备考。按：王昶录此碑后，（清）武亿之《授堂金石跋》亦有略考，可以参见。

2　据《旧唐书》卷106《李林甫传》第3238页，李林甫于天宝六载加开府仪同三司。

3　《旧唐书》卷九《玄宗纪下》，第224页。

4　《旧唐书》卷九《玄宗纪下》，第226页。

5　据《唐大诏令集》卷126《政事·诛戮上》所载，第623页。《全唐文》卷33，元宗则作《削李林甫官秩诏》，第157页。按：《通鉴》卷216第6918页"天宝十二载二月"条则谓"制削林甫官爵"。

6　《新唐书》卷46《百官志一》，第1182页。又据（宋）宋敏求《春明退朝录》（北京：中华书局，1980）卷上："唐制，宰相四人，首相为太清宫使，次三相皆带馆职：弘文馆大学士、监修国史、集贤殿大学士。"则把宰相加带此类职衔的不同做了区分。这里既然称为"唐制"，当非一时之特例。不过，所谓"宰相四人"之制，在唐朝并不确定。颇疑宋敏求所述为宋人对唐朝制度的又一误会。

中》"吏尚"一栏可知，在唐高宗以前，现任宰相兼领者人数众多。当然，吏部尚书一职未必是中书令所专领，门下侍中与其他非正品宰相也颇多兼任者。[1]但是，据《新唐书·宰相表上》[2]，唐初以来以中书令兼领吏部尚书者并不乏人。比如武德四年（621年）正月以中书侍郎兼中书令的封德彝判吏部尚书、武德六年杨恭仁入为吏部尚书兼中书令。马周、高季辅在贞观末年均以中书令兼知吏部尚书。永徽六年（655年），来济以中书令检校吏部尚书；显庆四年（659年），李义府迁吏部尚书同三品，龙朔三年（663年）正月迁右相，仍知选事；上元二年（675年）八月，李敬玄为同三品兼吏部尚书，次年十一月迁中书令，仍兼吏部尚书。此后[3]，唐中宗神龙年间，先后有张柬之、韦安石（神龙元年，705年）、李峤（神龙二年）以同三品宰相领吏部尚书以后再拜中书令，并检校吏部尚书。此后一直到唐玄宗即位之初的几年里，虽然仍有宰相兼任吏部尚书，但中书令兼领吏部尚书的情况就几乎看不到了。先天二年（713年），一度有萧至忠任职。开元初，宰相卢怀慎与其后的宋璟和裴光庭兼领吏部尚书时的身份均是黄门监（侍中）。从开元二十年（732年）十二月萧嵩任中书令后兼任吏部尚书到开元二十一

1　严耕望先生也曾针对《册府元龟》卷629载"开元以前，兵吏尚书权位尤美，则宰相多所兼领"补充指出："即其他尚书亦多以宰相兼领，或用旧相。"见《唐仆尚丞郎表》卷1《述制》，第7页。

2　同时参证以严耕望先生所撰《唐仆尚丞郎表》卷3《通表中》"吏尚"一栏的有关内容。

3　据严耕望《唐仆尚丞郎表》卷3《通表中》"吏尚"一栏提示，武周长寿元年（692年）以后，直到长安三年（703年）以前，吏部尚书（时称天官尚书）阙置，见第100—104页。这一时段正是武周政权（690—705年）的主干时期。武周时期吏部尚书阙置的情况，很值得加以注意。

年（733年）底，直到开元二十七年（739年）李林甫由兵部尚书迁任吏部尚书，这期间即由萧嵩专任吏部尚书之职，宰相无有兼领此职者。李林甫任中书令时却兼领吏部尚书一职直到天宝十一载（752年）死去。[1]

吏部尚书乃尚书省六部之首，属于"前行要望"[2]。"旧令在侍中、中书令上。开元令移在侍中、中书令下。尚书六曹，吏部、兵部为前行，户、刑为中行，礼、工为后行。其官属自后行迁入二部者以为美。"[3]在三省六部为主体的行政格局中，吏部尚书领吏部、司封、司勋、考功四司，掌天下官吏选授、勋封、考课之政令。虽然唐朝官吏的铨选与考课因为品级的高下而在管理上区分为不同的层次[4]，但是这并不影响吏部尚书在百官的铨选与考课中的地位。宰相兼领吏部尚书，使宰相作为百官之长的职权更加具体化。这样一来，宰相可以直接决定百官

1　严耕望《唐仆尚丞郎表》卷3第123页至129页《通表中》"吏尚"一栏自开元二十七年（739年）到天宝十一载（752年）均为李林甫，更是醒目易览。
2　《唐六典》卷2第38页《尚书吏部》：谓吏部、兵部、考功、都省、御史台、中书、门下"七司"是也，"其余则曰后行闲司"；《旧唐书》卷43《职官志二》第1820页在七司之外加礼部，谓之"前八司"。
3　《通典》卷23《职官典五·吏部尚书》，第135页。
4　像官吏铨选，首先有流内、流外之别。流内官，由吏部之三铨即尚书、侍郎负责，而流外官，则由吏部之"小选"或"小铨"即吏部郎中一人负责。另外，在流内官之注拟与定留放时，又有五品以上高官与六品以下中下级官员的区分。应五品以上者，则上其名于中书门下，听制授；六品以下，则由吏部量资任定。官员的考课也同样存在品级上下的区分，但是对考课之中四善、二十七最之规定，不仅适用于流内官，我认为同样也适用于流外官（参拙撰《唐代流外官制研究（下）》之第六章，载《唐史论丛》第六辑，第229—237页），只是京官与地方官在考课程序上略有不同。详见《旧唐书》卷43《职官志二》，第1818—1824页。

的仕途升迁与任职中的赏罚，前述杨国忠以"宰臣典选"之事就颇能说明这种情形。宰相既然能够决定百官的前途命运，能够对百官的任职进行有效的监督，就容易控制百官。[1]李林甫、杨国忠任中书令时长期兼领吏部尚书，正是从国家制度上确保了中书令作为最高辅政长官的地位。这也是确保中书令能够高居于最高行政中枢的重要条件与制度保障。虽然唐初的宰相也有兼领吏部尚书者，但那并不能与开元末年以后李林甫与杨国忠兼领的情况同日而语。一是因为唐初宰相兼领吏部尚书一般时间较短且很随意，比如他们有的是先以同三品的身份兼任吏部尚书之后又位居正品真宰相。有时，像中书令和侍中等还有被罢相后再担任吏部尚书者[2]。二是唐初三省体制下的宰相是一个群体，任职成员数量较多。在这样一个集体宰相辅政体制下，即使宰相兼领吏部尚书，也并不太具备唐玄宗时期中书门下辅政体制下的条件，也就是说，由于中书门下取代唐初的三省宰相辅政的中枢政治体制，中书令兼领吏部尚书才为当时体制的调整带来了新的内容，产生了新的、与唐初宰相兼领吏部尚书不同的意义。

显然，在唐玄宗时期，中书令兼领吏部尚书是中书令成为最高辅政长官与最高行政首脑的最重要条件之一，也是在国家政治制度层面

---

1 祝总斌先生在研究两汉魏晋南北朝的宰相制度时，提出了我国两千多年里宰相权力所应共有的两项内容："即必须拥有议政权和必须拥有监督百官执行权。"他尤其对后一项权力做了强调，十分精辟，对我们这里的研究极具有启发性。详见《两汉魏晋南北朝宰相制度研究》（第二版），第4—12页。

2 如在贞观十七年（643年）四月中书令杨师道被罢为吏部尚书，永徽五年（654年）六月中书令柳奭被罢为吏部尚书，景龙元年（707年）侍中苏瓌被罢为吏部尚书等。严耕望：《唐仆尚丞郎表》卷3《通表中》"吏尚"一栏，第86—107页。

对中书令地位予以的有力保障。

　　至于李林甫从天宝元年（742年）到天宝十一载又一直兼领尚书左仆射[1]，道理与其兼领吏部尚书相同。值得注意的是，根据严耕望先生《唐仆尚丞郎表》卷2《通表上·仆丞》中所给出的提示，从唐玄宗开元元年（713年）到开元十二年（724年），尚书省左、右仆射均告阙置，从开元十三年（725年）起，虽然又陆陆续续置任，但是，尚书右仆射在天宝二年（743年）七月裴耀卿死后在整个天宝年间一直阙置。这正与李林甫以中书令兼领尚书左仆射的时间相重合。右仆射阙置，只设置左仆射并由中书令兼领，恐怕并不是一种偶然。我们认为，这应该是从制度上确保中书令之政治地位的一种设计。退一步说，即使这一设计并非唐玄宗自觉的政治行为，但这一情况的的确确是客观的历史存在，理应引起重视。应该指出的是，自唐初以来，尚书省因为尚书令阙置，左、右仆射系实际长官而为正品宰相，"尚书省为宰相机关兼行政机关"[2]。随着尚书省枢衡地位的堕失，尚书仆射的宰辅之位也逐渐被剥夺。这一变化虽然经历了一个比较长的过程，但是至少自开元开始[3]，尚书仆射已经完全失去宰辅之权，而成为比较纯粹的行政

1　严耕望：《唐仆尚丞郎表》卷2《通表上·仆丞》，第45—47页。

2　严耕望：《唐仆尚丞郎表》卷1《述制》，第6页。

3　《唐六典》卷1第13页《尚书都省》"左右丞相"："初，亦宰相之职也。开元中，张说兼之，罢知政，犹为丞相。自此已后，遂不知国政。"《通鉴》卷208第6594页"中宗神龙元年六月"条则以豆卢钦望任尚书仆射不敢预政事起，"是后专拜仆射者，不复为宰相"；而《唐会要》卷57《左右仆射》第990页则谓"自武德至长安四年已前，并是正宰相。……至景云二年十月，韦安石除左仆射、东都留守，不带同一（当为三）品。自后空除仆射，不是宰相，遂为故事"。若据此，则仆射失去相权又在景云二年（711年），这与《唐六典》以及杜佑《通典》卷22第131页《职官典四·尚书上》（转下页）

事务官，所谓"国政枢密皆委中书，八座之官但受其成事而已"[1]，此亦治史者所习知也。尽管如此，从当时的典制来说，仆射"统理众务，举持纲目，总判省事"[2]，尚书仆射师长百僚[3]的地位依然隐然可见。一直到唐朝后期，尚书仆射位居"端揆之重，有异百僚"的状况仍得以保持，仆射的上事仪注仍然十分崇重，甚至直到太和三年（829年）四月，皇帝还以敕旨的形式对仆射仪注加以保障。[4]李林甫在天宝时期兼带尚书左仆射，自然是为了确保他处于百官臣工之首长地位。[5]应当说，这也是从当时国家政治体制的现状出发所做的一种制度上的保障。另外，李林甫从开元二十四年（736年）起到开元二十七年（739年）还曾兼任兵部尚书。从开元后期到天宝初年中书令兼领兵部尚书的

（接上页）所谓"自开元以来，始有单为仆射不兼宰相者"相同。

1　《唐六典》卷1《尚书都省》，第13页。

2　《通典》卷22《职官典四·仆射》，第131页；《旧唐书》卷43第1816页《职官志二》则谓"统理六官，纲纪庶务，……总判省事"。

3　像唐穆宗长庆二年（822年），朝廷在罢免裴度相职加尚书仆射的制书中就提出"用崇师长之荣，勿以优闲自薄"，但是在会昌二年（842年）陈夷行加尚书仆射的制书中则云"庶可资乎颐养，且无替其崇高"，又是另一种口吻了。参见《唐大诏令集》卷56《裴度右仆射制》及《陈夷行左仆射制》，第270—272页。

4　参见《唐会要》卷57第993至994页《尚书省诸司上·左右仆射》，太和三年之敕旨云："仆射实百僚师长，国初为宰相正官，品秩至崇，仪注特异。近或勋臣居任，遂使故事不行。卑列上凌，旧章下替。昨令参议，颇为得中。宜付所司，永为定制。"

5　《旧唐书》卷169《王璠传》第4406页载李绛上疏云："左、右仆射，师长庶僚，开元中名之丞相。其后虽去三事机务，犹总百司之权。表状之中，不署其姓……礼仪之崇，中外特异。所以自武德、贞观已来，圣君贤臣，布政除弊，不革此礼，……近年缘有才不当位，恩加特拜者，遂从权便，不用旧仪。酌于群情，事实未当。"前引《金石萃编》卷86《嵩阳观圣德感应颂》、卷87《石台孝经》中李林甫之结衔均不署其姓，可以参见。

情况来看[1]，这种兼领在开元年间的国家政治体制中有一种过渡的性质。由于李林甫兼领兵部尚书的时间较短，且在开元末年，对于我们进一步考察天宝年间中枢政局内的政治斗争没有直接的帮助，本书对此就不另作深究。

李林甫担任中书令期间所获得的另一类加衔，比如所兼加的都督，如果与唐初相比，颇耐人寻味。因为这类衔名在唐初往往是宰相被贬之后的一类加衔，如贞观初年高士廉被贬为安州大都督、贞观末年李勣被贬为叠州都督、永徽六年褚遂良被贬为潭州都督等。而正三品宰相为六部尚书，也并非十分荣光之事，往往是正员宰相被褫夺宰相职权之后的一类安置措施。[2]

相对于李林甫担任中书令时兼领的各类职衔来说，杨国忠所兼领的使职差遣从数量上可谓大大胜出一筹。这从天宝十一载（752年）十一月的《杨国忠右相制》中便可以清楚地看出这一点。制书云：

1　在开元年间，曾有姚崇于开元元年（713年）至开元四年、张说于开元十一年分别以紫微（中书）令兼领兵部尚书之职。不过，在开元五、六、七的三年中与开元十二、十三年的两年中，兵部尚书先后有两次阙置。从开元十四年起兵部尚书由萧嵩检校，他于开元十七年任中书令，一直到开元二十年改任吏部尚书一职为止。在李林甫兼领此职之后，牛仙客、李适之、陈希烈、哥舒翰、韦见素等人相继任职。值得注意的是，在李林甫之后的这些任职者，基本上是左相身份。以上见严耕望：《唐仆尚丞郎表》卷4《通表下》"兵尚"一栏第249—262页。在宰相那里所显现出的文武之权的区别，是否在宰相集团之中有权力制衡的意味，值得做进一步研究。

2　以六部尚书甚至侍郎以及诸监、寺正官担任同中书门下三品、同中书门下平章事者则另当别论。

银青光禄大夫、御史大夫、判度支事、权知太府卿、兼蜀
郡长史、持节剑南节度[使]·支度·营田等副大使、本道兼山南
西道采访处置使、两京太府·司农出纳·监仓·祠祭·木炭·宫
市·长春九成宫等使、关内道及京畿采访处置使、上柱国、弘
农县开国伯杨国忠,……可守右相,兼吏部尚书、集贤殿[大]学
士、修国史、崇玄馆大学士、太清·太微宫使,仍判度支,及蜀郡
大都督府长史、剑南节度·支度·营田等副大使、本道兼山南西
道采访处置使、两京出纳、勾当租庸·铸钱等使并如故。[1]

　　这里所罗列的,包括了杨国忠的文散阶、勋、爵、馆职和所兼领的
使职差遣等,这当然只是他所兼领的一部分比较重要的职衔。据《旧
唐书》卷106《杨国忠传》:"国忠自侍御史以至宰相,凡领四十余使,
又专判度支、吏部三铨。"如天宝十二载(753年)十二月,杨国忠所兼
的"专知采市银使"[2]在上文所结职衔中就没有涉及。因此,杨国忠之
职衔,尤其是他兼领的诸使职差遣尚有相当一部分未得其详。即使如
此,从上述制书中我们就可以略见杨国忠所领职衔已经包括从中央到
地方、从行政到财政等不同层次的使职差遣[3]。

1　《唐大诏令集》卷45《大臣·命相二》,第199页;[使]字据《全唐文》卷25,元宗
《授杨国忠右相制》第122页补入;[大]字据《旧唐书》卷106《杨国忠传》第3243页补
入。又《南部新书》己卷第57页载:"天宝七载,以给事杨钊(杨国忠)充九成宫使。凡
宫使自此始也。"
2　据天宝十二载十二月时的银器铭文:"专知采市银使右相兼文部尚书臣杨国忠
进。"参见苏健《洛阳隋唐宫城遗址中出土的银铤与银饼》,《文物》,1981年第4期。
3　赵彦卫:《云麓漫钞》卷7第115页:"唐人多称使。郡守,一职也,以其(转下页)

与李林甫在天宝年间所领的职衔相比，杨国忠的职衔至少有这样几点区别。一是杨国忠没有兼领尚书仆射。这估计与仆射地位的继续下降有一定关系。从严耕望先生《唐仆尚丞郎表》卷2《通表上·仆丞》中可以看出，自天宝十三载（754年）给安禄山加尚书仆射之后，在唐朝肃代时期，除阙置的情形之外，尚书仆射主要成为宰相罢职之后所加的职衔，地方藩帅加带尚书仆射者也颇多。虽然在唐代宗时期出现过节度使检校仆射知省事的情况，但从任职者的具体情况来看，仆射基本上成为这些节度使的荣誉加衔。[1]二是杨国忠所兼领的使职差遣种类名目增多。使职差遣的职能、性质和在唐朝的设置情况，陈仲安先生早已做过精辟的论述。[2]从唐朝后期的情况来看，在三省六部为主体的行政格局被打破以后，军国事务的处理趋于使职差遣化。天宝年间中书令兼领各种各样的使职差遣，使国家事务的处理更加集中到权力中枢，事实上扩大了中书令的事务职能。也许正是由于杨国忠兼领四十余个使职，也就不再需要加带像仆射这一在三省六部体制下早已沦落为事务性的最高行政官员的职衔了。与李林甫所领职衔尤为不同的是，杨国忠一直专知度支、勾当租庸铸钱等使职，反映出在天宝十一载以后，宰相在国家财政方面职权的加重。使职差遣的普遍

（接上页）领兵，则曰节度；治财赋，则兼观察；以至河堤、处置、功德之名。故杨国忠领四十余使。下逮州郡，莫不然，其名猥杂。"按：此处对点校本标点有改动。若按赵彦卫的说法，杨国忠身兼四十余使，主要是因为一职多名的原因。事实是否如其所言，恐怕尚值得推敲。

1 严耕望：《唐仆尚丞郎表》之《凡例》五，第2页；卷2，第47—53页。
2 详见陈仲安《唐代的使职差遣》，《武汉大学学报》，1963年第1期；并见陈仲安、王素《汉唐职官制度研究》，第98—128页。

设置无疑是为了更加灵活地应对日益增多的军国事务,但是,天宝年间由中书令杨国忠独立兼领众多使职,在实际的行政运作之中往往与初衷相违。一如旧史所谓"事务鞅掌,但署一字,犹不能尽,皆责成胥吏,贿赂公行"[1]。天宝末年发生巨大的政治动荡乃至影响到中枢政局,与中书令在中枢行政体制运作中职权行使之状况的关系,应该是不言而喻的。

无论从哪种意义上来说,也不论李林甫还是杨国忠,从他们在当时中枢政治结构中的职权地位来说,天宝年间的中书令都堪称"权相"。但是,这一所谓"权相"只能是相对于唐初三省体制下的宰相权力平等、职责均衡的状况而言,其权力与两汉时期的宰相根本不可同日而语。中书令职权的行使并不是表现为决策权力的扩大,而是表现为决处庶务的范围亦即事务权限的扩大。李林甫和杨国忠在担任中书令期间所兼领的若干职衔,都反映出这样一个最基本的现实。中书令作为最高辅政长官,其庶务权力与事务职能较之唐初宰相均有所扩大,中书令在中枢政治体制中的枢纽地位更加突出。不过,值得一提的是,中书令的职权行使完全处于皇权政治的规范之下,丝毫没有超越现实皇权的政治需要,当然也就更谈不上与皇权产生政治上的冲突。正因如此,唐玄宗在处理日益繁重的日常军国事务的过程中,反而更加依赖中书令。像李林甫即得以"待以勿疑,任当殊重;恩私逾分,崇重至极;秉据枢衡,二十余载"[2];杨国忠任职期间也是"剖决机

---

1   《旧唐书》卷106《杨国忠传》,第3244页。

2   《唐大诏令集》卷126《李林甫除削官秩诏》,第623页;《全唐文》卷33,元宗《削李林甫官秩诏》,第157页。

务, 居之不疑”[1]; 都说明了这一情况。也就是说, 李、杨二人担任中书令时, 其职权地位虽有“权相”之表, 但实际上只是庶务权得到扩张。这同皇权在政治上对中书令的规范与依赖的情况一致, 乍看上去充满矛盾, 其实恰恰反映出天宝时期政治体制转型过程中的中书令在中枢政治结构中的地位。

2.李林甫与杨国忠职衔分析之二: 不再兼领宫臣职衔的宰相

在前文对李林甫与杨国忠所兼职衔的叙述中, 我们注意到另一个基本事实, 那就是在他们担任中书令期间兼领的数量众多的职衔中, 没有东宫官即宫臣职衔这一项。不仅中书令如此, 天宝年间为数不多的其他宰相成员也都在辅政期间没有兼领宫臣职衔。《新唐书·宰相表中》的资料显示, 至少自开元以来, 宰相兼任东宫官者就已寥寥。至于左相李适之在天宝五载四月任太子少保、陈希烈在天宝十三载 (754年) 任太子太师, 均系被罢相以后, 可不置论, 更何况太子少保、太子太师虽然在唐朝《职员令》中品阶崇重, 但二人所任不过是“一个闲职”, 并不参与政务。[2]可以肯定的是, 天宝年间的中书令不再兼领宫臣职衔。也就是说, 即使按照唐朝《职员令》的规定, 天宝年间的宰相和太子也不存在政治上的隶属关系。这当然并不是说他

1　《旧唐书》卷106《杨国忠传》, 第3244页。又据 (宋) 赵明诚《唐武部尚书杨琦碑》跋尾:“琦, 杨国忠父也, 故玄宗亲为制碑。其末盛称国忠之美, 云‘我有社稷, 尔能卫之; 我有廊庙, 尔能宰之; 叶和九功, 九功惟序; 平章百姓, 百姓昭昭’……碑天宝十二载建。”见《金石录校证》, 上海: 上海书画出版社, 1985, 第495页。
2　崔瑞德:《剑桥中国隋唐史》, 第421页转引浦立本《安禄山之乱的背景》, 第88—90页。

们在担任宰相以前或在被罢黜宰相职位之后从来没有担任过宫臣之职。如李林甫"开元初迁太子中允……数日除谕德"[1]，就是在担任宰相之前的开元年间曾被授予多种宫臣职衔。唐玄宗天宝年间宰相中书令不再兼领宫臣职衔，是与唐朝前期宰相加领职衔的最大区别。这一点体现出宰相与太子之间政治配置关系的一些变化。

（三）小结

总而言之，通过以上对李林甫、杨国忠在担任中书令期间所领职衔的分析，我们可以发现，他们所兼领的各种职衔不仅与唐玄宗之前的宰相不同，就是李林甫与杨国忠之间所兼职衔也有区别，这其实正说明了中书令在当时中枢政治体制内职权范围的变化和政治地位的巨大变化，反映出宰相与太子之间的政治配置关系与唐前期相比发生了重大变化。所有这些变化均说明天宝年间中书令的政治人格发生了重大变化。这一变化，是由唐朝国家政治体制的调整与变动决定的。正是这一变化，导致皇权下两大权力系统即辅政权（宰相）与继承权（太子）之间产生了一系列的政治冲突与斗争较量。因此，我们认为，天宝年间以李林甫为首的宰相集团倾动皇太子的原因，并不尽是李林甫"自以始谋不佐皇太子"，也不是仅用统治阶级内部的私人争权就可以解释的，应该从唐玄宗时期国家中枢政治体制的调整与转型所引起的诸多问题中去寻求。这一调整与变动造成中书令权力膨胀，而李林甫与杨国忠又各自出于个人目的更加兴风作浪。

1　《旧唐书》卷106《李林甫传》，第3235页；《南部新书》乙卷第13页载同。

无论是李林甫还是杨国忠，他们因担任中书令（包括所兼领的各类职衔）而拥有的职权地位是以当时的国家法令与典制为法理依据的。由于中书令在辅政期间又兼带省司台监职衔与诸多使职差遣，使其所兼领的内外庶务范围扩大，因而也强化了皇帝在国家事务处理中对中书令的倚赖。相比之下，太子在这一时期的国家政治体制之中，其职权地位遭到严重的削弱，其政治生活空间被大大压缩，太子在国家政治事务中的地位与作用自然也与唐前期不可同日而语。但是，出于皇权延续的政治需要，唐玄宗并不会轻易剥夺太子李亨的皇位继承权；不过，现实皇权的需要又使唐玄宗不愿意看到太子羽翼丰满，以免对皇权形成威胁。这一矛盾是逐步走上政治辉煌巅峰的唐玄宗内心所无法排解的，这也是盛唐政治体制的变化在中枢政治权力演进过程中的一种反映。天宝年间，中书令依靠上述政治优势和其所控制的政府机构，对太子予以强有力的打击，这种做法正好符合皇权的需要。也许正因如此，在宰相集团与太子之间的矛盾较量中，太子李亨虽屡陷险境，却能够绝处逢生，没有陷没在李林甫或者杨国忠罗织的罗网之中。几大案狱均因唐玄宗的介入与定性而使太子化险为夷。毋庸置疑，在对这一政治局势进行有效控制的过程中，唐玄宗获得了极大的满足感，其皇帝权威得到了更加充分的凸显。

总之，天宝年间以李林甫为首的宰相集团倾动太子以至于屡兴案狱，虽然不无个人政治目的在焉，但天宝时期国家政治体制的调整与变动所造成的中书令与太子权力地位升降不同等变化，也是天宝时期中枢政局内发生矛盾斗争的深刻原因。

第四篇

中枢政治配置关系的变化
与非实体化东宫体制的形成

天宝中枢政局内宰相与太子之间的政治冲突与矛盾斗争，既然包含着体制方面的深刻原因，不能单纯解释为宰相与太子之间的个人恩怨，应与这一时期中枢政治体制内的权力配置关系以及东宫体制的变化有关。那么，以下就天宝年间宰相与太子之间的政治配置关系的变化、实体东宫体制的逐渐消失以及非实体化东宫体制在天宝时期的形成等问题加以论述就颇有意义。

一 宰相（中书令）与太子之间政治配置关系的变化

天宝年间发生的宰相与太子之间的政治冲突与斗争，绝不可能发生在唐朝前期，这是因为唐朝前期宰相与太子之间的政治配置关系与天宝时期明显不同。为了从更加广阔的背景上清楚认识天宝时期宰相与太子之间的政治配置关系，我们拟对唐朝前期的情况略事论述。

（一）唐初宰相兼领宫臣职衔的状况

唐朝前期，朝廷宰相兼领东宫职衔的情况十分普遍。以东宫官厕身宰辅之列（有些是以同三品或者同平章事等衔名为宰相，尔后又为正品宰相即中书令、侍中），同时又兼任东宫官者，更是所在多有。[1]我们以下只根据《新唐书·宰相表上》中的记载并略参以其他记载，对这种情况加以罗列。首先应该说明的是，我们只是为了说明唐朝前期宰相与东宫官之间政治配置关系的一般情形，所以在叙述中就不再严格区分任职者究竟是以宰相身份兼领宫臣职衔，还是以宫臣职衔位居宰辅，只要任宰相的同时担任宫臣职务者均一概列举，只是在行文中尽可能地对其中的差异略加区别，但在我们的有关研究中一视同仁。当然，以宫臣身份升任宰相以后不再兼领宫臣职衔者也就不考虑在内。据《新唐书》卷61《宰相表上》[2]：

> 武德七年（624年）十二月，太子詹事裴矩检校侍中。
>
> 武德八年（625年）十一月，宇文士及权检校侍中兼太子詹事。
>
> 武德九年（626年）七月，太子右庶子高士廉为侍中、左庶子房玄龄为中书令。

1 　此举一例说明："唐休璟，则天时为夏官（兵部）尚书，同凤台凤阁三品，孝和（唐中宗）居春宫，转太子右庶子，依旧知政事。"见《册府元龟》卷714《宫臣部·规讽三》，第8494页；《旧唐书》卷93《唐休璟传》，第2979页。

2 　凡居宰相之位期间任太子三太、三少者，或者宰相罢职后任太子三太、三少者均不在以下列举的范围之内。

贞观二年（628年）正月，"兵部尚书杜如晦检校侍中摄吏部尚书，仍总监东宫兵马事"；七月中书令房玄龄兼太子詹事。

贞观十七年（643年），李勣以太子詹事同中书门下三品。

贞观十九年（645年），太子左庶子许敬宗、右庶子高季辅、少詹事张行成与中书令马周、侍中刘洎"同掌机务"。

贞观二十三年（649年），太子左庶子[1]于志宁为侍中。

永徽三年（652年）七月，侍中宇文节兼太子詹事。

永徽五年（654年）十月，中书令崔敦礼检校太子詹事。

显庆二年（657年）三月，李义府兼中书令仍太子宾客[2]。

显庆四年（659年）四月，黄门侍郎许圉师兼检校左庶子、同中书门下三品。

显庆四年（659年）九月，侍中辛茂将兼左庶子。

显庆四年（659年）十月，中书侍郎同三品许圉师兼右庶子。

麟德元年（664年）十二月，太子左中护[3]乐彦玮检校西台

1　于志宁所任此东宫职衔，《新唐书·宰相表上》付阙，此据《旧唐书》卷78第2697页《于志宁传》："及高宗为皇太子，复授志宁太子左庶子，未几迁侍中。"

2　《册府元龟》卷708《宫臣部·总序》第8425页：显庆元年置太子宾客四人。原注云："以太子少傅兼侍中韩瑗、中书令来济、礼部尚书许敬宗、左仆射兼太子少师于志宁为太子宾客。遂为正官，员四人，以象四皓焉。"

3　左中护即左庶子，下文右中护亦即为右庶子，龙朔二年（662年）改名，到咸亨元年（670年）复旧；左、右庶子在东宫职拟侍中与中书令，前文已经述及，不赘。参见《唐六典》卷26《太子左右春坊》，第471、477页。

　　　　　　　　　　　　　　唐代玄宗肃宗之际的中枢政局

侍郎知军国政事,寻同三品。

麟德二年(665年)十月,大司宪兼知政事刘仁轨检校太子左中护。

乾封元年(666年)七月,右相刘仁轨检校太子右中护[1]。

咸亨三年(672年)十二月,刘仁轨以同三品宰相兼太子左庶子[2]。

仪凤二年(677年)三月,中书令郝处俊、黄门侍郎同中书门下三品高智周为太子左庶子,中书侍郎同中书门下三品李义琰任右庶子;四月,左庶子张大安同三品。

调露元年(679年)四月,中书侍郎、同中书门下三品薛元超检校太子左庶子。

永淳元年(682年)四月,太子少傅同三品宰相刘仁轨为京

1　此在《旧唐书》卷84《刘仁轨传》第2795页中作"乾封元年,迁右相,兼检校太子左中护"。

2　据《新唐书·宰相表上》第1645页,刘仁轨于咸亨元年(670年)致仕;《旧唐书·刘仁轨传》第2795页作总章二年以疾辞职。按:刘仁轨于咸亨三年(672年)复职时,我们仍视之为宰相身份;又据《旧唐书·刘仁轨传》,刘仁轨于上元二年拜尚书仆射、同中书门下三品,兼太子宾客,此仍为《新唐书·宰相表》所不载。又据《旧唐书》卷80《韩瑗传》第2740页:永徽"六年,迁侍中。其年兼太子宾客";同书同卷《来济传》第2743页:"显庆元年,兼太子宾客,进爵为侯,中书令如故。二年,又兼太子詹事。"同书卷70《杜正伦传》第2543页:显庆二年,拜中书令,"兼太子宾客"。韩瑗、来济、杜正伦以宰相兼领东宫职事也为《新唐书·宰相表上》所未载。这样的情况还有很多,如贞观时张亮、岑文本、马周、刘洎等位居宰辅期间兼任东宫职事,在《新·表》中也未能具列。据此,可以说明《新唐书·宰相表》对宰相兼领东宫员情况的反映存在遗漏,至少是不完整的。而且,《新唐书·宰相表》的记载也可能存在一些"误书"的情况(参见《新唐书·宰相表上》之校勘记,第1680—1682页)。

副留守，与中书令薛元超、侍中裴炎"留辅皇太子"[1]。

弘道元年（683年）四月，黄门侍郎、同平章事郭待举检校太子右庶子；十一月，黄门侍郎同三品（旋为中书令）裴炎、中书侍郎同平章事郭正一、黄门侍郎同平章事刘景先"兼于东宫平章事"。

神功元年（697年）八月，豆卢钦望以太子宫尹为文昌右相同三品。[2]

圣历二年（699年）八月，豆卢钦望复以太子宫尹为文昌右相同三品。

长安元年（701年）十一月，鸾台侍郎同平章事韦安石加检校左庶子。

长安三年（703年）五月，凤阁侍郎同平章事魏元忠兼左庶子。

长安四年（704年）三月，夏官尚书同平章事唐休璟行右庶子；同年十一月，鸾台侍郎同平章事崔玄暐兼检校右庶子。

1　据《册府元龟》卷711《宫臣部·襃宠》第8466页，薛元超此时仍然以中书令"兼太子左庶子。高宗幸东都，太子于京师监国，因留元超侍太子"。同上书，卷714《宫臣部·规讽三》第8494页载："薛元超，永隆中拜中书令，兼太子左庶子。"

2　《通鉴》卷206"则天后神功元年八月"条第6522页载与《新唐书·宰相表上》同。但《旧唐书》卷90《豆卢钦望传》第2922页："俄而卢陵王复为皇太子，以钦望为皇太子宫尹。圣历二年，拜文昌右相、同凤阁鸾台三品，寻授太子宾客，停知政事。"按：卢陵王为皇太子事在圣历元年（698年）九月，豆卢钦望于神功元年是否已为宫尹，颇令人生疑。又按：《通鉴》此条《考异》曰："《新·表》'庚子，狄仁杰兼纳言，武三思检校内史，钦望为文昌右相、同三品。'《旧·纪传》及《新·纪》皆无之。此月无庚子。仁杰、三思除命在明年。《新·表》误重复。"《通鉴》既然确定《新唐书·宰相表》所载有误，何以仍然记豆卢钦望于神龙元年八月以宫尹同三品事，显然不能自圆其说。

神龙元年（705年）二月，太子少詹事祝钦明同中书门下三品；同年七月，太子宾客魏巨源同中书门下三品。

景云元年（710年）七月，兵部尚书、同三品姚元之（崇）兼左庶子；检校吏部尚书、同三品宋璟兼右庶子。

景云二年（711年）十月，太子詹事崔湜为中书侍郎、同三品。

从以上所列举的唐玄宗以前宰辅兼领东宫官的大概情况，我们基本可以对宰相与太子之间的政治配置关系及其在皇权政治权力结构中的地位有一个直观印象。正如在前篇中已经提及的，隋朝时东宫官属不得称臣于太子的规定没有被唐朝制度所沿用，任东宫官者仍需向太子称臣，但是朝廷百官无须向太子称臣[1]。有学者认为这表明"政治上东宫地位的下降"[2]。不过，从上述大量宰相兼领东宫官的情况来看，说明至少在唐玄宗之前，朝廷政治中枢内相当一部分官员与太子均存在政治上的隶属关系。简单地说，按照唐朝的国家政治制度与礼典规范，凡是兼领东宫职员的宰辅成员，仍需向太子称臣。[3]这一

1　《唐六典》卷4《尚书礼部》第87页："百官于皇太子亦曰殿下，自称名。东宫官则称臣。"又贞观十七年（643年）定太子见三师仪："迎于殿门外，先拜，三师答拜；每门让于三师。三师坐，太子乃坐。其与三师书，前后称名、'惶恐'。"则皇太子不仅不能以臣工待三师，而且在相见礼仪中还要对他们极尽尊礼。按：此时的三师为长孙无忌、房玄龄、萧瑀，皆唐太宗朝重臣。参《通鉴》卷197"太宗贞观十七年四月"条第6198页。

2　雷家骥：《隋唐中央权力结构及其演进》，第283—285页。

3　《册府元龟》卷714《宫臣部·规讽三》第8489—8496页所载宫臣规讽太子表章均自称臣。如于志宁书谏太子李承乾云："臣下为殿下之股肱，殿下为臣下之君父。"此又见《旧唐书》卷78《于志宁传》，第2697页。也可参见钱易《南部新书》辛卷（转下页）

点，终唐一代并无改变。这样看来，即使把那些有义务对皇太子称臣的成员仅仅限定在东宫官的范围内，由于大量的宰辅与其他朝廷官员兼领东宫官，在整个唐朝前期，作为皇位继承人，太子在国家政治体制中的政治地位一直是有保障的。

（二）赞辅"两宫"的权力配置

不仅如此，那些兼领东宫官的宰相在职期间，除了在朝廷之上佐助天子、议决国政，还要肩负起辅弼赞襄太子的职责。周旋于皇帝与太子之间，自然分别得到皇帝与太子的倚赖，他们的负担自然就很重，政治地位也就比较微妙。有的人就拒绝兼领东宫官，如贞观时以中书侍郎专典机密的岑文本就是如此。据记载：

> 是时，新立晋王为皇太子，名士多兼领宫官，太宗欲令文本兼摄。文本再拜曰："臣以庸才，久蹈涯分，守此一职，犹惧满盈，岂宜更忝春坊，以速时谤。臣请一心以事陛下，不愿更希东宫恩泽。"太宗乃止，仍令五日一参东宫，皇太子执宾友之礼，与之答拜。[1]

有些人因不堪其劳，请求解除其东宫职务。如唐高宗时，"崔敦礼为中书令简较[检校]太子詹事。敦礼自久患不堪，趋事两宫，乞解所

（接上页）第81页，当时人所见唐朝书轴中"有欧阳率更为皇太子起草表本，不言太子讳，称臣某叩头顿首。书甚端谨，然多涂改。于纸末别标'臣询呈本'四字"。
1　《旧唐书》卷70《岑文本传》，第2538页。

职，制除太子少师、同中书门下三品"[1]，就是一个典型的例子。唐高宗解除了崔敦礼的太子詹事，而任之以太子少师，就是加上一个东宫官的荣誉虚衔，解除了他对东宫实际肩负的行政职责，只行使同三品的宰辅之职。有人把宰相兼领东宫官称为"趋事两宫"，这种说法十分形象地说明了宰相在皇帝与太子之间的政治处境与存在状态。在这一情况下，用"两宫"[2]来称呼皇帝与太子，其实就包含了唐朝前期中枢政局的某些深刻内容。

"两宫"这一称呼在唐朝前期似乎比较常见。如贞观时杜正伦以中书侍郎兼太子左庶子，《旧唐书》中则以"（杜）正伦出入两宫，参典机密，甚以干理称"[3]评价此事。贞观年间"李太亮为左卫大将军……兼领太子右卫率，俄兼工部尚书。身居三职，宿卫两宫"[4]。又比如于志宁，贞观初年李承乾为太子时即以中书侍郎行太子左庶子，后又兼

1　《册府元龟》卷331《宰辅部·退让二》，第3907页。按：《旧唐书》卷81《崔敦礼传》第2748页载崔敦礼于永徽六年（655年）任中书令后，"寻又兼检校太子詹事"，比《册府元龟》多一"兼"字，但无"两宫"云云。

2　周一良：《魏晋南北朝史札记》第45页，"晋书札记·二宫"条：二宫，指东宫而言，系东宫的别称。按：据周一良先生的考证，二宫在两晋时期专指东宫，这显然与唐朝时"两宫"的含义有所不同。不过，以二宫代指东宫，在唐朝仍然可以见到一些例证。据唐人所撰《唐故信王府士曹崔君墓志铭并序》中，就对银青光禄大夫、太子左庶子崔志廉有"方直整于贰宫"的称誉，详见周绍良《唐代墓志汇编》，大历070，第1810页。这一用法似乎可以补证周一良先生的考证。

3　《旧唐书》卷70《杜正伦传》，第2543页。按：杜正伦以中书令兼领东宫官其实是在唐高宗时期，此谓之"参典机密"还不是真正的宰相。这里只是因其"出入两宫"置论，以明皇帝与皇太子被称为"两宫"之史实。又，同书同卷第2544页"史臣曰"也有"正伦以能文被举，以直道见委，参典机密，出入两宫"之言，可参见。

4　《册府元龟》卷99《帝王部·亲信》，第1186页。

太子詹事；"及高宗为皇太子，复授志宁太子左庶子，未几迁侍中"[1]。旧史史臣就赞叹云："猗欤于公，献替两宫。……君臣之义，斯为始终。"[2]既然是献替两宫，理应对皇帝与太子都发挥了其应有的政治功能，对"两宫"起到辅弼作用。应该看到，这一称呼在唐玄宗时期仍然存在。如在唐玄宗时专掌王言的大手笔孙逖所撰的授官制书中，就不乏"两宫"一词：守太子家令郑继先等人"各在官次，颇淹年序"而被授为右武卫率就称为"俾增荣于两宫"；镇军大将军行右金吾大将军兼弩营使上柱国广平郡开国公程伯献加授光禄大夫行太子詹事，则云"俾在两宫"；朝议大夫宗正少卿殷承业任太子左谕德，亦谓之"两宫之地宜有命于分官"[3]等。另外，《大唐故太子右庶子任城县开国公刘府君墓志铭》中也有"侍两宫兮登一台"[4]的铭文。又如《旧唐书》卷137《徐浩传》："肃宗即位，召拜中书舍人。时天下事殷，诏令多出于浩。浩属词赡给又工楷隶，肃宗悦其能，加兼尚书右丞。玄宗传位诰册皆浩为之。参两宫文翰，宠遇罕与为比。"按：旧史所载徐浩事迹颇多疑点，但是所言玄宗之"诰册"、肃宗之"诏令"谓为"两宫文翰"，实际上是把太上皇和皇帝称谓"两宫"，这和称呼皇帝与皇太子为"两宫"应当是同样道理。不过，还应该注意到另一种情况，那些兼

1　《旧唐书》卷78《于志宁传》，第2697页。

2　《旧唐书》卷78《于志宁传》，第2708页，"赞曰"。

3　《全唐文》卷309，孙逖《授郭元升右武卫将军、守右卫将军郑继先右武卫率制》，第1387页；《授程伯献光禄大夫太子詹事李仲思光禄大夫国子祭酒制》，第1388页；《授殷承业太子左谕德王利涉国子监丞制》，第1388页。

4　墓主刘升，开元十八年（730年）卒，享年55岁。其"射策甲科，三入清宪，累兵、户二员外，中书舍人，右庶子"。周绍良：《唐代墓志汇编》，天宝070，第1579页。

带东宫职衔的宰辅与太子之间虽然按照国家法令典制形成了政治上的臣属关系，但其行动仍必须以皇权的政治需要为出发点，仍然要以皇权意志为旨归。像左庶子杜正伦、于志宁等赞辅东宫时就要完全遵照唐太宗的旨意行事[1]。因此，东宫宫臣与太子不能形成"私恩"，其关系之亲疏在一定程度上取决于皇权意志。如李勣在李治为太子之后，分别于贞观十七年（643年）与贞观二十二年（648年）两度以宰相（同中书门下三品）兼领太子詹事等宫臣衔，唐太宗却对太子李治讲过"汝于李勣无恩"[2]云云一番话，并留下唐太宗临终前外贬李勣、君臣之间各运"机心"的一段历史逸闻。[3]这样一来，赞辅"两宫"的臣子在中枢政治体制内的权力配置关系就颇耐人寻味。

无论如何，宰相兼领东宫官之于太子的政治意义是毋庸置疑的。并且，这一意义又体现在国家中枢政治体制内，具有深厚的法理依据与律令基础。

唐朝前期之所以特别重视以宰相兼领东宫官，注意对东宫官的配备，正是出于这一时期东宫体制的需要。这是因为，在唐朝前期国家中枢政治体制中，以太子为核心的东宫体制具有重要的政治功能，处于十分重要的政治地位。比如，唐朝前期太子对国家武装力量的控制，除了直接统率东宫官属的太子左右卫率府以及诸率府，太子还可以掌管北衙禁军事务。此据贞观十七年（643年）闰六月诏："皇太子地惟储副，

---

1 《旧唐书》卷70《杜正伦传》，第2543页；《旧唐书》卷78《于志宁传》，第2694页。

2 《旧唐书》卷67《李勣传》，第2487页。

3 《通鉴》卷199"太宗贞观二十三年五月"条载此事文字与《旧唐书》略有不同；《通鉴》第6267页本条胡三省注："史言太宗以机数御李世勣，世勣亦以机心而事君。"

寄深监抚；兼统禁旅，是允旧章。宜知左、右屯营兵马事，大将已下并受处分。"[1]按：左右屯营兵是贞观十二年（638年）十一月三日设置的，驻扎于宫城北门玄武门，"以诸卫将军领之，其兵名飞骑"，是羽林军的前身[2]，对于保障宫禁与皇室的安全"具有极端重要的作用"[3]。如果我们考虑到北衙禁军在唐朝宫廷政变中的特殊地位与作用[4]，就不会轻视唐朝前期太子在这方面所拥有的权力。唐前期屡屡发生的宫廷政变，往往有太子联手北衙禁军之事，就很能说明问题。

不仅如此，唐朝前期太子在处理军国事务上也拥有极大的权力。这一点我们可以从多次的太子监国之事中得到佐证。如贞观九年（635年）太上皇李渊驾崩，唐太宗命太子李承乾知军国事，于东宫平决。又如贞观十九年（645年）唐太宗征辽，令太子李治监国，"委以赏罚之权，任以军国之政"；出征归来，仍令太子"所有机务，可令断决；百辟卿士，咸宜受其节度"。唐高宗时，也"令皇太子弘每五日于光顺门内坐，诸司有奏，事小者并启皇太子"。[5]其中，贞观十九年（645年）太子李治于唐太宗征辽期间定州监国一事，尤能说明宰辅大臣兼领太子宫臣的情形。[6]不仅太子李治定州监国时辅助他的宰相高士廉（同中

1　见《唐会要》卷4《储君》，第44页。又据《通鉴》卷197"太宗贞观十七年闰六月"条第6199页："诏太子知左、右屯营兵马事，其大将军以下并受处分。"

2　《唐会要》卷72《京城诸军》，第1291页；唐长孺：《唐书兵志笺正》，北京：科学出版社，1957，第87页。

3　唐长孺：《魏晋南北朝隋唐史三论》，第440—443页。

4　关于这一问题，详见陈寅恪《唐代政治史述论稿》中篇，第51—57页。

5　以上所引俱见于《唐大诏令集》卷30《皇太子·监国》所载诏令，第99—100页。

6　雷家骥先生根据两《唐书》、《通鉴》，对唐太宗此次出征以及定州监国期间的要员名单有一个明晰的排列，并对众人的身份与衔名做了详细分析，可以参考，（转下页）

书门下三品）、刘洎（侍中）、马周（中书令）分别兼摄太子太傅、太子左庶子与右庶子，太子少詹事张行成、左庶子许敬宗、右庶子兼吏部侍郎高季辅于定州"同掌机务"，而且随驾出征的宰相除摄中书令杨师道外，都兼领东宫职衔。如长孙无忌（摄侍中）有太子太师衔，褚遂良（黄门侍郎、参综朝政）为太子宾客，岑文本（中书令）虽然未加东宫职衔，但"五日一参东宫，皇太子执宾友之礼"[1]。在随从唐太宗亲征的统兵将领中，被雷家骥先生称为陆军统帅的辽东道行军大总管李勣（同中书门下三品）带有太子詹事兼太子左卫率的职衔，而被称为海军统帅的平壤道行军大总管张亮（参预朝政），雷家骥先生没有明示其东宫官职衔，但实际上张亮在贞观十五年（641年）时曾为太子詹事[2]。就连留守京师的房玄龄（同三品）与留守东都的萧瑀（同三品）也分别带有太子太傅、太子太保的职衔。显然，随唐太宗亲征的朝廷要员中，兼带东宫官职衔者比例很高，而辅助太子监国的宰相则无一例外地带有东宫官职衔。[3]这样的安排，是为了满足太子监国时直接断

（接上页）唯其在叙述中对有关人员兼带东宫官衔的情况存在遗漏。详见《隋唐中央权力结构及其演进》第224—227页以及第307页"附注"第十九。

1　《旧唐书》卷70《岑文本传》，第2538页。

2　《旧唐书》卷69《张亮传》，第2515页。按：张亮虽然曾经任太子詹事，但是从征辽东时未必仍带此衔；又，其从征时身份《旧唐书》本传中作"沧海道行军总管"。

3　《旧唐书》卷77《杨纂传附弘礼传》第2674页云："时诸宰相并在定州留辅皇太子，唯有褚遂良、许敬宗及弘礼在行在所，掌知机务。"按：许敬宗是在岑文本病死军中后才从太子监国处调至行在的。又，雷家骥先生认为把担任"同掌机务""掌知机务"等名号者视为宰相，是"出于参政授权与机务授权混淆之误会"，因此不同意把这一类人员称为参政官即"宰执之任"。对此意见，可以参考。详见雷家骥前引书，第226—227页。

决军国事务的政治需要。[1]显而易见，上述这些情形均反映出唐玄宗以前宰相与太子在中枢政治体制内的权力配置状态。

对于这方面的情形，在唐朝前期有两个时期的情况值得注意：

一是唐太宗贞观年间。贞观年间东宫官的设置十分完备，唐太宗对他们的任职状况非常关注。朝廷大臣兼任宫臣者，常常会因任职情况的不同而受到奖惩。如贞观十七年（643年）四月太子李承乾被废，左庶子张玄素、右庶子赵弘智和令狐德棻等"以不能谏争，皆坐免为庶人"，显然是说他们没有起到辅弼太子的作用；詹事于志宁"以数谏，独蒙劳勉"[2]，则是因为他发挥了东宫官的作用。李治被立为储君后，唐太宗同样为他组建了一个阵容强大的"辅导"班子，"诏以长孙无忌为太子太师，房玄龄为太傅，萧瑀为太保，李世勣为詹事，瑀、世勣并同中书门下三品。……前詹事于志宁、中书侍郎马周为左庶子，吏部侍郎苏勖、中书舍人高季辅为右庶子，刑部侍郎张行成为少詹事，谏议大夫褚遂良为宾客"。五月，因黄门侍郎刘洎建言，"上乃命洎与岑文本、褚遂良、马周更日诣东宫，与太子游处谈论"[3]。目的仍然是帮助太子谙悉治道。

二是武周时期，特别是从光宅元年（684年）开始到圣历元年（698年）为止的十五年间。在这一时期，除了偶尔有宰相被罢而任东宫官或

---

1 据《太宗征辽皇太子监国诏》："其宗庙社稷百神，咸令主祭；军国事务，并取决断。"见《唐大诏令集》卷30，第100页；又，宋代犹存的唐太宗书轴中有其"在辽东与宫人手教，言军国事一取皇太子处置"。见《南部新书》辛卷，第81页。

2 《通鉴》卷197，太宗贞观十七年四月，第6193页。

3 《通鉴》卷197，太宗贞观十七年四月、五月，第6193—6198页。

者居太子"三少"[1]，宰相成员几乎没有兼领东宫官者。[2]从表面上来看，这一现象与我们所讨论的问题并不相符，但其实这给我们从国家体制的角度来洞悉宰相与太子之间的政治配置提供了很好的参照与反证。武则天以女皇君临天下，她在皇位继承问题上面临传子与传同姓的两难抉择，继承人选择之事一直没能得到有效解决。因此，在这十五年中，太子之位一直虚悬。在这样的政治状况下，根本不可能也不需要从国家现实政治体制的层面对继承人的现实政治地位予以保障，因此造成了长达十五年间宰辅大臣不兼领东宫官的情况。当然，这只是发生在一个特殊时期的特殊问题，是具有特殊身份的女性皇帝当政时所面对的特殊问题，并不意味着朝廷官员趋事两宫的情况从此不复存在，只是因为储君虚位，从国家政治体制的运作角度来说，以宰相兼领宫臣缺乏现实政治意义。到圣历元年（698年），东宫虚位的情况发生了变化。武则天经过反复斟酌，最终迎还被废为庐陵王的李显，并立为皇太子。但是此后直到长安元年（701年），除了豆卢钦望曾以太子宫尹进位文昌右相同三品，从《新唐书·宰相表上》所显示的情况看，以宰辅身份兼任东宫官者仍是寥寥。既然太子不再虚位，为何光宅元年（684年）以来宰相兼任东宫官乏人的情况没有发生根本变化？笔者推测这可能与李显的继承人地位尚不稳固有关。到长安年

1　如光宅元年（684年）十一月，郭待举罢为太子左庶子，天授元年（690年）一月纳言裴居道为太子少保等。

2　此点可参见《新唐书》卷61《宰相表上》的提示，第1650—1661页。按：此《表》载神功元年（697年）八月豆卢钦望以太子宫尹为文昌右相同三品，疑此事与圣历二年所载有重复，辨见前文注释。

间（701—705年），宰辅检校宫臣者渐渐多了起来，这一情况应与武则天完全确立李显的皇位继承人地位并不再动摇有关。以宰辅兼领宫臣，当然是为了从国家政治体制的层面对太子的政治地位加以保障。在武则天当政以及武周时期，宰辅兼领宫臣的情况时有时无，这从另一个角度说明了宰辅兼领宫臣者与太子之间的密切关系。正因如此，我们可以通过同样的视角对天宝年间发生在中枢政治权力内部的斗争进行新的认识与剖析。

唐玄宗时期，尤其是天宝年间，尽管太子不像光宅元年（684年）到圣历元年（698年）时那样虚位，中书令李林甫与杨国忠等任职期间却不再兼领东宫官职衔。这样的政治安排反映出唐玄宗不愿宰相与太子之间继续存在往日的政治联系。关于这一问题，有一件小事颇能给我们以启发，从中可以体察出唐玄宗的内心。据唐人李德裕撰《次柳氏旧闻》：

> 玄宗善八分书，凡命将相，皆先以御札书其名，置案上。会太子入侍，上举金瓯覆其名，以告之曰："此宰相名也，汝庸知其谁耶？射中，赐尔卮酒。"肃宗拜而称曰："非崔琳、卢从愿乎？"上曰："然。"因举瓯以示之，乃赐卮酒。是时，琳与从愿皆有宰相望，玄宗将倚为相者数矣。终以宗族繁盛，附托者众，卒不用。[1]

1　见丁如明辑校《开元天宝遗事十种》，第5页。

唐玄宗本来要任命崔琳与卢从愿为宰相，因为被太子猜中终不用，虽然说是因为他们"宗族繁盛，附托者众"，但唐玄宗有意防止他们与太子结托、阻断太子与宰相人选之间的联系也是显而易见的。李林甫与杨国忠等在担任中书令期间不再兼领宫臣职衔，正与唐玄宗的这一政治思路一致。这与唐玄宗以天下庶务责成宰相，又对太子的政治活动空间极力压缩也是相通的。简单地说，宰相不再兼领宫臣职衔是天宝年间国家中枢政治体制调整的一个结果。

由于天宝年间宰相不再兼领东宫职衔，根据国家律令典制，宰相也就不必再向太子称臣。这样一来，天宝年间宰相与太子之间的政治关系就发生了变化。正因为宰相不再像以前那样"趋事两宫"，也不是储君的辅助班子的成员，宰相与太子之间就不再存在政治上的隶属关系。在这一前提下，一方面是太子的政治空间遭到严重的压缩，另一方面则是宰相庶务化（事务化）职权急剧扩张，他们在皇权下的政治配置关系、存在状态和政治地位与唐朝前期相比发生了变化。这一变化的趋势和结果取决于皇权对他们政治上的倚赖程度。宰相尤其是中书令在天宝年间庶务职权的急剧扩张以及在朝廷百官中所处的无可争议的首席长官的行政地位，在决处军国事务的过程中越来越多地得到皇权的倚赖。即使出于对权力与利益的追逐，作为皇权之辅弼的宰相与皇权之继承的太子也难免会发生政治上的冲突与较量。正是因为皇权对宰辅的倚重与对太子的压抑，在宰相与太子的政治较量与冲突中，宰相自然占据上风，处于政治上的有利地位。而在唐朝前期，鉴于当时宰相与太子的政治配置关系，宰相甚至朝廷官员可以成为拥立太子的政治力量，但绝不可能成为打击与倾动太子的现实政治势力。也正是天宝年间宰相与太子的斗争较量，使我们能够进一步透视到当时皇权政治运作的一些基本面貌与特征。

二 东宫体制[1]实体化的消失与非实体化东宫体制在天宝年间的形成

我们前文对唐前期宰相与太子之间的政治配置关系进行了解说，并通过分析李林甫与杨国忠的职衔情况，对这一关系在天宝年间的变化有了大致的印象，同时借由这一变化对天宝年间太子在国家政治权力结构中的地位有了较为直观的了解。那么，从东宫体制自身来看，天宝年间太子所属之职员与机构及其职能又发生了哪些变化呢？

（一）《唐六典》《通典》等与《永徽东宫诸府职员令》残卷所载东宫官职掌的不同

成书于开元二十六年[2]（738年）的《唐六典》对东宫机构与职员及其职掌的表述十分整齐详细，我们在上文的第二篇中也对东宫职员与职掌的一般状况做了简单叙述。不过，在讨论有关东宫官及其职掌变化的问题时，首先会遇到这样一个难题：在唐玄宗天宝年间实际

---

1 对于东宫官属的描述，在《通典》《旧唐书·职官志》《新唐书·百官志》等文献中均以"东宫官"为纲，《唐六典》与《唐令拾遗》所复原之《唐职员令》等文献中的表述虽略有差异，但也相差不远。应当说明，自开元十三年（725年）以后，皇太子不再居于东宫，我们这里仍用"东宫体制"一词，也是循用旧例。

2 此据《大唐新语》卷9《著述》第136页、《新唐书》卷58《艺文志二》第1477页。《唐会要》卷36《修撰》第659页作开元二十七年二月。

的国家体制运作中，东宫诸机构之职能与职员之职掌是否就如同《唐六典》中所记载的那样呢？这不仅涉及《唐六典》是否作为唐朝的行政法典来行用施行的问题[1]，而且与我们所要讨论的东宫体制的变化存在密切关联。当然，对于唐朝东宫官的职掌在前后时期的变化情况，因为资料等方面的限制，进行全面的论说存在很大的困难。值得庆幸的是，敦煌遗书中保留了一份唐永徽二年（651年）东宫诸府职员令残卷[2]，这为我们了解唐朝前期东宫诸府机构之职能与职员之职掌

1　对《唐六典》的行用与否，历来聚讼纷纭。唐人韦述《集贤记注》曰书成奏上，"至今在直院，亦不行用"；而宋人程大昌《雍录》则谓"唐世制度凡最皆在六典，……则时制尽在焉"。《四库提要》卷79《史部·职官类》"《唐六典》"条注意到上述"二说截然不同"，四库馆臣经过分析后认为韦述所说可据，"唐人所说，当无讹误"。不过，《大唐新语》卷9《著述》条谓《唐六典》奏上后，"百僚陈贺，迄今行之"（中华书局点校本，第136页），却与韦述等人的看法又有不同。陈寅恪先生认为四库馆臣"已有正确之论断，近日本西京东方文化研究所东方学报第柒册内藤乾吉氏复于其所著就唐六典施用一文详为引申，故六典一书在唐代施行之问题已大体解决，不必别更讨论"（参其《隋唐制度渊源略论稿》，第96页），似乎同意《唐六典》"不行用"说。至少他认为依据《唐六典》"不足于证明唐代现行官制合于周礼"（参以上，第99页）；他在《元白诗笺证稿》第五章《新乐府》中又言："六典一书，自大历后公式文中，可以征引，与现行法令同一效力。"岑仲勉：《隋唐史》（中华书局，1982）之《职官概论》一节亦有大致相同的观点。20世纪80年代以来，学术界对此问题亦颇有论述，如王超：《我国古代的行政法典——〈大唐六典〉》，《中国社会科学》，1984年第1期；钱大群等：《〈唐六典〉性质论》，同上，1989年第6期；韩长耕：《关于〈大唐六典〉行用问题》，《中国史研究》，1983年第1期；刘迺：《试说〈唐六典〉的施行问题》，《北京师院学报》，1983年第2期；张弓：《〈唐六典〉的编撰刊行和其他》，《史学月刊》，1983年第3期；宁志新：《〈唐六典〉是唐朝的行政法典吗？》，《中国社会科学》，1994年第2期；白钢主编：《中国政治制度通史》第五卷，"隋唐五代卷"（俞鹿年著），北京：人民出版社，1996，第499页。论者见仁见智，持论多端，有些意见虽明显相左，然亦均有所持守。因囿于本文主旨，不烦赘引，亦暂不置论。

2　文书的编号为伯4634、斯3375、斯11446，另有斯1880号，系记载亲王府、嗣王府职员，不再涉及，它们共同缀合为《永徽东宫诸府职员令》残卷。此残卷经（转下页）

提供了便利。对这一文书残卷的研究,中外学者倾注了极大的热情与精力[1],唯以往的研究者多关注文书本身或某一相关侧面的探讨,使此文书所蕴涵的意义与研究价值并没有得到充分挖掘。李锦绣先生撰《永徽东宫诸府职员令残卷考释兼论唐前期东宫王府官设置变化》一文,结合现存传世文献重新对此残卷文书进行了校补与考释,特别是对唐前期东宫王府官的设置变化进行了深入研究,提出了很有见地的结论,这对于我们进一步研究有极大的帮助。《永徽东宫诸府职员令残卷考释兼论唐前期东宫王府官设置变化》一文将《永徽东宫诸府职员令》与《通典》《唐六典》《新唐书·百官志》中关于东宫王府官职掌的记载开列了一个详细的图表进行了比对。经过对比,她提出三点看法。第一,《通典》所叙多条官人职掌与永徽职员令相符,"甚至文句都基本一样",又说"《通典·职官典》所叙官人职掌多取开元二十五年职员令……表明从永徽至开元二十五年,职员令本身文字变化并不大"。第二,《唐六典》所叙官人职掌"与永徽职员令多有不同,这并非由于开元中与永徽年间职员令本身有多大差距",是因为《唐六典》撰写体例的需要"没有照抄职员令,而是别出心裁,自行概括或改易文字,力求与职员令不同"。第三,《新唐书·百官志》兼采永徽职

（接上页）李锦绣先生重新校补后又做了完整录文,录文请参见李锦绣《永徽东宫诸府职员令残卷考释兼论唐前期东宫王府官设置变化》,载《唐代制度史略论稿》,北京:中国政法大学出版社,1998,第155—166页之附录。本文所录之《永徽东宫诸府职员令》,即依据李锦绣先生的录文。

1 学术界对此残卷文书的整理与研究的学术史背景,李锦绣先生曾经有比较明晰的总结。详见上引文,载《唐代制度史略论稿》,第57页及第110—111页注第1—10。

　　　　　　　　　　　　　　唐代玄宗肃宗之际的中枢政局

员令与《唐六典》，"但文字或有省略或略有改易"[1]。这一对比对研究唐朝东宫体制的变化具有重大意义。不过，就结论而言，尽管完全可以自圆其说，非常具有说服力，但有些地方还是不免让人产生疑问。成书于开元二十六年（738年）甚至是二十七年（739年）的《唐六典》，虽然从开元十年（722年）就开始编修，时间较长，终归是"检前史职官，以今式分入六司"[2]，那么，开元二十五年的职员令应成为《唐六典》编修过程中的重要依据，《唐六典》何以要避开职员令以求创新呢？相比之下，成书时间晚于《唐六典》的《通典》却在叙述官人职掌时多取开元二十五年职员令。当然，我们在此既不是与李锦绣先生的论点商榷，也不是讨论唐令与《唐六典》的撰修问题。只是《唐六典》和《通典》所叙东宫官职掌与永徽职员令之间的异同，颇能引起我们的注意。比如太子右庶子一职，《永徽东宫诸府职员令》载其职掌为"掌侍从献替、令书表疏，总判坊事"。《唐六典》和《新唐书·百官志》所载其职掌均无"总判坊事"一项。相形之下，太子中舍人、舍人在《唐六

1　李锦绣：前引文，载《唐代制度史略论稿》，第81—84页。

2　《大唐新语》卷9《著述》第136页："开元十年，玄宗诏书院撰《六典》以进。时张说为丽正学士，以其事委徐坚。沉吟岁余，谓人曰：'坚承乏，已曾七度修书，有凭准皆似不难，唯《六典》历年措思，未知所从。'说又令学士毋煚等，检前史职官，以今式分入六司，以今朝六典，象周官之制。然用功艰难，绵历数载……，至二十六年，始奏上。"《唐六典》之撰修颇费时日，此为大家所熟知。开始徐坚历年措思，未知所从，除了囿于所谓的撰修体例，当时国家政治体制实际的运作状况与律令制度之间存在较大的差异，也应该是他难以下笔的一个原因。事实上，在最初并没有确立"检前史职官，以今式分入六司"之原则，不然，在开元十年时，自有开元七年令可以参考。确立这一原则，显然蕴涵这样的意味，即用以调和既定律令条文与现行国家政治体制运作之间不相吻合的矛盾。按："今式"之"今"，李锦绣上引文中作"令"，可以参考。

典》与《新唐书》中也仅仅是"为之贰"，其职掌亦与《永徽东宫诸府职员令》所说"通判坊事""分判坊事"不同。但《通典》对中舍人、舍人的职掌记载又与《永徽东宫诸府职员令》基本相同。应当如何看待这一文献记载上的相互异同呢？我们认为，这不是《永徽东宫诸府职员令》的记载有误，而是到开元时期太子右庶子的职掌出现了变化。

为了方便我们对此问题做进一步的考察研究，现拟依据《永徽东宫诸府职员令》的记载顺序再将东宫官的职掌列出。为了更容易说明问题，这里主要开列东宫官系列中诸曹司机构的主官与贰官，并注明其所在曹司的名称，至于流外官与诸色职掌人以及诸王府官的职掌则不再涉及。

永徽职员令所载东宫诸曹司与主要职官职掌：

门下坊（左春坊）[1]

司经局

洗马，掌经史图籍，判局事。

典膳局

典膳监[2]，掌监膳食，进食先尝，判局事。丞掌检校局事，若监并无，则一人判局事，余准此。

1　唐龙朔二年（662年）门下坊改称左春坊，典书坊亦同时改称右春坊；左、右庶子也一度改名，旋复旧。参见《唐六典》卷26《左春坊》，第471页。

2　司经局以下六局皆隶属于太子左春坊，唯司经局于龙朔三年（663年）一度罢隶左春坊，到咸亨元年（670年）复旧。六局长官初称监，龙朔二年（662年）改称郎。参见《新唐书》卷49上《百官志四》，第1294—1295页。

药藏局

　　药藏监，掌和合药，判局事。

内直局

　　内直监，掌供奉玺、伞扇、几案、笔砚、衣服、玩弄及知宫内舍垣，判局事。

斋帅局[1]

　　斋帅，掌汤沐、灯烛、洒扫、铺设，判局事。

宫门局

　　[宫]门大夫[2]，掌宫殿门请进管钥，判局事。

典书坊（右春坊）

　　右庶子，掌侍从献替，令书表疏，总判坊事。

　　中舍人，掌侍从，令书表疏，通判坊事。

　　舍人，掌侍从表启，宣行令旨，分判坊事。

内坊

　　典内，掌閤内诸事及宫[人]粮廪，通判坊事。

　　丞，掌付事勾稽，省署抄目，监印，给纸笔，分判坊事。

家令寺

　　家令，掌饮膳、仓库、什物、奴婢，总判寺事。丞，掌分

1　龙朔二年（662年）斋帅局改名为典设局，斋帅改称为典设郎。见《新唐书》卷49上《百官志四》，第1296页；《唐六典》卷26《左春坊》，第477页。

2　原文作门大夫。按：此为两汉至南北朝时所称。隋炀帝时一度改称宫门监，唐朝初则称宫门大夫，龙朔二年改称宫门郎。见《唐六典》卷26《左春坊》，第477页；《通典》卷30《职官典十二·太子庶子》第174页同。按：《新唐书》卷49上《百官志四》第1296页作"龙朔三年，改宫门监曰宫门郎"，疑有误。

判寺事，余丞准此。

　　左卫率府　左（右）卫率府准此

　　　左卫率，掌领兵宿卫，督摄队仗，总判府事。副率，掌
贰率事。

　　　长史，掌通判府事。

　　左宗卫率府[1]　左（右）卫率府准此

　　　左宗卫率，掌同左卫率府。

　　左虞候率府　右虞候率府准此

　　　左虞候率，掌斥候道路，先驱后殿，察奸非，以下掌同左
卫率府。

　　左监门率府　右监门率府准此

　　　左监门率，掌门禁籍傍，以下不注职掌者，掌同左
卫率府。

　　左内率府　右内率府准此

　　　左内率，掌侍卫左右，供奉兵仗。以下不注职掌者，同左
卫率府。

　　把以上《永徽东宫诸府职员令》对东宫官职掌的叙述与《唐六
典》和《通典》相关的条文仔细比较，我们就会发现一个颇值得注意
的现象，那就是《唐六典》与《通典》所述东宫诸曹司主官的职掌，无

1　左、右宗卫率府，龙朔二年（662年）改称左、右司御卫率府；神龙初又为宗卫，开
　　元初旋即称司御。太子左、右虞候率府也在龙朔二年（662年）改称左右清道率府。参
　　见《唐六典》卷28各条，第499、500页。

论在文句还是内容上，乍一看去几乎与《永徽东宫诸府职员令》没有区别，但是，《唐六典》所载东宫诸机构主官的职掌中却唯独没有《永徽东宫诸府职员令》中"总判坊事"（如右庶子）、"判局事"（如洗马、典膳监、药藏监、内直监、斋帅、[宫]门大夫）、"总判寺事"（如家令）、"总判府事"（如诸卫率）等内容。同样，在《通典》的相关条文中，除对司经局洗马（"判局事"）、左右卫率府率（"总判府事"）之职掌叙述与《永徽东宫诸府职员令》相同外[1]，其他诸坊、寺、局主官的职掌也没有上述《永徽东宫诸府职员令》中"总判坊（寺、局）事"的内容。特别是细检《通典》中的"太子庶子"条，其于唐代之职掌竟付阙如。[2]也就是说，《唐六典》中所记载的东宫官职掌并没有反映出像永徽东宫职员令那样的内容；同样，被认为是照抄了开元二十五年职员令的《通典》也有相当一部分东宫曹司的主官没有具列如同《永徽东宫诸府职员令》中的东宫官职掌。如果按照李锦绣先生所说，《通典》的记载多取自开元二十五年职员令的情形推论，上述情况是不是说明开元二十五年职员令中像太子庶子以及诸局、寺主官判本曹司事务的职掌已经不存在呢？显然，仅仅依靠这一文献上的比勘遽下肯定结论尚有欠周详。再说，今人所复原的唐开元二十五年职员令中仍然部分地

1　洗马系司经局主官，职掌经史图籍，属于文学侍从；太子诸卫率府率又系武职，而且诸卫率府又系府兵体制下的军事建制。在府兵制走向崩溃与皇太子不再居于东宫的格局确定以后，东宫诸卫率府已失去其本来职能，其职能是否仍然具列在职员令或者有关记载中，尚不可知。也就是说，司经局洗马以及诸卫率府率与其他东宫官职掌有所不同，具有其一定的特殊性。可做别论。

2　所载者只有设置沿革与"左（庶子）拟侍中而右（庶子）拟中书令"的笼统叙述。详见《通典》卷30《职官典十二·东宫官》，第172—173页。

保留着有关这一方面的内容，并对此问题有所说明。[1]不过，由于没有完整的开元二十五年职员令可以参考，我们不能据此认为《通典》所照抄的开元二十五年职员令中已阙上述东宫官职掌，更不能武断地认为开元二十五年职员令中就没有永徽职员令那样的内容。虽然如此，《唐六典》与《通典》中对东宫官职掌的记载与永徽职员令的不同，已足以启发我们对开元二十五年（737年）以后东宫官职掌的变化进行深入的思考。

在笔者看来，《唐六典》和《通典》与上述《永徽东宫诸府职员令》所载东宫官职掌的不同，即使不能说明东宫官职掌在开元二十五年职员令中已发生了变化，这些不同的记载也已经可以让人觉察到这样一个信息：至迟到《唐六典》撰修完成的年代，东宫官职掌在实际的国家政治体制中已经发生了变化。也就是说，《唐六典》在"以今式分入六司"叙述职官制度的沿革时，已经对唐朝东宫各个机构主官不再判知本曹司事务的客观实际状况予以默认。因此，《永徽东宫诸府职员令》所载诸曹司主官"（总）判坊（寺、局）事"等职掌在《唐六典》中不复再见，甚至基本照抄职员令的《通典》在叙述东宫有关职官之职掌时，也往往存在与职员令不同或者遗漏的情况。《唐六典》中不再记载东宫诸曹司主官判知本曹司事务的职掌，《通典》除太子

1　参见仁井田陞《唐令拾遗》卷5《东宫王府职员令》，第146页。甚至像太子宾客于显庆元年（656年）置，"开元中始编入令"（《唐会要》卷67《东宫官》，第1167页）。总的说来，东宫与王府官的设置员额基本差别不大，李锦绣教授以《永徽东宫诸府职员令》残卷与《唐六典》《旧唐书》《通典》《新唐书》《册府元龟》诸书相关部分对其职员设置员额的记载详细列表，可以参见。李锦绣：前引文，载《唐代制度史略论稿》，第85—97页。

司经局与诸卫率府等职司外也与《唐六典》的记载相同，这只能说明诸曹司主官判知本曹司事务的职掌在当时已经不复存在。也就是说，以往东宫诸曹司主官在本曹司中所应当拥有的行政权力，在唐玄宗开元二十五年（737年）之后——至迟是《唐六典》撰修结束时已经不存在。失去行政权力的长官在曹司之中的行政地位必将大打折扣，这是不言而喻的。

那么，是不是可以这样认为，在整个唐玄宗时期国家政治体制的调整过程中，对于东宫体制的调整，正是用取消东宫诸曹司长官行政事务权力的办法达到了减弱东宫机构的行政事务职能的目的？无论如何，上述东宫诸曹司主官职掌的变化，势必引起所在曹司原来的行政职能的若干变化。实际上，这也正与唐玄宗时期压缩东宫政治空间的思路吻合。其实，即使诸曹司内职员设置依然如故，因其职掌的变化也必然引起原来所在曹司职能的变化。然而，除判知本曹司事务的行政职掌出现变化外，《通典》等典籍所记载的相关内容说明，在开元二十五年职员令中，对东宫官职掌的确认与《永徽东宫诸府职员令》相比并没有出现十分明显的变化。即使是在《唐六典》中，对东宫职员的设置、员额、职掌也仍然有十分完整的记录。这说明当时国家政治体制的实际运作状态与所订立的国家律令条文的内容规定并不一致，国家政治体制运作过程中的某些方面或者某些环节的变动总是先于国家律令条文的规定而发生；换句话说，国家律令制度的内容又总是不可避免地要迟缓或者落后于国家体制的实际变动情况。律令的相对稳定性导致了它在反映国家实际政治运作状态时的落后性，至少律令的内容变化总是不能与实际的政治变动完全同步。尽管开元时期唐廷曾数次修订律令，但无论是开元七年令还是开元二十五年令，均不能完全反映当时国家政治体制运作的实际状况。比如其职员令的内容就不能真正反映出当时国家政治机构内职官设置与职掌行使的实际状况。因此，仅仅通过如《通典》《唐六典》等典籍是否照抄职员令哪怕是开元二十五年职员令的内容去论述东宫体制的变化，都不能完全说明实际问题。的确，我们经过研究也发现，唐玄宗天宝时期的东宫官，其设置既没有像《唐六典》中规定的那样整齐，其职掌也不再与《唐六典》《通典》所体现出的唐朝职员令的内容完全相符。这一情况实在是耐人寻味。当然，仅仅通过以上对《永徽东宫诸府职员令》与《唐六典》《通典》相关内容的比勘，并不能充分证明东宫官在开元二十五年（737年）以后特别是《唐六典》撰修完成后职掌的变化。想要充分说明东宫体制在天宝年间的变化，我们仍然需要对这一时期东宫官的设置及其职掌变化的有关情况做进一步的研究。

　　总之，上述唐东宫诸曹司长官行政职能变化的情形，至少反映出在天宝年间的国家政治体制的运作中，东宫体制已经悄悄发生了变化。也就是说，唐玄宗天宝年间的东宫体制已非同一时期的律令条文所规定的相关内容所能完全表达。这样的情形大致反映出《唐六典》修撰完成后唐东宫体制所发生的若干变化。这是与唐玄宗开元十三年（725年）以后皇太子不再居于东宫、太子之政治权力受到削弱与政治生活空间日益遭到压缩的政治局势的演进与发展完全吻合的。

（二）天宝年间东宫官设置与职掌的变化

通过对《永徽东宫诸府职员令》与《唐六典》以及《通典》相关内容不同记载的比勘，我们对东宫官职掌的变化情况有所关注与认识。不过，除注意到《唐六典》与《通典》等文献中所反映出的与《永徽东宫诸府职员令》的不同之处外，我们又应该如何正面看待其中对东宫官以及职员设置情况的记载依然相对完整呢？当然，我们在这里绝对无意对此问题进行文献学上的考察，只是因为在《唐六典》与《通典》对东宫官职掌以及设置状况的记载中，毕竟仍旧存在与《永徽东宫诸府职员令》比较相对不变的内容。我们应如何在这种貌似不变的文献记载中去考察或者认识东宫体制在唐玄宗时期的变化呢？也就是说，在唐玄宗时期的国家政治体制运作中，是否依然保存了像开元二十五年职员令甚至《唐六典》中所设计与规划的体制规模呢？以下我们拟通过唐玄宗天宝时期东宫官职员的设置以及职掌的变化等方面的情况对此问题加以论述。

首先应该说明的是，对于唐玄宗天宝年间东宫体制的变化，我们自然可以从不同方面去考察，但并非所有的考察途径都是有效的。起初笔者曾依据唐代文献包括墓志等资料，对天宝年间东宫官的任职情况进行排比，特别是对担任东宫官的人员进行了排比，结果发现，仅仅从是否仍有人担任东宫官职这一角度并不足以对这一时期东宫体制的变化情况进行有效的解说。因为几乎东宫官令中所规定的每一类官职都断断续续地有人担任。而且，李锦绣先生通过对《唐六典》《新唐书》《通典》《永徽东宫诸府职员令》中东宫官的设置员额的排比分析，发现文献记载中的东宫官员额并无大的区别。尽管《唐六典》记载的一些东宫机构与职员如崇贤（文）馆学士、太子谕德、赞善大夫等，并不见于《永徽东宫诸府职员令》[1]，但这也只能说明在一些东宫曹司主官之职掌发生变化（已见前述）的过程中，东宫官也存在增置的情况。不过，应当注意的是，唐朝东宫官几个明显的增置时段均在贞观十三年（639年）到仪凤四年（679年），即唐朝前期。李锦绣先生经过研究后又指出："每一次增置，均为当时政治斗争的反映或结果。……东宫官员变化是唐皇储地位不稳的直接反映，而这种地位不稳反映在开元前是增置东宫官，反映在开元后，则是降低、削弱东宫官。"[2]她虽然没有对开元以后东宫官之遭削弱、降低的情况加以讨论，但仍然对我们的进一步研究提供了极好的参考与启示。不过，鉴于以上工作所获得的认识，我们最终放弃了在本课题研究中对天宝年间东宫官任职情况继续进行排比的工作（不过，笔者之前所进行的排比工作和大量半途而废没有呈现的表格，还是对我们的研究有所助益的）。然而，在进行排比时，我们发现，唐玄宗时期的东宫官无论是设置还是其职掌，与玄宗之前相比，均发生了许多显著的变化。这些变化表现在：天宝年间的东宫官已成为官闲秩轻的职官，或安置其他闲散官员的名号；此外，有相当一部分东宫官成为一类新的加职官。这些变化说明，尽管文献中对东宫官的设置与职掌的记载依然相对完整，尽管东宫官在唐玄宗时期依然被大量设置，尽管仍颇有一些官

1　参见李锦绣前引文，载《唐代制度史略论稿》，第85—97页所列表格。

2　李锦绣：前引文，载《唐代制度史略论稿》，第99、104页。

员担任相应的东宫官职务, 但是, 那些东宫官任职者对于东宫体制的实际政治意义已经与以前大不相同, 有一些甚至发生了根本改变。换句话说, 东宫官之于东宫体制的政治功能在天宝年间已发生了重大改变。下面我们对反映天宝年间东宫官设置与职掌变化状况的资料略事分类加以罗列, 以明鄙说。为了便于我们对天宝时期东宫体制的变化获得更加清晰的认识, 我们所运用的资料并不完全局限于天宝年间, 间或会稍稍注意到肃宗、代宗时期甚至更晚, 只是我们在叙述时会特别说明, 以免产生不必要的误会。

1.东宫官成为闲散职员

《唐故通议大夫守太子詹事上柱国源府君墓志铭并序》:

> 天宝改元, 官号复古, (源光乘)除绛郡太守、冯翊太守。……誉从二辅, 声闻九皋。方辍颍川之能, 以扫司空之第。瘵恙将剧, 移秩请闲, 入拜太子詹事。其量未极, 其生有涯, (天宝)五载二月庚戌薨于宣阳里第, 春秋七十有七。[1]

地方州郡长官因病重请移清闲之秩, 所改任者竟然是太子詹事, 不正说明天宝五载(746年)时太子詹事一职的确属于闲散之职吗? 又如"天宝初, 召为太子少詹事, 留司东都"的齐澣, 竟是因受李林甫排

1　周绍良:《唐代墓志汇编》, 天宝105, 第1605页。按: 侍中源乾曜系墓主源光乘族祖。本节着重号系引者所加, 下同。

挤与属下贪赃牵连"以老放归田里"者[1]，其所任太子少詹事之职应与太子詹事一样是一类闲散职官。这样的例子还见于正史记载。《旧唐书》卷99《严挺之传》：

> 天宝元年，玄宗尝谓（李）林甫曰："严挺之何在？此人亦堪进用。"林甫乃召其弟损之至门叙故，云"当授子员外郎"，因谓之曰："圣人视贤兄极深，要须作一计，入城对见，当有大用。"令损之取绛郡一状，云："有少风气，请入京就医。"林甫将状奏云："挺之年高，近患风，且须授闲官就医。"玄宗叹吒久之。林甫奏授员外詹事[2]，便令东京养疾。挺之素归心释典，事僧惠义。及至东都，郁郁不得志，成疾。自为墓志曰："天宝元年，严挺之自绛郡太守抗疏陈乞，天恩允请，许养疾归闲，兼授太子詹事。前后历任二十五官，每承圣恩，尝忝奖擢，不尽驱策，驽蹇何阶，仰答鸿造？春秋七十，无所展用，为人士所悲。其年九月，寝疾，终于洛阳某里之私第。十一月，葬于大照和尚塔次西原，礼也。尽忠事君，叨载国史，勉拙从仕，或布人谣。陵谷

---

1 《新唐书》卷128《齐澣传》第4470页："诏矜澣老，放归田里。"《全唐文》卷353第1582页"齐澣小传"略同。《旧唐书》卷190中《齐澣传》第5038页作"员外少詹事"。据两《唐书》传，齐澣卒于天宝五载（746年），时年七十二岁。可见其于天宝初年放归时，的确已是年老。

2 《旧唐书》卷190中《齐澣传》第5038页作"时绛州刺史严挺之为（李）林甫所构。除员外少詹事，留司东都"，与《旧唐书·严挺之传》略有不同。

可以自纪，文章焉用为饰。遗文薄葬，敛以时服。"[1]

有这样的遭遇的还不止严挺之一人，类似的情况还发生在兵部侍郎卢绚身上。唐人郑处诲《明皇杂录》卷下：

> （兵部侍郎卢）绚负文雅之称，而复风标清粹……帝亟称其蕴藉。是时（李）林甫方持权忌能……翌日，林甫召绚之子弟谓曰："贤尊以素望清崇，今南方藉才，圣上有交、广之寄，可乎？若惮退方，即当请老；不然，以宾、詹[2]仍分务东洛，亦优贤之命也。子归而具道建议可否。"于是绚以宾、詹为请。林甫恐乖众望，出为华州刺史。不旬月，诬其有疾，为郡不理，授太子詹事，员外安置。

卢绚，一做卢询，其改授太子詹事的制书[3]云：

> 门下：大中大夫使持节华州诸军事守华州刺史上柱国卢询，……近闻称病已历旬时，虽从政之能犹堪于卧理，而摄生之道终忌于劳神，宜增班秩之荣，俾在优闲之地。可太子詹事，员

1　《旧唐书》卷99《严挺之传》，第3106页。《新唐书》卷129《严挺之传》第4483页略同，其中又谓："林甫已得奏，即言挺之春秋高，有疾，幸闲官得自养。……乃以为员外詹事，诏归东都。挺之都郁成疾。"

2　郑处诲：《明皇杂录》卷下，第26页，中华书局点校本在"宾詹"处未加句读。按："宾"乃太子宾客，"詹"指太子詹事。

3　《全唐文》卷309，孙逖《授卢询太子詹事制》，第1388页。

外置同正员。

上述任地方郡守的严挺之被李林甫算计而加以太子詹事的职衔，目的竟然是使其"授闲官就医"，这显然说明太子詹事一职在此时已经成为"闲官"。再如，改授镇军大将军行右金吾大将军兼弩营使、上柱国、广平郡开国公程伯献为"光禄大夫行太子詹事"，制书中谓"优闲之职期于遂性"，原因是"甫及高年"与"近婴微疾"[1]。兵部侍郎卢绚（卢询）虽然被授予太子詹事还经历了一点波折，但卢绚"以宾、詹为请。林甫恐乖众望，出为华州刺史"一事，反映出正三品的太子宾客、太子詹事两职已不如从三品的华州刺史[2]，太子詹事地位之沦落已是触目惊心。上述齐澣与严挺之各以太子（少）詹事居东都，二人"皆朝廷旧德，既废居家巷，每园林行乐，则仗履相过，谈宴终日。（李）林甫闻而患之，欲离其势。（天宝）五年，用澣为平阳太守"[3]。在唐初，以太子詹事改任外州刺史则被视为遭受贬斥，贞观"十七年，张亮以太子詹事出为洛州都督[4]，（侯）君集激怒亮曰：'何为见排？'"云云[5]就可见

1　《全唐文》卷309，孙逖《授程伯献光禄大夫太子詹事李仲思光禄大夫国子祭酒制》，第1388页。

2　唐上州刺史，秩从三品。华州属关内道，据《新唐书》卷37《地理志一》第964页："华州华阴郡，上辅。"按：据《新唐书》卷49下《百官志》第1317页："天宝元年，改刺史曰太守。"此谓刺史当为通称。

3　《旧唐书》卷190中《齐澣传》，第5038页。

4　《旧唐书》卷69《张亮传》第2514页载此同，唯系时于贞观"十四年……，明年"，即贞观十五年；《册府元龟》卷99《帝王部·推诚》第1181页作"潞州刺史"。

5　参见《旧唐书》卷69《侯君集传》第2513页；《册府元龟》卷99《帝王部·推诚》第1181页所载略同。

一斑。又如元行冲"开元初，自太子詹事出为岐州刺史，又充关内道按察使。行冲自以书生不堪搏击之任，固辞按察"，从其后来"四迁大理卿……九迁国子祭酒"[1]的仕途履历来看，元行冲自太子詹事出为岐州刺史不为无稽，亦无甚称奇。

詹事，乃太子詹事府主官，正三品，"掌内外众务，纠弹非违，总判府事"[2]。即使按照《唐六典》的说法，也是"统东宫三寺十率府之政令，举其纲纪而修其职务"[3]，其职掌比拟于尚书省长官。在唐朝前期，以太子詹事而加任同三品宰相者十分寻常，或者说"多以重官领詹事、庶子"[4]。并且，詹事在赞辅东宫时，其职事均为实职。[5]有关这一点，再无必要大量征引事例说明，只举一个有趣的例子便可见一斑。据唐人所撰《大唐传载》云：

> 燕文贞公张说，其女嫁卢氏。尝谓（为）舅求官。候父朝下而问焉。父不语，但指搢床龟而示之。女拜而归室，告其夫曰："舅得詹事矣。"[6]

1　《旧唐书》卷102《元行冲传》，第3177页。

2　《通典》卷30《职官典十二·东宫官》，第172页。

3　《唐六典》卷26《太子詹事》，第468—469页。

4　《册府元龟》卷708《宫臣部·总序》，第8425页。

5　《大唐新语》卷11《褒锡》："高宗初立为太子，李勣詹事，仍同中书门下三品，自勣始也。太宗谓之曰：'我儿初登储贰，故以宫事相委，勿辞屈也。'"同书同条又载："李纲詹事，隐太子尝至温汤，纲以小疾不从。……太子谓之曰：'……至于富谕弼谐，固属李纲矣。'"中华书局点校本，第164页。仅据此，太子詹事职掌毕见。

6　《太平广记》卷271《张氏》引《大唐传载》，第2133页；此事又见载于《南部新书》丁卷第38页："张说女嫁卢氏，为其舅求官。说不语，但指搢床龟而示之。（转下页）

以搘床龟可以瞻视床闱而喻指"詹事"，说明直到开元年间，在人们的观念中太子詹事仍然是有实际职事的东宫官。又如唐玄宗初年的徐坚，"妻即侍中岑羲之妹，坚以与羲近亲，固辞机密，乃转太子詹事，谓人曰：'非敢求高，盖避难也。'"[1]徐坚以"非敢求高"杜人口舌，乃因他以正四品上阶的黄门侍郎转任正三品的太子詹事，任职之阶品有所提高；而所谓"避难"一说，则反映出这一时期太子詹事在职掌方面已非紧要之地，缺乏应有的吸引力。

不过，上述几例，除源光乘所任太子詹事外，授予严挺之与卢绚者则系员外詹事（同正员）。虽然如此，员外詹事的身份仍然属于东宫官。[2]属于东宫官系统的员外官至少在唐朝前期也有颁给禄食的情形存在。如："王友贞，长安中为长水令，罢归田里。中宗在春宫，乃召为司仪郎，不就。神龙初，又作太子中书舍人，仍令所司以礼征赴，及至，固以疾辞。诏曰：'……新除太子中书舍人王友贞，……顷加征命，作护储闱；固在辞荣，陈情恳至，……岂违山林之愿，宜加优礼，仍遂

（接上页）女归告其夫曰：'舅得詹事矣。'"按：搘床龟，因系支撑床足之物，故可以瞻视密隐之事。此"詹事"系用其谐音。

1　《旧唐书》卷102《徐坚传》，第3176页。按：据《新唐书》卷61《宰相表上》第1680页，岑羲为侍中在先天元年（712年）六月，则徐坚转任太子詹事应该在此年以后，亦即唐玄宗在位初年。

2　永徽时有员外特置同正员，员外官即已出现；开元以后，敕以员外官"唯皇亲战功之外，不复除授"，但是并没有能够贯彻执行。在天宝六载（747年）六月御史中丞萧谅奏事中尚有"近缘有劳人等，兼授员外官，多分判曹务"之说。不过，员外官经常被勒令"不许知事"。到后来，员外官甚至成为安置遭"贬谪"官员的闲职。以上见《唐会要》卷67《员外官》，第1176—1180页。总之，员外官的使用与管理在唐朝比较复杂，很难一言以蔽之。另请参见杜文玉《论唐代员外官与试官》，《陕西师范大学学报》，1993年第3期。

雅怀。以太子中书舍人员外置,给全禄,以毕其身,任其在家修道。仍令所在州县存问四时,送禄至其住所。"[1]也就是说,即使是员外官同正员,其东宫官的身份[2]是确定的,且必然会处于国家职官管理体系之中。

天宝年间,除了太子詹事已经成为"闲官",还有很多东宫官也成了闲官。如被誉为"人文之宗师,国风之哲匠"的一代名士孙逖[3],"天宝三载,权判刑部侍郎。五载,以风病求散秩,改太子左庶子。……以疾沉废累年,转太子詹事,上元中卒。"[4]先改任左庶子后又转太子詹事,无论是哪个职位,因其病废,其所任之东宫官为"散秩"无疑。主客员外郎甘晖也因"游心淡泊,常有慕于幽人"[5]而被敕改为守太子赞善大夫。天宝时陇西李朏,"属旁求时彦,精择台郎,乃授尚书驾部员外郎,膺高选也。飞腾礼阁,综理剧曹;既著弥纶之称,遂婴无妄之

1　《册府元龟》卷98《帝王部·征聘》,第1172页。又《南部新书》甲卷第5页:"建中末,姚况有功于国,为太子中舍人。旱蝗之岁,以俸薄不自给而以馁终。"

2　王友贞虽然系员外,但是其身份仍然为太子中书舍人。据《册府元龟》卷98《帝王部·征聘》第1172页载"景云元年十二月,皇太子表请备礼辟隐士前太子中书舍人王友贞"可知。

3　《全唐文》卷337,颜真卿《尚书刑部侍郎赠尚书右仆射孙逖文公集序》,第1510页。

4　《旧唐书》卷190中《孙逖传》,第5044页。《全唐文》卷308第1381页"孙逖小传"径谓"天宝三载,权判刑部侍郎,病风求散秩,改太子左庶子,转太子詹事",略同史传,却没有注意时间问题。特别说明:据《旧唐书》本传,孙逖于唐玄宗开元二十四年(736年)至二十九年(741年)时前后两任中书舍人,"掌诰八(?六)年,制敕所出,为时流叹服。议者以为自开元已来,苏颋、齐澣、苏晋、贾曾、韩休、许景先及逖,为王言之最"。据此,凡系出于孙逖之手的制敕,则必为唐玄宗时期开元末期所撰,除了确有必要或制敕已经开列颁行时间,笔者在论述中就不再一一细考有关制敕的具体颁发时间。敬请鉴谅。

5　《全唐文》卷309,孙逖《授甘晖太子赞善大夫元嘉福戎州长史制》,第1388页。

疾。苦求闲职，庶养沉疴，乃除太子左赞善大夫，从所欲也。"[1]此可证太子庶子与赞善大夫也是一类闲官。

此外，唐玄宗天宝以后，还有一些能够反映东宫官属于闲职的情况。像贞元二年（786年）正月宰相卢翰被罢为太子宾客，制书中即谓："以其年及老成，任推先进，方将求旧，擢处台衡。荏苒迄今，亟淹星岁；勤劳既久，衰疾有加。宜徙职于春闱，用优贤于暮齿。可太子宾客。"[2]贞元二年正月以给事中、同中书门下平章事任宰相的崔造，十二月被罢为太子右庶子[3]，《崔造右庶子制》[4]中有云：

　　　　顷居掖垣，参掌枢密，总领繁重，积劳疹深；……处以休闲，俾遂颐养，可太子右庶子。

1　周绍良：《唐代墓志汇编》，天宝271，《唐故朝散大夫太子左赞善大夫陇西李府君墓志铭并序》，第1721页。按：《墓志》云李脁"以天宝十三载十二月十三日终于京兆府咸宁县道政里之私第，春秋五十有八"。其"弱冠进士擢第"，则其主要生活经历在唐玄宗时期无疑，李脁任太子左赞善大夫必在天宝年间。又按：赞善大夫，龙朔二年（662年）太子中允改为此名。到仪凤四年（679年）二月，中允之外"别置左右赞善大夫各十员以授诸王之子。景云二年二月五日始兼用庶姓，开元七年，各省五员"。见《唐会要》卷67《东宫官》，第1170页。李脁虽非诸王之子，但据其墓志，则属"宗子"，当系以庶姓而任此职者。

2　《唐大诏令集》卷55《卢翰太子宾客制》，第265页；《全唐文》卷462第2088页陆贽《卢翰太子宾客制》载同。

3　《新唐书》卷62《宰相表中》，第1704页；《旧唐书》卷130《崔造传》第3025—3027页载略同。并参《文苑英华》卷449《翰林制诰·制书·命相二》第2276页所载陆贽起草制书。

4　《全唐文》卷462，陆贽《崔造右庶子制》，第2088页。《唐大诏令集》卷55《崔造太子右庶子制》第265页作"贞元二年十二月"。

贞元十三年九月宰相卢迈被罢为太子宾客也是因"肢体未适,固请优闲"[1]之故。元和元年(806年)十一月,宰相郑絪被罢黜,制书中曰:"朕以其久居内职,累事先朝,恩厚君臣,贵令始终;俾就优闲之秩,用申宽大之恩。可太子宾客。"[2]唐德宗建中年间宰相萧复"累表辞疾,请罢知政事,从之,守太子左庶子"[3]。

因为年高衰疾而改任太子庶子或者太子宾客,可见这些官职在当时均被视为可以颐养的"优闲之秩"。这虽然不是天宝时期的情况,但是可以用来说明东宫官在唐朝发展成为闲职的趋势。

这一趋势启发我们对中国古代政治结构的变化有一个清醒的认识,即政府机构职能的变化,并不表现为机构的废置,而表现为这一机构政治功能的转移。各个机构内职员设置如故,职员的政治职能却悄悄发生转移,这类职员与所属机构的政治职能当然也就不复存在。也就是说,尽管成为闲职的东宫官职位依然存在,但它们之于东宫体制的政治意义却荡然无存。东宫官政治职能的变化,对于说明天宝年间东宫体制的变化具有重要意义。

2.东宫官成为地方官的加职

另一类担任东宫官者,因为他们同时兼任地方官职或者差遣,其实际职事是在地方。也就是说,他们虽然担任东宫官,但任职期间并

---

1 《唐大诏令集》卷55《卢迈太子宾客制》,第265页。

2 《唐大诏令集》卷55《郑絪太子宾客制》,第266页。

3 《旧唐书》卷125《萧复传》,第3552页。按:旧传云其建中三年(782年)外贬,四年死;《新唐书》卷62《宰相表中》第1703页载萧复于兴元元年(784年)十一月罢为太子左庶子。

不在京师或者在太子左右，根本没有起到也不可能起到赞护储闱的作用。在这种情况下，东宫官则成为他们的加职。有关这类东宫官的任职情况，笔者试撮述如。

孙逖《授萧诚太子左赞善大夫仍前幽州节度驱使制》[1]："朝议郎恒州司马随军副使幽州节度驱使上柱国借绯鱼袋萧诚，……顷从戎幕，尝募征夫，宜迁翊赞之荣，仍效抚绥之术。可守太子左赞善大夫，依前幽州节度驱使；仍专检校管内诸军新召长远往来健儿事。"

颜真卿《左卫率府兵曹参军赐紫金鱼袋颜君神道碑铭》[2]："君讳幼舆，……哥舒（翰）之攻石堡城，请君随军，拜左卫率府兵曹参军，恩敕赐绯鱼袋。不幸以天宝九载秋七月旬有三日遇疾而终，春秋四十八。"

颜真卿撰李光弼神道碑铭[3]："公讳光弼，……天宝二年拜宁朔郡太守，四载加左清道率兼安北都护仍充朔方行军都虞候。"

又据《唐故朝散大夫太子左赞善大夫陇西李府君墓志铭并序》，大理寺司直李朏因"闲练章程，详明听断"被谏议大夫充河西陇右道黜陟使李麟奏充为判官，"复命除本寺丞。东京留守、礼部尚书崔翘又奏为判官，寻迁太子舍人，判官如故"[4]。

1　《全唐文》卷309，第1388页。

2　《全唐文》卷341，第1530页。按：哥舒翰攻取石堡城在天宝八载（749年），此其任左卫率府兵曹参军之年也。

3　《全唐文》卷342，第1534页。《旧唐书》卷110《李光弼传》第3303页唯作"天宝初，累迁左清道率兼安北都护府、朔方都虞候"，则不容易注意到李光弼在担任藩镇军将时加任太子左清道率之职。

4　周绍良：《唐代墓志汇编》，天宝271，《唐故朝散大夫太子左赞善大夫（转下页）

《有唐通议大夫守太子宾客赠尚书左仆射崔公墓志》：崔沔，"册太子宾客兼怀州刺史。俄而去兼，加通议大夫，终东都副留守"[1]。

《唐故朔方节度十将游击将军左内率府率臧府君墓志铭并序》[2]：臧晔"即（安北都护）镇北军使之子。朔方十将、游击将军、左内率府率、上柱国。……与安禄山暴兵交战于潼关，元戎哥舒翰[翰]失律，公分兵水战，不克，溺于黄河，呜呼命矣"。

《唐故特进行虔王傅扶风县开国伯上柱国兼英武军右厢兵马使苏公墓志铭并序》[3]："无何，禄山始乱，四海兵兴，……时（苏日荣）客游静边军，乃阴结豪猛……遂斩逆将安守一、周万顷以甘心焉。玄宗异之，特迁右清道率，充振武军副使。"

《唐故信王府士曹崔君墓志铭并序》[4]：崔杰"世补太子校书，以孤直而尉临汾，以清白而赞河内，秩终，除棣王府法曹，……天宝十一

（接上页）陇西李府君墓志铭并序》，第1721页。据墓志载，李胐"以天宝十三载十二月十三日终于京兆咸宁县道政里之私第，春秋五十有八"。其主要生活经历应当在唐玄宗时期，前文也已说明。

1　周绍良：《唐代墓志汇编》，大历060，第1800页。据墓志，崔沔以东宫官兼怀州刺史在"上籍田东都"时，当为开元二十三年，即735年（据《旧唐书》卷8《玄宗纪上》，第202页）。虽只是很短一段时间，但也说明此类事在天宝以前即已出现。墓志载其死于开元二十七年（739年）十一月十七日，《旧唐书》卷9《玄宗纪下》第212页作"十二月"。

2　周绍良：《唐代墓志汇编》，贞元083，第1895—1896页。按：潼关之战发生于天宝十五载（756年）六月。

3　周绍良：《唐代墓志汇编》，贞元086，第1897页。按：下文有"至德初"改官事，此当系天宝末年之事也。

4　周绍良：《唐代墓志汇编》，大历070，第1810页。崔杰任职临汾、河内时当系太子校书，秩终方除亲王府官。

年十月丙午遘疾，终于东都"。

《大唐故银青光禄大夫检校太子宾客上柱国范阳郡开国子兼监察御史卢公墓志铭并序》[1]："公姓卢氏，讳翊，……父谦，正议大夫、宋州司马兼左赞善大夫。公即赞善之次嫡子。"此地方官兼东宫官又一例也。

《大唐故朝议郎行殿中侍御史赐绯鱼袋安定张府君墓志铭并序》[2]：张翔"天宝初，自前斋郎调补济王府参军，……自夏县尉以后，皆在名公方镇之幕，每一人延请，升拜一官，又为近密荐闻，授太子司仪郎，改京兆府功曹参军，……前后十任，历十一官，终时年五十六"。

《唐故朝散大夫苏州别驾知东都将作监事赵公墓志铭并叙》[3]：天水赵益"……改洪州司马，兼赞善大夫，未几，升长史兼太子家令"，终于苏州别驾、知东都将作监事。

《唐周晓墓志铭》：周晓，河西节度使周佖三子，"天子闻之，召拜赞善大夫兼赐金印紫绶，仍许从其温情，随所任使。至德二年，五

1　周绍良：《唐代墓志汇编》，贞元133，第1935页。按：据此墓志铭，卢翊本身即是在任职泗州期间因功诏授银青光禄大夫、检校太子宾客、上柱国、范阳郡开国子也。他于贞元二十年（804年）三月五日卒于泗州之官舍，享年44岁。如此，卢翊生于761年，即唐肃宗上元二年。其父卢谦则应主要生活在唐玄宗后期与唐肃宗时期。

2　周绍良：《唐代墓志汇编》，建中002，第1821页。按：其卒年为大历十四年（779年）十二月三日。

3　周绍良：《唐代墓志汇编》，大历081，第1818页。按：据墓志载：赵益于大历十四年（779年）终于洛阳，享年74岁。故其生于706年，即唐中宗神龙二年。其一生"更职一十三"，据此推算此人极有可能在唐玄、肃时期任职。

凉之间九姓谋叛……，正月十九日为胡贼所害"[1]。则是任赞善大夫仍在河西也，如此则为加衔无疑。

《大唐故李府君墓志铭》[2]载：墓主李良，"天宝末，……上党节度使程千里辟为从事……。后为淮西节度李忠臣补十将，改太子左赞善大夫，又知衙事"。

《大唐故定远将军守左司御率府副率姚府君墓志铭并序》[3]：姚知于天宝时"有制迁左司御率府副率兼五率府事"，仍然管理东京皇城事，死于东都私第。

又据《旧唐书》卷108《崔圆传》载：唐肃宗时，"李光弼用（崔圆）为怀州刺史，除太子詹事，改汾州刺史，皆以理行称。拜扬州大都督府长史……"[4]

《唐故柳府君灵表》[5]："公讳均，……转授越州司仓、太子通事舍人、溧阳令。时乾元中……"

上述事例基本上是唐玄宗、肃宗时期地方官兼任东宫官的情况。此后，这样的事例也不少见。如唐宣宗时"白敏中守司空、兼门下侍郎，充邠宁行营都统，……开幕择廷臣，……乃以左谏议大夫孙商

1　见《文博》，2000年第4期，第77—80页载《唐周晓墓志读考》所录墓志铭文。

2　周绍良：《唐代墓志汇编》，贞元101，第1909—1910页。按：据《旧唐书》卷145《李忠臣传》第3941页，李忠臣节度淮西事在宝应元年（762年）七月，则李良任淮西将不会早于此年。

3　周绍良：《唐代墓志汇编》，天宝131，第1624页。

4　又据《册府元龟》卷711《宫臣部·褒宠》第8467页宝应中诏书：崔圆曾以"太子詹事兼扬州长史"。

5　周绍良：《唐代墓志汇编》，贞元116，第1922页。按：柳均乃北海李邕之婿，大历九年（774年）死于考城令任上，终年55岁。他出生于720年，即开元八年。

为左庶子、行军司马，驾部郎中、知制诰蒋名与庭裕私讳同（绅）为右庶子、节度副使……"[1]据《唐代墓志汇编》所录的若干墓志铭文，我们也可以发现一些这样的例子。比如，贞元127号墓志载清河张氏夫人"有子三人，嗣曰沉，职当宿卫东都左屯营军都知、朝议郎、试太子通事舍人"[2]。大历029号《大唐故曹州成武县丞博陵崔氏府君改葬墓志铭并序》，系由墓主"嗣子正议大夫前行定州别驾兼太子仆赐紫金鱼袋上柱国玭叙文"[3]。均可证明所任太子通事舍人与太子仆系地方官之兼衔。

另外，仅从白居易所撰授官制敕文书[4]中，亦可见东宫官为地方官或诸使职之兼衔的普遍。

又据《新唐书·百官志》下："元和、长庆之际，两河用兵，裨将有

1　（唐）裴庭裕：《东观奏记》卷上，北京：中华书局，点校本，1994，第87—88页及第97页之校勘记[一〇]。

2　周绍良：《唐代墓志汇编》，贞元127，第1930页。按：张氏于贞元十九年（803年）终，享年71岁。知其应当出生于733年，即开元二十一年。她丈夫死于贞元十七年（801年），享年65岁，推知其生于737年，即开元二十五年。据此推测，其嗣子的主要生活年代应当在唐肃宗以后。又按：其所加太子通事舍人系东都屯营军将之兼衔，与一般意义上的地方官自然有些不同。举此事例仅为说明东宫官之为其他官员加职的大致情形，故不另深究。

3　周绍良：《唐代墓志汇编》，大历029，第1778—1779页。崔氏改葬在大历六年，嗣子崔玭以定州别驾兼太子仆，必为此年以前事。

4　《元稹可太子左谕德依前入蓄使制》《康升让可试太子司仪郎知钦州事兼充本州镇遏使、陈俊可试太子舍人知峦州事兼充本州镇遏使、李容可试太子通事舍人知宾州事兼宾澄峦横贵等五州都游奕使、冯绪可试太子通事舍人知田州事充左江都知兵马使、滕殷晋可试右卫率府长史知瀼州事兼充左江都知兵马使五人同制》，《全唐文》卷657，白居易，第2963页；《武宁军军将郭晕等五十八人加大夫宾客詹事太常卿殿中监制》《张伟等一百九十余人除常侍中丞宾客詹事等制》，参见《全唐文》卷658，白居易，第2965页、2967页。

功者补东宫王府官, 久次当进及受代居京师者, 常数十人, 诉宰相以求官; 文宗世, 宰相韦处厚建议, 复置两辅、六雄、十望、十紧州别驾。"[1] 更说明唐宪宗以后, 地方军将因功而补授东宫官者所在多多。

　　如上所述, 唐玄宗以后加领东宫官职衔者, 或为地方长官或为州县上佐, 或系藩镇衙将或系诸道使职僚佐等。其中, 又以地方诸道与藩镇之中的衙将、僚佐与各类使职差遣加领东宫官职衔的情况尤为突出。这类加职的出现, 与唐玄宗以后整个国家政治体制的调整尤其是与地方上大量设置的诸多使职差遣有着直接的联系。无论哪一种类型的地方官担任东宫官, 他们所担任的地方官属于实际职事, 而东宫官实际上是加官。上述那些担任地方长官（刺史、县令）者, 最终都死于所任职的地方州县。很显然, 他们虽然加领了东宫官, 却无法起到赞辅储闱的作用。至于那些供藩镇节度使驱使的衙将、僚佐, 他们所加领的东宫官, 除了有"报功"之意, 也不可能起到赞辅东宫太子的作用。从一定意义上来说, 藩镇衙将等所加领的东宫官具有"阶官"的作用, 正如唐朝职官体系中授予职事官的散品官阶。也就是说, 藩镇衙将等所加领的东宫官只用于表明他们作为官人的身份地位, 与其实际职事并无直接关系。这样看来, 藩镇衙将等所加领的东宫官就与赵宋时期的"官"意义相同, 其于地方所任职事官或者在藩镇中为衙将、幕僚等, 则与赵宋时期的"差遣"有某些相通之处。这种看法在赵宋时已经出现, 如《册府元龟》卷708《宫臣部·总序》云"天宝后, 武臣及藩镇牙较[将]、幕府僚佐, 亦多简较东宫之职以为散官", 直接

1　《新唐书》卷49下《百官志》, 第1317页。

把藩镇衙将等所加领的东宫官视为"散官"。当然，这一看法融入了赵宋时人们对这种加官的认识。不过，虽然这一认识反映了唐玄宗时期东宫官变化的某些历史真实，但我们还是应该注意唐朝东宫官与散官之间的区别，不宜按照宋人的理解把二者混为一谈。

3.东宫官成为翰林学士的加职

有关唐朝翰林学士、翰林供奉、翰林待诏等问题的研究，学术界业已取得丰硕成果。[1]因限于我们论题的主旨，在此不再一一赘引。我们注意到，虽然翰林学士因供奉禁中、专掌内命而在唐朝中后期的中枢政治中发挥了极其重要的作用，但是，正如已有人指出的：翰林学士"《唐六典》《通典》都未有记载"[2]。若根据我们前文中所列述李锦绣先生对《唐六典》与《通典》撰述体例的观点，翰林学士在《唐六典》《通典》中没有记载，至少说明在开元二十五年（737年）重新修订律令时，翰林学士还没有被纳入当时的国家政治体制。事实上，尽管翰林学士在唐朝时形成了所谓"学士院"机构，其设置和员额构成在后来也颇有一些规模，但是翰林学士最终没有被真正纳入国家正式职员系列。正如赵宋时欧阳修所说："唐之学士，弘文、集贤分隶中书、门下省，而翰林学士独无所属。"[3]我们认为，翰林学士在唐朝并没有摆脱使职差遣的身份。所以，一般来说，担任翰林学士者的品秩

1　有关研究概况，可参见毛蕾《唐代翰林学士·前言》，北京：社会科学文献出版社，2000，第3—5页。

2　毛蕾：《唐代翰林学士·前言》，第1页。

3　《新唐书》卷46《百官志一》，第1184页。

地位，要视其所加朝廷诸司正式职员的品秩而定。[1]这种前提决定了翰林学士所加领的朝廷正式职员的衔名，均是用以表明担任翰林学士者品秩高低的阶官，在当时的国家政治体制中并不能发挥其实际的行政职能。也就是说，翰林学士所加领的东宫官仅仅起到了阶官的作用。天宝年间翰林学士加领东宫官的情况，现举一例加以说明。

天宝十三载（754年）年底为"朝议郎行太子宫门郎翰林院供奉"[2]的刘秦，到上元二年（761年）正月时，他的身份为"朝议郎行卫尉寺丞翰林院待诏"[3]。刘秦供奉翰林院的身份与实际职掌并无变化，所任正六品上的散官朝议郎也没有发生任何变化，而他所加领的职衔则由太子宫门郎变成了卫尉寺丞。太子宫门郎系从六品下阶，卫尉寺丞则为从六品上阶。[4]也就是说，在天宝十三载到上元二年约六

---

1 毛蕾《唐代翰林学士》："翰林学士作为差遣使职，在内廷供职，但从行政编制上来看，仍属原衙门机构。"不过，她经过研究又认为：在唐德宗贞元元年（或兴元元年）之前"翰林学士大致仍以差遣的形式存在，还算不上是一个专职机构。……德宗规范了翰林学士的朝服班序，也标志着翰林学士作为一个整体开始纳入现行的决策体系"。第52、55页。应该说明，翰林学士在唐德宗时是否作为一个整体开始纳入现行的决策体系，因为还不足以对唐朝玄、肃两代的研究产生根本影响，可不深究。即使事实如此，由于翰林学士还只是开始被纳入现行的决策体系，仍然不足以改变其作为使职差遣的身份。

2 周绍良：《唐代墓志汇编》，天宝258，《大唐皇第五孙女墓志铭并序》，第1711页。按：墓主死于"天宝十三载岁次甲午十一月七日丁酉"，葬于当年闰十一月廿九日。刘秦乃为此墓志铭书石之人。

3 《八琼室金石补正》卷59，转见周绍良《唐代墓志汇编》，上元001，《唐故朝议郎行内侍省内寺伯上柱国刘府君墓志铭并序》，第1747页。按：墓主刘奉芝，"以上元元年十二月十九日大渐于辅兴里之寝居，时年六十五。……以今上元二年辛丑岁正月乙亥十一日丁酉与前夫人赵氏合祔而同穴"。刘秦系其"从侄"。

4 《唐六典》卷26《宫门郎局》，第477页；卷16《卫尉寺》，第328页。《旧唐书》卷44《职官志三》同。

年的时间里，刘秦所加领的职事官品阶提高了一级。从唐朝职官迁转的时间等条件来看，在翰林院职事与朝议郎之散官秩品不变的情况下，刘秦只被升迁了在唐朝职员令中属于职事官的品级，这一职事官品级的升迁可被视为职事官阶官化的一种现象。笔者认为刘秦的例子比较典型地说明了天宝年间翰林学士所加领之东宫官的政治意义。此外，如蔡有邻书"天宝七载十月二十日立"之《章仇元素碑》时是"翰林院学士内供奉左卫率府□□□东（？军）"，他在书天宝九载所立之《唐徐筠碑》时又是"翰林待诏左卫率府兵曹参军"[1]，天宝中李泌"待诏翰林为东宫供奉"[2]等，均能说明翰林学士加领东宫官的情况。

唐朝时期职事官的阶官化并不仅仅局限于东宫官，特别是在唐朝中后期，当大量的使职差遣开始担负起从中央到地方各个领域的行政职能时，在律令制下职事官的阶官化现象已经是十分普遍。[3]我们在

1　《金石萃编》卷88《章仇元素碑》。欧阳修：《集古录目》卷3，转见毛蕾《唐代翰林学士》所制《唐代书待诏表》，第160页。按：据《金石萃编》云，《章仇元素碑》断裂为三段，文字多漶灭不可识。蔡有邻书此碑之结衔中"东"字不可解，疑为"军"字，则蔡有邻之结衔疑为"左卫率府□曹参（东）[军]"。又据蔡有邻于天宝九载书《唐徐筠碑》时的结衔为"翰林待诏左卫率府兵曹参军"，推测《章仇元素碑》中所阙蔡有邻之结衔为"兵曹参"三字。又按：据蔡希综《法书论》"从叔父右卫率府兵曹参军有邻"（《全唐文》卷365，蔡希综，第1645页；林宝编，岑仲勉校记：《元和姓纂》卷8，第1252页，北京：中华书局，1994），则蔡有邻所任宫臣衔为"右卫率府"，与书碑时之"左卫率府"不同。存疑。

2　《册府元龟》卷97《帝王部·礼贤》，第1164页。按：依"肃宗甚礼之"云云，此乃天宝年中事。不过，东宫供奉亦非实际职事。对此应如何解释，颇费斟酌，或可视作一特例？史乘所载李泌事迹，本来就多难解，不另赘。

3　张国刚：《唐代阶官与职事官的阶官化述论》，载《中华文史论丛》，上海：上海古籍出版社，1989。

此所关意者，是这些职能已经转变成为阶官性质的东宫官，实际上已成为不再履行东宫职事的虚职。

再者，天宝以后翰林学士加领东宫官的情形颇不乏见。如唐肃宗即位之初，黎幹赴行在"旋拜太子通事舍人、翰林学士"[1]；元结所撰《唐吕公表》之书者顾戒奢即为"前太子文学、翰林待诏"[2]；长庆时有翰林待诏李景亮授左司御率府长史[3]等。因限于篇幅，有关天宝以后翰林学士加领东宫官的情况不再备述。

4.东宫机构的裁并与职员阙置

有关这一方面的情况，拟以太子内坊与太子妃为例略加说明。

作为东宫机构的太子内坊在开元二十七年（739年）一变而成为内侍省机构。据记载："初，内坊隶东宫。开元二十七年，隶内侍省，为局，改典内曰令，置丞。"[4]

这一变化在《旧唐书》卷9《玄宗纪下》中则是这样表述的："（开元二十七年四月）以东宫内侍隶内侍省为署。"《册府元龟》卷708《宫臣部·总序》亦云："（开元）二十七年，以内坊隶内侍省，为局。"

由于太子内坊改隶内侍省发生在开元二十七年（739年），所以，

1　周绍良：《唐代墓志汇编》，贞元034，第1861页。

2　元结此表当撰于唐肃、代之际，详见《金石录校证》卷27《跋尾》第498页"唐吕公表"条。按：《全唐文》卷383第1724页，元结《吕公表》与《金石录》所载内容《表》文有异。

3　《全唐文》卷657，白居易《翰林待诏李景亮授左司御率府长史依前待诏制》，第2963页。

4　《新唐书》卷47《百官志二》，第1224页。

开元二十五年（737年）修订律令时，太子内坊仍然是东宫机构，开元二十五年令不可能反映出这一变化。因此，太子内坊不仅见列于《永徽东宫诸府职员令》，而且《唐六典》与《通典》也均在东宫太子官属中具列。[1]《新唐书》卷47《百官志二》却在"内侍省"目下列"太子内坊局"。对开元二十七年太子内坊改隶内侍省一事，有学者指出"是宦官权势增加、东宫储位废立决于宦官的先兆"[2]。这一说法固然有道理，但这件事其实更为直接地反映了唐玄宗对现有东宫机构的裁省以及对东宫机构固有规模建制的压缩。此举是为了在国家体制层面加强对太子的控制，压缩太子的政治活动空间。这与唐玄宗废黜太子李瑛，另立李亨后所奉行的政治策略是一致的。太子内坊被从东宫机构中裁减出去，又以太子内坊局并入内侍省，正好说明唐玄宗进一步加强了对东宫事务[3]的干预。因为内侍省归根结底是服务于皇帝的内侍机构，由内侍省执掌太子内坊局，自然就形成了内侍省介入与直接管理东宫事务的局面。这样一来，东宫事务的管理就自然而然地被从体制上纳入皇权政治运转的轨道。因此，太子内坊隶属关系的改变，并不仅仅反映了宦官势力的膨胀，更多的是说明了皇权对东宫控制的强化。

　　李亨被立为太子后，东宫体制的变化不仅有机构的裁并，如上所

1　《唐六典》卷26《太子内坊》，第480页；《通典》卷30《职官十二·东宫官》，第171页；《旧唐书》卷44《职官志三》之"东宫官属"条第1909页同。

2　李锦绣：前引文，载《唐代制度史略论稿》，第109页。

3　无论太子内坊还是太子内坊局，均职掌"东宫閤门之禁令及宫人粮廪赐与之出入"。《唐六典》卷26《太子内坊》，第480页；《旧唐书》卷44《职官志三》第1909页同；《新唐书》卷47《百官志二》第1224页略同。

述的太子内坊改隶内侍省为局,还有东宫官员的增置。不过,所增置的东宫官只限于文学侍从之类,如:"肃宗在宫邸,始置侍书之职。时以韩择木为侍书。"[1]

天宝初年,以史官、学士等身份进兼宫臣者也不少。另外,从《册府元龟》卷708《宫臣部·选任》的记载可知,自开元以后,像太子侍读、侍直之类成为宫臣选任的主要官职。这类官员主要侍从太子研读经书,对于东宫体制政治职能的发挥并不能起到多少作用。[2]因此,这类官员的增设与唐玄宗压缩太子的政治生活空间和削弱东宫的政治职能的思路并无相悖。

李亨被立为太子后,原忠王妃韦氏于开元二十六年(738年)七月十二日被册立为太子妃[3]。天宝五载(746年)的韦坚之狱后,李亨与太子妃韦氏离异。从此以后,唐玄宗没有再为李亨册立太子妃。家庭出身颇有政治背景的张良娣[4]虽然一直颇得李亨之心,但直到李亨即位后相当长的一段时期里,其身份仍然是太子良娣。按:太子良娣是太子姬妾,秩正三品,属于内命妇系统。太子良娣虽然在太子内官中地

1　《册府元龟》卷708《宫臣部·总序》,第8427—8428页。

2　有关这一问题,从他们所兼加的职衔名称就可略见一斑。据《大唐赠南川县主墓志铭并序》,"太子侍读兼侍文章、朝请大夫守国子司业臣赵楚宾奉敕撰;太子及诸王侍书、中散大夫守国子业臣韩择木奉敕书"。见周绍良《唐代墓志汇编》天宝211,第1678页。另外,赵、韩二人也俱以国子司业兼太子职事,其撰书墓志又系奉敕所为,则其所领太子职事似亦可视为一类加官。只不过这类侍读与侍书侍文者,情况有些特殊而已。

3　《唐大诏令集》卷31《册皇太子韦妃文》,第110页。

4　参见《旧唐书》卷52《肃宗张皇后传》,第2185页;并见周绍良《唐代墓志汇编》,天宝126、天宝110,第1621、1608页,张氏之父张去逸与伯父张去奢之墓志所载其家族事迹。

位最高，但与太子妃不可相提并论。正如前文所述，唐玄宗废黜王皇后以后，为了压缩和控制后宫势力，让后宫中的皇后之位一直虚悬。同理，天宝五载后太子妃阙置，东宫体制自然有所减损。这也是应该引起注意的。

5.东宫官叙职过程中的品阶状况

在唐玄宗天宝年间东宫官逐渐成为闲散官职之前，担任东宫官者在其仕途叙任与升迁过程中，与朝廷上的其他非东宫官相比，至少在官职的品阶上已经显露出劣势。对于这一点进行全面论述存在巨大困难，我们拟以李林甫迁叙官职时的阶品情况略加解说，以求对此获得一个直观的印象。《旧唐书》卷106《李林甫传》：

> 林甫善音律，初为千牛直长，其舅楚国公姜皎深爱之。开元初，迁太子中允。时源乾曜为侍中，乾曜侄孙光乘，姜皎妹婿，乾曜与之亲。乾曜之男洁白其父曰："李林甫求为司门郎中。"乾曜曰："郎官须有素行才望高者，哥奴岂是郎官耶？"数日，除谕德。哥奴，林甫小字。累迁国子司业。[1]

一般论者往往用源乾曜所谓"郎官须有素行才望高者"说明郎官在唐朝时期的重要性，言固宜矣。因为时任侍中的源乾曜所言自应反

1　《南部新书》乙卷第13页载此事略同。

映当时任官的一般状况。不过，我们再细究李林甫此时之仕途履历[1]，则会注意到其中反映了有关东宫官政治地位的某些情况。

据《唐六典》与《旧唐书·职官志》：太子中允作为左春坊副长官，系正五品下阶，太子谕德为正四品下阶[2]，而司门郎中作为刑部司门司主官，则为从五品上阶[3]。李林甫以太子中允求为司门郎中，则明显系以现任高级品阶的职官谋求低级品阶之职。从李林甫的序职品阶看，他是由正五品下阶的太子中允求为从五品上阶的司门郎中未遂而改任了正四品下阶的太子谕德。这一结果也许表明：现任东宫官者如果改任非东宫系列的职官，在正常迁转程序下则需要担任低级品阶的职事官；如果在东宫官系统内迁转，则不受任何限制。事实上，李林甫由太子中允改授太子谕德，至少从职官的品阶上来说，是属于超级擢升。因为在唐朝九品三十阶的官品系统中，由正五品下到正四品下之间相差四级。但是，已为太子谕德的李林甫竟又"累迁国子司业"。按：国子司业作为国子监副长官，系从四品下阶。显然，李林甫由东宫官叙任非东宫官时，他所改任的非东宫的官职品阶比改任时的东宫官低了两个品级，而且这对于李林甫来说还属于"迁"任。

1　李林甫既然由太子中允改任太子谕德是在源乾曜担任侍中期间，源乾曜于开元八年（720年）五月加侍中，一直到开元十七年（729年）罢职（《新唐书》卷62《宰相表中》，第1686—1688页），则李林甫任宫臣期间正值李瑛为皇太子。若从体制上来说，他与太子瑛之间曾经存在政治上的隶属关系。但是，到他担任宰相特别是中书令以后，由于李林甫不再兼领宫臣职衔，这种隶属关系则成为过眼云烟，李林甫在唐玄宗废储之际遂有所谓"家事"之言。这也启发我们对唐玄宗天宝年间宫臣任职的若干情况作深入思考。

2　《唐六典》卷26《左春坊》，第471页；《旧唐书》卷44《职官志三》，第1907页。

3　《唐六典》卷6《刑部尚书》，第152页；《旧唐书》卷43《职官志二》，第1839页。

从李林甫担任东宫官时的叙职情况我们可以看出，如果他在升迁过程中继续担任东宫官，则可以叙任较高品阶；叙任非东宫官时，则要降低所任官职的品阶。这一现象是否具有普遍性，因为唐朝官员叙进阶品等级还涉及职官之出身是否清流、历职清要之别、官署之前司后行不同以及考课等第上下等多种复杂因素，我们还不敢肯定。这里举一个反证以说明这一情况。据贾至《授李椿光禄少卿制》："门下：堂侄、守太子家令开国男椿，恭俭温良，宗枝擢秀；敏于从政，勤以在公。宜换储闱之职，俾居亚卿之任。可守光禄少卿同正，赐封如故。"[1]

　　由于东宫官叙任非东宫官时以所具有的相同官资论，要被降低所叙任官职的品阶，对身为皇帝堂侄的李椿来说，以从四品上阶的太子家令改授相同品秩的光禄少卿，显然就是表彰其"敏于从政，勤以在公"，是对他的一种优待。那么，非东宫官系统的职官叙任东宫官时，朝廷是否会提高其任官的品阶呢？这种情况当然也存在，此可举开元年间元行冲的官历以资说明。据《旧唐书》记载：元行冲开元七年（719年）转左散骑常侍，"九迁国子祭酒，月余，拜太子宾客、弘文馆学士"[2]。按：国子祭酒系从三品阶，太子宾客系正三品

1　《全唐文》卷366，贾至，第1649页。按：据《旧唐书》卷190中《贾至传》第5029页：他自天宝末为中书舍人，即知制诰。又据《新唐书》卷70下《宗室世系表下》第2136页：李椿，系让皇帝宪房长孙。如此，则系唐肃宗之堂侄。贾至所撰《授李椿光禄少卿制》应该系唐肃宗之时。

2　《旧唐书》卷102《元行冲传》，第3177页。同书同卷《刘子玄传》："景云中，累迁太子左庶子（正四品上），……加银青光禄大夫（从三品散官）。开元初，迁左散骑常侍（从三品）。"

唐代玄宗肃宗之际的中枢政局

阶。另如《大唐故太子舍人李府君墓志铭并序》载："圣唐天宝丙戌岁十二月□□□□□赵郡李□字霞光，享年□十一，……改授长安县丞。……俄拜著作佐郎。端士秀望，用昆明两，又换今职。"[1]就是以从六品上阶的著作佐郎改任太子舍人的。按：太子舍人系正六品上阶。从表面上看，这似是对东宫官地位的崇重，实际上反映出东宫官在唐朝职官体系中政治地位的沦落。因为如果仅仅着眼于职官的品阶，从吏部叙任职官的角度来说，较高品级的东宫官（如太子谕德）与低于它若干等级的非东宫官（如司门郎中），对于相同官资者的叙职来说可能具有同等的意义。但是，对于每一位叙职的官员来说，即使是较高品级的东宫官仍然缺乏应有的吸引力。[2]李林甫求为低品的司门郎中却改任为太子谕德正说明了这一点。

　　总之，李林甫开元年间在东宫官任上的叙职情况，说明东宫官在叙职时仅在品阶上就已不占优势。从上述东宫官因叙职系统的不同而呈现的品阶的高低变化，我们当可洞悉东宫官政治地位沦落的苗头。

1　周绍良：《唐代墓志汇编》，天宝099，第1600—1601页。按：丙戌，即天宝五载。墓主死于此年，时任太子舍人。

2　《唐会要》卷67《左春坊》第1169页载太和四年十一月左庶子孙革奏："当司典膳等五局郎，伏以青宫列局，护翼元良，必用卿相子弟，先择文学端士。国朝不忘慎选，冀得其人。或扬历清资，或致位丞相。今以年月浸久，渐至讹替。缘其俸禄稍厚，近年时有流外出身者，侥求授任。……实沮流品，……渐成芜蔓。"就反映出典膳等五局郎之类的东宫官在选任时渐至讹替、流品混杂的情形。《册府元龟》卷708《宫臣部·总序》第8428页载事略同，有"诏从之"。另举一例，崔祐甫"年才幼学，有司将补崇文生，公曰：'此朝廷赏延所及，非立身扬名之道。'竟不之就"（周绍良：《唐代墓志汇编》，建中004，第1823页）。按：崔祐甫建中元年（780年）卒，春秋六十，则其生于721年，即开元九年。他不就崇文生乃"未及弱冠"前，推测事应当在开元末至天宝初。

再结合前文已述的唐朝前期大量存在的以东宫官升任宰辅或者宰相兼领东宫官等情况，我们亦能体味出此时东宫官的地位较唐前期已大大降低。我们认为，这正是唐玄宗天宝时期东宫体制发生变化的一个先兆。因此，只有把东宫官叙职之时品阶的变化情形纳入唐玄宗时期东宫体制变化的整体背景中去考察，这一变化的政治意义才会显现出来。

（三）　小结

综上所述，通过对《唐六典》《通典》等与《永徽东宫诸府职员令》的比勘，我们发现唐玄宗天宝时期东宫诸曹司主官判知本曹司事务的行政职能已经渐渐消失，这一变化实际上是表现在国家律令所规范的现行体制之中的，只是乍然看去表现并不明显而已。而在天宝时期依然设置的东宫职员，其中又有相当一部分成为并不承担赞辅储闱职责的闲散职位，有些则成为担任地方官或者诸多使职差遣（如藩镇军将、翰林学士等）的加官，从而使东宫官失去了在原来东宫体制下之于东宫的政治意义。东宫官在某种程度上起到阶官的作用，只用以表明加领东宫官的地方官与使职差遣者的品阶与身份。上述情形的发生，并不是个别现象，从我们列举的大量事例中可以认定其为普遍性的存在。不仅如此，上述东宫官之职能与设置发生的诸多变化，也不是偶然的。这一现象的发生与唐玄宗时期国家政治军事形势的巨大变化以及国家政治体制的巨大调整密切相关。换句话说，上述东宫官职能与设置所呈现的变化，本来就是唐玄宗时期政治体制调整变化的一个组成部分，也是整个国家政治体制调整变化的结果之一。实际上，赵宋时期已经有人指出了这一变化的某些表象。《册府元龟》卷708《宫臣部》总序云：

> 然自唐室至于五代，东宫之职、王府之属，或总领佗务、或授左降分司、致仕官，不专为宫府之任。若建置储嫡、诸王出阁，则官府之职多以佗官兼领及简较之。天宝后，武臣及藩镇牙较[将]、幕府僚佐，亦多简较东宫之职以为散官。

本属"拟职上台，辅翊帝嗣；列位藩国，左右宗亲。历代已还，授任斯重"[1]的"东宫之职、王府之属，……不专为宫府之任"，东宫官也就失去了它之于太子的政治意义。[2]

我们认为，上述唐玄宗时期东宫体制内呈现出的诸多变化，表明天宝年间的东宫体制已经完成从唐朝前期的实体体制向非实体体制的转化，最终形成了唐玄宗天宝时期东宫体制的非实体化特征。所谓东宫体制的非实体化，就是现行东宫体制只保留了原来实体体制之躯壳，而在实际的东宫体制运作过程中已经改变了往日体制的内容。也就是说，实际的东宫体制的运作远非同一时期的律令所规定的东宫

1　《册府元龟》卷708《宫臣部·总序》，第8428页。
2　据《刘宾客嘉话录·正编》："(韦)渠牟荐崔阤，拜谕德，为侍书于东宫。东宫，顺宗也。阤触事面墙，对东宫曰：'臣山野鄙人，不识朝典，见陛下合称臣否？'东宫曰：'卿是宫僚，自合知也。'"济南：泰山出版社，《中华野史》本，第193页。谕德职掌本当侍从太子，"其内外庶政有可为规讽者，随事而赞谕焉"(《唐六典》卷26《左右春坊》，第472页)。崔阤不识朝典，遇事面墙，当然不可能行赞辅东宫之职，就只能担当侍书了。

体制的那些内容可以完整概括。尽管在开元二十五年唐廷重新修订了律令，尔后又修撰了《唐六典》，对国家政治体制进行了新的设计与调整。其中，对于东宫官署以及职官设置状况也做了全面规划。但是，在国家政治体制实际运作中，东宫官的设置既没有像《唐六典》中规定的那样整齐，其职掌与政治地位也与照抄开元二十五年令的《通典》中的内容不相吻合。

在非实体化东宫体制下，东宫官基本成为一类闲散官，成为地方官和方镇衙将、僚佐的加官，像唐朝前期东宫实体体制下完整意义的东宫官也就不复存在。唐朝前期，常见东宫官对太子行止颇多谏诤，这有大量的表疏足可为证，反映出当时东宫官对赞辅皇储的自觉[1]；唐朝前期，宫臣与太子关系密切[2]，宫臣往往可以凭借潜邸旧恩升任朝廷高官甚至宰辅。同样的情况在唐玄宗时期则甚为少见，宫臣与太子的关系已大大不同。当时东宫官与太子之间的政治关系日趋疏淡，供奉太子者多是侍读、侍讲，太子不再拥有像唐前期那样能够起到辅弼作用甚至随时可以担当监国之任的宫臣班子[3]。这正是唐朝东宫体制走

1　比如在咸亨年间，因皇太子接对宫臣不及时，典膳官员提出减膳，就能说明东宫官在其职责上的自觉。参见《唐会要》卷67《左春坊》，第1171页。

2　此可据贞观年间于志宁上太子李承乾谏书所谓"臣下为殿下之股肱，殿下为臣下之君父；君父以存抚为务，股肱以规救为心"（《册府元龟》卷714《宫臣部·规讽三》，第8490页）与唐中宗即位后以豆卢钦望"宫僚旧臣"拜相（《旧唐书》卷90《豆卢钦望传》，第2922页）等事例得到说明。

3　在唐宪宗时，元稹曾进献《论教本书》谈论唐朝前后期东宫官任职者的不同情况。所论唐贞观以来与唐宪宗时"宫僚"之贵重与散贱之状，很值得参见。其中有云："贞观已还，师傅皆宰相兼领，其余宫僚亦甚重焉。马周以位高恨不得为司议郎，此其验也。文皇之后，渐疏贱之。……兵兴已来，兹弊尤甚。师资保傅之官，（转下页）

向非实体化的一个基本表征。我们认为，唐玄宗时期形成这样一个非实体化的东宫体制，是唐玄宗从国家政治体制的角度对东宫政治势力进行有效控制的结果。应当说，在开元二十六年（738年）重新立储以后直到整个天宝时期，唐玄宗对于皇位继承人的政治职能与权力地位的安排都是遵循他自己既定的政治思路，这一思路的前提基础与现实皇权的需要是一致的。通过这样的安排，唐玄宗对太子李亨的成长与势力扩张进行了较为有效的控制。总的来看，自从唐玄宗建十王宅、太子不居于东宫，原有的东宫体制就一直处于被压缩与削弱的状态，唐朝律令所确立的东宫体制之规格也就只保留了一个躯壳。这一躯壳，就是所谓"非实体化的"东宫体制。在这样一个非实体化的东宫体制下，太子的政治活动空间和职权地位与以前实体体制下相比也发生了若干变化。天宝六载（747年）正月，安禄山在朝会上"见太子不拜"，论者总用安禄山所谓"只知陛下，不知太子"[1]一言来说明其行奸使诈，而在我们看来，这正好说明当时太子地位之低微。其实，从安禄山的仕途腾达以及他与朝廷的密切关系而论[2]，安禄山所谓"不识

（接上页）非疾废眊瞶不任事者为之，即休戎罢帅不知书者处之。至于友、谕、赞议之徒，疏冗散贱之甚者，缙绅耻由之。……岂天下之元良，而可以疾废眊瞶不知书者为之师乎？疏冗散贱不适用为之友乎？此何不及上古之甚也！近制，宫僚之外，往往以沉滞僻老之儒，充侍直、侍读之选，而又疏弃斥逐之，越月逾时不得召见，彼又安能傅成道德而保养其身躬哉！"见《旧唐书》卷166《元稹传》，第4327—4330页。

1　《安禄山事迹》卷上，第5页。《通鉴》卷215"天宝六载正月"条第6877页略同。

2　此时安禄山乃唐朝藩方守将，与宰相李林甫关系密切，"右相李林甫素与禄山交通，复屡言于玄宗，由是特加宠遇"；而且，安禄山对朝廷情况也极为关注，"尝令麾下将刘骆谷在京伺察朝廷旨意动静，皆并代为笺表，便随所要而通之"（《安禄山事迹》卷上，第5页）。另外，他对唐朝史馆制度也不陌生（参《通鉴》卷215，（转下页）

朝仪，不知太子是何官"云云当非实情，这与唐玄宗位居东储之时王琚所谓"在外只闻有太平公主，不闻有太子"[1]有相通之处，只是这番言论一则出自守边蕃将，另一则出自京城官宦子弟罢了。地方军将胆敢藐视身为储君的太子，折射出太子政治地位沦落的客观政治现实。而太子政治地位的沦落[2]，无疑又是东宫体制非实体化所造成的直接后果。

笔者认为，唐玄宗天宝时期所形成的非实体化的东宫体制，不仅直接对太子的政治地位造成了影响，而且对天宝以降乃至唐朝后期皇权政治的运作尤其是皇位继承等产生了极为深远的影响。特别是唐肃宗即位之初皇帝权力的运作与行使以及肃宗与玄宗的政治关系，与非实体化的东宫体制有着极其深刻的政治渊源。

（接上页）天宝二年正月，第6857页）。因此，安禄山云其不知太子为何官，必系矫情饰伪之言，当另有深意。按：时值李林甫连续罗织大狱倾动皇太子之时，而安禄山又是俯仰听命于李林甫的地方势力，安禄山不拜太子一事当可深究。此与前文所述王忠嗣案狱一样，均已透出地方军将介入中央中枢政局内政治斗争的趋势。这一情形，势必导致天宝中枢政局更加复杂。

1　《旧唐书》卷106《王琚传》，第3249页。

2　据《南部新书》戊卷第46页："裴休，大中中在相。一日赐对，上曰：'赐卿无畏。'休即论立储君之意。上曰：'若立储君，便是闲人。'遂不敢言。"以储君为"闲人"，当可领略唐宣宗大中年间时储君之地位。此虽已属唐末期之事，但从中也可稍微看到在皇权政治运作之中，皇太子的政治空间受到压缩、政治地位遭到削弱的有关情形。

第五篇

唐玄宗天宝末年的中枢政局
——以安史之乱中宰相与太子的矛盾斗争为考察中心

　　唐玄宗天宝十四载（755年）十一月九日，身兼唐东北三镇（范阳、平卢、河东）节度使的安禄山在幽州（今北京市）起兵，引发了长达八年之久的地方军将挑战中央政府的军事叛乱。[1]在我们看来，安禄山的起兵是地方军将以极端方式介入中央中枢政治体制与权力结构的事件，特别是安禄山因当年"不拜太子"而加速发动叛乱[2]以及叛乱

---

[1]　安禄山叛乱之时，除了身兼三镇节度使，还兼河北采访处置使、河东道采访使及如柳城、范阳、云中等地州郡长官，其身份是唐朝在东北地区的最高军政长官，同时应该注意，他还兼领闲厩、苑内、营田、五方、陇右群牧都使，其职权已渗透到西北陇右地区。以往学界对安禄山叛乱的性质颇多论说，我们同意地方军将叛乱说。因此，我们把安禄山叛乱纳入地方势力与中央政府的斗争范畴做考察。

[2]　安禄山叛乱是唐朝天宝时期社会政治矛盾的总爆发，这中间当然包含了国家中枢政治体制内的矛盾。而安禄山叛乱与"不拜太子"之关联可据《通鉴》卷216"天宝十载二月"条第6905页："禄山既兼领三镇，赏刑己出，日益骄恣。自以曩时不拜太子，见上春秋高，颇内惧；又见武备堕弛，有轻中国之心。"安禄山以诛杨国忠为旗号，不过是一个起兵借口而已，但它的确触及天宝中枢政局内矛盾斗争的焦点，（转下页）

以诛杀宰相杨国忠为旗号，更使这一隐含的内容浮现在表面。毋庸置疑，安禄山叛乱对唐朝天宝中枢政局产生了极其深刻的影响，其面貌与演进方向均被深深地打上了这一政治巨变的烙印。可以说，安禄山叛乱之后，唐朝中枢政局内的矛盾斗争在很大程度上是围绕着这一政治巨变展开的。

一 皇太子监国风波

安禄山起兵后，唐中央朝廷反应迟钝，而且缺乏应变能力，对于事变的严重性估计不足，也没有进行全面的统一部署。因此，局势迅速恶化。安禄山从率铁骑南下，到天宝十四载（755年）十二月十三日攻陷东都洛阳，一共只用了三十四天。在洛阳沦陷之前，唐朝政府只是按常规沿黄河南岸布防，值得注意的应变措施，除以安西节度使封常清为范阳、平卢节度使赴东都御敌外，就是任命了荣王琬为元帅、以名将高仙芝为副元帅统兵五万东征，又于京师招募十一万人组成"天武军"[1]。随着局势的恶化，唐玄宗对事变的态度有了改变，在天宝十四载十二月七日壬辰"上下制欲亲征"[2]，并颁布了《亲征安禄山诏》[3]。诏书中对此前所做的军事部署特别是十二月一日丙戌出发镇守

（接上页）而且在一定程度上影响着这一矛盾斗争，所谓"时禄山以诛杨国忠为名，由是军民切齿于杨氏"（《旧唐书》卷10《肃宗纪》，第240页）是也。

1　《通鉴》卷217，玄宗天宝十四载十一月，第6937页。《旧唐书》卷9《玄宗纪下》第230页略同。

2　《通鉴》卷217，玄宗天宝十四载十二月，第6938页。

3　《唐大诏令集》卷119《亲征安禄山诏》，第576页。按：文末"天宝十四年十二月"之"年"当作"载"。

陕州（今三门峡市）的高仙芝一部表达出十足的自信，并对亲征前景表示极为乐观：所谓"前所出师命将，足以除凶去孽。……今亲总六师，率众百万，铺敦元恶，巡幸洛阳，将以观风，因之扫珍。泰山压卵，未可喻其重轻；洪波注萤，不暇收起光焰。"显然，唐朝廷对事变的总体态度虽然仍无实质改变，此时安禄山已经攻陷陈留，兵临荥阳，只是唐玄宗当时尚未获得战报，但他提出要亲往洛阳督战，并对出征做了具体部署，似乎是朝廷开始对事变有所重视的信号："宜令所司，即择日进发。其河西、陇右、朔方，除先发蕃汉将士及守军、郡、城、堡之外，自余马步军将兵健等，一切并赴行营，各委节度使统领，仍限今月二十日齐到。既缘剪除凶逆，暂赴东京，宫掖侍从，并令减省。"但是，由于洛阳很快失守，使唐玄宗督战洛阳的计划陷于尴尬。先此奉命从征的各路大军业已结集，唐玄宗不得不尽快对平叛计划做出调整。果然，天宝十四载（755年）十二月十六日辛丑，唐玄宗做出了反应。这一次，他把太子与朝廷的平叛联系起来。

对唐玄宗在天宝十四载十二月十六日辛丑这天的政治安排，现存文献记载颇有疑义。一种记载认为，唐玄宗意在令太子李亨监国，而由他自己御驾亲征。《旧唐书》卷106《杨国忠传》："玄宗闻河朔变起，欲以皇太子监国，自欲亲征，谋于国忠。"《新唐书》卷206《杨国忠传》："禄山反，以诛国忠为名，帝欲自将而东，使皇太子监国。"《通鉴》卷217"天宝十四载十二月"条："上议亲征，辛丑，制太子监国，谓宰相曰：'……朕当亲征，且使之（太子）监国。事平之日，朕将高枕无为矣。'"均持这样的观点。

而另有记载表明，唐玄宗不仅命太子监国，还令太子统兵进讨叛军。《旧唐书》卷10《肃宗纪》即持此看法："辛丑,制太子监国,仍遣上亲总诸军进讨。"又据《旧唐书》卷51《后妃上·玄宗杨贵妃传》："河北盗起,玄宗以皇太子为天下兵马元帅,监抚军国事。"不仅与《旧唐书·肃宗纪》同,而且增加了任命太子为"天下兵马元帅"的细节。另外,《旧唐书》卷9《玄宗纪下》中只有"辛丑,诏皇太子统兵东讨"的记载,而无太子监国之事。

以上诸书除了《旧唐书》卷9《玄宗纪下》的记载,均有唐玄宗令太子监国的内容。看来,在安禄山叛军攻陷东都洛阳后,唐玄宗确实打算让太子行监国之任。难以定谳者是究竟由唐玄宗还是由太子统兵东讨。上述诸书记载各执一词,幸好诏制原文尚存,我们从中可知文献记载的异同。《明皇命皇太子监国亲总师徒东讨诏》[1]:

> ……贞我万国,必在元良,弼予一人,归之上嗣。将寄丈人之律,实资长子之师,亦既戒严,当除群慝,皇太子亨,仁明植性,孝友因心。……韫公忠而事君,总文武而行已,既有绝驰之美,可称问膳之勤;以三善之明,助百揆之务。迩安远肃,天平地成。属凶险负恩,称兵向阙,人神同愤,命尔抚军。将缴福于宗桃,以保安于社稷。凭天之德,何向不济,顺人之心,所战必克。庶清彼氛沴,以宁我家国。宜令太子监国,仍即亲总师徒,以诛叛逆。取今月二十三日先发。所司准式,务从省便,无使劳烦,布告遐迩,咸令知悉。

1　《唐大诏令集》卷30《明皇命皇太子监国亲总师徒东讨诏》,第101页。

从此诏制中我们可以看出，其核心内容是令太子李亨监国。所谓"仍即亲总师徒，以诛叛逆"云云，表达的是唐玄宗要亲自统兵诛讨，并无令太子统兵之意。如果把这一诏制与十二月七日颁布的《亲征安禄山诏》中"今亲总六师，率众百万，铺敦元恶，巡幸洛阳"的内容联系起来考察，就能比较清楚地知悉唐玄宗当时做出的政治安排。另外，此前唐玄宗已经任命荣王琬为元帅，并先已令高仙芝率兵出发东征，所以，我们对《旧唐书·杨贵妃传》中所载的以太子为天下兵马元帅一事颇有疑问。不过，诏书中有"长子之师""命尔抚军"等字眼，又确实容易让人误以为是命令太子统兵东征。其实，这应是借用太子"从曰抚军，守曰监国"的古制，"夫帅师，专行谋，誓军旅，君与国政之所图也，非太子之事也"[1]。所以，并不是或者未必是一定要太子统兵东征。[2]我们应该看到，是因为安禄山叛乱所造成的局势恶化，才使太子获得了走到政治前台的机会。值得注意的是，在太子被委以平叛重任之际，十王宅中的诸王也得到了许多委任。此先有荣王琬，与委任太子统兵东讨同时，唐玄宗又"以永王璘为山南节度使，以江陵长史源洧副之；颍王璬为剑南节度使，以蜀郡长史崔圆副之。二王不出阁"[3]。

1　《左传》"闵公二年"条。参见（宋）陈模《东宫备览》卷6"监国"条，《四库全书》本。

2　如诏制中所谓"助百揆之务""总文武而行已"等即是太子监国的内容。另外像诏制中有所谓"绝驰之美"，应当是用西汉元帝时太子刘骜应召"不敢绝驰道"的典故（参见《汉书》卷10《成帝纪》及应劭注，第301—302页）。诏制行文虽然时常玩弄辞藻，但是也十分讲究机心，从其所用文字中亦颇可见其政治上的深刻内蕴。

3　《旧唐书》卷9《玄宗纪下》，第230页。按：《通鉴》卷217"天宝十四载十二月"条第6940页载二王之被任命在"庚子"，则较皇太子之受命早一日。

从唐玄宗的这一政治安排来看，此举至少是给太子李亨谋求政治上的崛起提供了一种可能性。显然，是安禄山叛乱给太子带来了政治上崛起的良机。我们这样说，是出于对天宝时期太子政治地位的基本估计。由于天宝时期东宫体制非实体化的形成，太子李亨实际上很难像唐太宗时期的太子那样迅速担当起监国的重任。也就是说，尽管因安禄山叛乱导致了全国局势恶化，当时太子的政治地位却没有得到多少改善，现实政治体制尚不能够给太子提供像唐前期那样可以发挥政治功能的空间。即使在这样的政治格局下，唐玄宗的一纸诏书仍然引起了宰相杨国忠的抵制。诏令太子监国，引起了宰相杨国忠的极大不安。而来自宰相方面的强烈反对，使这一诏令中对太子所做的政治安排成为水中月、镜中花。

《旧唐书》卷106《杨国忠传》载：

　　玄宗闻河朔变起，欲以皇太子监国，自欲亲征，谋于国忠。国忠大惧，归谓姊妹曰："我等死在旦夕。今东宫监国，当与娘子等并命矣。"姊妹哭诉于贵妃，贵妃衔土请命，其事乃止。

不过，据《旧唐书》卷51《后妃上·玄宗杨贵妃传》：

　　河北盗起，玄宗以皇太子为天下兵马元帅，监抚军国事。国忠大惧，诸杨聚哭。贵妃衔土陈请，帝遂不行内禅。

又据《新唐书》卷76《玄宗贵妃杨氏传》：

禄山反，……帝欲以皇太子抚军，因禅位，诸杨大惧，哭于廷。国忠入白妃，妃衔块请死，帝意沮，乃止。

两书记此事之内容与细节又有不同。两《唐书》之《杨贵妃传》所谓"内禅""禅位"云云，参以其他文献可知未必是一种实录。《新唐书》卷206《杨国忠传》中是这样记载的：

帝欲自将而东，使皇太子监国，谓左右曰："我欲行一事。"国忠揣帝且禅太子，归谓女弟等曰："太子监国，吾属诛矣。"因聚泣，入诉于贵妃，妃以死邀帝，遂寝。

差不多相同的记载还见于《谭宾录》：

玄宗谓侍臣曰："我欲行一事，自古帝王未有也。"盖欲传位与肃宗。及制出，国忠大惧，言语失次。归语杨氏姊妹曰："娘子，我辈何用更作活计？皇太子若监国，我与姊妹等即死矣。"相聚而哭。虢国入谋于贵妃。妃衔土以请，其事遂止。[1]

据此，两《唐书》之《杨贵妃传》所谓"内禅""禅位"者，至多是杨国忠对唐玄宗政治安排的一种揣度推测而已。[2]即使如此，根据上

---

[1]　《太平广记》卷240《诌佞二》"杨国忠"条，第1855—1856页。

[2]　（宋）乐史《杨太真外传》卷下"上欲以皇太子监国，盖欲传位"云云更是一种主观性的揣度。《开元天宝遗事十种》本，第141页。

文的语义，仍可知唐玄宗之本意是令太子监国，即"监抚军国事"。然而，在《资治通鉴》中就不仅是唐玄宗亲征、令太子监国这么简单了，司马光还增加了唐玄宗"已欲传位太子"的细节[1]，而且所载杨国忠在得知此事时的表现较之《旧唐书·杨贵妃传》的记载更为不堪。[2]《通鉴》卷217"玄宗天宝十四载十二月辛丑"条载：

> 杨国忠大惧，退谓韩、虢、秦三夫人曰："太子素恶吾家专横久矣，若一日得天下，吾与姊妹并命在旦暮矣！"相与聚哭。使三夫人说贵妃，衔土请命于上；事遂寝。

不管怎样，杨国忠对太子监国一事的反应是强烈且迅速的。他如此强烈地反对太子监国，是担心太子一旦监国，天宝年间以来太子与宰相集团在皇权政治中的配置关系就会发生变化，太子就会借机在政治上崛起。如果形成这样的局面，就会对他极为不利。因为杨国忠与太子李亨一直是冤家对头，在天宝中枢政局内他们一直处于激烈的矛盾对抗中。如前所述，李亨自开元二十六年（738年）被册立为太子后，就不断遭到朝中权相、中书令李林甫和继任者杨国忠的构陷。史载："及立上为太子，林甫惧不利己，乃起韦坚、柳勣之狱，上几危者

1 　对唐玄宗所谓"传位"一事，笔者已有专文考论。参见拙撰《唐玄宗"传位"史实辨析》，《人文杂志》，1998年第2期。

2 　在《旧唐书·杨国忠传》中是"姊妹哭诉于贵妃"，并未提及杨国忠。《旧唐书·杨贵妃传》则云"诸杨聚哭"，到《通鉴》中就成为"相与聚哭"。如此妇人之态，显然有对杨国忠蔑视的成分。从杨国忠在朝廷上的威权地位来看，这一记载未必是实录。不过，我们认为，《通鉴》对此过程进行记载时，对材料的取舍颇可圈可点。

数四。后又杨国忠依倚妃家，恣为褒秽，惧上英武，潜谋不利，为患久之。"[1]其实，天宝初年李林甫所罗织的数次冤狱，杨国忠就积极参与其中。[2]杨国忠出面阻止太子监国，正是天宝年间宰相集团与太子集团之间矛盾斗争的继续。

值得一提的是，杨国忠能成功阻止太子监国，并不是他出面表示反对，而是通过杨贵妃劝阻，使皇帝放弃了初衷。杨贵妃究竟以何等言语达到目的，并不见于传世史乘。这一幕本可以大肆渲染一番的场景，就连宋人乐史的《杨太真外传》也只是基本按照正史的口吻做了如下记载：

> 上欲以皇太子监国，盖欲传位，自亲征，谋于国忠。国忠大惧，归谓姊妹曰："我等死在旦夕。今东宫监国，当与娘子等并命矣。"姊妹哭诉于贵妃，妃衔土请命，事乃寝。[3]

杨贵妃"衔土请命"，表明其态度之坚决。应当说，唐玄宗当政时期对后宫势力的控制是有效的。杨贵妃虽然深得恩宠，但唐玄宗并没有为她加皇后之尊号。因此，无论杨贵妃是否愿意或者有无可能介入朝廷政治生活，事实上她对朝廷事务的干预都较少。[4]唐玄宗何以会

1　《旧唐书》卷10《肃宗纪》，第240页。

2　参见《旧唐书》卷106《杨国忠传》，第3242页。

3　《杨太真外传》卷下，第141页。按：除个别文字外，其中所载基本与《旧唐书·杨国忠传》相同。

4　除这次劝阻皇帝亲征外，值得一提者尚有二事：一是杨国忠用兵南诏失败后出镇剑南，在向唐玄宗辞行时"泣诉为（李）林甫中伤者，妃又为言，故帝益亲之，（转下页）

听从杨贵妃的劝阻,我们难以做出圆满的解释。不过,我们注意到,在前引《明皇命皇太子监国亲总师徒东讨诏》中有"取今月二十三日先发"一条。这就是说,在唐玄宗明诏告示天下"仍即亲总师徒,以诛叛逆"时,并没有确定御驾亲征的时间,仅仅是规定了这支先头部队预计出发的日期。实际上,笔者认为诏书中已经给唐玄宗下一步的安排留下了余地,为他放弃亲征埋下了伏笔。试想,古稀高龄的皇帝御驾亲征究竟有多大的可信度呢?只是此事使杨贵妃卷入到宰相与太子政治斗争的旋涡之中。后来杨贵妃罹马嵬之难,看来早有祸端。

应当说,太子大有希望的监国之任化为泡影,反映出中枢政局中宰相集团与太子双方斗争较量的某些内容。太子监国一事的翻覆,是安史之乱中宰相集团与太子之间斗争较量的第一个回合。这一较量刚刚开始,监国风波过后,太子自不会放弃,暗中的较量仍在紧张、激烈地进行着。

二 哥舒翰受命统兵之身份辨析

当唐朝中枢政局内围绕唐玄宗亲征与太子监国暗中较量时,前线平叛局势继续恶化。封常清失守东都洛阳后,又劝说驻守陕郡的大将高仙芝主动西撤,退保潼关。结果,封、高二人在天宝十四载(755年)十二月十八日因失律丧师被唐玄宗斩于潼关军中。前后仅数日之隔,

---

(接上页)豫计召日"。见《新唐书》卷206《杨国忠传》,第5848页;再为唐玄宗曾在陈希烈辞职时向驸马张垍流露出要选其为相之意,"会贵妃闻,以语国忠,国忠恶之,及希烈罢,荐韦见素代之"。见《新唐书》卷125《张说传附张垍传》,第4411页。

河西、陇右节度使哥舒翰即被委以守关重任。《通鉴》卷217 "玄宗天宝十四载十二月癸卯" 条载此事因果：

> 河西、陇右节度使哥舒翰病废在家，上藉其威名，且素与禄山不协，召见，拜兵马副元帅，将兵八万以讨禄山。仍敕天下四面进兵，会攻洛阳。翰以病固辞，上不许，……号二十万，军于潼关。

同书同卷同条《考异》引《玄宗实录》：

> 癸卯，斩常清、仙芝，命翰为兵马副元帅，统兵八万，镇潼关。

《册府元龟》卷122《帝王部·征讨二》：

> 哥舒翰为兵马副元帅，统兵八万镇潼关。

唐人姚汝能《安禄山事迹》中亦载：

> 是月，我以京兆尹牧、荣王琬为行官元帅，以河西、陇右节度使、西平王哥舒翰为副元帅，……督蕃汉兵二十一万八千人镇于潼关。[1]

1　《安禄山事迹》，第26页。《通鉴》卷217 "天宝十四载十二月" 条《考异》引《安禄山事迹》同。

据上述，哥舒翰受命之初的身份应当是"兵马副元帅"。有关哥舒翰的"副元帅"身份，还可以举出一个例证。据《旧唐书》卷146《萧昕传》："及安禄山反，……累迁宪部员外郎，为副元帅哥舒翰掌书记。"《新唐书》本传载略同："哥舒翰为副元帅拒安禄山，辟掌书记。"[1]

这样看来，哥舒翰曾任副元帅之事当可无疑，而此时的兵马元帅乃天宝十四载十一月二十二日丁丑任命的荣王琬。据《通鉴》卷217"玄宗天宝十四载十一月丁丑"条：

> 以荣王琬为元帅，右金吾大将军高仙芝副之，统诸军东征。

《新唐书》卷5《玄宗纪》：

> 丁丑，荣王琬为东讨元帅，高仙芝副之。[2]

《旧唐书》卷104《高仙芝传》[3]：

1　《新唐书》卷159《萧昕传》，第4951页。《全唐文》卷355第1590页"萧昕小传"载与《新唐书·萧昕传》同。

2　《旧唐书》卷9《玄宗纪下》第230页载与《通鉴》《新唐书·玄宗纪》略同，唯系时干支不同。《旧唐书·玄宗纪》本月做"戊午朔"，误。参见陈垣《二十史朔闰表》第97页考订。

3　《新唐书》卷135《高仙芝传》第4578页同，《旧唐书》卷107《玄宗诸子·靖恭太子琬传》第3262页并同。

> 以京兆牧、荣王琬为讨贼元帅,仙芝为副。

由上可知,哥舒翰一开始所任副元帅是接替被斩于潼关的高仙芝,荣王琬仍然是兵马元帅。司马光也曾推断说:"时荣王为元帅,故以翰副之。盖诛仙芝之日,即命翰代仙芝。"[1]但是,对于哥舒翰这一东征(讨)"副元帅"的身份,在以下文献中根本不见记载。这样一来,哥舒翰受命统兵时又是另一种身份。

《旧唐书》卷9《玄宗纪下》:

> 十二月……丙午,斩封常清、高仙芝于潼关,以哥舒翰为太子先锋兵马元帅,领河、陇兵募守潼关以拒之。辛亥,荣王琬薨,赠靖恭太子。

同上卷10《肃宗纪》:

> 乃召河西节度使哥舒翰为皇太子前锋兵马元帅,令率众二十万守潼关。

《新唐书》卷5《玄宗纪》:

> 癸卯,封常清、高仙芝伏诛。哥舒翰持节统领处置太子先

锋兵马副元帅,守潼关。……戊申,荣王琬薨。

《通鉴》卷217"玄宗天宝十四载十二月癸卯"条《考异》引《肃宗实录》[1]:

> 以翰为皇太子先锋兵马使、元帅,领河、陇、朔方募兵十万,并仙芝旧卒,号二十万,拒战于潼关。十二月十七日,大军发。

《旧唐书》卷104《哥舒翰传》:

> 及禄山反,上以封常清、高仙芝丧败,召翰入,拜为皇太子先锋兵马元帅,……(以兵二十万)拒贼于潼关。

《新唐书》卷135《哥舒翰传》:

> 十四载,禄山反,封常清以王师败。帝乃召见翰,拜太子先锋兵马元帅,以……兵二十万守潼关。

尽管上述文献所载哥舒翰的身份[2]尚有一定区别,但除《新唐

---

1 《通鉴》卷217"玄宗天宝十四载十二月癸卯"条《考异》引《唐历》亦云哥舒翰身份为"先锋兵马使、元帅"。

2 《旧唐书》卷110《王思礼传》第3312页仅作"禄山反,哥舒翰为元帅",未明系统领太子先锋兵马者。

唐代玄宗肃宗之际的中枢政局

书·玄宗纪》外，均冠以"皇太子先锋（前锋）兵马元帅"的头衔，而且，从这些记录看，哥舒翰的头衔都是最初接受任命出镇潼关时所加。显然，按照这些记载，在高仙芝被斩后，哥舒翰即被任命为皇太子先锋兵马元帅，而不曾任元帅荣王琬的副职。也就是说，在两《唐书》之《玄宗纪》、两《唐书》之《哥舒翰传》以及《旧唐书·肃宗纪》、《肃宗实录》等文献记录中，无一例外地隐去了哥舒翰曾任元帅荣王琬之副的细节。如果没有前述《玄宗实录》、《册府元龟》、《安禄山事迹》以及《通鉴》的记载，我们根本无法注意到哥舒翰之身份存在荣王琬"副元帅"与"皇太子先锋（前锋）兵马元帅"之间的歧异。那么，我们应该如何看待上述记载中关于哥舒翰身份的歧异呢？

我们认为，哥舒翰作为元帅荣王琬的副职与太子先锋（前锋）兵马元帅，都是历史真实。也就是说，哥舒翰既担任过元帅荣王琬的副职，也担任过皇太子先锋（前锋）兵马元帅，只是哥舒翰担任这两个职务的时间有先后。哥舒翰由兵马副元帅改任为皇太子先锋兵马元帅，其实正反映了这一时期中枢政局内矛盾斗争的某些内容。在哥舒翰身份变更期间，东讨元帅荣王琬之死，为我们思考这一时期中枢政局内的斗争较量提供了一个参照实证。

据《通鉴》卷217"玄宗天宝十四载十二月"条及《新唐书》卷5《玄宗纪》载："戊申，荣王琬薨。"十二月戊申，即二十三日。如此，则荣王之死，距癸卯日封、高被斩仅仅五天。[1]对荣王琬之死，当时有这

---

1 《旧唐书》卷9《玄宗纪下》第230页记封、高被斩于十二月丙午，荣王琬薨于辛亥。虽然系时干支与《新唐书·玄宗纪》《通鉴》不同，其间隔也同样是五天。

样一种反应，所谓"琬素有雅称，风格秀整，时士庶冀琬有所成功，忽然殂谢，远近咸失望焉"[1]。看来，荣王之死比较突然。[2]从史书所载对其忽然死去"远近咸失望"的情况推测，此事当隐含有史书未曾明言的内容。特别是守关大军终又被冠以"太子先锋兵马"的名义，不能不使我们对荣王"忽然殂谢"心存疑问。值得注意的是，两《唐书》之《玄宗纪》载荣王之死均在哥舒翰担任太子先锋兵马元帅之后，如果事实果真如此，哥舒翰之身份改为皇太子先锋兵马元帅，就与东征元帅荣王琬之死没有任何关系。但是，为什么两《唐书》之《玄宗纪》与《哥舒翰传》中均隐去哥舒翰此前有东讨兵马副元帅头衔的事实呢？笔者认为这是因为正史的记载存在曲笔。有意思的是，《新唐书·玄宗纪》中却载有哥舒翰"太子先锋兵马副元帅"的头衔。笔者认为，这应该就是正史记载存在曲笔的一个破绽。

另外，哥舒翰率众出镇潼关的时间也存在一些令人费解之处。《肃宗实录》记"十二月十七日，大军发"，《旧唐书·玄宗纪下》作丙午日，命哥舒翰守潼关。司马光认为："《旧·纪》'丙午'，《肃宗实录》'十七日军发'，皆太早也。"[3]而《新唐书》卷5《玄宗纪》、《通鉴》卷217以及《玄宗实录》均把这一时间记为十二月癸卯即十八日。从当时的史实推论，哥舒翰大军在癸卯日出发，似乎也太早。因为癸卯这天

1　《旧唐书》卷107《玄宗诸子·靖恭太子琬传》，第3262页。今本《唐会要》卷4《追谥太子·杂录》第49页亦载此事，唯文字有阙失，可据《旧·传》补入。

2　已有学者指出：荣王琬死因不明，"其中似包含有唐玄宗的儿子们争夺军权的隐蔽勾斗"。参见许道勋、赵克尧《唐玄宗传》，第493页。

3　《通鉴》卷217，玄宗天宝十四载十二月癸卯，《考异》，第6943—6944页。

刚刚诛杀封、高二将，接替高仙芝任副元帅的哥舒翰岂能即赴潼关？何况诛杀高仙芝以后，潼关军务已令将军李承光"摄领"[1]，若哥舒翰当日即可赴任，当不必再多此一举。笔者估计癸卯这天最有可能是初任命哥舒翰为东讨兵马副元帅的时间。从《明皇命皇太子监国亲总师徒东讨诏》"取今月二十三日先发"的安排考虑，笔者估计哥舒翰大军出发的时间很可能是在十二月二十三日，即戊申日。荣王琬又恰巧在这一天突然死去。这一巧合使人感觉并非偶然。再者，《新唐书·哥舒翰传》对大军离京出发时的情况记载颇详，却唯独没有载明出发日期，《旧唐书·哥舒翰传》亦复如此，其他史料或言之含混，或载之"太早"，均失之确凿。出现这些现象，恐怕不是没有缘由的。笔者推想，这大概是唐肃宗李亨即位后，为掩盖当时的实情，在《实录》或其他官方文献中做过手脚。

监国风波过去后，太子李亨与杨国忠的暗中较量紧张、激烈地进行着。太子借局势巨变获得了在政治上可能崛起的时机，遂积极谋求扩大自己的政治生存空间。如此说来，哥舒翰的身份由东讨兵马副元帅改为皇太子先锋兵马元帅，正是太子努力谋求政治上崛起的一种结果。因为"皇太子先锋兵马元帅"的头衔，不仅在天宝时期非实体化东宫体制下是一个新的发明，即使在唐前期实体东宫体制下也不曾存在过。哥舒翰出任皇太子先锋兵马元帅，说明潼关守军已在名义上归属太子控制和统领。太子李亨对守关大军拥有控制权，不仅对整个潼关战局的进程产生了决定性的影响，而且改变了天宝时期中枢政局内

1　《通鉴》卷217，玄宗天宝十四载十二月，第6943页。

太子与宰相之间斗争较量的格局。

太子李亨能够如愿得到这一结果，大概也符合唐玄宗亲征时欲以太子监国的初衷。也就是说，太子谋求政治上的崛起，也必须符合皇权政治的规范要求。顺便提一下，天宝十五载（756年）七月，太子李亨已于灵武即位后，唐玄宗入蜀途中还曾颁诏任命李亨"充天下兵马元帅"[1]，这大概反映出唐玄宗在安禄山叛乱之后对太子的政治态度。这样说来，荣王琬也许是太子李亨在谋求扩大个人政治空间过程中的牺牲品。退而言之，副元帅高仙芝失律丧师，身为元帅的荣王琬也难辞其统御之责。

总而言之，哥舒翰受命统兵、出镇潼关时身份的改变，不仅反映出太子在中枢政治体制下一直遭受压制与打击的局面开始出现转变的苗头，而且说明在天宝非实体化东宫体制下，政治地位已被大大削弱与生存空间已遭到严重压缩的太子，开始谋求政治上发展与扩张的可能性。所有这些均是安禄山叛乱造成的政治局势所带来的巨变，由此改变了皇权政治对太子现实政治地位的要求。也就是说，正是安禄山叛乱给太子李亨政治上的崛起提供了良机。当然，因为政治局势的变化，唐玄宗能够容忍太子政治上的经营才是最直接的决定因素。

三 天宝中枢政局决定下的潼关战局

哥舒翰赴任潼关后，加强防务、积极备战，有效地抵御了安史叛

1　《通鉴》卷218，肃宗至德元载七月，第6983页。

军的西攻，并极大地支持了郭子仪、李光弼的朔方军在河北战场的平叛。前线战场的相对安定，使长安局势趋于稳定。这样一来，一度被压抑的唐中枢政局中的那股政治斗争暗流渐趋浮泛上来。斗争的双方仍然是宰相与太子，他们现在的斗争与较量几乎都围绕着潼关战局而展开，双方斗争的内容又投射到整个潼关战局中，并影响着战局的发展方向。哥舒翰的守关大军从京城长安出发伊始，就深深地打上了唐朝中枢政治斗争的烙印。这也几乎成为决定潼关战局全部问题的关键所在。

天宝中枢政治集团围绕潼关战局斗争较量的最初结果是天宝十五载二三月间的安思顺冤死。《通鉴》卷217"肃宗至德元载三月"条：

> 初，户部尚书安思顺知禄山反谋，因入朝奏之。及禄山反，上以思顺先奏，不之罪也。哥舒翰素与之有隙，使人诈为禄山遗思顺书，于关门擒之以献，且数思顺七罪，请诛之。丙辰，思顺及弟太仆卿元贞皆坐死，家属徙岭外。杨国忠不能救，由是始畏翰。[1]

由于哥舒翰素与安氏兄弟不和，此事看上去确有"肆志报怨"之嫌，但"杨国忠不能救，由是始畏翰"，颇令人费解。杨国忠为什么要救安思顺？史无明文。天宝年间，安思顺曾向朝廷汇报过安禄山的反

1　《新唐书》卷135《哥舒翰传》第4572页略同。

谋,这与宰相杨国忠的看法一致。不过,太子李亨也屡言安禄山必反,却与杨国忠是死对头。看来,对安禄山的看法相同未必是杨国忠对安思顺出手相救的理由,既然说"不能救",那一定有救的理由。笔者认为,这极有可能是太子集团与宰相杨国忠之间暗中较量的一个结果。也许太子利用哥舒翰与安思顺的旧怨,借刀杀人只是一种障眼法,实际矛头指向了杨国忠,即以手中控制的守关大军向宰相示威,而杨国忠不能救,于是才心生畏惧。若联系到天宝五载(746年)王忠嗣辞去朔方节度使后由李林甫、安思顺等人接任,而且天宝十一载(752年)安思顺复任朔方节度使系由李林甫举荐,李林甫又是当时主张废李亨另立太子态度最为坚决的人,这些背景对理解此事或许能有些启发。就是说,太子李亨拿安思顺开刀向杨国忠示威并不是毫无缘由的。这其中的隐情实在是有些深奥。

而所谓"始畏翰"云云,说明在安思顺事件之前,杨国忠与哥舒翰之间并不存在政治上的隔阂[1],至少在此之前杨国忠没有把哥舒翰纳入政治敌手的阵营。并且,由于天宝年间杨国忠与安禄山"有隙","故厚赏翰以亲结之"[2],两人还存在某些政治联系。天宝十一载(752年),在邢𬘭以龙武万骑谋乱一案中,哥舒翰还曾附会杨国忠对付过李林甫。当然,天宝六载(747年)时,李林甫为危及太子,罗织

1　据《南部新书》庚卷第70页:"天宝中,哥舒翰为安西节度使。……时差都知兵马使张擢上都奏事。值杨国忠专权好货,擢逗留不返,因纳贿交结。翰续入朝奏,擢知翰至,擢求国忠拔用。国忠乃除擢兼御史大夫充剑南西川节度使。敕下,就第辞翰。翰命部下就执于庭,数其罪而杀之。俄奏闻,帝却赐擢尸,更令翰决一百。"哥舒翰与杨国忠虽然曾经发生过摩擦,但这恐怕还不至于引起政治上的隔阂。
2　《旧唐书》卷104《哥舒翰传》,第3213页。

王忠嗣一案，身为王忠嗣部下的哥舒翰曾声泪俱下地向玄宗"力陈忠嗣之冤"。总的来说，作为一位职业军将，哥舒翰在出镇潼关前，与太子、宰相均无过分亲密或疏淡之处。那么，杨国忠畏惧哥舒翰的，应当是哥舒翰的太子先锋兵马元帅的身份，而不是其他。因为从体制的角度来说，哥舒翰既然任皇太子先锋兵马元帅，已经得到皇帝认可，那就理应归属太子调遣。因此，就很难说哥舒翰不会成为太子手中一张对付宰相的牌。

如果说太子利用安思顺事件对付杨国忠还有些试探的意味，那么，紧接着矛头就直接指向杨国忠。此事的一个重要表象是，在潼关军中出现了一股势力，他们试图通过哥舒翰回军诛杀杨国忠。这股势力以王思礼为首。据《旧唐书》卷110《王思礼传》载：

> 十五载二（？三）月，思礼白翰谋杀安思顺父（？及）元贞，于纸隔上密语翰[1]，请抗表诛杨国忠，翰不应。复请以三十骑劫之，横驮来潼关杀之。翰曰："此乃翰反，何预安禄山事。"

对这一回军诛杨之议，哥舒翰没有答应。不过也有资料说"翰心许之，未发"[2]，或说"翰犹豫未发"[3]。总之，哥舒翰并未付诸实施。

---

[1] 王思礼密语云："禄山阻兵，以诛国忠为名，公若留二万人守潼关，悉以余兵诛国忠，此汉诛晁错挫七国之计也，公以为如何？"《安禄山事迹》卷下，第32页。《通鉴》卷218"肃宗至德元载五月"条第6964页《考异》引《玄宗实录》同。

[2] 《通鉴》卷218，肃宗至德元载五月《考异》引《玄宗实录》，第6964页；《安禄山事迹》卷下第32页同。

[3] 《新唐书》卷135《哥舒翰传》，第4572页。

密议很快被杨国忠得知，杨迅速做出反应。这样看来，杨国忠在潼关军中安插了耳目亲信，他不可能不对作为太子先锋兵马的潼关守军的动向有所警觉与关注。据《旧唐书》卷104《哥舒翰传》：

> 有客泄其谋于国忠，国忠大惧。乃奏曰："……今潼关兵众虽盛，而无后殿，万一不利，京师得无恐乎！请选监牧小儿三千人训练于苑中。"诏从之。遂遣剑南军将李福、刘光庭分统焉。又奏召募一万人屯于灞上，令其腹心杜乾运将之。[1]

《通鉴》认为杨国忠此举"名为御贼，实备翰也"[2]。王思礼回军诛杨与杨国忠备翰，反映出中枢政局内太子与宰相集团的斗争较量已逐步升级。

王思礼，早年与哥舒翰同为河西节度使王忠嗣的衙将，哥舒翰守潼关，奏充为元帅府马军都将。军中事务，哥舒翰"独与思礼决之"[3]。王思礼的这一身份使之极易成为太子集团中人。潼关战败后，已经称帝的李亨对溃败诸将责不坚守，"独斩（步军都将李）承光，赦思礼等"，说明对潼关守将的处理存在区别。日后，王思礼追随唐肃宗，屡蒙重用，上元元年还被加司空。"自武德以来，三公不居宰辅，唯思礼

1　《安禄山事迹》卷下，第32页。《通鉴》卷218"肃宗至德元载五月"条第6964页《考异》引《玄宗实录》同。

2　《通鉴》卷218，肃宗至德元载五月，第6964页。

3　《旧唐书》卷110《王思礼传》，第3312页。

而已。"[1]笔者估计，王思礼极有可能是倾心太子的军将。而且，从一些材料所透露的信息来看，潼关军中确实存在属于太子一系的成员。[2]又据一份唐人墓志："公讳（张）英，……前后宿卫十有余年，后属狂胡犯疆，诏除先哥舒公之此历。府君亲奉密命，佐公之征，累历艰虞，炎凉屡易。"[3]张英所"亲奉密命"者，虽然不能确定其真实性若何，这一说法却颇值得注意。同时值得注意的细节是，前述安思顺事件，王思礼就是主要策划人。在潼关军中，他与步军都将李承光争长不协，行军司马田良丘对军政不敢专决，或许正说明二人各有所属。正如王思礼倾心于太子，也许李承光倾心于杨国忠。前述李承光在高仙芝被斩后统摄军务，说明他不是与哥舒翰、王思礼一同开赴潼关的。当然，这只是根据一些现象所做的推测，但潼关军将的政治倾向与立场的确值得玩味。

对于宰相杨国忠的防范，潼关守军也做出了相应的反应。据《旧唐书》卷104《哥舒翰传》："翰虑为所图，乃上表请（杜）乾运兵隶潼关，遂召乾运赴潼关计事，因斩之。自是，翰心不自安。"斩杜乾运于潼关，"并其军"[4]，自然是解除了杨国忠的防备力量。此事引起了杨国

1　《新唐书》卷147《王思礼传》，第4750页。

2　这里补充一点：在哥舒翰所率的镇守潼关的兵马中，除高仙芝旧部外，还有河、陇、朔方兵及蕃兵等，其中有些将领是加带了东宫官职衔的。如朔方节度十将臧昈在潼关军中就加"左内率府率"，后在潼关之战中，溺于黄河而死。这样的例子我们所见不多，但是说明自潼关守军加上"皇太子先锋兵马"的名义后，军中将领加带东宫官职衔者确实存在。见周绍良《唐代墓志汇编》，贞元083，第1895—1896页。

3　周绍良：《唐代墓志汇编》，贞元127，第1930页。按：据此墓志，张英本人系张说之侄孙。

4　《新唐书》卷135《哥舒翰传》，第4572页。

忠的恐惧，他谓其子曰："吾无死所矣！"[1]笔者认为，斩杀杜乾运正是太子李亨凭借自己所控制的守关大军向杨国忠发起反击的信号。据记载，龙武大将军陈玄礼此刻也"欲于城中诛杨国忠"[2]。这说明在潼关前线对峙的局势下，京师之中已出现对付宰相杨国忠的动向。可能哥舒翰在这一中枢政局的斗争中感到有些左右为难，所谓"谋久不决"[3]，故不免心不自安。总之，杜乾运被杀一事有着极深的政治背景。

直接向宰相开刀，说明了中枢政治斗争已臻白热化。在此关头，身为朝廷宰相，杨国忠又岂能束手待毙？他完全可以利用手中的权力进行合法的反击。为了解除来自潼关守军的威胁，杨国忠亟须解除太子对守关大军的控制权。本来当务之急是要尽快解决安禄山事变，至少应该首先减缓潼关战场的压力，杨国忠也在用自己的方式尝试解决问题，如在这年四月间，"杨国忠问士之可为将者于左拾遗博平张镐及萧昕，镐、昕荐左赞善大夫永寿来瑱。丙午，以瑱为颍川太守，贼屡攻之，瑱前后破贼甚众，加本郡防御使"[4]。但是，杜乾运被杀是事局的一个转折，迫使杨国忠不得不放弃按常规解决安禄山事变的努力，转而寻求新的对策。

正是在这一背景下，唐政府敦促潼关守军出关作战的一项计划出台了，杨国忠极力主张大军出关决战。史称："国忠以翰持兵未决，虑

1　《新唐书》卷135《哥舒翰传》，第4572页。《安禄山事迹》卷下第32页略同。

2　《旧唐书》卷106《王毛仲传附陈玄礼传》，第3255页。

3　《新唐书》卷135《哥舒翰传》，第4572页。

4　《通鉴》卷217，肃宗至德元载四月，第6960页。

反图己,欲其速战,自中督促之。"[1]恰在此际,唐朝方面得到了"崔乾祐在陕,兵不满四千,皆羸弱无备"[2]的谍报,使出关作战的动议显得顺理成章。消灭叛军、收复失地,正是唐玄宗所企盼的,所以,他同意了这一动议,并直接向哥舒翰下达了作战命令。有了唐玄宗的支持,杨国忠在同太子的较量中占据了上风。尽管哥舒翰和郭子仪、李光弼都认为官军利在坚守,不宜轻出,但仍不能使天平向他们倾斜。杨国忠又"疑翰谋己,言于上(玄宗),以贼方无备,而翰逗留,将失机会。上以为然,续遣中使趣之,项背相望,翰不得已,抚膺恸哭。丙戌,引兵出关"[3]。结果,"哀哉桃林战,百万化为鱼",全军覆没,潼关失守,长安门户洞开,平叛战争的形势急转直下。也难怪宋代史学家范祖禹评论说"国忠……又促哥舒翰出兵潼关,恐其为己不利[4],动为身计,不顾社稷之患"了。

由上述可知,守关大军弃险轻出,实由唐朝中枢政局中太子与宰相集团之矛盾斗争所决定。颜真卿所说"上意不下宣,下情不上达,所以渐致潼关之祸,皆权臣误主,不遵大宗之法故也"[5],不为无稽。但要说"王师奔败,哥舒受擒、败国丧师,皆国忠之误惑"[6],或者说"杨国忠是估计到敌我双方实力,知道出关必败,其所以鼓动玄宗催促哥

1 《旧唐书》卷106《杨国忠传》,第3246页。
2 《通鉴》卷2218,肃宗至德元载六月,第6966页。
3 《通鉴》卷2218,肃宗至德元载六月,第6966页。
4 (明)郑贤:《古今人物论》卷23引此作"恐其不利于己"。台北:广文书局,1974,第1695页。
5 《旧唐书》卷128《颜真卿传》,第3593页。
6 《旧唐书》卷106《杨国忠传》,第3246页。

舒翰出征，恰恰是将别人推入死亡的深渊"[1]，恐怕太过冤枉了杨国忠。至于曾佐哥舒翰守潼关的高适向玄宗陈述兵败乃由"监军诸将不恤军务"及军队给养不足[2]云云，言或无不实，因无关我们的立论主旨，不复置论。

总之，潼关战局与唐天宝中枢政局之间关系密切，潼关战局其实正是这一时期中枢政局内不同势力集团之间矛盾斗争的表象，这些矛盾斗争决定着潼关战局的走向。因为潼关坚守与关中长安的安全休戚相关，潼关战事自然成为当时唐朝政治生活中一件极其重要的大事，诚如刘秩所言"翰兵天下成败所系，不可忽"[3]。那么，不同政治集团将视线投注于斯，自然也不难理解。所以，潼关大军弃险出关寻求决战而遭覆灭并非偶然，也绝非军事技术上的失误。通过考察这一点，我们再来说安禄山叛乱非因一时一事而起，而是唐朝社会政治矛盾激化的结果，这样对历史事件的洞察可能会显得更为具体、更加深入。同样，通过对这一时期中枢政局的考察，我们也不难理解安史之乱何以能够延续八年之久了。

四 马嵬之变

马嵬之变是安禄山叛乱后唐玄宗为避乱外逃、在途经马嵬（今陕西兴平境内）时经历的一场流血事件。结果是天宝权相杨国忠被禁军

1　许道勋、赵克尧：《唐玄宗传》，第498页。

2　《新唐书》卷143《高适传》，第4679页。

3　《新唐书》卷132《刘子玄传附刘秩传》，第4524页。

杀死，杨贵妃也于同日丧命。《旧唐书》卷10《肃宗纪》载此事云："至马嵬顿，六军不进，请诛杨氏。于是诛国忠，赐贵妃自尽。"同书卷9《玄宗纪下》略详："次马嵬驿，诸卫顿军不进，……兵士围驿四合，及诛杨国忠、魏方进一族，兵犹未解。……上即命（高）力士赐贵妃自尽。"由于历代文人骚客的渲染，对于马嵬之变，人们常常误以为只是那位"回眸一笑百媚生"的杨贵妃香消玉殒了，实际上，事变的核心是宰相杨国忠被杀，杨贵妃之死只是事变的一个必然的惯性结局。此所谓"国忠父子既诛，太真不合供奉"[1]是也。关于马嵬之变的研究，一向为学术界所关注。[2]对于这次事变之起因、主谋、实质等问题，相关研究各执一词，见仁见智。正如有学者所感慨者："无论讲是历史的偶然还是必然，要把那原因和原因的原因说全说对，可不是一件容易的事。"[3]因此，笔者不拟在此对诸家意见进行商讨，只在前人研究的基础上发表个人对此问题的看法。

（一）兵变的幕后策划人是谁

笔者认为，马嵬之变是唐玄宗天宝末年中枢政局的一次大动荡，是玄宗朝中枢政治集团间长期矛盾斗争的结果。它的发生确非偶然，

1　《安禄山事迹》卷下，第35页。
2　像陈寅恪、岑仲勉、吕思勉、王仲荦、许道勋与赵克尧、阎守诚与吴宗国等相关的著作中讨论过这一问题；黄永年、胡戟、王吉林、刘隆凯、陆沉、杨希义、岳纯之、孟彦弘、史延廷、安彩凤、任士英等均发表了专题论文讨论这一问题。为免于烦琐，恕不具引。
3　胡戟：《马嵬三论》，载《胡戟文存·隋唐历史卷》，北京：中国社会科学出版社，2000，第301页。

更不是个人之间的恩怨。正如黄永年先生所说："马嵬驿事件决非禁军士兵因饥疲而自发的兵变，而只能是一次有预谋、有计划、有指挥的行动。"[1]不过，笔者认为，此事的主谋与后台既不是内侍高力士，更不是龙武大将军陈玄礼，而是太子李亨。

对于事变的密谋策划，《通鉴》卷218"肃宗至德元载六月"条云："陈玄礼以祸由杨国忠，因东宫宦官李辅国以告太子，太子未决。"主谋俨然为陈玄礼。[2]然而，此所谓"太子未决"者，最多是替太子推卸了责任，却不能否认他事先了解情况。况且，这一过程在其他的记载中就没有"太子未决"这一说法。据《旧唐书》卷108《韦见素传》：

> 次马嵬驿，军士不得食，流言不逊。龙武将军陈玄礼惧其乱，乃与飞龙马家李护国谋于皇太子，请诛国忠，以慰士心。是日，玄礼等禁军围行宫，尽诛杨氏。

既然是李辅国"谋于皇太子"，自当是秉承了太子的指令而与陈玄礼沟通的。另外，据《新唐书》卷208《宦者下·李辅国传》"陈玄礼等诛杨国忠，辅国豫谋，又劝太子分中军趋朔方"及《旧唐书》卷184《宦官·李辅国传》"辅国侍太子扈从，至马嵬，诛杨国忠，辅国献计太子，请分玄宗麾下兵"等，虽然只是说陈玄礼与李辅国相谋，但也可

1　黄永年：《说马嵬驿杨妃之死的真相》，载《学林漫录》第5集，北京：中华书局，1982年；又见《唐代史事考释》，第229—238页。

2　另外像《新唐书》卷76《玄宗贵妃杨氏传》第3495页："及西幸至马嵬，陈玄礼等以天下计诛国忠。"也是如此笔法，而未涉及其他人与事。

以例证"太子未决"云云只是《通鉴》中的说法而已。

特别是《旧唐书》卷51《后妃上·玄宗杨贵妃传》的记载:"从幸至马嵬,禁军大将军陈玄礼密启太子,诛杨氏父子。既而四军不散,……遂缢死于佛堂。"虽然没有说李辅国与陈玄礼之间的联系,但是在讲到陈玄礼密启太子后,就没有再说"太子未决"之类的话,这一记载应当保留了更多的真实内容,少了一些对史实的曲隐。《通鉴》的记载显然是为了说明太子在事变中是被动的角色。这是司马光修史时使用的春秋笔法,即为尊者讳。他不能把唐肃宗这位继统之君书为犯上作乱者,《通鉴》纪年用唐肃宗至德元载而不用唐玄宗天宝十五载,虽然是因循其撰写体例,但也让人感觉到他的这番用心。其实,这是司马光的一贯做法。其所记太原起兵时的唐高祖李渊、玄武门之变中的唐太宗李世民以及在《涑水纪闻》中记载的陈桥兵变时的宋太祖赵匡胤,无不把他们说成被动、受人支配的角色。《通鉴》此处所记太子李亨之密谋马嵬之变也如出一辙。

总而言之,以上史料记载均说明太子李亨是这场兵变的幕后策划者。李辅国之流预谋此事并为其奔走,当怀有政治野心、贪拥戴之功。[1]龙武将军陈玄礼虽非主谋,但他率领禁军军士杀死杨国忠,并直接出面逼迫皇帝处置了杨贵妃,无疑也是参与兵变的重要人物。不过,他参与兵变的动机与太子及李辅国颇有不同。

1　陈寅恪:《唐代政治史述论稿》中篇,第67页。

（二）太子兵变为什么能够成功

处于非实体化东宫体制下的太子李亨，其政治生活空间遭到严重的压缩，其权力地位亦被大大削弱，既然如此，他为什么能够发动一场军事政变，而且居然还能取得成功？

我们认为，太子兵变之所以能够成功，正如前文"太子监国风波"一节中所述，与安禄山叛乱之后政治形势的变动有极大关系。尽管在唐玄宗颁布亲征并令太子监国后，太子监国并未成为现实，但是，太子获得了对平叛大军名义上的统领权。潼关守军成为"皇太子先锋兵马"对于太子李亨来说具有重大的政治意义。也就是说，安禄山叛乱所造成的形势巨变，为太子冲破非实体化东宫体制对其政治上的压制与束缚提供了一种可能性。这样一种政治态势在唐玄宗决定避难入蜀时并没有任何变化。在唐玄宗紧张而又有条不紊地为入蜀做的准备中，有一个不被研究者重视的细节：即出逃前一天"将谋幸蜀，乃下诏亲征"[1]。也就是说，唐玄宗是打着亲征的旗号出逃的。若结合天宝十四载十二月十六日辛丑唐玄宗亲征安禄山时令太子监国一事置论，这一点是否意味着太子名义上仍然享有监抚平叛大军的权力？按照体现唐玄宗这一政治安排思路的诏书之法理，那么，对太子来说，在唐玄宗出逃之时，他仍然在名义上享有统领征讨兵马的权力。如此一来，随从出逃的太子在政治上便占据了某种优势。这为太子向陈玄礼施压与控制部分禁军提供了便利，当然也就为太子策划兵变提供了

1　《旧唐书》卷9《玄宗纪下》，第232页。《通鉴》卷218"肃宗至德元载六月甲午"条第6970页载同。

条件。唐玄宗出逃途中，军士流言不逊而直接引发禁军哗噪。这样说来，流言是军士自发抑或是太子暗中所为，就不必深究，其实也不言自明了。

要成功地发动兵变，除了政治上要占据优势，军事上更应占据有利地位。那么，太子在随从唐玄宗出逃时，是否掌握了一支能够发动兵变的武装力量呢？由于史料的不足，我们没有看到直接的证据。不过，根据有关记载，我们大约洞悉，太子不仅掌握了部分禁军，还掌握了禁军中的精锐——飞龙厩兵马。

据《旧唐书》卷9《玄宗纪下》载：唐玄宗出逃时，"扈从惟宰相杨国忠、韦见素、内侍高力士及太子、亲王，妃主、皇孙已下多从之不及"[1]。又据《旧唐书》卷116《肃宗诸子·承天皇帝倓传》云："禄山之乱，玄宗幸蜀。倓兄弟典亲兵扈从。"至于这些随从亲兵由哪些人组成，史无明文。

据《通鉴》卷218"至德元载六月"条记载：马嵬事变后，"父老共拥太子马，不得行。太子乃使（广平王）俶驰白上。上总辔待太子，久不至，使人侦之，还白状，上曰：'天也！'乃分后军二千人及飞龙厩马从太子"。根据这一记载，我们推测，在唐玄宗出逃途中，太子一系是在后军殿后，而且这后军二千人及飞龙厩马已在太子的掌握之中。《旧唐书》卷10《肃宗纪》载马嵬之变后"车驾将发，留上在后宣谕百姓，……（玄宗）乃令高力士与寿王送太子内人及服御等物，留后军厩

1　《通鉴》卷218，肃宗至德元载六月乙未，第6970页："上独与贵妃姊妹、皇子、妃主、皇孙、杨国忠、韦见素、魏方进、陈玄礼及亲近宦官，宫人出延秋门，妃主、皇孙之外者，皆委之而去。"除不载太子随从外，其所说人员较《旧唐书·玄宗纪下》更为准确。

马从上"，《旧唐书》的"留"比《通鉴》的"分"似乎更能反映真实的情况。也就是说，在这次假借皇帝亲征之名的出逃中，名义上对征讨大军仍拥有统帅权的太子已经掌握了后军之中的飞龙禁军，本不待唐玄宗"分"之。唐朝诗人张祜《马嵬坡》咏兵变之后事云："旌旗不整奈君何，南去人稀北去多。"也说明太子所在的后队与唐玄宗的随从兵马在数量上的差别。[1]

太子李亨能够控制飞龙厩禁军武装，对于成功发动兵变至关重要。飞龙厩系仗内六闲之一，自武则天万岁通天元年设置[2]后，所管"为最上乘马"[3]，所以地位十分重要。"飞龙厩之所以重，乃由于宦官领使之故……，自肃、代之后，禁中之马，非外廷所得问，皆统于飞龙使矣。"[4]飞龙使系飞龙厩首领，例由中官担任。飞龙使不仅领厩马，而且也领飞龙禁军。飞龙禁军自创立后，逐渐成为拱卫皇宫与京师安全的机动性与战斗力很强的精锐武装。如天宝十一载（752年）四月，邢縡勾结龙武万骑军谋乱，杨国忠等率官兵镇压时无法解决，"会高力士引飞龙禁军四百人至，击斩縡，捕其党，皆擒之"[5]。另如，当年龙武军

---

1 《旧唐书》卷10《肃宗纪》第241页载：马嵬分兵后，"时从上惟广平、建宁二王及四军将士，才二千人"。而唐玄宗"车驾至蜀郡，扈从官吏军士到者一千三百人，宫女二十四人而已"（《旧唐书》卷9《玄宗纪下》，第234页）。严格说来，仅仅从数量上讲还不太好说"南去人稀北去多"，不过，此《马嵬坡》诗犹"可补开天遗事"（《容斋随笔》卷9，《笔记小说大观》本，第六册，扬州：江苏广陵古籍刻印社，1984，第171页）也。

2 《新唐书》卷47《百官志二》，第1217页。

3 《通鉴》卷218，肃宗至德元载六月，第6976页，胡三省注。

4 唐长孺：《唐书兵志笺正》，第111页。

5 《通鉴》卷216，玄宗天宝十一载四月，第6911页。胡三省注云："飞龙禁军，乘飞龙厩马者也。"《旧唐书》卷105《王铁传》第3231页作"高力士领飞龙小儿甲骑四百人讨之"。

　　　　　　　　　　唐代玄宗肃宗之际的中枢政局

首领王毛仲、葛福顺等对宦官态度傲慢，"力士辈恨入骨髓"，不久，王、葛二人俱获罪[1]。如果联系到高力士曾经任"三宫内飞龙厩大使"[2]事，似反映出飞龙厩兵马较之北门禁军具有某种优势。

另外，从空间上讲，由于避难外逃，中枢政局集团的成员均离开了京师。处于荒郊野外，非实体化东宫体制的一些障碍不复存在，太子利用自己所控制的武装力量操纵一场兵变当然就能够稳操胜券。太子的亲信宦官李辅国又出身"飞龙小儿"，或者又称"闲厩马家小儿"。按："凡厩牧、五坊、禁苑给使者，皆谓之小儿。"[3]李辅国的这一身份，更便利了他在军中为太子奔走。从唐玄宗一行出逃的行程看，天宝十五载六月十日壬辰，杨国忠"首唱幸蜀之策，上然之"。十二日甲午下制亲征，十三日乙未出延秋门，十四日丙申至马嵬，兵变发生。[4]从出长安城到马嵬之变，前后不过两天时间。如果不是事先早有预谋计划，如果不是胜券在握，多年来一直谨小慎微的太子，岂会铤而走险？另外，从旧史记载的蛛丝马迹中，我们也能够看到太子早有诛杀政敌杨国忠的念头与行动。前述潼关守军的诛杨之议以及陈玄礼"欲于城中诛杨国忠，事不果"[5]等，都反映出天宝年间中枢政治斗争的这一紧张态势。

1　《旧唐书》卷106《王毛仲传》，第3254页。

2　《考古与文物》1983年第2期刊布之"高力士碑"文。

3　《通鉴》卷2219，肃宗至德二载正月及胡三省注，第7013页；《旧唐书》卷184《李辅国传》，第4759页。

4　参见《通鉴》卷218"肃宗至德元载六月"条第6970页。

5　《旧唐书》卷106《王毛仲传附陈玄礼传》，第3246页。

（三）唐玄宗何以在兵变后仍能平安入蜀

毋庸置疑，马嵬之变对于太子来说自然是其角逐权力的重要步骤。但是，作为天宝中枢政局内不同政治集团之间矛盾斗争的结果，对付政敌杨国忠以寻求自保是太子发动马嵬之变的直接目的与出发点。我们所认为的太子兵变取得成功，就是除掉政治对手杨国忠，与他实现夺取最高权力的目标还有一段距离。换句话说，太子策划的马嵬之变，并不是以夺取最高权力为现实目标的。从兵变之后太子分兵时的犹豫不决，可见太子在除掉政治对手后对自己的发展既无事前筹划，更无成算，缺乏明确的目的。他最终北上奔赴灵武是在对朔方将士的政治态度进行了试探之后才做出的决定。既然发动马嵬之变是为了对付杨国忠，当然也就不会威胁唐玄宗的人身安全了。这样讲并不是说太子李亨多么忠孝，而是说唐玄宗能安然无恙是当时兵变中各种力量相互牵制的结果。在我们看来，唐玄宗能够在兵变后仍然按照原计划平安入蜀，除了由太子兵变的目标所决定，还与扈从的龙武将军陈玄礼的政治态度有直接关系。

笔者认为，龙武将军陈玄礼能够与太子合作，自然有太子手中掌握的飞龙禁军对其挟制的原因，更是因为他们在诛杀杨国忠一事上目标一致。也就是说，陈玄礼在诛杨一事上是不持异议的。杨国忠恣威弄权，在朝廷上声望不佳。安禄山以诛杨国忠为旗号，难免给人留下"兵满天下，流毒四海，皆国忠之召祸"的印象。陈玄礼曾说："今天下崩离，万乘震荡，岂不由杨国忠割剥甿庶，朝野怨咨，以至此耶？若不诛之以谢天下，何以塞四海之怨愤！"又说："国忠挠败国经，构兴祸乱，使黎元涂炭，乘舆播越，此而不诛，患难未已。"[1]故史有"陈玄礼等以天下计诛国忠"[2]的评论。兵变发生前夜，"王思礼自潼关至，奏哥舒翰没败之状"[3]。潼关战败，是杨国忠敦促大军出关作战所致，这当然会更加激起陈玄礼对宰相的不满。据说，他在京师就有诛杀杨国忠之意，只是条件不成熟才没有下手。当太子出于政治目的对付杨国忠时，陈玄礼与之一拍即合并充当起太子诛杨的马前卒。

但是，陈玄礼只是在诛杨一事上与太子合作。陈玄礼"淳朴自检，宿卫宫禁，志节不衰"[4]。从我们所见的史料来看，他对唐玄宗的态度依然是忠诚的。所以，在诛杀杨氏后，"玄礼等乃免胄释甲，顿首请罪。上慰劳之，令晓谕军士。玄礼等皆呼万岁，再拜而出。于是始整部伍为行计"[5]。陈玄礼此举，自然是为了向唐玄宗效忠。毕竟，陈玄礼是龙武军首领，而且还兼任"行在都虞候"[6]，其职掌是保护皇帝在西幸路途中的安全。对于陈玄礼在兵变后的态度，太子也无可奈何。笔者认为，陈玄礼与太子联手合作只限于诛杨之时，他在政治上并没有倒向太子一边。因此，兵变之后，陈玄礼仍然护驾入蜀，后来，他又随驾返京，一直在唐玄宗左右。再从李辅国后来对李亨所言"玄礼、力士等将不利陛下"[7]云云，多少可以证明陈玄礼与李亨之间少有政

1　以上见《旧唐书》卷106《杨国忠传》，第3246、3247页。

2　《新唐书》卷76《玄宗贵妃杨氏传》，第3495页。

3　《安禄山事迹》卷下，第35页；《通鉴》卷218，肃宗至德元载六月，第6973页。

4　《旧唐书》卷106《王毛仲传附陈玄礼传》，第3255页。

5　《通鉴》卷218，肃宗至德元载六月，第6975页。

6　《安禄山事迹》卷下，第35页。

7　《新唐书》卷208《李辅国传》，第5880页。

治上的默契。诛杨之时有陈玄礼联手，太子实施计划自然可以万无一失。不过，正由于陈玄礼的政治态度，太子并不能随心所欲地支配事变中的全部局势，他仍然有不得已之处。所谓"马嵬涂地，太子不敢西行"[1]，大致可以反映出这一政治态势。

这正是太子政治势力在天宝年间非实体化东宫体制之下未能得到扩张的直接结果。从一定意义上来说，唐玄宗能够平安入蜀，而没有在兵变之中成为刀下鬼，正得益于天宝年间形成的非实体化的东宫体制。这一体制的确起到了压缩太子政治生存空间、保障皇帝安全的作用。只是由于安禄山叛乱引发的政治局势的巨大动荡，唐玄宗无法继续在京师的宫禁之中安然地做他的盛唐天子，所谓"天子出奔以避寇，自玄宗始"[2]。一旦处于荒郊野外，皇帝对于太子的控制就有些力不从心了。不过，太子在这次兵变中所能达到的目的，只是将自己多年的政敌置于死地，还不能完全实现在政治上立即夺权的目标。要真正实现政治上的崛起，太子李亨还必须打破非实体化东宫体制对其政治地位与政治发展的制约。为此，他还有很长的一段路要走，仍要付出更大的努力。

五 小结

综上所述，安禄山叛乱爆发后，太子李亨在天宝时期非实体化东

1　《旧唐书》卷51《后妃上》序，第2162页。
2　（清）王夫之：《读通鉴论》卷22《玄宗二二》，北京：中华书局，1975，第784页。

宫体制下的政治地位获得了一定的改善，并且因为唐玄宗的政治安排获得了政治上可能崛起的良机。但是，由于宰相集团与之在中枢政局内的矛盾斗争，这一可能的良机稍纵即逝。太子监国风波即反映出这一政治态势。时刻在寻求政治发展机会的太子自然不会放弃，监国一事虽未成为现实，但他仍然获得了对潼关守军的控制权，哥舒翰的身份由东征兵马副元帅改为皇太子先锋兵马元帅，就是太子在谋求扩展政治空间的过程中所取得的一大成果。显然，天宝时期中枢政局内宰相与太子之间的斗争较量不仅没有因为政治局势的巨大动荡而有丝毫缓解，相反，他们之间的斗争还因此而更加激烈，潼关守军的回军诛杨之议以及马嵬兵变，均说明双方的斗争已发展到刀兵相见、你死我活的程度。太子虽然在马嵬之变中除掉了多年的政治对手，但由于天宝时期所形成的非实体化东宫体制对太子政治地位的削弱和对其政治生存空间的压缩，他还不能很快夺取最高权力。唐玄宗不仅能够平安入蜀，而且在李亨即位灵武之后，他仍然能够以法律的形式维持其最高政治权力。太子李亨若想取得政治上的发展，仍然需要不懈努力。

不管怎样，这一时期中枢政局内矛盾斗争的内容带着安禄山叛乱后政治局势的烙印，而中枢政治斗争的内容又对安禄山叛乱后动荡局势的面貌产生了深刻影响。我们注意到，正是安禄山叛乱所造成的政治局势的巨大动荡，为太子提供了谋求政治发展的大好时机。太子政治的发展，一定程度上改变了天宝中枢政局内皇权政治之下的权力配置关系。随着马嵬之变中杨国忠的被杀，天宝时期以宰相与太子之间的矛盾较量为主要特征的中枢政治斗争也就暂告一段落。此后中枢政局的演进呈现出新的面貌。

第六篇

唐肃宗时期的中枢政局
——以唐肃宗的政治地位及其与唐玄宗的
关系为考察中心

　　太子李亨在马嵬之变后分兵北上，即位灵武，是为唐肃宗。唐肃宗在位的七年（756—762年），唐朝正处于八年安史之乱（755—763年）中。社会政治局势的巨大动荡，给唐肃宗时期中枢政局的演进带来极其深刻的影响。同时，唐肃宗在位期间，唐玄宗作为太上皇不仅仍然健在，而且还以其独特的方式掌握着权力，仍然对肃宗朝的政治中枢施加影响。唐肃宗即位后，由于天宝时期非实体化东宫体制对太子政治地位的削弱和对其政治生存空间的压缩，导致唐肃宗即位之初皇帝权威的相对萎缩与地位的相对降低，进而形成皇帝与太上皇共掌大权的中央政治格局。这一政治格局的形成、发展与演进成为唐肃宗时期中枢政局的主要内容。本篇所述即以唐肃宗即位后之皇帝地位及其与太上皇之间的政治关系为考察中心，借以理解唐肃宗时期中枢政局的若干特征。

一 小引：《肃宗即位赦》引出的话题

太子李亨自马嵬分兵以后，经过对时局的分析，选择北上寻求发展。[1]但是究竟要到何地立足，太子一行起初并不明确。到达平凉时，"数日之间未知所适"[2]。后因朔方军明确表达了欢迎太子一行前往灵武的意向[3]，河西行军司马裴冕亦以此相劝，太子遂奔趋灵武。天宝十五载（756年）七月九日辛酉，李亨在杜鸿渐等朔方将领的陪同下到达灵武。事隔两天，七月十二日甲子，李亨在灵武登基。他在即位制书中曰：

> 朕闻圣人畏天命，帝者奉天时。知皇灵眷命，不敢违而去之；知历数所归，不获已而当之。在昔帝王，靡不由斯而有天下者也。乃者羯胡乱常，京阙失守，天未悔祸，群凶尚扇。圣皇久厌大位，思传眇身，军兴之初，已有成命，予恐不德，罔敢祗承。今群工卿士佥曰："孝莫大于继德，功莫盛于中兴。"朕所以治兵朔方，将殄寇逆，务以大者，本其孝乎。须安兆庶之心，敬顺

---

1 马嵬之变后，唐玄宗也曾就去向征求过众人意见，最后认为太原、朔方、西凉等处均不如剑南，遂继续入蜀。见《通鉴》卷218"肃宗至德元载六月"条以及《考异》，第6974页；《安禄山事迹》卷下，第35页。李亨既然"不敢西行"，剑南则不宜，因兵少，更不能还京东向，他只有北上寻求发展机遇。不过，此时太子对前途并无成算，所谓"太子既留，莫知所适"（同上《通鉴》，第6977页）。
2 《旧唐书》卷10《肃宗纪》，第241页。
3 《旧唐书》卷10《肃宗纪》第241页："会朔方留后杜鸿渐、魏少游、崔漪等遣判官李涵奉笺迎上，备陈兵马招集之势，仓储库甲之数，上大悦。"

群臣之请，乃以七月甲子，即皇帝位于灵武。敬崇徽号，上尊圣皇曰上皇天帝，所司择日昭告上帝。朕以薄德，谬当重位，既展承天之礼，宜覃率士之泽，可大赦天下，改元曰至德。内外文武官九品已上加两阶、赐两转，三品已上赐爵一级。而则尊唐玄宗为太上皇，改元至德。[1]

灵武即位是唐朝天宝末年社会政治极度动荡之中发生的一次最高权力的更迭。太子李亨另立中央、独树一帜，这与天宝年间唐朝中枢政局内的纷争较量有着必然的联系，也是天宝中枢政治集团矛盾斗争发展的一个结果。可以说，灵武即位是太子马嵬分兵之后必然要采取的行动。灵武即位后的唐肃宗结束了太子生涯，成为唐朝新一任皇帝。但是，由于即位不可能在京师举行，又因为唐玄宗依然在逃亡途中，这使得灵武即位根本无法按照以往正常的权力交接的规则进行。这样一种在程序上非正常交接的权力继承，再加上灵武即位时国内正处于四海震荡、大乱未已的独特时期，所以给唐肃宗的现实政治生活带来了许多棘手的问题，更对唐肃宗的现实政治地位提出了挑战。为此，唐肃宗需要为其登基称帝谋求政治基础，需要赋予新的政治中心合法性，更要为自己的皇帝权力寻求法理依据。

唐肃宗所颁布的《即位赦》便颇有针对性地解答了上述问题。《即位赦》除了宣布肃宗称帝的事实，主要回答了三个方面的问题：一是太子李亨为什么要在灵武即位，二是太子李亨为什么能够即位，

1　《旧唐书》卷10《肃宗纪》，第242页。《唐大诏令集》卷2《肃宗即位赦》同，第7—8页。

三是如何对待父皇唐玄宗。

对于第一个问题，《即位敕》打出了平叛的旗号。所谓"朕所以治兵朔方，将殄寇逆"者，正是把平叛确定为新的中央政府的目标。唐肃宗李亨要乘唐玄宗播越入蜀的时机夺取最高权力，另立中央，就必须为自己找到一个充分的理由。他分兵北上灵武，打出平叛靖乱的旗号。对他来说，以平叛为号召，给唐朝的中兴带来希望，正是他灵武即位的合法性所在，也是他谋求政治发展的唯一理由。应当说，唐肃宗灵武即位的消息对于扭转长安失守后唐朝的平叛形势起到了积极作用。史书即载："诸道始知上即位于灵武，徇国之心益坚矣。"[1]正如有人评论的那样："天子者，天下之望也，……天下臣民固倚以为重，而视其存亡为去就。"[2]不过，李亨分兵致力于平叛，则属正当；但他未秉唐玄宗诏令而登基，又的确使他即位后的法统地位受到质疑。而要解决这一问题，又势必会分散唐肃宗即位后用于平叛的精力。

对于第二个问题，《即位敕》中除使用了"奉天时"之类的辞藻外，就是极力宣扬唐玄宗早有"传位"之心，所谓"圣皇久厌大位，思传眇身，军兴之初，已有成命"者，正是为证明唐肃宗皇权的合法性所进行的政治宣传。其实，所谓唐玄宗有意"传位"一事，既与唐玄宗个人的政治思路不相吻合，也与天宝时期的政治现实不符。有关这一问题，笔者撰写过《唐玄宗"传位"史实辨析》一文[3]，可以参看。

对于第三个问题，《即位敕》中则是宣布唐玄宗为太上皇。皇帝

1　《通鉴》卷218，肃宗至德元载七月，第6990页。

2　王夫之：《读通鉴论》卷22《玄宗二二》，第784页。

3　此文载于《人文杂志》，1998年第2期。

即位时把自己的父亲称为太上皇，为历史惯例。不过，太上皇在古代政治中的地位与影响不尽相同。唐肃宗时期皇帝与太上皇之间的政治关系颇值得认真探讨。

对于以上三个问题，我们将在下文中详细解说。这里应有所提及者，是《即位赦》中"孝莫大于继德，功莫盛于中兴"一语。笔者认为，此句最可圈可点。所谓"功莫盛于中兴"者，正是把中兴与功业联系起来，同时说明了唐肃宗在求取皇帝之功业方面确实有强烈的自觉。[1]把平叛中兴视为皇帝的功业所系，把听命孝从于太上皇的"传位"视为"德"。这"功""德"二字，其实大有深意，最直接者即在于给唐肃宗的即位称帝找到合法性依据。[2]也就是说，虽然灵武即位成为现实，但因其并不属于正常的权力更迭，所以肃宗即位后政治基础并不稳固，其法统地位难免受到质疑，《即位赦》就不能不对肃宗的称帝理由加以申论解说。从上面引用的《即位赦》中我们可以发现，唐肃宗即位伊始便面临挑战，他不得不着手解决那些棘手的问题。这一系列问题的存在与解决，正反映出唐肃宗即位以后唐朝中枢政局的有

---

[1]　郭子仪《请改元立号表》云："臣闻功莫大于缔构乾坤，孝先于缵承社稷。……陛下亲讨元凶，指麾戎旅，尊先帝于灵武，返上皇于巴蜀，……是陛下缔构之功也。"（《全唐文》卷332，第1486页）也表达出同样的观点。

[2]　如秦始皇以"皇帝"为尊号就是因为"功兼三皇，德过五帝"。刘邦即位称帝也是因其"功盛德厚"，所谓"于天下功最多""德施四海"也（《汉书》卷1《高帝纪下》，北京：中华书局，点校本，1962，第52页）。关于"功""德"之于刘邦即位之意义以及对二字之语义分析，请参考李开元《汉帝国的建立与刘邦集团——军功受益阶层研究》，北京：三联书店，2000，第135—143页。他把功视为军功，德视为恩德，与我们在此讨论的唐肃宗所宣扬的功德略有不同。我们在此只是想说明功德之于皇帝权力的确立与存在的合理性的重要意义。

关内容。

事实上，唐肃宗非正常的权力继承，直接导致唐肃宗时期中枢政局出现了一些特殊现象。为了说明并维护其即位的合法性，唐肃宗必然要以平叛为首要任务与基本目的，但是，为了维护其皇帝地位，他又不能倾尽全力去平叛。同时，为了给自己的即位找到法理依据，使其皇权得到唐玄宗的认可，唐肃宗不得不接受太上皇唐玄宗对中央中枢政局所做的政治安排。这说明唐肃宗无法彻底割断与唐玄宗的政治联系。这绝非唐肃宗不想割断与太上皇之间的政治联系，是不能也。天宝时期形成的非实体化的东宫体制，使太子李亨的政治权力遭到极大的削弱，其政治活动空间遭到严重的压缩，李亨在灵武另立一个政治中心时，他几乎不具备登基称帝的现实条件。简单地说，唐玄宗时期形成的东宫体制对太子的影响一直延续到唐肃宗即位，并因此对唐肃宗时期中枢政局的面貌产生了影响。

二　灵武即位之初唐肃宗的政治地位

（一）唐玄宗"传位"之事辨析

唐肃宗李亨灵武即位，是天宝末年社会政治极度动荡之中唐朝最高权力的更迭，更是天宝中枢政局内斗争较量发展的一个结果。此事在唐代政治史上的重要意义，陈寅恪先生曾有论及："别开唐代内禅之又一新局。"[1]这也许是说，唐肃宗即位并不符合皇权继承的

1　陈寅恪：《唐代政治史述论稿》中篇，第67页。

正常程序，因此至今仍留有许多谜团，使这一权力交接显得扑朔迷离、晦暗不明。其中一个重要问题就是前引《即位赦》中所宣称的玄宗有意传位之事。所谓"圣皇久厌大位，思传眇身，军兴之初，已有成命"[1]云云是也。问题是，在灵武即位前，唐玄宗是否有"久厌大位，思传眇身"的想法，是否早有传位之心呢？这里当然不仅意在弄清《即位赦》的真实性，更希望通过对这一史实的辨析，进而对在灵武发生的这一皇位更迭史实和唐天宝末年及玄宗、肃宗之际的中枢政局有更加深入的认识。

1.对几则文献记载的质疑

文献中涉及唐玄宗"传位"这一问题者不止一处，具有代表性的有以下数则，兹胪列如次。

《旧唐书》卷108《韦见素传》：

> 是月（七月），皇太子即位于灵武，道路艰涩，音驿未通。八月，肃宗使至，始知灵武即位。寻命见素与宰臣房琯赍传国宝玉册奉使灵武，宣传诏命，便行册礼。将行，上皇谓见素等曰："皇帝自幼仁孝，与诸子有异，朕岂不知。往十三年，已有传位之意，属其岁水旱，左右劝朕且俟丰年。尔来便属禄山构逆，方隅震扰，未遂此心。昨发马嵬，亦有处分。今皇帝受命，朕心顿如释负，劳卿等远去，勉辅佐之。多难兴王，自古皆有，卿

1　　《旧唐书》卷10《肃宗纪》，第242页。《唐大诏令集》卷2《肃宗即位赦》第7页同。

等乃心王室，以宗社为念，早定中原，吾之望也。"见素等悲泣不自胜。

《通鉴》卷218"肃宗至德元载六月"条：

> 丁酉，上将发马嵬……，父老共拥太子马，不得行。太子乃使俶驰白上。上总辔待太子，久不至，使人侦之，还白状，上曰："天也！"乃分后军二千人及飞龙厩马从太子。……又使送东宫内人于太子，且宣旨欲传位，太子不受。

《通鉴》卷218"肃宗至德元载七月甲子"条：

> 裴冕、杜鸿渐等上太子笺，请遵马嵬之命，即皇帝位，太子不许。……笺五上，太子乃许之。是日，肃宗即位于灵武城南楼。

《肃宗即位册文》[1]：

> 维天宝十五载岁次庚申七月癸丑朔十二日甲子，皇帝若曰："……洎予大业，恭位四纪，厌于勤倦，缅纂汾阳。当保静怡神，思我烈祖玄元之道，是用命尔元子某，当位嗣统。"

---

1 《唐大诏令集》卷1，第1页。

《旧唐书》卷10《肃宗纪》：

> 七月辛酉，上至灵武……。裴冕、杜鸿渐等从容进曰："今
> 寇逆乱常，毒流函谷，主上倦勤大位，移幸蜀川。江山阻险，
> 奏请路绝，宗社神器，须有所归。万姓颙颙，思崇明圣，天意
> 人事，不可固违。伏愿殿下顺其乐推，以安社稷，王者之大孝
> 也。"……是月甲子，上即皇帝位于灵武。礼毕，冕等跪进曰：
> "自逆贼凭陵，两京失守，圣皇传位陛下，再安区宇，臣稽首上
> 千万岁寿。"群臣舞蹈称万岁。上流涕歔欷，感动左右。即日奏
> 其事于上皇。[1]

乍然看来，玄宗早有传位之心，事属凿凿无疑。但若细究，我们
注意到，上述记载或为事后追述，或为灵武劝进时用语，并无天宝
十三载时唐玄宗有意传位的正面记录，特别是在较为严肃的记载如根
据《实录》纂修的《旧唐书》之《玄宗纪》《肃宗纪》中，就不见这一说
法。笔者以为，这恐怕不是《旧唐书》本纪中记载的脱漏。假如唐玄宗
果有此心，并如上述向左右明白坦露心迹，如此关乎皇统国运的大事
势必会在《起居注》或其他官方的原始记载中留下浓墨重彩的一笔，
这样元载监修《玄宗实录》与《肃宗实录》时就不可能无视此事而留
下雪泥鸿爪。再说，元载监修实录时正值唐代宗在位，代宗乃唐玄宗
长孙、唐肃宗长子，断然不存在对此类事情有所曲隐的必要，相反会

1　《旧唐书》卷113《裴冕传》第3353页略同。

大书特书，以减少世人对唐肃宗当年承继大宝的种种猜疑。唐肃宗在位时就很注意别人对他即位的评论。如，至德二载（757年）正月，唐肃宗欲立长子广平王为太子而征求李泌的意见，李泌言："臣固尝言之矣，戎事交切，即须区处，至于家事，当俟上皇。不然，后代何以辨陛下灵武即位之意耶！"[1]事情也因此作罢。由此而言，依据《实录》修撰的《旧唐书》本纪中并无唐玄宗有意传位的正面记载，我们面对以上几则记载，就不能不对所谓唐玄宗早有传位之心的真实性心生疑惑。

2.唐玄宗并无"传位"之心

马嵬之变后，唐玄宗父子分道扬镳。唐玄宗入蜀途中连续任命崔圆、房琯、崔涣等为相，从容布置平叛，从未忘记自己的帝王身份。他自长安逃至延秋门外时，尚驻马对高力士曰："今日之事，朕之历数尚亦有余，不须忧惧。"[2]不曾承认自己已处绝地。最耐人寻味的是，至德元载七月十五日，即肃宗即位三天后，唐玄宗颁布了《命三王制》[3]，任命"忠肃恭懿""好勇多谋"的太子李亨为天下兵马元帅，都统朔方、河东、河北、平卢诸道收复两京，永王璘、盛王琦、丰王珙同时被委以方面之任。这道要求诸王子"敬听"的制书，不仅绝无传位太子的意图，而且给李亨即位后的中枢政局掺入了浑水，使李亨面临更加棘手的问题。永王出镇江陵，终至兄弟兵戎相见，不能不说与此相关。

1　《通鉴》卷219，肃宗至德二载正月，第7012页。

2　郭湜：《高力士外传》，《开元天宝遗事十种》本，第117页。

3　《唐大诏令集》卷36《命三王制》，第140页。

这当然说明，唐玄宗起初无意传位、高枕无为。八月初到达成都后，唐玄宗颁布全国大赦文，一面表示"今巡抚巴蜀，训厉师徒，仍令太子诸王蒐兵重镇，诛夷元凶"，一面仍表示"思与群臣重弘理道"[1]，也无弃舍四海之意。到八月十二日，唐玄宗得知灵武即位后，于十六日丁酉颁布了《令肃宗即位诏》，十八日己亥又临轩册命，颁《肃宗即位册文》，然后命宰相韦见素、房琯、崔涣携传国宝玺赴灵武举行传位册命仪式。唐玄宗的反应如此迅速，一方面固然是因为李亨在平叛前线得朔方兵的支持，又打出平叛旗号，他不得不承认既成事实；另一方面，是唐玄宗有意在唐肃宗即位后的政治局势中施加影响，给肃宗朝政治打上自己的烙印，这一点是值得我们高度重视的。最有力的说明就是《令肃宗即位诏》。《旧唐书·玄宗纪》和《通鉴》中只略记此诏之大概："自今改制敕为诰，表疏称太上皇。"《唐大诏令集》卷30《皇太子·传位》载有全文，此处不另赘引，我们将在后文详加解说。

总之，唐玄宗在这一诏书中尽管自称太上皇，却仍然保留了以"诰旨"形式处理事务的权力，以诏令的形式颁布当然是为了使这一权力固定化，具有法律效力。如此紧握政柄，难怪他在诏书中承认"朕之传位，有异虞典"[2]了。宋朝人欧阳修、宋祁在评论唐玄宗此举时说"岂其志哉！"[3]"岂其志哉"，多少揭示了唐玄宗内心深处的一种隐衷。唐玄宗在灵武即位为既成事实后急于再行册命，目的就是不想放

1　《旧唐书》卷9《玄宗纪下》，第234页；并参见《全唐文》卷40，玄宗《幸蜀郡大赦文》，第187页。

2　《唐大诏令集》卷30《明皇令肃宗即位诏》，第106页 。

3　《新唐书》卷6《玄宗纪》"赞曰"，第181页。

弃自己的权力。结果，通过这一册命，唐玄宗殚精竭虑、巧作安排，打造了一个太上皇和皇帝各掌大权的中央政治的"二元格局"，使自己的权力得以用法律的形式保存下来并持续了相当长的一段时期。[1]这一举措当然使唐肃宗即位后的中枢政治格局趋于复杂化，不可避免地引发了诸多矛盾与问题，并对肃宗朝政治产生了深刻的影响。但这恰可说明，唐玄宗不仅没有传位之心，而且不甘心传位，不甘心放弃权位。专制政治体制下的皇帝，总揽威柄，唯我独尊，非不得已，岂有自甘让位者！历史上让位成为太上皇者，或下场悲惨，如北魏献文帝；或伺机重掌大权，如南宋高宗、明英宗；或名义上让位实则仍乾纲独断，如清乾隆皇帝；等等。为了攫取最高权力，骨肉相残、同室操戈在所不惜。拱手相让，主动传位，于情理不通，与体制之下政治权力运作的法则也不相符。笔者认为，灵武即位在父子分兵马嵬后已势所不免，这是天宝以来唐朝中枢政局中斗争较量之必然结果。也就是说，灵武即位，另立朝廷，本不待唐玄宗传位而后乃有。

3.文献载"传位"事臆断

既然唐玄宗自始至终都不曾有传位之心，何以前面胪列的史籍中会有"圣上久厌大位，思传眇身"之类的记载？这的确是个很棘手的问题，对此我们略作一些考察和剖析。

先看前引《旧唐书》卷10《肃宗纪》中裴冕、杜鸿渐等灵武劝进时的说法。笔者以为，裴冕等劝进所言"主上倦勤大位"云云，是为了

给李亨在灵武即位寻找政治借口。换句话说，就是为灵武即位制造政治依据、散布政治舆论，目的是为了说明"宗社神器"归之李亨是符合唐玄宗初衷的，灵武即位遵循了唐玄宗早已制定的既定方针。笔者以为，裴冕、杜鸿渐等人之所以要在"主上倦勤大位"上大做文章，一是唐玄宗确已播越巴蜀，相距遥远，为他们大造政治舆论创造了条件。事实上，裴冕等人所言"主上倦勤大位"者，就是因为唐玄宗已经"移幸蜀川"；二是祖宗传位者有此先例可援，像武德九年（626年）唐高祖被迫传位唐太宗李世民时就大谈"听政劳神，经谋损虑；深思闲旷，释兹重负"[1]之类的话。而"素习帝王陈布之仪、君臣相见之礼"[2]的杜鸿渐等对这些粉饰之词是不陌生的，所以劝进成功后在《即位赦》中如法炮制，鼓吹"圣上久厌大位，思传眇身"云云也就不难理解了。灵武即位仪式刚刚结束，"冕等跪进曰：'自逆贼凭陵，两京失守，圣皇传位陛下，再安区宇，臣稽首上千万岁寿。'"[3]再次大谈"传位陛下"。其实，这里所说的"传位"，是针对灵武即位这一既定事实来说的，与唐玄宗是否有意传位并无关系。裴冕等人之所以要如此，无疑是为他们拥戴灵武即位定下政治基调。事实上，如前所述，唐玄宗对此尚是一无所知，正如《玄宗实录》所云："八月癸未朔，赦天下。时皇太子已至灵武，七月甲子即位，道路艰涩，表疏未达。及下是诏数日，北使方至。"[4]唐肃宗君臣三番五次地进行这样的宣传，或许就是为了能够自

---

1   《唐大诏令集》卷1《太宗即位册文》，第1页。

2   《旧唐书》卷108《杜鸿渐传》，第3283页。

3   《旧唐书》卷10《肃宗纪》，第242页。

4   《通鉴》卷218，肃宗至德元载八月《考异》引，第6993页。

欺欺人、瞒天过海。应该说，灵武即位是在裴冕、杜鸿渐等人的拥立下，未经唐玄宗许可的一次擅立。唐人郭湜《高力士外传》述及此事时说："万人劝进，让不获已，乃即皇帝位于灵武。"唐肃宗派往成都的使者在奏报灵武即位事时也"具陈群臣恳请，太子辞避之旨"[1]。李泌谏唐肃宗立张良娣为皇后时说"陛下在灵武，以群臣望尺寸之功，故践大位，非私己也"[2]。待长安收复，李泌起草迎归太上皇的贺表中也仅表达了"自马嵬请留，灵武劝进及今成功"[3]之意。显然，在上述不同场合下，当时人都不曾谈及"传位"一说。笔者认为，这基本反映出一种历史真实。也就是说，灵武即位根本不曾秉承唐玄宗传位旨意，而是在群臣劝进、恳请的表象下完成的一次权力更迭。

事实上，监修实录的元载对唐肃宗大谈唐玄宗有意传位之事是十分清楚的。他在《故相国杜鸿渐神道碑》中就援用了这样的说法："元（玄）宗西巡巴蜀，……付以神器之重，……肃宗虽受传国之诰、平戎之约，谦让未发，守持益固，愿以抚军讨贼，贼尽归报，遥禀威略，不正位号。公与御史中丞裴冕……顿首劝进，封章十上。"[4]但他并没有把这种粉饰之辞掺入所修实录中。这既说明了实录的严肃性，也反映出所谓玄宗传位事之无稽。

唐玄宗颁布的《肃宗即位册文》是按唐肃宗所颁即位赦文的口吻来草拟的，也有"厌于勤倦"之类的话，不过是顺水推舟罢了，反映

1　《通鉴》卷218，肃宗至德元载八月《考异》引《玄宗实录》，第6993页。

2　《通鉴》卷218，肃宗至德元载九月，第6999页。

3　《通鉴》卷220，肃宗至德二载九月，第7035页。

4　《全唐文》卷369《故相国杜鸿渐神道碑》，第1657页。

出唐玄宗面对灵武即位的既成事实，不得不做出一些妥协。而这些妥协，保证了双方能够相处共存，也保证了唐玄宗能够依然享有最高权力。当然，这也反映出唐玄宗高明的政治手腕。由于《肃宗即位赦》和《肃宗即位册文》均系灵武即位后所颁，在天宝十三载（754年）的官方原始文献记录中便不可能留下玄宗有意传位的文字，据之纂修的实录等当然亦是阙如，《旧唐书·玄宗纪》等据实录编修时，当然也就无一字言及。《通鉴》记载马嵬分兵事与《旧唐书·肃宗纪》基本相同，但是唯独增加了"且宣旨欲传位，太子不受"一句。《旧唐书·肃宗纪》中仅仅这样记载高力士口宣旨意云："汝好去！百姓属望，慎勿违之。莫以吾为意。且西戎北狄，吾尝厚之，今国步艰难，必得其用，汝其勉之！"

显然，高力士的口宣与《通鉴》所谓唐玄宗欲传位之旨大相径庭。同样，《通鉴》载裴冕等灵武劝进时所谓"请遵马嵬之命"云云，在《旧唐书·肃宗纪》与《旧唐书·裴冕传》所载同一史实时也不见记载。那么，《通鉴》的材料有什么依据，因本条无考异，我们不得而知。也许《通鉴》就是依据了前述《肃宗即位赦》与《肃宗即位册文》这两份官方文件及《旧唐书·韦见素传》等材料。一如前文所述，司马光以"春秋"笔法修史，他视唐肃宗为继统之君，自然不能把继统之君写成叛父擅立者，所以在他的笔下，灵武即位遂成了雅符唐玄宗传位初衷的事情。这样我们就把上述所谓玄宗传位之记载的疑问大致弄清楚了，而《通鉴》中既有玄宗传位说又有所谓"马嵬之命"说，大致也容易理解了。

对于灵武即位事，与司马光同修《通鉴》的史家范祖禹并不做如是观，他在《唐鉴》中表达了与《通鉴》完全不同的观点。他说："肃宗以皇太子讨贼，至灵武遂自称帝，此乃太子叛父，何以讨禄山也！"又说："肃宗以皇太子讨贼，遂自立于灵武，不由君父之命而有天下，是以不孝令也。"[1]看来，范祖禹虽然在司马光编修《通鉴》时负责唐史部分，但他与司马光在唐肃宗即位一事上的观点是存在分歧的。尽管范祖禹撰写《唐鉴》也是"采唐得失之迹、善恶之效"，他对材料的取舍与使用却有别于司马光。由此而言，《通鉴》中所谓玄宗传位之事云云，亦不排除是旧史史家的曲笔，盖出于史家维护唐肃宗体统之苦心，其材料或取自肃宗朝君臣为肃宗即位服务所散播的政治舆论。

后世史家对灵武即位颇有指疵与诟病[2]，这里欲有所说明者是明清之际的王夫之。他在《读通鉴论》中言："肃宗自立于灵武，律以君臣父子之大伦，罪无可辞也。"又说："肃宗自立于灵武，其不道固矣，天下不可欺，而尤不可欺其心，以上欺其父。"[3]不过，王夫之评论此事时的态度是复杂的，他既评论唐肃宗"自立于灵武"，又对灵武即位的政治意义给予充分评价，所谓"肃宗不立，而天下抑有不可知者。……肃宗亟立，天下乃定归于一，……肃宗自立之罪无可辞，而犹可原也"。同时，他还对《通鉴》中所载的唐玄宗的态度感到不可理解，所谓"玄宗闻东京之陷，既欲使太子监国矣；其发马嵬，且宣传位

1 　《唐鉴》卷6，至德元载七月、至德二载十二月，臣祖禹曰。上海：上海古籍出版社，影宋本，1984，第149、155页。
2 　如明朝人吴震华视之为"乘父蒙尘，缩取大物"；或斥为"见利而动，不顾其亲"，置"父子君臣之义"而不顾，"才至灵武，遽自称帝，遂成太子叛父"等。见《古今人物论》卷24，台北：广文书局，1974。
3 　《读通鉴论》卷23《肃宗》一、七，第786、797页。

之旨矣。乃未几而以太子充元帅,诸王分总天下节制,以分太子之权。忽予忽夺,疑天下而召纷争,所谓一言而可以丧邦者在此矣"[1]。看来,王夫之对《通鉴》所载唐玄宗传位事是深信不疑的。显然,王夫之过分相信《通鉴》的记载而使自己陷于迷茫。

总之,唐玄宗从来就没有传位之心,自然更无打算传位之事。"传位"不仅与唐玄宗御宇多年的政治思路不合,也与唐玄宗天宝末年的政治实际相违。唐玄宗有意传位之说,是灵武即位时肃宗朝君臣为了服务政治而做的政治舆论宣传,是唐肃宗为了寻求其即位称帝的合法性所施展的自欺欺人的伎俩。唐肃宗父子在即位事后所颁布的官方文书中出于不同的政治目的对此事大肆渲染,又成为后世史家如司马光等用作维护唐肃宗体统的材料依据。于是,千载以下唐玄宗传位事遂成未发之覆。

(二)唐肃宗即位之初的朝廷体制: 天宝东宫体制的衍生物

唐肃宗灵武即位后,新建立起来的中央政府的确担当起了平叛靖乱的重任。但是,我们发现在唐肃宗从事平叛的组织与部署过程中,唐肃宗的朝廷体制规格在体现其皇帝地位与身份方面显露出一些缺陷。这一现象持续了较长一段时期,大约到唐肃宗收复长安时才彻底改变。这一现象给我们研究这一时期的中枢政局留下了许多空间。

首先,唐肃宗即位后,一直追随他的张良娣并没有被册妃立后,张良娣被册立为淑妃是在至德三载(758年)正月,被立为皇后则是在

---

1 《读通鉴论》卷23《肃宗一》,第786—788页。

当年三月。[1]这样看来，在此以前，唐肃宗虽然已经登基称帝，但是他的妻妾的太子姬妾身份并没有立刻得到改变。这并不是唐肃宗无有此意，而是情非得已。[2]同样，唐肃宗即位以后，也没有很快实现立储的愿望，他立长子为太子也是迟至乾元元年（758年）五月。唐肃宗在册后、立储事上如此身不由己，致使他即位以后与皇帝制度相配套的后妃制度、继承制度尚无由确立。

其次，我们来看唐肃宗对自己即位与称帝的一些表白。唐肃宗即位之初，面对裴冕与杜鸿渐等朔方将领的拥立，他曾表示："俟平寇逆，奉迎銮舆，从容储闱，侍膳左右，岂不乐哉！公等何急也？"[3]一副甘居储君之位的姿态。"公等何急也"云云，说明灵武即位由于没有得到唐玄宗的许可，肃宗总有不惬于心者。在杜鸿渐为其即位典礼"采摭旧仪"做郑重准备时，唐肃宗表示："圣君在远，寇逆未平，宜罢坛场。"[4]收复京师后，他奉表迎归太上皇，也表示"当还东宫复修臣子之职"[5]；至德二载（757年）十二月丙午，唐肃宗往咸阳望贤宫迎接自成都返回的唐玄宗时，"上释黄袍，著紫袍，望楼下马，趋进，拜舞于楼下。……上皇索黄袍，自为上著之，上伏地顿首固辞"。回京之后，"上累表请避位还东宫，上皇不许"[6]。上述唐肃宗的种种言行，自然不乏虚情矫饰，不过，这同时让人感到自灵武即位之后到收复长安之

1　《旧唐书》卷10《肃宗纪》，第251页。

2　《通鉴》卷218，肃宗至德元载九月所载李泌之言，第6999—7000页。

3　《旧唐书》卷10《肃宗纪》，第242页。

4　《旧唐书》卷108《杜鸿渐传》，第3283页。

5　《通鉴》卷220，肃宗至德二载九月，第7035页。

6　《通鉴》卷220，肃宗至德二载十二月，第7044—7045页。

前, 他所号令天下者虽然毫无疑问是皇帝身份, 但他不得不在诸多场合表达自己仍然以"东宫"身份自处——不管自己对这乾纲独掌的皇帝权力是多么的梦寐以求。

最后, 从唐肃宗即位之初对参与平叛成员的任命来看, 虽然有很多人被任命为朝廷职员者, 但是, 还有一些成员被任命为东宫官。比如, 唐肃宗的亲信、原东宫宦官李辅国在灵武即位后"擢为太子家令, 判元帅府行军司马事, ……从幸凤翔, 授太子詹事"[1]。值得注意的是, 此时李辅国深受唐肃宗宠信, "四方奏事, 御前符印军号, 一以委之"[2]。按照一般的理解, 作为皇帝亲信的宦官李辅国, 理应担任内侍省或者其他朝廷系统的职员。事实上, 李辅国正是在唐肃宗还京后, 才得拜殿中监, 加兼诸使职。另外, 像黎幹"天宝中, 隐于岷山, ……河朔初梗, 天下征兵, 召求非常之才, ……肃宗师焉。初拜左骁卫兵曹参军, 旋拜太子通事舍人, 翰林学士"[3], 也是被授以东宫官职衔供奉翰林。这一状况倒是与唐玄宗于天宝十五载 (756年) 七月十五日颁布的《命三王制》的思路相符。[4]

不仅如此, 灵武即位之初朝廷规模很小, 所谓"文武官不满三十

1　《旧唐书》卷184《李辅国传》, 第4759页。

2　《旧唐书》卷184《李辅国传》, 第4759页。

3　周绍良：《唐代墓志汇编》, 贞元034, 第1816页。按：其所任东宫官履历在《旧唐书》卷118第3426页、《新唐书》卷145第4717页本传中不载, 且翰林学士作"翰林待诏"。

4　《命三王制》在任命皇太子李亨为天下兵马元帅时, 就是把他身边的裴冕与刘秩分别授以左、右庶子, 参见《唐大诏令集》卷36《命三王制》, 第140页。有关这一问题在后文中还将论及。

人，披草莱，立朝廷，制度草创"[1]云云，正反映出此时支撑国家体制正常运作的一套机构与官员队伍还无法配备完整。当然，唐肃宗即位伊始，也按照朝廷体制的需要进行了人事上安排，任命了一批官员。《旧唐书》卷10《肃宗纪》：

> 以朔方度支副使、大理司直杜鸿渐为兵部郎中，朔方节度判官崔漪为吏部郎中，并知中书舍人。以御史中丞裴冕为中书侍郎、同中书门下平章事。河西兵马使周泌为河西节度使，陇右兵马使彭元晖为陇右节度使，前蒲州刺史吕崇贲为关内节度使兼顺化郡太守。以陈仓县令薛景仙为扶风太守，以陇右节度使郭英义为天水郡太守。

不过，唐肃宗所做的这种人事安排，除了裴冕以中书侍郎同中书门下平章事，杜鸿渐、崔漪为中书舍人，其他主要是围绕平叛所做的部署。唐肃宗改朔方军治所灵武郡为大都督府，又诏改扶风为凤翔郡，均有这方面的意图。"至德以后，中原用兵，刺史皆治军戎，遂有防御、团练、制置之名。要冲大郡，皆有节度之额。"[2]无疑也是为了有利于平叛。这些举措除任命宰相以外，即使是作为统兵征讨的兵马元帅也完全可以做到。正如《新唐书》的作者所说："天宝之乱，大盗遽起，天子出奔。方是时，肃宗以皇太子治兵讨贼，真得其职矣！然……

1　《通鉴》卷218，肃宗至德元载七月，第6983页。
2　《旧唐书》卷38《地理志一》，第1389页。

肃宗虽不即尊位，亦可以破贼矣。"[1]事实上，唐玄宗入蜀途中颁布的《命三王制》，就对分领平叛事务的诸王分别委以署置官吏等方面的自主权。

另外，从所谓李泌不任宰相事也可略见唐肃宗此时皇帝地位之景况。李泌是唐肃宗当年的布衣之交，肃宗灵武即位后，他放弃隐居生活，赞襄平叛事务。不过，"泌称山人，固辞官秩"，虽"权逾宰相，仍判元帅广平王军司马事"[2]，实际上并没有担任肃宗朝廷的宰相。《通鉴》据《邺侯家传》记此事云："上欲以泌为右相，泌固辞，曰：'陛下待以宾友，则贵于宰相矣，何必屈其志！'上乃止。"[3]事后，唐肃宗特为李泌创以"侍谋军国、元帅府行军长史"[4]的头衔参与平叛。对此有人指出："此时宦官气盛，有识之士避之唯恐不及，又何敢求为相耶！李泌当即一显例。"[5]王夫之对李泌辞任宰相大加称赞，认为此"乃唐室兴亡之大机"[6]。实际上，李泌不任宰相的原因，除他本人还不具备任相的资历与资格外，笔者认为也与唐肃宗即位之初的皇帝地位有关。自唐肃宗即位后直到至德二载（757年）三月苗晋卿拜相之前，当时的

1　《新唐书》卷6《肃宗纪》"赞曰"，第181页。

2　《旧唐书》卷130《李泌传》，第3621页。

3　《通鉴》卷218，肃宗至德元载七月及《考异》，第6985页。

4　《通鉴》卷218，肃宗至德元载九月及胡三省注，第6997页。按：此职名与《旧唐书·李泌传》"判元帅广平王军司马事"、《新唐书》卷139《李泌传》"元帅广平王行军司马"（第4632页）略有不同。

5　王吉林：《从安史之乱论肃宗一朝唐代政治与宰相制度变动的综合研究》，载《第二届国际汉学会议论文集：历史与考古组》下册，第783—804页。又见氏著《唐代宰相与政治》第200—241页，文字略有修订。

6　《读通鉴论》卷23《肃宗二》，第788页。

宰相成员除裴冕因拥戴之功系由唐肃宗委任外，其余五位宰相韦见素（至德二载三月罢相）、房琯（至德二载五月罢相）、崔涣（至德二载八月罢相）、崔圆（乾元元年五月罢相）、李麟（乾元元年五月罢相）均是唐玄宗任命的。[1]根据这一状况推断，李泌在此时根本不具备担任宰相的资格，《通鉴》依据《邺侯家传》所载李泌坚辞宰相事，颇有粉饰虚诞之嫌。《旧唐书》卷130《李泌传》、《新唐书》卷139《李泌传》只记其辞官，而均未明言辞相事。王夫之对《通鉴》深信不疑，对李泌颇多推誉，不免于失察之讥。

我们认为，上述内容均反映出唐肃宗即位后的身份确实存在某些与皇帝地位不相吻合之处。我们丝毫不否认唐肃宗所号令平叛的皇帝名分，但至少在长安收复前，他的皇帝身份是打了一些折扣的。笔者甚至觉得，从其册后、立储与任官等情况看，此时唐肃宗朝的朝廷体制可以说正是扩展了的东宫体制。从这一意义上来说，唐肃宗即位以后还处于天宝时期非实体化东宫体制向实体化的朝廷体制过渡的过程中。也就是说，唐玄宗对肃宗朝政治产生的影响是直接而又有实质性的。

唐肃宗即位之初，其皇权之威严与行使状况也颇有不甚惬意之处。比如在朝廷之上"武人骄慢"，多不知礼。监察御史李勉弹劾朝堂失仪者，唐肃宗云"吾有李勉，始知朝廷尊也"[2]。唐肃宗征调各地兵马，有些将领并非俯首听命。据史载："肃宗即位于灵武，征安西

---

1 详见《旧唐书》卷108，第3275—3280页；卷111，第3321—3323页；卷112，第3339页各本传，恕不具引。

2 《旧唐书》卷131《李勉传》，第3633页。

兵节度使梁宰，宰潜怀异图。"[1]按：唐肃宗这一征调安西兵事在《通鉴》卷218"肃宗至德元载七月"条中则记为征调河西兵[2]事："上命河西节度副使李嗣业将兵五千赴行在，嗣业与节度使梁宰谋，且缓师以观变。"无论如何，藩镇军将的这一态度，对于说明唐肃宗即位之初的皇帝地位实在是很有价值。按照唐律："兴军征讨，国之大事。调发征行，有所稽废者，名'乏军兴'。""乏军兴"者斩。[3]唐律既然有此规定，边将竟敢"违限废事"[4]，缓师以观变，应该能够反映出李嗣业等人对肃宗灵武即位缺乏信心，对肃宗称帝后的法统地位有所怀疑。有关这一情形，唐人柳祥著《潇湘录》中的一则记载对此进行了详细说明：

> 唐肃宗时，安史之党方乱。邢州正在贼境，刺史颇有安时之志。长安梁守威者，以文武才辨自负。自长安潜行，因往邢州，欲说州牧。至州西南界，方夜息于路旁古墓间。忽有一少年手

1　《旧唐书》卷128《段秀实传》，第3584页。
2　《旧唐书·段秀实传》、两《唐书》之《李嗣业传》，均以李嗣业为安西军将，与《通鉴》所载不符。按：《旧唐书·肃宗纪》：灵武即位，以周佖为河西节度使，至德二载（757年）正月，周佖被九姓商胡与河西兵马使杀死；《通鉴》亦载此事。另据《唐周晓墓志》，周晓乃河西节度使周佖第三子，至德二年正月十九日为胡贼所害（转见《文博》2000年第4期）。如此，至德二载正月前，周佖为河西节度使，则梁宰不应同时为河西节度使。征之以上记载，故疑《通鉴》以李嗣业为河西军将系安西事误。后来，李嗣业又任镇西、北庭行营节度使（或作行军兵马使），亦可为旁证。事具见两《唐书》之《李嗣业传》。镇西即安西，至德二载改名。
3　见《唐律疏议》卷16《擅兴律》，第305页。
4　《唐律疏议》卷16《擅兴律》，第306页。

携一剑亦至, ……曰: "君见州牧, 何辞以说? "守威曰: "方今天子承祧, 上皇又存, 佐国大臣, 足得戮力同心, 以尽灭丑类。故不假多辞, 邢牧其应声而奉我教也。可谓乘势因时也。" 少年曰: "君知其一, 不知其二。今太子传位, 上皇犹在, 君以为天下有主耶? 有归耶? 然太子至灵武, 六军大臣推戴, 欲以为天下主。其如自立, 不孝也, 徒欲使天下怒, 有焉得为天下主也? 设若太子但奉行上皇, 而征兵四海, 力剪群盗, 收复京城, 唯抚而辑之, 爵赏军功, 亦行后而闻之, 则不期而大定也。今日之大事已失, 卒不可平天下。我未闻自负不孝之名而欲诛不忠之辈者也。欲安天下、宁群盗, 必待仁主得位。君无说邢牧, 我若可说, 早已说之。"[1]

携剑少年所言颇能反映唐朝人对肃宗灵武即位的态度。

总而言之, 由于天宝时期形成了非实体化的东宫体制, 太子的权力地位被大大削弱, 其政治活动空间遭到严重削弱和压缩, 李亨虽然借安禄山叛乱所造成的政治局势巨变马嵬分兵乃至即位灵武, 政治上得到了图谋发展的机会。但是, 他要摆脱天宝时期非实体化的东宫体制对其即位后政治的影响, 仍需要做一些努力。毕竟, 唐肃宗是在那样一种东宫体制下成长起来的皇位继承人, 他经历的又是那样一种非正常的皇权交接与更迭的过程, 所以, 灵武即位后, 唐肃宗虽然改变了其在天宝年间的储君身份, 却并不可能像以往那些在实体化的东宫

1　转见《太平广记》卷335《鬼》二十"梁守威"条, 第2663—2664页。

体制中成长起来的继承人一样很快进入角色，完全掌握绝对权力。既然如此，兼之灵武即位的现实政治在于"中兴"，唐肃宗就必须从政治上对已尊为太上皇的唐玄宗充分尊重。唐肃宗时期中央政治之内形成太上皇依然掌握大权的状况（详后），也反映出唐肃宗即位后的皇帝地位的一般状况。也就是说，唐肃宗虽然为自己即位找到了充分的理由，但这样一来，也为自己即位后进一步扩张政治权力、加强其作为皇帝的政治权威增设了障碍。所有这些都对唐肃宗时期中枢政局的面貌造成了影响。

三 唐肃宗时期中央政治的二元格局：皇帝与太上皇的关系

唐肃宗即位伊始，入蜀的唐玄宗被尊为太上皇；唐玄宗在得知灵武即位之后，也承认既成事实，自称太上皇。这样一来，在肃宗灵武即位以后，就在事实上形成了皇帝与太上皇共存的形势。这使唐肃宗的皇权政治运作面临更多的政治问题，也给这一时期的皇帝制度带来了许多新内容。

皇帝制度自秦朝正式确立以来就是中国古代政治制度的核心。皇帝权力不唯至上，而且独尊，对一切制衡或威胁皇权行使的权力系统，它都有一种排抑与抵制的机能。这是皇权运行的一般法则。一般的观点认为，唐玄宗成为太上皇后，便失去了最高政治权力，他为唐肃宗举行册命，只是给自己找个台阶、留点面子而已。[1]事实果真如此

---

1 王吉林《从安史之乱论肃宗一朝唐代政治与宰相制度变动的综合研究》（转下页）

吗？通过研究我们发现，唐玄宗不仅不甘心放弃最高权力，而且仍掌握着相当的权力。他为唐肃宗举行册命之前，对中央政局做了精心安排，使自己的权力以法律的形式保留下来，并持续了相当长的一段时期。这样，就在实际政治生活中形成了太上皇与皇帝两个政治中心。这两个政治中心在平叛这一点上具有共同利益，并借以相处共存；皇权独尊的法则，则使双方关系微妙，冲突难免，也让唐肃宗时期的皇权运行呈现出一些新的特色。为了较方便地把握这一政局的特征，本书姑且称之为中央政治的二元格局。笔者认为，把握住这一点，就掌握了剖析唐肃宗时期中枢政局的钥匙。我们由此不仅可以对唐肃宗时期的中枢政局有新的认识，而且这一时期中枢政局内诸如施政方针、平叛方略等问题，也皆可由此得启其玄机，获圆满阐释。唐代宗以降唐朝社会政治状况的形成，也差可由此探求其渊薮。

（一）二元格局的形成

唐肃宗灵武即位，乃唐中央政治的一次剧变，在安禄山叛乱之中对唐朝中枢政局产生了巨大影响。灵武即位后，李亨的太子身份发生变化，但是由于其即位并不符合皇权继承的法定程序，所以其皇帝地位被大打折扣，皇帝权威也颇遭质疑。为了取得应有的法统地位，从而获得政治上的最大合法性，唐肃宗除了在即位时大肆宣扬唐玄宗早有传位之心，还在即位后想方设法谋求唐玄宗的认可。

（接上页）云："此一制也，不过为玄宗自找台阶而已，实际上自肃宗即位后，军国重事亦未曾再启奏上皇。"见《第二届国际汉学会议论文集：历史与考古组》下册，第783—804页；又载氏著《唐代宰相与政治》，第208页。对此说法之辨析，请见下文。

唐肃宗灵武登基，"即日奏其事于上皇"[1]。灵武使者于八月十二日癸巳[2]抵达成都，动作如此迅速[3]，其深意当在于此。同时，唐肃宗即位之初，命人"遣使乘驿，布于江淮，王命再通"[4]，除广造声势外，也应当有造成既成事实的意图。不管怎样，在唐玄宗避乱入蜀之际，唐肃宗灵武即位后就在事实上出现了一个在平叛前线代表唐政府的中央朝廷。只是未获唐玄宗的认可，唐肃宗的法统地位难免受到质疑，如肃宗征调各藩镇兵马赴行在讨贼，就有藩镇将领（如李嗣业）"缓师以观变"，没有立即奉命而行。

此时的唐玄宗，依然向臣民显示自己掌握着唐朝的最高权力。据《旧唐书》卷9《玄宗纪下》：唐玄宗南下途中，连续任命了剑南节度副大使崔圆、宪部侍郎房琯、巴西太守崔涣为同平章事。这样，加上左相（侍中）韦见素，唐玄宗抵达成都时已有四位宰相。再从至德二载（757年）正月唐玄宗以宪部尚书李麟同平章事"留总百司"[5]的情况来看，成都的朝廷无疑具有相当的规模。更应指出的是，唐玄宗于天

1　《旧唐书》卷10《肃宗纪》，第242页。

2　《通鉴》卷218第6992页"肃宗至德元载八月癸未"条《考异》："《玄宗实录》《旧·纪》皆云'八月癸未朔'，《肃宗实录》《唐历》《旧·纪》《长历》皆云'壬午朔'，今从之。"按：以八月癸未朔，则癸巳为十一日。今从《通鉴》。陈垣《二十史朔闰表》第97页亦作"壬午朔"。

3　唐玄宗六月己亥从岐山出发，抵达成都是在七月二十八日庚辰，用了一个半月。灵武使者去成都，距离较岐山更远，兼之京西扶风、武功一线叛军出没无常，共用三十天，应该说已经很快了。胡三省云："七月甲子即位，至是凡三十日使者方至蜀。"（《通鉴》卷218，肃宗至德元载八月，第6993页）言下之意，似嫌其迟也。

4　《全唐文》卷394，令狐峘《光禄大夫太子太师上柱国鲁郡开国公颜真卿墓志铭》，第1775页。

5　《新唐书》卷142《李麟传》，第4663页。

　　　　　　　　　　　唐代玄宗肃宗之际的中枢政局

宝十五载（756年）七月十五日丁卯即唐肃宗即位后第三天，又颁布了《命三王制》[1]："太子亨，宜充天下兵马元帅，仍都统朔方、河东、河北、平卢等节度采访等都使，与诸路及诸副大使等，计会南收长安、洛阳，以御史中丞裴冕兼左庶子，陇西郡司马刘秩试守右庶子。永王璘，充山南东道、江南西路、岭南、黔中节度度支采访等都使，江陵大都督如故……盛王琦宜充广陵郡大都督……丰王珙宜充武威郡都督，仍领河西、陇右、安西、北庭等路节度、度支采访等都使……。应须兵马甲仗器械粮赐等，并于本路自供。……其署官属并本路郡县官，并各任自拣，五品已上署置迄，闻奏；六品已下任便授已后，一时闻奏其授京官九品已上，并先夹名奏听进止。"显然，此举意在具体进行平叛部署。自唐玄宗出逃，人们均不知其行踪，"众心震骇，及闻是诏，远近相庆，咸思效忠于兴复"[2]。这说明唐玄宗的政治威望并没有因其出逃而受到影响。值得注意者，唐肃宗在这道制书中不仅仍然把太子李亨任命为天下兵马元帅，而且还任命李亨身边的裴冕、刘秩为左右庶子，所谓"宫相之才，师傅之任"也，依旧是按照东宫体制的规格行事。八月初一抵达成都后，唐玄宗又颁布大赦制文："朕用巡巴蜀，训厉师徒，命元子北略朔方，诸王分守重镇，合其兵势，以定中原……"除意在显示自己仍然致力于部署平叛、表达"思与群臣重弘理道"[3]之心

1　《唐大诏令集》卷36《命三王制》，第140页。

2　《旧唐书》卷9《玄宗纪下》，第234页。而灵武即位，也同样给唐朝百姓带来兴复之望，"及闻肃宗治兵于灵武，人心益坚矣"。见《安禄山事迹》卷下，第38页。

3　《唐大诏令集》卷79《銮驾到蜀大赦制》，第411页；《旧唐书》卷9《玄宗纪下》第234页所载制书文字与此略有不同。

外，不仅未曾一刻忘记自己的君王身份，而且依旧把李亨视为在其指挥下从事平叛的太子。应补充说明的是，唐玄宗在七月十五日与八月一日颁布这两道诏制文书，均是得知唐肃宗即位以前的事，它们的法律效力亦应无可置疑，此亦可从萧颖士《为李中丞贺赦表》"臣某言：中书省马崇至自蜀郡，伏奉八月一日制书，大赦天下，罪无轻重，咸蒙洗涤……。伏惟开元天宝圣文神武证道孝德皇帝陛下……，垂泣辜之旨，降勤恤之令，将士励节，黎庶归仁；咸思赴蹈，指期荡定；开泰之辰，计不云远"以及《与崔中书圆书》"先奉七月十五日敕，盛王当牧淮海"[1]云云中可略见一斑。

以上情况说明，灵武即位伊始，唐朝就在相同的时间、相同的空间里形成了两个实际的政治中心。这是安禄山叛乱后，京师沦陷、朝廷播越的形势下出现的特殊的政治局面。当唐玄宗闻讯唐肃宗即位后，高力士如是说："陛下躬亲庶务，子有黔黎四十余年，天下无事。一朝两京失守，万姓流亡，西蜀、朔方，皆为警跸之地；河南、汉北，尽为征战之场……"[2]所谓"西蜀、朔方，皆为警跸之地"，正说明唐肃宗即位以后，唐玄宗一统天下四十余年的局面不复存在，形成了西蜀（玄宗）、朔方（肃宗）两两相对并存的局面。

皇帝与太上皇各掌最高权力的政治格局的正式形成，是在天宝十五载即至德元载（756年）八月十六日丁酉，其标志是这天唐玄宗颁布了由贾至撰述的一道诏书——《令肃宗即位诏》。《旧唐书·玄宗纪

1　《全唐文》卷323，萧颖士，第1446页。
2　《高力士外传》，《开元天宝遗事十种》本，第118页。

　　　　　　　　　　　　　　　　　唐代玄宗肃宗之际的中枢政局

下》和《通鉴》中只略记了此诏的大概内容："自今改制敕为诰，表疏称太上皇。"下再引《唐大诏令集》卷30所载文字，并加以解说：

昔尧厌勤倦，尚以禅舜，高居汾阳；况我元子，其睿哲聪明，恪慎克孝，才备文武，量吞海岳，付之神器，不曰宜然！今宗社未安，国家多难，某英勇雄毅，总戎专征，代朕忧勤，斯为克荷，宜即皇帝位。仍令所司择日，宰相持节，往宣朕命。其诸礼仪，皆准故事，有如神祇简册申令须及者，朕称诰焉。衣冠表疏礼数须及者，朕称太上皇焉。且天下兵权，制在中夏；朕处巴蜀，应卒则难。其四海军郡，先奏取皇帝进止，仍奏朕知。皇帝处分讫，仍量事奏报。寇难未定，朕实同忧，诰、制所行，须相知悉；皇帝未至长安已来，其有与此便近，去皇帝路远，奏报难通之处，朕且以诰旨随事处置，仍令所司奏报皇帝。待克复上京已后，朕将凝神静虑，偃息大庭，踪姑射之人，绍鼎湖之事。

此诏系唐玄宗知悉唐肃宗即位消息四天后颁发的。唐玄宗承认了灵武即位的事实，自称太上皇，但这并不意味他从此成为政治摆设。诏书中有四点值得注意。一是唐肃宗虽然得到了处理军国事务的权力，但事后须向唐玄宗汇报；四海军郡向其奏报的表疏，也须同时奏闻唐玄宗知悉。二是唐玄宗保留了以"诰旨"形式处理军国事务的权力，尽管他也表示事后由"所司奏报皇帝"，但可以"去皇帝路远，奏报难通"为由"随事处置"。也就是说，唐玄宗在很大程度上保留了独立颁行诰旨处理国政的权力。三是唐玄宗把所谓放弃上述权力的时间划定在"克复上京（长安）已后"，这给唐肃宗的施政方针与平叛方略带来了极大影响。有关这一问题，后文还将详说。四是所谓"寇难未定，朕实同忧，诰、制所行，须相知悉"，既强调双方所行之诰、制要相互通气，又表达出唐玄宗对平叛工作的极大关注，这与唐肃宗即位灵武时打出平叛旗帜遥相呼应，在政治思路上是一致的。正是由于共同的平叛目标，远在巴蜀的唐玄宗才承认身处平叛前线的唐肃宗的即位。此外，唐肃宗即位之初，虽获得了如朔方等镇兵的支持，但独立从事平叛，力量似乎不足，故依然有赖于唐玄宗方面的奥援而不能断然割绝与太上皇之间的联系，何况从《命三王制》及后来的史实来看，剑南、江淮、山南、岭南等广大地区仍处于太上皇的直接控制下，而江淮、山南又是后来唐平叛战争仰赖的主要财赋供应地。此第五琦所言之太上皇者："方今之急在兵，兵之强弱在赋，赋之所出，江淮居多。"[1]江淮财赋经过襄阳取道汉水运抵平叛前线，所谓"江淮奏请贡献之蜀之灵武者，皆自襄阳取上津路抵扶风，道路无壅"[2]。正是河南沦陷漕运受阻之后，江淮财赋转运的路线。这决定了唐肃宗必须获得唐玄宗的册命。到八月十八日己亥，唐玄宗又颁布《肃宗即位册文》[3]：

1　《旧唐书》卷123《第五琦传》，第3517页。《通鉴》卷218"肃宗至德元载八月癸未"条第6992页略同。

2　《通鉴》卷218，肃宗至德元载八月，第6995页。

3　《唐大诏令集》卷1，第1页。按：《文苑英华》卷442第2244页、《全唐文》卷367第1651页均为《肃宗皇帝即位册文》，作者为贾至。《唐大诏令集》不题撰者。

维天宝十五载岁次景（庚）申七月癸丑朔十二日甲子[1]，皇帝若曰：咨尔元子某……，泊予大业（一作"六叶"），恭位四纪，厌于勤倦，缅纂（一作"慕"）汾阳，当保静怡神，思我烈祖玄元之道，是用命尔元子某，当位嗣统。

册文中也有三点应予注意。一是所谓"厌于勤倦"云云只宜视为官样文章，不仅事实并非如此，而且与此前颁布的《令肃宗即位诏》所言"寇难未定，朕实同忧"调子不同，倒是与灵武方面颁布的《肃宗即位赦》中宣称"圣皇久厌大位，思传眇身"的口吻相似。这反映出唐玄宗行册命时，对业已成为现实的即位做了某种让步，而这种让步则使双方共处成为可能。二是这份颁布于八月十八日的文件，却把时间提前到七月十二日，也就是唐肃宗即位时。这不应是册文中的日期被改动过，而是唐玄宗有意为之，这恰恰是唐玄宗的高明之处。这一做法的用意不仅在于说明唐肃宗即位的合法性，更在于说明既成事实的即位，仍当秉玄宗之册命而后方具有合法性，并以此进一步向唐肃宗的政治中心施加影响。三是册文中一反往常惯例，没有写入奏册行礼的

1　对此时间，有作"壬子朔十三日"者，《文苑英华》卷442第2233页已指出其"非"也；《全唐文》卷367第1651页《肃宗皇帝即位册文》作"维天宝十五载岁次景申八月癸未朔十八日己亥"，与《唐大诏令集》《文苑英华》所载均不同，未知何据。另，冈野诚《论唐玄宗奔蜀之途径》（载《第二届国际唐代学术会议论文集》下册，台北：文津出版社，1992）一文中所引《全唐文》之日期又为"七月十二日"，不知是另有所本还是别出有因。总之，此册文中所标出的时间与颁布册文的实际时间之间的先后异同，颇值得注意。

宰相名单，而唐朝其他皇帝的即位册文[1]中都无一例外地包含这一内容。唐玄宗的所谓册命过程只是在前日颁布的《令肃宗即位诏》中有"令所司择日，宰相持节往宣朕命"的安排。事实上，唐玄宗在颁册文后就即刻委派宰相韦见素、房琯、崔涣等奉传国宝玺赴灵武行册命之礼。这一做法，遂给这一追认式的权力交接打了折扣，从而使本来极为庄重的册礼不可能"皆准故事"举行。这样，唐玄宗先于《令肃宗即位诏》中明言"朕之传位，有异虞典，不改旧物"云云，也不宜等闲视之。这是唐玄宗在所谓"传位"过程中所做的巧妙安排，其目的无外乎保持自己政治上的主动。我们只要看看下面唐肃宗见到"持节往宣朕命"的韦见素等人时的反应，就可明白唐玄宗之用心良苦了。《通鉴》卷218"肃宗至德元载九月"条：

> 上至顺化，韦见素等至自成都，奉上宝册，上不肯受，曰："比以中原未靖，权总百官，岂敢乘危，遽为传袭！"群臣固请，上不许。寘宝册于别殿，朝夕事之，如定省之礼。

直到至德二载（757年）十二月甲子，唐玄宗自蜀还京，"御宣政殿，以传国宝授上，上始涕泣而受之"[2]，才算完成了真正的传位。唐肃宗此时没有直接从韦见素手中接受宝册，正与上述唐玄宗精心安排的传位方式直接相关。再来看《旧唐书》卷111《房琯传》的记载：

1　参见《唐大诏令集》卷1《帝王·即位册文》所载内容，不另赘引。
2　《通鉴》卷220，肃宗至德二载十二月，第7047页。

"（琯）至顺化郡谒见，陈上皇传付之旨，因言时事，词情慷慨，肃宗为之改容。"房琯所言"时事"，自是个人见解，所"陈上皇传付之旨"，当是宣达唐玄宗的本意，因其使命就是"往宣朕命"。

总之，唐玄宗在得知肃宗灵武即位后，从全国平叛大局出发承认既成事实，避免了唐肃宗登基之后再节外生枝，也就给身处平叛前线的唐肃宗以正式的权力追认。但他在履行传位、册命礼仪时，又巧做政治安排，把唐肃宗称帝的权力运作纳入自己的政治设计之中。他颁布《令肃宗即位诏》，既是对唐肃宗即位的授权，也是在为保留自己固有的政治权力制造法律依据。唐肃宗为了稳固其皇权存在的政治基础，为了让臣民认可其皇权的法统地位，不得不接受地处巴蜀仍控制相当势力范围的父皇的安排。这样就给唐肃宗即位以后的皇权继承留下了空隙。他们共同以平叛为现实目的，互有妥协、让步，此所谓"寇难未定，朕实同忧，诰、制所行，须相知悉"，从而形成了由太上皇（唐玄宗）与皇帝（唐肃宗）各掌大权的二元政治格局。这一政治格局的出现，当然与安禄山叛乱后极度动荡的现实政治背景有关，其潜在的原因则应当从天宝时期形成的非实体化东宫体制中探求。这就是说，由于在这一体制下太子李亨的政治发展遭到严重压制，所以直到他登基之时仍没有经营出可以挣脱这一束缚的现实政治势力，以致他称帝之后仍然无法完全取代唐玄宗而掌握最高权力。换句话说，由天宝时期太子身份成长起来的皇帝依然为非实体化东宫体制所束缚。因此，唐肃宗即位之初的皇帝地位受到质疑，其皇帝权力也无法唯我独尊。这正是唐肃宗时期中央政治形成二元格局的深刻原因，也就是说，这一原因来自唐玄宗时期国家中枢政治体制与政治制度的内部。二元格局的形成，也说明了唐玄宗时期的中枢政治体制对肃宗朝中枢政局的深刻影响。以往研究者对《令肃宗即位诏》的政治意义一直关注不多，多是简单地认为唐玄宗为唐肃宗的即位行册命是为自己留点面子而已，这种看法没有注意到唐肃宗父子维持权力的现实政治条件以及天宝中枢政治体制对唐肃宗时期政局的影响。

（二）二元格局的内涵

既然唐玄宗是通过《令肃宗即位诏》认可肃宗的灵武即位的，那么我们应当具体考察这一诏令的法律效力到底如何。也就是说，唐玄宗所赖以保持其权力的诏书是否是一纸空文。研究这一问题不仅是为了弄清楚诏书的权威性，而且试图探明唐肃宗与唐玄宗这两个政治中心的相处模式和权力运作的状况。这样我们至少需要从两个方面进行考察。第一，肃宗处理决断军国事务时是否遵照唐玄宗诏令的规定向成都方面请示汇报，是否听从唐玄宗的指令。诏书中规定的"诰、制所行，须相知悉"是否能够做到。也就是说，唐肃宗及其文武大臣是否仍然承认唐玄宗的法统地位。第二，唐玄宗是否仍然行使其权力，亦即唐玄宗的权力地位实际上是否仍存在。这正是唐肃宗时期中央政治二元格局的内涵所在。

不过，关于上述问题，现存史料中的相关记载明显不足，如《旧唐书·玄宗纪》自至德元载八月行册命之后到次年九月收复两京前，竟然未措一字。这一时期恰好是唐玄宗诏书中规定的太上皇以诰旨处置政事的时期。史料记载的缺漏当然给我们的研究造成了诸多困难，但这一缺漏正好提示我们对有关情况进行剖析。

首先来考察唐肃宗方面的情况，看看他的行动是否听从唐玄宗的指令。《通鉴》卷218"肃宗至德元载九月"条：

> 他夕，上又谓（李）泌曰："（张）良娣祖母，昭成太后之妹也，上皇所念。朕欲使正位中宫以慰上皇心，何如？"对曰："陛下在灵武，以群臣望尺寸之功，故践大位，非私己也。至于家事，宜待上皇之命，不过晚岁月之间耳。"上从之。

又，《通鉴》卷219"肃宗至德二载正月"条：

> 上又从容谓李泌曰："广平为元帅逾年，今欲命建宁专征，又恐势分。立广平为太子，何如？"对曰："臣固尝言之矣，戎事交切，须即区处，至于家事，当俟上皇。不然，后代何以辨陛下灵武即位之意邪！……"泌出，以告广平王俶，俶……曰："陛下犹未奉晨昏，臣何心敢当储副！愿俟上皇还宫，臣之幸也。"上慰赏之。

此二事乃唐肃宗册后、立储要奉唐玄宗之命的力证。事实上，张良娣直到乾元元年（758年）三月才得立后，四月行册礼；肃宗的长子广平王（成王）俶，得立为太子是在这年的五月庚寅。[1]此时是长安收

1　唐肃宗立李豫为储君的时间，两《唐书》记载颇有歧异。据《旧唐书》卷10《肃宗纪》第252页载："（乾元元年）五月……庚寅，立成王俶（即李豫）为皇太子。"《旧唐书》卷11《代宗纪》第268页则云："乾元元年……四月庚寅，立为皇太子。（转下页）

复半年之后了。

另外，唐肃宗在平叛过程中也未中断与成都的联系。据《通鉴》卷219"肃宗至德二载二月"条及胡三省注云："上自散关通表成都，信使骆驿（胡三省注：往来不绝曰骆驿）。"

通表内容今已无法尽知[1]，但络绎不绝的信使往来于成都与唐肃

（接上页）改名豫。"又《新唐书》卷6《肃宗纪》第161页："乾元元年……十月甲辰，立成王俶为皇太子。大赦。"《新唐书》卷6《代宗纪》第166页载："乾元元年……四月，立为皇太子。"仅以两《唐书》之帝纪，唐代宗以成王立为太子的时间有三说：四月庚寅、五月庚寅、十月甲辰。

谨按：上述四月庚寅与五月庚寅必有一误。因为同一干支纪日（庚寅）不可能出现在相邻的两月中。据陈垣先生《二十史朔闰表》，乾元元年四月壬寅朔，五月壬申朔。又据《中西回史日历》甲子表，知四月无庚寅，五月庚寅乃十九日。由此可知，《旧唐书·代宗纪》所载四月庚寅（《新唐书·代宗纪》作"四月"，无日）说有误。又参以《通鉴》卷220，肃宗乾元元年"五月……庚寅，立成王俶为皇太子"（第7054页），更可证四月说误。再看"十月甲辰"说。按：今本《唐大诏令集》卷29《立成王为皇太子德音》第94页所署时间为"乾元元年十月"，知此十月甲辰说必有所据。十月庚子朔，甲辰即初五日。然成王为太子必不能先立于五月庚寅，又立于十月甲辰。据《唐大诏令集》卷28《册成王为皇太子文》第90页及《德音》，知十月甲辰系为太子行册命的时间。唐册太子，礼仪隆重，天子临轩册命，太子当至殿门受册，礼毕，大赦天下。因有司备礼册命要择吉日，且需一定时间准备，故选立太子与行册命并不一定同时，更何况成王之立正值安史之乱！如唐玄宗于唐隆元年六月丙午被立为太子，到"七月己巳，睿宗御承天门，皇太子诣朝堂受册"（《旧唐书》卷8《玄宗纪上》第168页）；又如唐肃宗李亨于开元二十六年六月得立为太子，也到"七月己巳，上御宣政殿，册太子。……赦天下"（《通鉴》卷214，第6834页），册太子赦文今俱见存。此皆系太子先立而后行册命的例证。又征诸《通鉴》卷220，肃宗乾元元年"十月甲辰，册太子，更名日豫"，可为无疑。看来，《新唐书·肃宗纪》不载五月立太子而仅记十月甲辰事，是误将册命时间当成选立时间。这恐怕又是《新唐书》作者"文约字省"之失的小小例证。

要言之，唐肃宗立唐代宗为太子，时系乾元元年五月庚寅，十月甲辰乃行册命。《新唐书》之肃宗纪、代宗纪及《旧唐书·代宗纪》所载均有审乱、讹误。《通鉴》所载此事之时间，精审可据。

1　据《旧唐书》卷10《肃宗纪》第245页："（至德）二载春正月庚戌朔，上在（转下页）

唐代玄宗肃宗之际的中枢政局

宗的平叛前线，"每奏事人来往两京，动静无不尽知"[1]。至少说明他们之间一直保持着联系。再说，表疏本来就是臣子向君父奏事所常用的一种公文形式。据《大唐新语》卷8《聪敏第十七》载："玄宗幸成都，……时肃宗[2]在凤翔，每有大除拜，辄启闻。"唐玄宗在蜀，"每得上表疏，讯其使者，知上涕恋晨省"，乃下诰表彰："……今皇帝奉而行之，未尝失坠，每有衔命而来，戒途将发，必肃恭拜跪，涕泣涟洏，左右侍臣，罔不感动。"[3]至德二载（757年）十一月壬申，唐肃宗于两京收复后还曾颁布过一道制书："今两京无虞，三灵通庆，可以昭事。宜在覃恩，待上皇到日，当取处分。"更是以诏制的形式明确了覃恩诸事当待唐玄宗归京后"处分"。如此，唐玄宗的权力地位显然得到了唐肃宗的认可。

唐肃宗身边的官员也持同样的观念。肃宗在灵武即位后，颜真卿即派人"间道上表"灵武，更奏表太上皇，言辞之间，对唐玄宗极尽尊崇[4]。长安收复之初，肃宗派人入京"陈告宗庙之礼，有司署祝文，称'嗣皇帝'。颜真卿谓礼仪使崔器曰：'上皇在蜀，可乎？'器遽改之。中旨宣劳，以为名儒，深达礼体。"[5]由颜真卿的质疑与崔器的修正，说

（接上页）彭原受朝贺。是日通表入蜀贺上皇。"此所通者，则为新春贺表。

1　《高力士外传》，《开元天宝遗事十种》本，第118页。

2　"肃宗"，《大唐新语》第122页作"肃忠"。又，方积六、吴冬秀《唐五代五十二种笔记小说人名索引》亦将中华书局点校本"肃忠"径改为肃宗。北京：中华书局，1992，第31页，注一。

3　《旧唐书》卷10《肃宗纪》，第245页。

4　见《全唐文》卷336，颜真卿《皇帝即位贺上皇表》，第1504页。

5　《旧唐书》卷128《颜真卿传》，第3592页。

明他们都尊重太上皇在蜀的现实，从"中旨宣劳"看，唐肃宗对颜真卿的建议亦表赞同。唐肃宗君臣对唐玄宗均无丝毫回避，当然说明他们对玄宗的政治地位与法统权力依然认可。

那么，唐玄宗方面的情况又若何呢？

唐玄宗在得知灵武即位之前的权力行使情况，已见前文。《令肃宗即位诏》颁布之后的情况，可据《通鉴》卷219"肃宗至德元载十月"条：唐玄宗以武部侍郎李峘为剑南节度使，接替与宰相崔圆有矛盾的颖王璬，"使归内宅"[1]，不久，又"命璬与陈王珪诣上宣慰"。另至德二载（757年）正月，"上皇下诰，以宪部尚书李麟同平章事，总行百司，命崔圆奉诰赴彭原"。又据《旧唐书》卷10《肃宗纪》：至德二载（757年）正月一日，为表彰唐肃宗的"孝谨"，唐玄宗下诰："其天下有至孝友悌行著乡闾堪旌表者，郡县长官采听闻奏，庶孝子顺孙沐于玄化也。"五月庚申"诰追赠故妃杨氏为元献皇太后，上母也"[2]。另据《旧唐书》卷99《张九龄传》："至德初，上皇在蜀，思九龄之先觉，下诏（？诰）褒赠，曰：'……可赠司徒，仍遣使就韶州致祭。'"上述材料说明唐玄宗仍以"诰"的方式行使权力。特别是署官命相，更有力地证明了这一点。他同时派人奉诰告知唐肃宗，恰与前述诏书中"诰、制所行，须相知悉"的原则相符。这样的事例尚有一些。如右龙武大将军

1　《通鉴》卷219本条第7003页胡三省注云："京师有内宅，以处诸王未出者。此时在成都，亦即行宫为内宅。"诸王内宅的设立，说明僻居巴蜀的唐玄宗不曾改变其自开元以来对待诸皇子的策略。

2　《新唐书》卷76《后妃上·玄宗元献皇后杨氏传》第3492页亦云："至德二载，太上皇自蜀诰有司'其议尊称'，遂上册谥。"

慕容令信"宿卫玉阶，五十余年，洁己恭事，行不逾矩，太上皇亲而宠焉，敕书锡赉，恩命稠叠"[1]。崔契臣所撰墓志云："时玄宗幸蜀，先公弃官以从，恩加朝散大夫、著作佐郎，……至德元载，先公至自蜀。"[2]也隐约透露出唐玄宗依然掌握权力的情形。

再来看唐玄宗委任第五琦一事。第五琦时任北海郡录事参军。太守贺兰进明"令琦奏事，至蜀中，琦得谒见，奏言：'方今之急在兵，兵之强弱在赋，赋之所出，江淮居多。若假臣职任，使济军须，臣能使赏给之资，不劳圣虑。'玄宗大喜，即日拜监察御史，勾当江淮租庸使"[3]。从这件事中我们至少可以获得两点认识：第一，贺兰进明在唐肃宗已经即位灵武的情况下，仍派属下第五琦入蜀奏事，第五琦遂被委以重任，说明唐玄宗之政治权力和地位犹存。第二，唐玄宗委任第五琦，目的在于使其理财以济军需，当然是服务于平叛，这说明唐玄宗不仅未曾放弃大权，而且着眼点也没有脱离平叛靖乱。

甚至在唐玄宗归京之初，我们仍然可以看到其权力存在的情形。

1　周绍良：《唐代墓志汇编》，乾元006，第1738页。按：墓主死于乾元元年十月。

2　周绍良：《唐代墓志汇编》，贞元062，第1881页。

3　《旧唐书》卷123《第五琦传》，第3517页；《通鉴》卷218"肃宗至德元载八月"条第6992页略同。按：《新唐书》卷149《第五琦传》云："肃宗驻彭原，（贺兰）进明遣琦奏事，既谒见，即陈。"《大唐新语》卷10《厘革第二十二》亦云："肃宗初即位，在彭原，第五琦以言事得召见，请于江淮分置租庸使，市轻货以济军须。肃宗纳之。拜监察御史。"（中华书局点校本，第154页）则以第五琦理财乃受命于唐肃宗，而不是唐玄宗，此与《旧唐书·第五琦传》《通鉴》所载不同，疑有误。又按：据《通鉴》卷219"肃宗至德元载十月"条第7001页第五琦确实于彭原谒见过唐肃宗，但时间并非八月，而是在这年十月，可从。并请参见陈寅恪《陈寅恪读书札记：旧唐书、新唐书之部》，上海：上海古籍出版社，1989，第103—104页。

据《通鉴》卷220"肃宗至德二载十二月"条载唐肃宗处理投降安史叛军的官员事：

> 上欲免张均、张垍死，上皇曰："均、垍事贼，……罪不可赦。"上叩头再拜曰："臣非张说父子，无有今日。臣不能活均、垍，使死者有知，何面目见说于九泉！"因俯伏流涕。上皇命左右扶上起，曰："张垍为汝长流岭表，张均必不可活，汝更勿救。"上泣而从命。

大致可以了解玄宗运用权力处理刑狱事件的情形。[1]

上述史料说明，不仅唐玄宗于成都仍紧握政柄，而且唐肃宗君臣也承认唐玄宗之法统地位，而不曾稍有忽怠。因此，唐玄宗设计的政治格局是一个真实的存在，这正是我们将唐肃宗时期的中枢政局称为"二元格局"的缘由。唐人元结撰《大唐中兴颂》，历述安禄山叛乱后政局动荡之大端，其中有云："大驾南巡，……我师其东，储皇抚

---

[1] 《通鉴》所载此事，征诸其他记载，颇有疑问。据《旧唐书》卷97《张说传》第3058页载：张垍降敌，"死于贼中"，张均应处死刑，"肃宗于（张）说有旧恩，特免死，长流合浦郡"。《新唐书》卷125《张说传》第4411—4412页载略同，并增加了有关细节。据此，张垍已死，长流者张均也。此事又有至德二载十二月庚午制书为证："人臣之节，有死无二；为国之体，叛而必诛。……前大理卿张均特宜免死，配流合浦郡。"见《旧唐书》卷10《肃宗纪》，第250页。如此，《通鉴》载唐玄宗长流张均而不活张均事并非实录。据《通鉴考异》，知《通鉴》此条乃略取《常侍言旨》意而成（卷220，至德二载十二月，第7050页）。司马光何以舍官修史书而取小说家言，确实令人费解。岂又是美化唐玄宗之守法与唐肃宗之仁恕耶？

戎，……二圣重欢，地辟天开"[1]，"二圣"云者，正是对这种政治格局的一种曲折表达。

其实，当时唐肃宗朝中的一些大臣对这一政治格局看得很清楚。如贺兰进明曾对唐肃宗讲过这样一番话："今房琯……陛下用为宰相，恐非社稷之福。且琯在南朝佐上皇，使陛下与诸王分领诸道节制，仍置陛下于沙塞空虚之地，又布私党于诸道，使统大权。其意以为上皇一子得天下，则己不失富贵，此岂忠臣所为乎！"结果，"上由是疏之"[2]。贺兰进明以"南朝"喻指太上皇在成都的朝廷，说明"南朝"与唐肃宗的朝廷不唯有地理上的悬隔，而且存在政治核心上的相异。胡三省作注时仅说"上即位于灵武，进驻彭原，其地在关山之北，上皇在成都，其地在关山之南，故谓之'南朝'"[3]。这样解释没有抓住问题的要害。对皇帝与太上皇之间的对立关系，日本学者冈野诚曾论及："以肃宗为中心的灵武政权与以玄宗为中心的蜀政权便处于一种潜在的对立状况，甚或可视为一种南北朝之对立。"又说，"据贺兰进明所述所见，对肃宗政权来说，'南朝'已成为玄宗政权之惯称。"[4]按："南朝"是否是对唐玄宗方面的惯称，因仅见此一例，尚不敢肯定。

1　《全唐文》卷380，元结《大唐中兴颂》并序，第1707页。

2　《通鉴》卷219，肃宗至德元载十月，第7002—7003页。按：据《通鉴考异》，本条取自唐实录。所引《唐历》则谓房琯渐不能容于唐肃宗是因"颇以直忤旨"。故此条胡三省注曰："据《考异》，则上之疏琯，非特因进明之言也。"笔者以为，胡三省所言的确已经触及此事的本质，唯没有再加深究。

3　《通鉴》卷219"肃宗至德元载十月"条胡三省注，第7002页。

4　冈野诚：《论唐玄宗奔蜀之途径》，载《第二届国际唐代学术会议论文集》下册，第1099—1120页。

但我们认为，冈野诚先生所论，正与上述二元政治格局的论点相呼应，似乎可以引为同调。

（三）二元格局下的肃宗朝政治

唐肃宗时期最大的政治当为平叛，这既是唐肃宗灵武即位重建中央政府的理由，也是其政治权力与政治地位得以确立的前提条件。如前所述，唐肃宗即位伊始，就打出平叛的旗帜。毋庸置疑，平叛是此时唐肃宗政治生活中的头等大事。唐朝中央政治的二元格局，对肃宗朝政治产生了直接的、决定性的影响。唐肃宗的整个平叛过程，处处打着这一政治格局的烙印。其中，又以处理永王璘事件和确定收复长安、洛阳为首要平叛目标最为显著。

永王璘是奉唐玄宗诏令（《命三王制》）担任四镇（山南东、江南西、岭南、黔中）节度等诸使、江陵郡大都督的。他于天宝十五载（756年）九月赴任江陵。此时唐肃宗即位已两个月，并已获唐玄宗正式承认。但是，对永王璘奉命出镇江陵一事，除见随唐玄宗入蜀的高适有过不同意见[1]外，并未见有人感到不妥，倒是不少人对此寄予了厚望，李白《永王东巡歌》就大致反映了这一趣向[2]，现录第一、第五、第十首如下[3]：

1　《旧唐书》卷111《高适传》第3329页："初，上皇以诸王分镇，适切谏不可。"
2　关于《永王东巡歌》的笺解，历来诗家颇有歧异；对其中的天子、帝、君王诸词语，尤多聚讼。我觉得，诗中之帝、君王为玄宗而不是肃宗，贤王为永王，可信从。参见薛天纬《李白与唐肃宗》，载《学林漫录》第9集，北京：中华书局，1985，第86—98页。
3　瞿蜕园、朱金城：《李白集校注》卷8，上海：上海古籍出版社，1980，第546—555页。

永王正月东出师，天子遥分龙虎旗。

楼船一举风波静，江汉翻为雁鹜池。

二帝巡游俱未回，五陵松柏使人哀。

诸侯不救河南地，更喜贤王远道来。

帝宠贤王入楚关，扫清江汉始应还。

初从云梦开朱邸，更取金陵作小山。

　　从前引《命三王制》的内容来看，永王璘出镇后招募士将、补署官吏、积聚江淮财赋等[1]，并不属擅权妄为，均符合玄宗诏制的授权规定。所以，时任庐陵郡司马的崔祐甫拒绝永王璘厚礼相邀，"人闻其事，为之惴慄"[2]。这说明永王璘能号令江淮，正在于他秉承了唐玄宗的旨意。故而当时有"永王以天人授钺"[3]的说法。应该引起注意的是，在唐玄宗为唐肃宗行册命后，还于至德元载（756年）八月二十一日颁布了由贾至起草的《停颍王等节度诰》[4]。诰，正是太上皇处置政事的公文形式。其诰曰：

　　颍王、永王、丰王等，朕之诸子，早承训诲……顷之委任，

<hr>

1　《旧唐书》卷107《永王璘传》，第3264页。

2　周绍良：《唐代墓志汇编》，建中004，第1823页。

3　《全唐文》卷350，李白《天长节度使鄂州刺史韦公德政碑》，第1569页。

4　《唐大诏令集》卷36《停颍王等节度诰》，第140页。

咸缉方隅。今者皇帝即位，亲统师旅，兵权大略，宜有统承。庶若网在纲，惟精惟一。颍王以下节度使，并停。其诸道先有节度等副使，便令知事，仍并取皇帝处分。李岘未到江陵，永王且莫离使，待交付兵马了，永王、丰王并赴皇帝行在。

有学者对此诰的真实性表示怀疑。[1]其实，在笔者看来，此诰与《令肃宗即位诏》的精神是一致的，即确保皇帝在平叛之中的军事指挥权。诰书中停诸王所领节度使，由副使知事，听从皇帝处分就是此意。不过，其中对诸王的安置又耐人寻味。诰书虽然明确停了颍王以下的节度使职权，但强调永王要等到副使李岘到达江陵交割军务后才可离职。事实上，李岘根本没有前往江陵履行职责，他以有病为由直接由长沙奔赴行在，唐肃宗又将他改任为扶风太守[2]。所以说，这一诰书并没有影响永王仍可奉令赴任。正因如此，唐肃宗下诏令永王"归觐于蜀"，永王"不从命"[3]。不过，当年七月已经抵达襄阳的永王到九

1　贾二强先生指出"此诰不无疑窦"，又说："此诰真伪姑置不论，至少我认为是否代表玄宗本意大成问题。"见贾二强《唐永王璘起兵事发微》，《陕西师范大学学报》，1991年第1期，第86页，注二。林伟洲先生也认为"诰命本身仍充满着疑问"，并认定"此诰命为伪撰，而且应出自肃宗，作伪目的当然在否定前《命三王制》诸子分镇之效用，惟撰作时间不可能太早。"见《灵武自立前肃宗史料辨伪》，载《第四届唐代文化学术研讨会论文集》，第745—768页。按：林文中云"《唐大诏令集》题为《停永王等节度诰》"者，"永王"系"颍王"之误。

2　《旧唐书》卷112《李峘传附岘传》，第3343页。按：《通鉴》卷219"肃宗至德元载十一月"条第7007页载其为江陵长史；《旧唐书·李岘传》第3348页未载其曾经任永王副使事。李岘归肃宗而未从永王，宜乎《旧唐书》传"赞"称其"独守正"也。

3　《旧唐书》卷107《永王璘传》，第3264页；《通鉴》卷219"肃宗至德元载十一月"条第7007页略同。

月方到江陵，短短的一段路竟用了一个多月，实在令人疑惑。也许在唐玄宗的诰命下达后，永王曾对自己是否仍往江陵迟疑过，也未可知。唐肃宗无奈，只得另制置淮南与淮南西道节度使并江南东道节度使加以防范，意存威慑。毕竟，永王璘节制四镇、封疆数千里，又得江淮财赋之用，尚在流亡之中、致力平叛的唐肃宗不能不感到潜在的威胁。这年年底，永王璘叛乱，至德二载（757年）二月，叛乱即平。史书对永王被杀的细节说法不一，对唐肃宗的态度也有不同的记载。一说是永王被皇甫侁擒后因中矢而死，"肃宗以璘爱弟，隐而不言"[1]；一说是皇甫侁在驿舍内将永王秘密处死，唐肃宗说："侁既生得吾弟，何不送之于蜀而擅杀之也？"[2]无论是哪种说法，都说明唐玄宗在蜀仍然具有法统权力，对于永王的处理，唐肃宗不得不有所顾忌。值得注意的是，永王事件后，永王的家属是被送往成都而不是交由唐肃宗处理的。在此过程中，褫夺永王的爵位也是根据太上皇发布的诰命执行的。据《降永王璘庶人诏》：

> 朕乘舆南幸，遵古公避狄之仁；皇帝受命北征，兴少康复夏之绩，犹以藩翰所寄，非亲莫可。永王璘，谓能堪事，令镇江陵；庶其克保维城，有裨王室；而乃弃分符之任，专用钺之威，擅越淮海，公行暴乱。违君父之命，既自贻殃；走蛮貊之邦，欲何逃罪！据其凶悖，理合诛夷。尚以骨肉之间，有所未忍；皇帝

1　《旧唐书》卷107《永王璘传》，第3266页。

2　《通鉴》卷219，肃宗至德二载二月，第7020页。

诚深孝友，表请哀矜。……可悉除爵土，降为庶人。仍于房陵郡安置，所由郡县，勿许东西。[1]

根据诏书的内容，这应该是以太上皇的口吻发布的。这样的话，《降永王璘庶人诏》本应作"《降永王璘庶人诰》"。估计这是唐玄宗在永王打算南窜岭表时颁下的。据此，永王璘虽被降为庶人，但唐玄宗还无意将他诛杀。皇甫侁未能将永王活着送往成都，不论是否属于擅杀，都与太上皇的本意不符。唐肃宗对皇甫侁废而不用，应含有深意。若非太上皇仍掌握相当权力，岂能如此？正如贾二强先生所指出者：永王起兵事件"实际上是安史之乱前期统治集团内部主要是玄宗和肃宗间权力之争的曲折反映"[2]。既然是权力斗争，则至少说明作为太上皇的唐玄宗仍具有法统权力。

总之，永王事件的确反映出唐肃宗时期中枢政局内的若干真实内容。唐玄宗"命诸子分总天下节制"[3]，自然给唐肃宗的平叛增加了额外负担，牵扯了他相当的精力，并直接对唐肃宗的施政方略产生了影响。唐肃宗以收复两京为其平叛的中心任务，正是因为唐玄宗的制诰仍然具有法定效力，这是唐肃宗在平叛过程中无法回避的现实政治问题。对唐肃宗来说，也是十分敏感的政治问题。

唐肃宗何以把收复两京当作平叛的中心任务呢？唐玄宗先前所颁《命三王制》，以天下四分，诸子分总节制，李亨被安置在沙塞空虚之

1　《唐大诏令集》卷39，第162—163页。

2　贾二强：《唐永王璘起兵事发微》，《陕西师范大学学报》，1991年第1期。

3　《通鉴》卷219，肃宗至德元载十一月，第7007页。

地且位于平叛前线。他若不能先收复两京，则将对其地位的巩固大为不利。届时若永王璘辈"扫清江汉"，更"救河南"，捷足先登，谁主唐鼎，恐怕另见分晓。这期间，谋臣李泌根据平叛形势制定了一个分路出击，各个击破，以逸待劳，先取贼巢范阳，再取两京，最终全歼叛军的作战方案。唐肃宗极表欣赏，却无法依计而行。尤其在河西、陇右、安西、西域大军汇集，又得江淮庸调之资的情况下，唐肃宗认为"当乘兵锋捣其腹心，而更引兵东北数千里，先取范阳，不亦迂乎？"李泌再三相劝并陈说利害，唐肃宗方吐真言："朕切于晨昏之恋（胡注：言急于复两京、迎上皇），不能待此，决矣。"[1]所谓"急于复两京，迎上皇"，遂不能驱兵千里攻范阳而后得其成功也。唐玄宗在为唐肃宗行册命的诏书中，把自己放弃权力的时间限定在克复西京之后，这正是我们得以破解唐肃宗确定以收复两京为平叛首要目标的关键。不言而喻，收复两京，正是唐肃宗在二元政治格局中稳固其既得地位最简捷的途径。从郭子仪率兵进攻长安之际向唐肃宗所表"此行不捷，臣必死之"[2]的决心，足可体味出唐肃宗在收复西京一事上急不可待的心情。长安收复后，唐肃宗言于郭子仪"吾之家国，由卿再造"[3]之"再造"，亦可透露出此中隐衷。关于这一点，王夫之看得很清楚。他说："盖其时上皇在蜀，人心犹戴故君，诸王分节制之命，玄宗且无固志，永王璘已有琅邪东渡之雄心矣。肃宗若无疾复西京之大勋，孤处西隅，与天下悬隔，海岱、江淮、荆楚、三巴分峙而起，高材捷足、先收平

1　《通鉴》卷219，肃宗至德二载二月以及胡三省注，第7018页。

2　《通鉴》卷219，肃宗至德二载八月，第7031页。

3　《通鉴》卷220，肃宗至德二载十一月，第7044页。

贼之功，区区嫡长之名，未足以弹压天下也。唯恐功不速收，而日暮倒行，屈媚回统，纵其蹂践，但使奏效崇朝，奚遑他恤哉！"[1]究其缘由，舍弃二元格局之作祟，宜乎无可言之。

唐肃宗得到长安收复捷报的当天，就"遣中使啖庭瑶入蜀奏上皇"[2]，并附表请太上皇归京。迫不及待地迎还太上皇，与急于收复两京出于同一理由。从唐肃宗迎还唐玄宗归京一事[3]，我们可以洞悉二元格局的影响。而此事所反映出的唐玄宗、唐肃宗父子的心态颇值得玩味。在此事之过程中，笔者以为有几点应当注意。一、"上皇初得上请归东宫表，彷徨不能食，欲不归"，实际上是因为唐肃宗在请归表中表示"当还东宫复修臣子之职"。唐玄宗心情紧张，应当是担心"归京"会打破业已确定的二元格局，引起父子之间实即皇权内部的冲突与更大的政局动荡。唐肃宗本意当不无对唐玄宗的政治试探，实际是为了让太上皇早日还京，以便独掌权柄，结果弄巧成拙。二、当唐肃宗获得唐玄宗的诰命"当与我剑南一道自奉，不复来矣"，更是忧惧得不知所措。唐肃宗应是担心依然手握权柄的太上皇在剑南形成与肃宗自己游离的政治中心。事实上，唐玄宗自入蜀后就一直恃剑南自固，发号施令。如果唐玄宗不归京师，在安史余孽仍盘踞河北的形势下，极易造成唐朝中央的政治分裂而引发更大的动荡与危机。起初，父子双方均感不安者，恐怕即在于此。三、唐玄宗在接到经由唐肃宗认可、由李泌

1　《读通鉴论》卷23《肃宗》五，第794页。

2　《通鉴》卷220，肃宗至德二载九月，第7035页。

3　此事在《通鉴》卷220"肃宗至德二载九月"条中与《新唐书》卷139《李泌传》中载之甚详，可以参见。

起草的群臣贺表，云"圣上思恋晨昏，请速还京以就孝养"，他的态度大变："乃大喜，命食作乐，下诏定行日。"[1]其前后态度迥异，实是见肃宗君臣仍遵循既定的政治格局，既奉上皇，又尊皇帝，即能够保证他以太上皇身份而不是其他身份还京，从而使父子暂保安处。迎归太上皇之过程如此一波三折，关键在于唐肃宗迎归的是依然掌握权力的太上皇，而不是可以随意摆布、可有可无的政治傀儡。

唐玄宗依然掌握大权并对肃宗朝政治有所影响，这还可以通过唐肃宗时期宰相人选[2]的更换来得到佐证。

唐肃宗即位之初，仅有裴冕一人为同平章事，即宰相。唐玄宗于至德元载（756年）八月为肃宗行册命时，成都的四位宰相（韦见素、房琯、崔涣、崔圆）除崔圆外均被派到唐肃宗身边。次年（757年）正月，唐玄宗任命李麟为宰相[3]后，"行在百司，麟总摄其事"[4]，又将崔圆派往肃宗身边。这样，唐肃宗身边五位宰相中有四位是由唐玄宗任命的，这虽然说明唐玄宗对唐肃宗即位的承认以及他们有共同的政治目标，但也反映出唐玄宗对肃宗朝政治的渗透与干预。对唐玄宗所委派

1　以上请参见《通鉴》卷220，肃宗至德二载九月、十月，第7035、7041页。

2　王吉林的《从安史之乱论肃宗一朝唐代政治与宰相制度变动的综合研究》一文即从这一角度进行了考察，具体情况可以参看，本文不另赘述。载《第二届国际汉学会议论文集：历史与考古组》下册，第783—804页；又载氏著《唐代宰相与政治》，第208页。

3　《旧唐书》卷10《肃宗纪》，第245页；《旧唐书》卷112《李麟传》第3339页同。按：《新唐书·玄宗纪》《新唐书·宰相表中》作至德元载十一月，误。参见王吉林前引文，载《第二届国际汉学会议论文集：历史与考古组》下册，第791页，注42；又见《唐代宰相与政治》，第235页，注42。

4　《旧唐书》卷112《李麟传》，第3339页。又云："时扈从宰相韦见素、房琯、崔涣已赴凤翔。"

的这几位宰相，唐肃宗的使用是有区别的。崔涣到来不久，即被皇帝诏以江淮宣谕选补使[1]打发出去，虽然他迟至至德二载八月才正式罢相，但其实并没有在肃宗朝中辅政。对韦见素，因其"常附（杨）国忠，礼遇稍薄"[2]，至德二载三月罢相。唐肃宗对房琯倒一度礼遇，"时行在机务，多决之于琯，凡有大事，诸将无敢预言"，甚至房琯用刘秩等收复长安大败，"上犹待之如初"[3]，不过到至德二载五月仍不免于罢相。乾元元年（758年）五月，崔圆、李麟也于同日罢相，至此，"上皇所命宰臣，无知政事者"[4]。此后宰相自苗晋卿以下均为唐肃宗所委任。唐玄宗所置宰相被陆续罢免，情况各有不同，但都是唐肃宗力图减弱唐玄宗政治影响力的举措。贺兰进明言于唐肃宗房琯在"南朝"所作所为"虽于圣皇似忠，于陛下非忠"[5]，就反映出唐玄宗所委任宰相在政治态度上的差异。唐肃宗因贺兰进明的一席话疏远房琯，正反映出他对唐玄宗所任宰相之政治态度心存戒备。对于这一点，甚至房琯本人都曾看出一些苗头，他对崔圆的态度即可为证："崔圆本蜀中拜相，肃宗幸扶风，始来朝谒，琯意以为圆才到，当即免相，故待圆礼薄。"[6]

---

1 据《全唐文》卷350，李白《武昌宰韩君去思颂碑》第1570页：韩仲卿，"尚书右丞崔公禹称之于朝，相国崔公涣特奏授鄱阳令兼摄数县"，说明崔涣在成都为相与任使江淮均有行政权。

2 《旧唐书》卷108《韦见素传》，第3278页。

3 《旧唐书》卷111《房琯传》，第3321—3322页。

4 《旧唐书》卷108《韦见素传》，第3278页。

5 《旧唐书》卷111《房琯传》，第3322页。

6 《旧唐书》卷111《房琯传》，第3322页。

不能不说，唐肃宗时期中央政治的二元格局使政府官员因政治倾向相异而人事不和，这给平叛战争造成了消极的影响。像贺兰进明因与房琯有矛盾，在张巡、许远困守睢阳时，拒不相救，就是担心房琯暗算他。结果，睢阳在洛阳收复前十几天被叛军攻陷，酿成平叛战争中的一幕悲剧。无疑，类似问题的存在大大延缓了唐平叛战争的进程，使安史之乱旷日持久。

（四）二元格局的解体

可以这么说，唐中央政治二元格局由衰竭而解体的过程，就是唐玄宗的权力日益萎缩而丧失的过程。笔者觉得，这一过程是从唐玄宗重归京师后开始的。这时，依照《令肃宗即位诏》，唐玄宗的权力失去了法律依据与保障，并且，唐玄宗归京后处于唐肃宗的严密监控下。这一切，都不能逃脱皇权运作的一般法则。

返京之初，唐玄宗尚可在南内兴庆宫自由活动，"上时自夹城往起居，上皇亦间至大明宫。……上皇多御长庆楼，父老过者往往瞻拜，呼万岁，上皇常于楼下置酒食赐之"[1]。但是，在唐肃宗的掣肘下，太上皇的权力逐渐被削弱。乾元元年（758年）冬十月唐玄宗幸华清宫，十一月即匆匆而还，如此不尽兴，原因无他，"从官嫔御，多非旧人"[2]也。而且，唐玄宗从华清宫返回时，唐肃宗还亲至灞上相迎，"上自控上皇马

1　《通鉴》卷221，肃宗上元元年六月，第7093页。《旧唐书》卷184《李辅国传》第4760页略同。

2　《杨太真外传》卷下，《开元天宝遗事十种》本，第144页。《高力士外传》，同上本，第119页。《明皇杂录》第46页《补遗》载同。

譬百余步，诰止之，乃已”[1]。貌似臣子之孝，实则意存防范，透出太上皇已受监控的玄机。据载，唐玄宗曾有意以礼改葬杨贵妃，李辅国不从，大臣李揆奏曰：“龙武将士以杨国忠反，故诛之。今改葬故妃，恐龙武将士疑惧。”[2]李揆借龙武将士置言，而不及李辅国与唐肃宗马嵬之谋，显然是提醒皇帝若以礼改葬杨贵妃，必定说明朝廷对马嵬诛杨一事的态度发生变化，那将对现有政治格局不利。唐肃宗“遂止之”。太上皇不能如愿改葬杨贵妃，反映出他的政治权力已开始沦替。结果，“明皇在南内，耿耿不乐。每自吟（李）太白《傀儡》诗曰：‘刻木牵丝作老翁，鸡皮鹤发与真同。须臾弄（一作舞）罢浑无事，还似人生一世中。’”[3]权力失落后的怅惘之态跃然纸上。

即使如此，唐肃宗还是丝毫没有放松戒备。亲信李辅国“常阴候其隙而间之”[4]，对兴庆宫的动静严密监视。他曾对唐肃宗说：“上皇居兴庆宫，日与外人交通，陈玄礼、高力士谋不利于陛下，今六军将士尽灵武勋臣，皆反仄不安，臣晓谕不能解，不敢不以闻。”[5]上元元年（760年），唐玄宗在兴庆宫“召将军郭英乂等上楼赐宴。有剑南奏事官过楼下拜舞，上皇命玉真公主、如仙媛为之作主人”[6]。李辅国乃

---

1 《旧唐书》卷10《肃宗纪》，第254页。

2 《杨太真外传》卷下，《开元天宝遗事十种》本，第143页。

3 《明皇杂录》第66页《辑佚》。《杨太真外传》卷下，《开元天宝遗事十种》本第143页略同。

4 《旧唐书》卷184《李辅国传》，第4760页。

5 《通鉴》卷221“肃宗上元元年六月”条第7094页胡三省注：“李辅国此言，是临肃宗以兵也。”

6 《通鉴》卷221，肃宗上元元年六月，第7093页。

唐代玄宗肃宗之际的中枢政局

奏云："南内有异谋"[1]，这引起了唐肃宗的警觉。回想天宝五载（746年）李林甫罗织韦坚、柳勣之狱构陷太子李亨时，就是借口地方军将皇甫惟明、王忠嗣与东宫交往而大做文章，如今唐玄宗宴请地方军将，唐肃宗当然难以放心。

于是，在上元元年（760年）七月丁未，发生了李辅国以兵逼迫唐玄宗迁宫之事。

据《通鉴》记载，事情发生前一天，兴庆宫中的三百匹厩马被李辅国借口索去，仅剩十匹，足见迁宫之事不仅有预谋，而且部署周密。当日清晨，唐玄宗还曾离南内到北内，唐肃宗借口"两日来疹病"，竟未谋面。当玄宗一行欲由夹城返南内时，突发变故，"忽闻戛戛声，上（玄宗）惊回顾，见辅国领铁骑数百人便逼近御马，辅国便持御马，高公惊下争持，曰：'纵有他变，须存礼仪，何得惊御！'辅国叱曰：'老翁大不解事，且去！'即斩高公从者一人，高公即拢御马，直至西内安置。"[2]局面之惊险紧张，确乎令人心惊。事后，"上皇泣曰：'微将军，阿瞒已为兵死鬼矣！'"[3]

诸书所载逼宫一事，均说是李辅国"矫诏""矫敕"所为，与唐肃宗全无干系。但是，从李辅国叱高力士"大不解事"以及唐肃宗事后对李辅国等人所说"南宫、西内，亦复何殊！卿等恐小人荧惑，防微杜渐，以安社稷，何所惧也！"[4]可知迁宫之事自有隐情。所谓"防微杜

1　《旧唐书》卷184《李辅国传》，第4760页。

2　《高力士外传》，《开元天宝遗事十种》本，第143页、第119—120页。

3　《次柳氏旧闻》"补遗"，《开元天宝遗事十种》本第9页，据《类说》卷21补。

4　《通鉴》卷221，肃宗上元元年七月，第7095页。

渐"，就是担心唐玄宗寻机龙飞，再掌朝纲。何况此时唐肃宗多病，而唐玄宗虽已七十六岁，依然宴饮聚乐，并未显出老迈龙钟之态，唐肃宗确实不能不有所防备！因此，逼宫之举是唐肃宗为进一步控制唐玄宗而部署的，李辅国自当秉承其旨意无疑。

唐玄宗入居西内，遂每日与高力士"亲看扫除庭院，芟薙草木。或讲经论议，转变说话"[1]。不久，龙武大将军陈玄礼被勒令致仕，高力士被削职除名，长流巫州。两位亲信远离而去，"旧宫人皆不得留左右"，"刑部尚书大臣颜真卿首率百僚上表，请问上皇起居，辅国恶之，奏贬蓬州长史"[2]。这与唐玄宗在蜀之日，唐肃宗君臣奏表络绎不绝的情形相比截然不同。此时的唐玄宗已完全成为唐肃宗控制下的孤家寡人。此后的唐玄宗，精神郁闷，再无生趣，从此开始辟谷。风云一生的唐玄宗在丧失政治权力后，百无聊赖，身体也迅速垮掉。宝应元年（762年）四月甲寅，七十八岁的太上皇郁郁而终。十三天后，唐肃宗驾崩。父子之间围绕着权力而纠缠不清的关系就此结束。

由上述可知，自唐玄宗由巴蜀返京，肃宗朝中央政局的二元色彩遂开始淡化。上元元年（760年）将唐玄宗逼迁至西内，更为二元格局崩溃之征兆，太上皇唐玄宗与皇帝唐肃宗先后死去，使这一政治格局最终解体。唐代宗即位后，先为高力士平反，并许其陪葬唐玄宗泰陵，"丧事行李，一切官给"[3]；唐玄宗时期被废黜之"故庶人皇后王氏、故庶人太子瑛、鄂王瑶、光王琚，宜并复封号"。就连永王璘也被平反

1　《高力士外传》，《开元天宝遗事十种》本，第120页。

2　《通鉴》卷221，肃宗上元元年七月，第7095页。

3　《高力士外传》，《开元天宝遗事十种》本，第121页。

昭雪。[1]这标志着唐代宗摆脱了肃宗朝二元政治格局的阴影。但是，唐肃宗在此政局下确立的施政方针、平叛方略等给唐代宗朝乃至整个唐后期政治带来的影响，并没有因二元格局的解体而消弭。如对拥兵藩帅的姑纵、宦官势力的崛起等，无不可从肃宗朝中枢政治中求其肇始之基。

（五）小结

自唐肃宗即位灵武，唐朝中央政府就在事实上存在两个政治中心。入蜀后的唐玄宗承认灵武即位，但并没有放弃手中的权力，在为唐肃宗行追认式册礼时，他巧做安排，又颁《令肃宗即位诏》，以法令的形式将自己的权力固定并延续下来，形成与唐肃宗各掌政柄的中央政治的二元格局。传统观点以为玄宗自称太上皇即成为政治傀儡，这并不符合唐肃宗即位后皇权政治运作的实际情况。双方均以平叛为首要任务，并在这一点上互有妥协，借以暂时相容共存。再者，因皇权运行的一般法则，皇帝与太上皇之间难免产生诸多不协与冲突，这使唐肃宗致力平叛的同时，不得不设法处理、协调与成都太上皇的种种关系。唐肃宗以收复两京为首要目标、永王璘事件与宰相人选的更换，都说明了这一点。这一状况势必牵制唐肃宗相当的精力，使他无法心无旁骛地致力于平叛，终因心力交瘁未能亲见安史余孽之荡平。诚如他在遗诏中感叹："南奉圣皇，北集戎事。"[2]这句话的确是他"在位

1　《唐大诏令集》卷2《代宗即位敕》，第8页。

2　《唐大诏令集》卷11《肃宗遗诏》，第61页。

七年"[1]的两大主题。所以说,二元格局对唐平叛战争产生了巨大影响。在很大程度上,它成为延迟平叛战争进程的重要因素。

二元格局这一特殊政治局面的形成,既与安禄山叛乱后特殊的社会政治局势有关,更同天宝时期非实体化的东宫体制对唐肃宗的皇位继承所造成的影响存在直接关系。在这一政治格局下,唐朝皇权的运作发生了若干变化,这一时期的皇权政治也出现了颇可重视的内容。陈寅恪先生在论及肃宗即位事时说:"不仅别开唐代内禅之又一新局,而李辅国因是为拥戴之元勋,遂特创后来阉寺拥戴或废黜储君之先例,此甚可注意者。"[2]上述唐朝皇权运作在二元格局下发生的变化,也许正可为陈寅恪先生所谓"新局"之"新"做一小小的注脚。

另外,唐肃宗在此中枢政局下制定的一系列方针、政策,对唐代宗朝及唐后期政治也产生了难以估量的影响。比如,对拥兵将领的姑息而导致藩镇林立以致出现藩镇割据的局面,对宦官刑余之人的亲重而导致阉寺势力膨胀以致出现宦官专权局面,素为史家论证唐朝中衰的两大界标。这就是说,唐肃宗时期中央政治的二元格局对唐朝由盛而衰的历史进程产生过巨大影响。

---

1 《册府元龟》卷1《帝王部·帝系》,第15页。

2 陈寅恪:《唐代政治史述论稿》中篇,第67页。

征引文献书目

一、历史文献（以文献题名的汉语拼音为序）

姚汝能：《安禄山事迹》，上海：上海古籍出版社，点校本，1983。

陈立：《白虎通疏证》，北京：中华书局，点校本，1994。

宋敏求：《长安志》，《四库全书》本。

宋钦若：《册府元龟》，北京：中华书局，影印明崇祯本，1960。

宋敏求：《春明退朝录》，北京：中华书局，1980。

裴庭裕：《东观奏记》，北京：中华书局，点校本，1994。

王泾：《大唐郊祀录》，北京：民族出版社，2000。

薛嵩：《大唐开元礼》，北京：民族出版社，2000。

刘肃：《大唐新语》，北京：中华书局，点校本，1984。

王夫之：《读通鉴论》，北京：中华书局，1975。

郑贤：《古今人物论》，台北：广文书局，1974。

班固：《汉书》，北京：中华书局，1962，点校本。

王昶：《金石萃编》，北京：中国书店，影印扫叶山房本，1986。

金文明：《金石录校证》，上海：上海书画出版社，1985。

房玄龄：《晋书》，北京：中华书局，点校本，1974。

刘昫等：《旧唐书》，北京：中华书局，点校本，1975。

丁如明辑校：《开元天宝遗事十种》（李德裕《次柳氏旧闻》、郭湜《高力士外传》、王仁裕《开元天宝遗事》、郑处海《明皇杂录》、乐史《杨太真外传》等），上海：上海古籍出版社，1985。

瞿蜕园、朱金城：《李白集校注》，上海：上海古籍出版社，1980。

郑处海：《明皇杂录》，北京：中华书局，点校本，1994。

沈括：《梦溪笔谈》，北京：文物出版社，影印元刻本，1975。

钱易：《南部新书》，北京：中华书局，《丛书集成初编》本，1985。

赵翼：《廿二史札记》，北京：中华书局，王树民校证本，1984。

董诰等：《全唐文》，上海：上海古籍出版社，缩印本，1990。

洪迈：《容斋随笔》，《笔记小说大观》本，扬州：江苏广陵古籍刻印社，1984。

司马迁：《史记》，北京：中华书局，点校本，1959。

魏徵：《隋书》，北京：中华书局，点校本，1973。

杜佑：《通典》，北京：中华书局，影印十通本，1984。

宋敏求：《唐大诏令集》，上海：学林出版社，1992。

周绍良主编：《唐代墓志汇编》，上海：上海古籍出版社，1992。

李肇：《唐国史补》，上海：上海古籍出版社，1979。

王溥：《唐会要》，北京：中华书局，排印本，1955。

唐玄宗撰、李林甫奉敕注：《大唐六典》，广池训点本，西安：三秦出版社，1990。

仁井田陞：《唐令拾遗》，东京：东方文化学院东京研究所，1933。

徐松：《唐两京城坊考》，北京：中华书局，点校本，1985。

长孙无忌等：《唐律疏议》，北京：中华书局，点校本，1983。

范祖禹：《唐鉴》，上海：上海古籍出版社，影宋本，1984。

李昉等：《太平广记》，上海：中华书局，排印本，1961。

　　　　　　　　　　　　　　唐代玄宗肃宗之际的中枢政局

李昉等：《文苑英华》，上海：中华书局，影印本，1966。

欧阳修、宋祁：《新唐书》，北京：中华书局，点校本，1975。

林宝：《元和姓纂》，岑仲勉校记，北京：中华书局，1994。

程大昌：《雍录》，西安：陕西师范大学出版社，点校本，1996。

王利器：《颜氏家训集解》（增补本），北京：中华书局，1993。

李斗：《扬州画舫录》，北京：中华书局，点校本，1997。

车吉心、王育济主编：《中华野史》，济南：泰山出版社，1999。

司马光：《资治通鉴》，北京：中华书局，点校本，1956。

二、今人论著（以著作者姓氏的汉语拼音为序）

白钢主编：《中国政治制度通史》第五卷，隋唐五代（俞鹿年著），北京：人民出版社，1996。

岑仲勉：《隋唐史》，北京：中华书局，1982。

岑仲勉：《唐史馀渖》，北京：中华书局，1960。

陈垣：《二十史朔闰表》，北京：中华书局，1962。

陈寅恪：《陈寅恪读书札记：旧唐书、新唐书之部》，上海：上海古籍出版社，1989。

陈寅恪：《金明馆丛稿初编》，上海：上海古籍出版社，1980。

陈寅恪：《金明馆丛稿二编》，上海：上海古籍出版社，1980。

陈寅恪：《隋唐制度渊源略论稿》，上海：上海古籍出版社，1982。

陈寅恪：《唐代政治史述论稿》，上海：上海古籍出版社，1982。

陈仲安、王素：《汉唐职官制度研究》，北京：中华书局，1993。

池田温：《唐代诏敕目录》，西安：三秦出版社，1991。

崔瑞德：《剑桥中国隋唐史》，北京：中国社会科学出版社，1990。

成功大学中国文学系主编：《第四届唐代文化学术研讨会论文集》，台南：成功大学教务处出版组，1999。

方积六、吴冬秀：《唐五代五十二种笔记小说人名索引》，北京：中华书局，1992。

谷川道雄等：《魏晋南北朝隋唐时代史的基本问题》，东京：汲古书院，1997。

何兹全：《中国文化六讲》，新竹："清华大学"人文社会学院思想文化史研究室，1997。

胡戟：《胡戟文存·隋唐历史卷》，北京：中国社会科学出版社，2000。

胡如雷：《隋唐政治史论集》，石家庄：河北教育出版社，1997。

黄永年：《唐代史事考释》，台北：联经出版事业公司，1998。

黄永年：《文史探微》，北京：中华书局，2000。

蒋天枢：《陈寅恪先生编年事迹（增订本）》，上海：上海古籍出版社，1997。

雷家骥：《隋唐中央权力结构及其演进》，台北：东大图书公司，1995。

李鸿宾：《唐朝朔方军研究》，长春：吉林人民出版社，2000。

李健超：《增订唐两京城坊考》，西安：三秦出版社，1996。

李锦绣：《唐代制度史略论稿》，北京：中国政法大学出版社，1998。

李开元：《汉帝国的建立与刘邦集团——军功受益阶层研究》，北京：三联书店，2000。

毛蕾：《唐代翰林学士》，北京：社会科学文献出版社，2000。

内藤湖南：《内藤湖南全集》，京都：筑摩书房，1969。

宁可：《宁可史学论集》，北京：中国社会科学出版社，1999。

平冈武夫：《唐代的长安与洛阳》（资料篇、地图篇），东京：同朋舍，1985。

　　　　　　　　　　　唐代玄宗肃宗之际的中枢政局

荣新江主编:《唐研究》第三卷, 北京: 北京大学出版社, 1997。

史念海主编:《唐史论丛》第六辑, 西安: 陕西人民出版社, 1995。

孙继民:《敦煌吐鲁番所出唐代军事文书初探》, 北京: 中国社会科学出版社, 2000。

孙继民:《唐代行军制度研究》, 台北: 文津出版社, 1995。

唐长孺:《唐书兵志笺正》, 北京: 科学出版社, 1957。

唐长孺:《魏晋南北朝隋唐史三论》, 武汉: 武汉大学出版社, 1992。

唐长孺等编:《汪籛隋唐史论稿》, 北京: 中国社会科学出版社, 1981。

田余庆:《东晋门阀政治》(第二版), 北京: 北京大学出版社, 1991。

田余庆:《秦汉魏晋史探微》, 北京: 中华书局, 1993。

汪荣祖:《陈寅恪评传》, 南昌: 百花洲文艺出版社, 1992。

王吉林:《唐代宰相与政治》, 台北: 文津出版社, 1999。

王寿南:《隋唐史》, 台北: 三民书局, 1992。

王寿南:《唐代人物与政治》, 台北: 文津出版社, 1999。

王素:《三省制略论》, 济南: 齐鲁书社, 1986。

王永兴:《陈寅恪先生史学述略稿》, 北京: 北京大学出版社, 1995。

王永兴:《唐代前期西北军事研究》, 北京: 中国社会科学出版社, 1994。

吴宗国:《隋唐五代简史》, 福州: 福建人民出版社, 1998。

吴宗国:《中国封建王朝兴亡史·隋唐卷》, 南宁: 广西人民出版社, 1996。

许道勋、赵克尧:《唐玄宗传》(又名《唐明皇与杨贵妃》), 北京: 人民出版社, 1996。

严耕望:《唐仆尚丞郎表》, 北京: 中华书局, 1986。

阎守诚、吴宗国：《唐玄宗》，西安：三秦出版社，1989。

袁刚：《隋唐中枢体制的发展演变》，台北：文津出版社，1994。

张国刚：《唐代官制》，西安：三秦出版社，1987。

张晋藩、王超《中国政治制度史》，北京：中国政法大学出版社，1987。

赵雨乐：《唐宋变革期之军政制度》，台北：文史哲出版社，1994。

郑学檬、冷敏述主编：《唐文化研究论文集》，上海：上海人民出版社，1994。

中国人民大学历史系：《史学论丛》第二辑，北京：中国书店，1999。

中国唐代学会：《唐代研究论集》第一辑，台北：新文丰出版公司，1982。

中国唐史研究会：《唐史研究会论文集》，西安：陕西人民出版社，1983。

"中央研究院"：《第二届国际汉学会议论文集：历史与考古组》下册，台北："中央研究院"，1989。

周良霄：《皇帝与皇权》，上海：上海古籍出版社，1999。

周勋初：《当代学术研究思辨》，南京：南京大学出版社，1993。

周一良：《魏晋南北朝史札记》，北京：中华书局，1985。

祝总斌：《两汉魏晋南北朝宰相制度研究》，北京：中国社会科学出版社，1990。

三、征引中外学者论文目录（以论文作者姓氏的汉语拼音为序）

陈明光：《藩镇与唐朝中枢权力分配格局关系的几个问题》，《文史知识》，1997年第3期。

陈明光：《皇帝·宰相·宦官——晚唐中枢权力分配格局变动述略》，

《文史知识》，1996年第7期。

陈寅恪：《记唐代之李武韦杨婚姻集团》，《历史研究》，1954年第1期。

陈寅恪：《论韩愈》，《历史研究》，1954年第2期。

陈振：《〈政事堂制度辨证〉质疑》，《中国史研究》，1985年第1期。

陈仲安：《唐代的使职差遣》，《武汉大学学报》，1963年第1期。

邓绍基：《元杂剧〈岳阳楼〉校读散记》，载《中国典籍与文化论丛》第六辑，北京：中华书局，2000。

杜文玉：《论唐代员外官与试官》，《陕西师范大学学报》，1993年第3期。

傅连英：《唐代后期宰相制度研究》，北京大学历史系硕士研究生毕业论文，1989。

冈野诚：《论唐玄宗奔蜀之途径》，载《第二届国际唐代学术会议论文集》下册，台北：文津出版社，1992。

韩长耕：《关于〈大唐六典〉行用问题》，《中国史研究》，1983年第1期。

韩国磐：《唐初三省长官皆宰相》，《厦门大学学报》，1997年第4期。

胡如雷：《唐"开元之治"时期宰相政治探微》，《历史研究》，1994年第1期。

黄惠贤：《常何墓碑跋》，载武汉大学历史系《魏晋南北朝隋唐史资料》第2期。

黄永年：《〈通典〉论安史之乱的"二统"说证释》，载《陕西历史学会会刊》第2期。

黄永年：《敦煌写本常何墓碑和唐前期宫廷政变中的玄武门》，载《1983年全国敦煌学术讨论会文集·文史·遗书编上》，兰州：甘肃人民出版社，1987。

黄永年：《说李武政权》，《人文杂志》，1982年第1期。

黄永年：《说马嵬驿杨妃之死的真相》，载《学林漫录》第5集，北京：中华书局，1982。

黄永年：《唐代河北藩镇与奚契丹》，《文史探微》，北京：中华书局，2000。

黄永年：《唐肃宗即位前的政治地位和肃代两朝中枢政局》，载《唐史研究会论文集》，西安：陕西人民出版社，1983。

贾二强：《唐永王璘起兵事发微》，《陕西师范大学学报》，1991年第1期。

雷闻：《隋与唐代前期六部体制研究》，北京大学历史系硕士研究生毕业论文，1997。

李鸿宾：《唐玄宗择相与开元天宝年间中枢政局》，《文献》，1995年第3期。

李锦绣：《试论唐睿宗、玄宗地位的嬗代》，载《原学》第三辑，北京：中国广播电视出版社，1995。

李锦绣：《唐前后期度支变化的转折点——开天度支司》，载《北大史学》第四辑，北京：北京大学出版社，1997。

李锦绣：《永徽东宫诸府职员令残卷考释兼论唐前期东宫王府官设置变化》，载《唐代制度史略论稿》，北京：中国政法大学出版社，1998。

李蓉：《唐代前期中书舍人参议表章问题》，北京大学历史系硕士研究生毕业论文，1995。

李湜：《论唐代宰相中书门下二省制》，《中国史研究》，1996年第1期。

林伟洲：《灵武自立前肃宗史料辨伪》，载《第四届唐代文化学术研讨会论文集》, 台南: 成功大学教务处出版组, 1999。

刘后滨:《敕后起请的应用与唐代政务裁决机制》,《中国史研究》, 2001年第1期。

刘后滨:《公文运作与唐前期三省关系中门下省的枢纽地位》, 载《史学论丛》第二辑, 北京: 中国书店, 1999。

刘后滨:《公文运作与唐代中书门下体制》, 北京大学历史系博士论文, 1999。

刘后滨:《谢元鲁〈唐代中央政权决策研究〉》, 载《唐研究》第二卷, 北京: 北京大学出版社, 1996。

刘逖:《试说〈唐六典〉的施行问题》,《北京师院学报》, 1983年第2期。

罗永生:《论张说奏改政事堂为中书门下》, 北京大学历史系硕士研究生毕业论文, 1991年。

马得志、杨鸿勋:《关于唐长安东宫范围问题的研讨》,《考古》, 1978年第1期。

妹尾达彦:《唐长安城的礼仪空间——以皇帝礼仪的舞台为中心》,《东洋文化》第72号, 1992年3月。

妹尾达彦:《唐开元末长安城图复原试论》, 载《历史人类》第26本, 日本筑波大学历史人类学系, 1998。

宁可、蒋福亚:《中国历史上的皇权和忠君观念》,《历史研究》, 1994年第2期。

祁德贵:《唐代给事中研究》, 北京大学历史系硕士研究生毕业论文, 1993。

钱大群等:《〈唐六典〉性质论》,《中国社会科学》, 1989年第6期。

邱添生:《由政治形态看唐宋间的历史演变》,《大陆杂志》, 第49卷第6期，1974年12月。

全汉昇：《中古自然经济》，《中央研究院历史语言研究所集刊》第10本，1948。

任士英：《李勣与唐朝前期的政局》，《历史教学》，1998年第9期。

任士英：《略论唐代三省体制下的尚书省及其变化》，《烟台师范学院学报》，1998年第3期。

任士英：《论隋唐皇权》，《学术界》，2003年第1期。

任士英：《唐代流外官制研究（下）》，载《唐史论丛》第六辑，西安：陕西人民出版社，1995。

任士英：《唐代尚武之风与追求功名观念的变迁》，载《唐文化研究论文集》，上海：上海人民出版社，1994。

任士英：《唐肃宗时期中央政治的二元格局》，《中国史研究》，1996年第4期。

任士英：《唐玄宗"传位"史实辨析》，《人文杂志》，1998年第2期。

苏健：《洛阳隋唐宫城遗址中出土的银铤与银饼》，《文物》，1981年第4期。

孙永如：《唐穆敬文武宣五朝中枢政局与懿安皇后郭氏》，载《唐史论丛》第六辑，西安：陕西人民出版社，1995。

孙永如：《唐文宗朝中枢政局发微》，《扬州师院学报》，1996年3期。

唐长孺：《唐代的内诸司使（上）》，载武汉大学历史系编《魏晋南北朝隋唐史资料》第5期。

田余庆：《论东晋门阀政治》，《北京大学学报》，1987年第2期。

王超：《我国古代的行政法典——〈大唐六典〉》，《中国社会科学》，1984年第1期。

王超：《政事堂制度辨证》，《中国史研究》，1983年第4期。

王吉林:《从安史之乱论肃宗一朝唐代政治与宰相制度变动的综合研究》,载《第二届国际汉学会议论文集:历史与考古组》下册,台北:"中央研究院",1989。

王炎平:《论"二圣"格局》,载《中国唐史学会论文集》,西安:三秦出版社,1989。

魏向东:《论唐玄宗时期的政事堂宰相独断制》,《中国史研究》,1992年第4期。

魏向东:《试论唐代政事堂宰相集议制度》,《苏州大学学报》,1989年第2、3期。

魏向东:《也谈政事堂的创设时间》,《苏州大学学报》,1987年第4期。

吴丽娱:《试析刘晏改革的宫廷背景》,《中国史研究》,2000年第1期。

吴宗国:《唐玄宗治国之策与唐朝的盛衰》,《北京日报》,1993年6月23日,第七版。

夏晓臻:《唐德宗朝中枢政体新探》,《黄淮学刊》,1998年1期。

谢明勋:《"此陛下家事,无须问外人"一语对唐史的影响》,《历史月刊》(台北),1999年第3期。

薛天纬:《李白与唐肃宗》,载《学林漫录》第9集,中华书局,1985。

阎守诚:《宇文融括户》,载《平准学刊》第三辑上册,北京:中国商业出版社,1996。

姚澄宇:《唐朝政事堂制度初探》,《中国史研究》,1982年第3期。

张弓:《〈唐六典〉的编撰刊行和其他》,《史学月刊》,1983年第3期。

张国刚:《唐代阶官与职事官的阶官化述论》,载《中华文史论丛》,上海:上海古籍出版社,1989。

张建利:《唐代尚书左右丞初探》,北京大学历史系硕士研究生毕业论文,1992。

张连城:《论唐后期中书舍人的职权》,北京大学历史系硕士研究生毕业论文,1990。

章群:《论唐开元前的政治集团》,《新亚学报》,1956 年第 2期。

赵鸿昌:《论南诏天宝之战与安史之乱的关系》,《云南社会科学》,1985年第2期。

赵永东:《唐玄宗立李亨为皇太子之因试析》,《南开学报》,1992年第6期。

中国科学院考古研究所西安唐城发掘队(马得志执笔):《唐代长安城考古纪略》,《考古》,1963年第11期。

附 录

论隋唐皇权

　　皇权（君权）是帝制时代的权力核心，也是国家政治制度的核心。这一政治制度就是以皇权为中心的一系列权力系统和环节，它们围绕皇权而存在，其功能是服务、服从、配合乃至保持、维护皇权的威严地位和有效延续。

　　皇权的政治结构复杂，不是一个简单的条块划分。一般来说，这一结构包括皇帝、皇后、太子、朝廷群臣（主要是行政首脑宰相为核心，军将、外戚夹杂其中）和宦官。在围绕皇权的运作过程中，上述人员倚赖不同的政治条件和因素，形成一个封闭的、多维的结构系统。皇权的运作情况直接反映着国家政治体制的内容，其运作模式变化多端，但其实质是不变的。

　　皇权的政治结构不仅在唐朝时如此，在整个帝制时代也几乎如此，当然，其中部分的权力系统和环节会发生若干变化，并持续进行着调整。承上启下、体制详备，是隋唐帝国政治体制的显著特点。承上启下决定了这一时期的国家政治体制处于不断发展、变化和完善的过程中。换句话说，隋唐时期帝国政治体制的不断发展、变化和完善，正是其承上启下的真正内涵。皇帝的权力和地位并没有受到损害，以专制君主为核心的政治体制得到进一步的强化。在唐朝，后宫临朝称制（甚至有武则天以女主身份君临天下）和宦官内侍势力崛起以至于口含天宪、擅行废立，从实质上说不过是皇权行使方式的变异，并没有也不能否定皇帝权力和皇帝制度。皇权（君权）是君主专制政体的核心，皇权的运作情况直接反映着国家政治体制的内容。

两晋以来，因门阀政治的影响，皇权的发展出现低潮，皇权行使的方式亦发生变形，此所谓"晋主虽有南面之尊，而无总御之实"（《晋书·姚兴载记》）。隋朝建立后，皇帝制度走出低谷，皇权不仅恢复了固有权威，而且经东晋南朝数百年的发展演变，诸多制度与北朝合流、回归[1]，得到进一步发展、完善。到唐朝时期，制度更得损益整合，君主专制政体达到空前详备，皇权的发展也进入了一个新的历史时期，并为赵宋以降王朝树立了典范。

关于皇帝制度与皇帝权力的研究，学术界一直持论诸端，见智见仁。本文拟从隋唐时期皇权运行的一般形态、皇权的延续与过渡、皇权的补充及皇权至上的物化形式等方面论述皇权发展的情况，并对有关皇权之限制等问题略陈管见。

一、皇权及其行使方式

皇帝是皇权的拥有者。"皇者，大也，言其煌煌盛矣；帝者，德象

1　田余庆：《东晋门阀政治》（第二版），第360页。

天地，言其能行天道，举措审谛，父天母地，为天下主。"（《太平御览·皇王部》引应劭《汉官仪》）从秦始皇起，皇帝即成为君临天下、统治万邦、号令臣下的最高统治者的称呼，"皇帝"已是至尊之称，到隋唐时期，皇帝的名号已不只限于此，而是在位期间有尊号，死后加谥号，入太庙有庙号，并且尊号由后继者不断追加，字数遂越来越多。"号者，功之表也。"（《逸周书·谥法解》），追加尊号是要使皇权进一步地神圣化，树立皇帝至高无上的尊严与权威，赋予皇帝不同凡俗的特殊品格。因此，朝廷对此极为重视，凡加尊列皇帝名号，皆有隆重的盛典礼仪，祈告天地，大赦天下。从加强皇权的角度来说，隋唐时期皇帝完备的名号并非无足轻重。

皇权乃国家最高统治权，国家的一切大权操纵在皇帝一人手中，所谓"天下事无大小，皆决于上"（《史记·秦始皇本纪》）。皇帝在行政、立法、司法、财政、军事等方面拥有绝对权力，正是"帝王御天下，在总揽威柄"（《宋史·宋绶传》）。隋唐时期，皇帝行使权力的方式仍然主要是：在内听朝理政，批答奏章；在外则巡幸地方，视察下情。

（一）朝会与批奏

隋唐时期的朝会主要有常朝和大朝两种形式。

隋代朝会有"五日常朝""冬正大朝"之属，另外像元日、朔旦（朔日）及正月之朝会，也极为隆重（《隋书·礼仪志七》）。唐代常朝日期并不固定。建国初，每天均上朝，即皇帝"每日常坐"朝堂，贞观十三年（639年）十月三日房玄龄以天下太平、万机事简为由奏改为三日一临朝。唐高宗即位之初，又复其旧。[1]永徽二年（651年）八月二十九日诏："来月一日，太极殿受朝，此后每五日一度，太极殿视事，……即永为常式"，改为五日一朝。到显庆二年（657年），又改为"隔日视事"，但唐中宗神龙复位后，以时值炎暑，"制令每日不坐"，遭致右拾遗靳恒上疏切谏，认为此举"遂阙一日万机之事"，示天下怠于听政，"何以垂令范于后世？"（《唐会要·受朝贺》）

大朝因系朔望朝，即每月初一、十五举行的朝会，其时间是固定的。据《唐会要》卷24《朔望朝参》条记载："故事，朔望日御宣政殿见群臣，谓之大朝。"这与常朝在太极殿举行是有明显区别的。不过，这并不是说朔望朝参只在宣政殿举行，每逢正至日皇帝接受太子、太子妃以及群臣朝贺就在太极殿举行典礼，当然，这是元正、冬至时举行的大朝会。另据《通典》卷125《礼典·开元礼纂类二十》所载，"朔日受朝"仪也是在太极殿举行，所谓"前一日，尚舍奉御设幄于太极殿北壁，南向。守宫设文官次于朝堂，如常仪"。不过，"其朔日读时令则不行此礼"[2]。到开元以后，冬至日大朝的时间因中书门下奉请确定下来，天宝三年（744年）十一月五日，又因与祭祀昊天上帝冲突，敕令

1　《唐会要》卷24"朔望朝参"条："永徽元年（650年）十月五日，京官文武五品，依旧五日一参。"此所谓依旧者，似乎是依隋朝旧制，抑或是汉代五日一听朝之旧制。

2　读令，即读月令，据《通典》卷124《礼典·开元礼纂类十九》载：读令亦分"皇帝于明堂读五时令"与"皇帝于太极殿读五时令"之仪，即读令分明堂、太极殿两处，均刑部郎中宣读，礼仪略有差异，可参《通典》所载开元礼节文。但据《唐会要》卷26《读时令》载：开元、乾元年间均由太常寺卿宣读时令，且每至孟月朔日，上御宣政殿，并不完全遵循明堂读或太极殿读之仪。读时令自魏晋以来创有此礼，每岁立春、立夏、大暑、立秋、立冬，常读五时令，帝升御坐，各服五时之色。刘宋时亦行此礼。唐贞观时尝行于太极殿。行于明堂，则自武周时始。

于冬至次日受朝，但是，冬至次日受朝的规定在玄宗以后并未被遵照执行，如"建中二年（781年）十一月二十日敕，宜以冬至日受朝贺"。值得注意的是，唐代宗永泰元年（765年）十一月三日"诏以十三日甲子冬至，令有司祭南郊后于含元殿受朝贺"，说明冬至日之大朝也未必在宣政殿举行，而是在含元殿举行了。甚至唐德宗建中二年正月朔日，御含元殿视庭列之四方贡物。当然，大朝在宣政殿举行仍被视为恢复"旧典"（《唐会要·受朝贺》）。所以，唐德宗在贞元七年（791年）敕令"每年五月一日御宣政殿，与文武百僚相见，京官九品以上，外官因朝参在京者，并听就列"。但唐宪宗在元和三年（808年）即诏停"五月一日御宣政殿受朝贺礼仪"，元和九年（814年）"正月朔，上（宪宗）御紫宸殿受朝贺"，是宣政殿、含元殿之外，又有紫宸殿为大朝场所之例（以上参《唐会要·受朝贺》）。因为朔望朝参只受朝贺，并不理政，故而渐渐不被重视，这从唐玄宗时期开始"以朔望陵寝荐食，不听政，其后遂以为常"（《唐会要·朔望朝参》），其场所移往便殿（紫宸殿）也就无足为怪了。

自元和十年（815年）三月壬申朔唐宪宗以事在延英殿召对宰臣开始，延英殿召对遂成为中晚唐的重要制度（《唐会要·朔望朝参》）。延英殿奏事，其实在唐肃宗、唐代宗时就已存在，唐德宗贞元以后发展为"巡对"[1]，元和初又敕令非待制官于正衙退后，如要论奏，可于

1　《唐会要》卷26"待制官"条：（贞元）七年（791年）诏"自今已后，每御延英殿，令诸司官长二人奏本司事。俄又令常参官，每日二人引见，访以政事，谓之巡对"。《事物纪原》卷1又曾说："延英之制，肃宗以苗晋卿年老艰步，故设之耳！后代因以为故事。"《南部新书》乙卷所载与此略同。

延英殿"候对"（《唐会要·待制官》）。总之，中晚唐后，延英殿成为以事召对群臣（尤以宰臣为主）问以时政的场所。

　　唐代朝会场所的改变，并非随心所欲，它既和朝会内容的变化（如玄宗以后朔望朝之不理政）有关，也与唐代政治中心与宫廷的变迁有很大关系。唐初政治中心在西内，则以太极殿为天子正衙，朔、望朝日天子坐而视朝在此（此所谓古之"中朝"），"若元正、冬至大陈设，燕会，赦过宥罪，除旧布新，受万国之朝贡，四夷之宾客，则御承天门以听政（盖古之外朝也）"，若系"常日朝听"理政，则于宫内之两仪殿（此所谓古之"内朝"）。贞观时于宫城东北修大明宫（东内），唐高宗龙朔二年（662年）后，皇帝常居于此，含元殿遂为东内正衙，"大朝会御之"，元正、冬至日也于此听朝；夹殿左右两阁，阁下即东西朝堂，含元殿后之宣政殿又成为"天子常朝所也"。紫宸殿，"天子便殿也，不御宣政[殿]而御便殿曰'入阁'"，此殿遂又成所谓"内朝正殿"。及玄宗居南内兴庆宫，遂以兴庆殿为正衙殿，置朝堂。[1]天子离长安往东都，则东都宫城之乾元殿（即明堂，玄宗时改称含元殿）遂为正衙，则若元正、冬至等大朝则御此殿（以上参《唐六典·尚书工部》、徐松《唐两京城坊考》、宋敏求《长安志》）。由此一端而论，前述唐代朝会场所之不确定，也就不难理解了。

　　参加朝会的官员，主要是常参官，即文武五品以上职事官、八品以上供奉官、员外郎、监察御史、太常博士等（孙逢吉《职官分纪》

1　《通鉴》"玄宗天宝元年"条："正月，丁未朔，上御勤政楼受朝贺，赦天下，改元。"知元日大朝亦在勤政务本楼行礼，并参同条胡三省注。

卷9"吏部郎中"条），大朝时还包括在京九品以上的职事官、诸朝集使等。

每逢朝会，由百官奏事。"奏事，谓面陈"（《唐律疏议》卷十《职制律》），凡事关军国事务、时政得失，皆可在朝堂之上对仗公言，像唐贞观年间魏徵等在朝廷上谏议诤言即属此类。只有一些曹司的具体、琐细事务与一些秘密不可对仗奏者，允许仗下后陈奏。据开元十八年（730年）四月二十一日敕："五品以上要官，若缘兵马要事，须面陈奏听，其余常务，并令进状。"唐德宗在兴元年间也曾要求朝臣"每正衙及延英坐日，常令朝官三两人面奏时政得失"（《唐会要·百官奏事》）。朝堂召对、奏答，使很多国务处理与方针政策制定等重大事务得以及时解决。因此，朝会是隋唐时期皇帝行使权力的主要方式之一，此前尔后的其他朝代亦莫不如此。

朝会制度不唯使皇权得以有效行使，而且也有效地维护了皇权的威严与地位。常参官凡朝参不到或是晚入，据令均要受到惩罚，朝参具服亦有常仪，不如仪者均要受到御史纠弹。当然，除按规定"辍朝"[1]外，皇帝若无故不朝也是不允许的。上朝自然要早起，贪恋衾

---

1 辍朝是古代旨在维护君臣关系的一项重要的朝廷礼制与国家典制。隋唐时期，凡亲王、公主、文武大臣三品以上或曾出将入相或为天子亲臣等薨，据礼均有辍朝之制。如开元十八年（730年）十二月宰相张说薨，"辍朝五日，废元日朝会"，开元二十九年（741年）宁王李宪薨，辍朝十日。唐中后期，地方节度使、观察使、都护、经略使及忠臣子嗣薨者也有此制。致仕官曾任三品以上正官及历四品清望者也有优礼辍朝之制。辍朝一日、二日、三日、五日之别，须由死者身份之尊卑、品秩之高下决定。据说，辍朝之际，若遇紧急军国事务，则可于便殿召对宰臣，只要"不临正朝"，则"无爽事体"（《唐会要·辍朝》）。作为一项仪制，辍朝制度的变化并不如政治状况一样明显。

枕，耽误了朝会，就会被视为荒怠国政，那样就会招致物议，白居易《长恨歌》中所咏"春宵苦短日高起，从此君主不早朝"就是对此情形的一种讽喻。

除了朝会之中及时处理国是与听取朝臣汇报情况，批答奏章是皇帝理政与行使权力的又一重要方式。奏章是臣下奏呈皇帝的一种书面形式的报告，又称为奏疏、奏表或上书，即所谓"书奏特达"（《唐律疏议·职制律》）的文件，或为汇报情况，或为请示工作（后来谓之"取旨"），此属国家行政体制运作的重要环节。前文所述朝会面奏之外诸司常务"并令进状"之"状"，就是奏章的一种形式。如武周时，来俊臣犯事，"司刑断死，进状，三日不出，朝野怪之。……上（武则天）令状出，诛俊臣于西市"（张鷟《朝野佥载》卷2）。又如唐宣宗大中十一年（857年）正月时"车驾将幸华清宫，时两省官进状论奏"云云（《唐会要·行幸》）。奏章作为朝会面奏之外的一种奏事形式，说明它与朝会面奏互为补充，不可偏废。皇帝之批答，正是权力行使的又一表现。这一形式，自秦汉以来历代因循。隋代有奏抄、奏弹、露布之类，唐朝时期，其格式更为详备。据《唐六典》卷8《门下省》条载：

> 凡下之通于上，其制有六：一曰奏抄（谓祭祀，支度国用，授六品已下官、断流已上罪及除、免、官当者，并为奏抄），二曰奏弹（谓御史纠劾百司不法之事），三曰露布（谓诸军破贼，申尚书兵部而闻奏焉），四曰议（谓朝之疑事，下公卿议，理有异同，奏而裁之），五曰表，六曰状。

无论其格式如何，奏上表章所涉及的内容都相当广泛。凡遇机密，可将奏章封固进呈。隋炀帝时，"太守每岁密上属官景迹"（《隋书·炀帝纪》），虽内容与一般奏疏有异，但其格式当同于密折。

对奏章的处理，虽然从程序上有南衙宰相机构的参与谋划，但唯有以皇帝名义批答如御画"闻""可"或"敕旨宜依"等后方有效。像奏抄在皇帝御画"闻"后，其意义则等同制书。据《唐律疏议》卷9《职制律》："其奏抄御亲画闻，制则承旨宣用；御画不轻承旨，理与制书义同。"所谓王言曰制，据《唐六典》卷9《中书省》载：

> 一曰册书，立后建嫡、封树藩屏、宠命尊贤、临轩备礼则用之。二曰制书，行大赏罚、授大官爵、厘革（点校本作"年"）旧政、赦宥降虏（《职官分纪》引《六典》文作"旨"）则用之。三曰慰劳制书，褒赞贤能、劝勉勤劳则用之。四曰发日敕，谓御画发日敕也。增减官员、废置州县、征发兵马、除免官爵、授六品已下官、处流已上罪，用库物五百段、钱二百千、仓粮五百石、奴婢二十人、马五十匹、牛五十头、羊五百口已上则用之。五曰敕旨，谓百司承旨而为程式，奏事请施行者。六曰论事敕书，慰谕公卿、诫约臣下则用之。七曰敕牒，随事承旨、不易旧典则用之。

上述文件之申覆施行虽有一定程序，但无论诏制、敕旨、敕令，也无论以何种形式下达，凡经由一定程序下达后，均可作为百司奉行之依据。现存文献中大量存在的"制曰可""敕旨，依""敕旨，依奏""敕旨，宜依"等字样，正说明这些均属奏请最高当局核准后并可据以援引奉行的文件。若是不承制命, 非人臣之礼, 据律当绞（《唐律疏议·职制》）。

除此之外, 隋唐时期还有所谓"密诏"与"口宣"等制度。

所谓"密诏", "盖事干大计, 不欲明示, 则密遣图之"（《朝野类要·密诏》）。就是说, 密诏多于事关军机或处于紧急状态下使用。据宋朝人赵升说, 密诏之制"自唐已有此"（同上）。像唐肃宗至德以后, 因时值安史之乱, "天下用兵, 军国多务, 深谋密诏, 皆从中出"（《旧唐书·职官志二》）, 或曰"王者尊极, 一日万机, 四方进奏, 中外表疏批答, 或诏从中出"（同上）。密诏之特点就是"从中出", 即经由皇帝直接发出, 反映出天子出令的灵活性与自主性。"口宣"在这一点上与密诏有相通之处, 即不经南衙之手, 直接经内廷或近臣承命。其颁下形式与一般所说的诏旨、制敕及玺书、册命不同, 此正是武周时宰相刘祎之所谓"不经阁鸾台（中书门下）, 何名为敕"之意（参《旧唐书·刘祎之传》）。但是, 无论密诏还是口宣, 既然径由皇帝宣下, 其权威性不容置疑。刘祎之因不奉敕令, 被武则天以"拒捍制使"罪赐死于家即为明证（参《旧唐书》本传）。

（二）出巡与行幸

皇帝外出巡幸, 是行使皇权的另一种主要方式。皇帝出巡, 所备法驾、卤簿等仪仗皆有定制。隋文帝、隋炀帝巡行关内、边疆, 观风问俗, 或亲录囚徒, 或存恤地方, 或接见四夷首领（使者）, 或提兵巡狩, 莫不显示出皇权之威严。像隋文帝出巡, "乘舆四出, 路逢上表者, 则驻马亲自临问"（《隋书·高祖本纪》）。而如隋炀帝在位十余年间, 居长安总计不过一岁，常年在各地巡游，一向为史家所诟病。唐人杜佑尝评论说："隋炀帝自文帝山陵才毕，即事巡游，乃慕秦皇、汉武之事，西征东幸，无时暂息，六宫与文武吏士常十余万人，然非省方展义之行也。"（《通典·礼典·吉礼十三》）甚至将此举视为暴政之铁证。其实，若从皇帝制度的角度考虑，皇帝在朝理政抑或出外巡幸，均系以天子身份统理海内，当无可厚非。况且隋炀帝巡视北方至突厥启民可汗帐，未尝不无示威北疆之意。且如炀帝在启民可汗帐内对高丽使者所云"归语尔王，当早来朝见。不然者，吾与启民巡彼土矣"（《隋书·炀帝本纪》），更可明白显示这类巡边的政治意义。《隋书·炀帝本纪》载大业三年（607年）四月的一道诏书节文："古者帝王观风问俗，皆所以忧勤兆庶，安集遐荒。自蕃夷内附，未遑亲抚，山东经乱，须加存恤，今欲安辑河北，巡省赵、魏。所司依式"，也可大致反映出皇帝出巡地方的意图所在。

唐开元五年（717年）右散骑常侍褚无量就玄宗幸东都事上表："臣闻巡方问俗，大化所先……，又天子巡狩所至之处，命太师陈诗，以观人好恶。不敬不孝，削地黜爵；有功于[？之]人，加秩进赏。盖虑夫州牧县宰，德化未敷，下情不得上通，故亲问风俗。"（《唐会要·行幸》）张说也曾就玄宗北巡并州（治今太原）建言："宜用行幸，振威耀武，并建碑纪德。"（同上）所谓削地黜爵、加秩进赏者，正是皇帝生杀予夺权力的体现。

贞观时，唐太宗"凡有巡幸，则博选识达古今之士以在左右，每至前代兴亡之地，皆问其所由，用为鉴诫"（同上），反映出天子巡幸另有用意。唐太宗鉴诫前代兴亡，与他在朝廷听政时兼听谏言是一样的。皇帝在巡幸之中颇事游乐者，又往往招致大臣劝谏，其深意即在于出巡之目的本不在于游乐，而在于行使皇帝权力。

应该说，巡幸作为皇帝理政、行使权力的重要形式，虽不如在朝廷显得郑重，但历代都不曾偏废，并非隋唐时期所独有。只是其中文物制度各代并不完全相同。据《新唐书·礼仪志四》："天子将巡狩，告于其方之州曰：'皇帝以某月于某巡狩，各修乃守，考乃职事，敢不敬戒，国有常刑。'"并且，车驾将发，要"告圆丘、宗庙、社稷，皆如《开元礼》"（《通典·礼典·吉礼十三·巡狩》），说明巡幸之政治功能与临朝并无二致。

（三）玺（宝）、符、节之制

皇帝权力行使的凭证是玺（宝）、符、节。

玺，即是天子印信。"其用以玉，其封以泥"（《唐六典·门下·符宝郎》）。据《隋书》卷12《礼仪志七》所载隋朝天子之印，有"皇帝行玺"，封命诸侯及三师、三公则用之；有"皇帝之玺"，赐诸侯及三师、三公书则用之；有"皇帝信玺"，征诸夏兵则用之；有"天子行玺"，封命蕃国之君则用之；有"天子之玺"，赐蕃国之君书则用之；有"天子信玺"，征蕃国兵则用之；另外，若系"常行诏敕，则用内史门下（宰相机构）印"（关于这一问题，透露出很多唐朝中枢体制运作的状态，这里暂不置论）。唐朝时，玺还被称为"宝"，宝就是玺。唐天子有八宝，《唐六典》卷8《门下省》"符宝郎"条：

> 一曰神宝，所以承百王、镇万国；二曰受命宝，所以修封

唐代玄宗肃宗之际的中枢政局

禅、礼神祇；三曰皇帝行宝，答疏于王公则用之；四曰皇帝之宝，劳赉勋贤则用之；五曰皇帝信宝，征召臣下则用之；六曰天子行宝，答四夷书则用之；七曰天子之宝，慰抚蛮夷则用之；八曰天子信宝，发蕃国兵则用之。

从隋唐两代天子印玺的使用情况来看，其宝玺用途大同小异，所关涉者均军国大事和国家重典，即内政外交、命相任将、修和四夷、赏抚群臣等。印信与天子须臾不离（保管则有制度，此不赘述），每大朝会，由门下符宝郎（隋朝称符玺郎）请于内，捧进于御座；皇帝出巡行幸，则宝玺也要于黄钺之内从行。

玺宝之外，复有符、节。符节之制，有以下数种：一种称铜鱼符，用以"起军旅、易守长"；一种为传符，用来"给邮驿、通制命"；一种是随身鱼符，用来"明贵贱、应征召"；一种称木契，以之"重镇守、慎出纳"；一种即旌节，则用以"委良能、假赏罚"。隋唐时期的符节之制，颁有常法，用有常典。像鱼符行下，凡大事皆需先有敕旨诏书颁下同行；若小事则降符函封，由尚书省录敕牒，封内连写敕符，经门下勘对，遣使颁下（参《唐六典·门下省》）。符节行下兼带敕书，说明了这一时期皇帝权力运作过程中的缜密与程式化特征，这一点也透露出皇权的完善与强化。

二、皇权的延续与过渡——皇位继承制度

为了确保家天下的权力，体现皇权的独尊，预立太子制度成为确

保皇权延续与过渡的重要制度。隋唐时期，太子废立频繁，夺储之事不鲜，从另一侧面反映出皇位继承制度的内在政治含义。兹就预立太子制度中的几个问题略加叙述。

(一) 选立原则

太子，国之储君，是皇位合法继承人。选立太子，国之大事。嫡子继承制，尤以嫡长子继承制为古代宗法社会所普遍遵循的法则。唐玄宗时高力士所谓"推长而立，孰敢争"（《新唐书·高力士传》），正是基于这样的法则。

综观隋唐两代，以皇长子即位者有唐代宗李豫（肃宗长子）、德宗李适（代宗长子）、顺宗李诵（德宗长子）、宪宗李纯（顺宗长子）、敬宗李湛（穆宗长子）、懿宗李漼（宣宗长子）等，不足唐代二十一位君主的三分之一。但是，以长子身份得立为太子者，隋唐两代十分寻常。除上述六帝外，如隋文帝受禅建国，即以长子杨勇为太子；杨广夺储即位后也于大业元年（605年）立长子杨昭为太子（参《隋书》卷59）。唐祚肇基，高祖李渊即以长子建成为太子；唐太宗即位后两个月，即立长子承乾为太子；永徽三年（652年），唐高宗立长子李忠为太子；开耀二年（682年），唐高宗甚至立已为太子的李哲（即唐中宗李显）的长子为皇太孙，并改元永淳，且"开府置官属"（《旧唐书·中宗诸子传》）；文明元年（684年），登基后的唐睿宗即立长子李成器为太子；玄宗以后，肃、代、德、顺诸帝皆立长子为嗣君；唐宪宗以长子继位，元和四年（809年）立长子李宁为太子；唐穆宗以长子李湛为太子，即位后即敬宗。文宗、武宗皆穆宗之子，他们得以继位有赖中宫之助，但文宗时也于大和六年（832年）十月立长子李永为太子（即庄恪太子）；宣宗时以长子李温为太子（即位为懿宗）（以上参见《旧唐书》各本传）。

以上事实说明，隋唐时期的皇位继承虽然长子嗣位者不占多数，且有兄终弟及、叔侄相继等情形，但立长一直是选立储君的原则。唐睿宗时，太平公主与太子李隆基交恶，意欲改易太子人选，就使人传布流言，说"太子非长，不当立"（《通鉴》"睿宗景云元年十月"条），就反映出立长原则是打击非以长而立者的有力工具。立长原则在肃、代、德、顺诸帝得到较好的执行，可能与安史之乱以及乱后特殊的政治局势有关。不过，在贞观与开元盛世时，皇位不是由长子继承，且宫廷政变、喋血宫门之事屡见不鲜，可见是否遵循立长原则，与社会政治状况似乎并没有直接关系。唐肃宗为确保政局稳定，防止建宁王功大夺储，不得不杀之以绝后患。

"唐自穆宗以来八世，而为宦官所立者七君"（《新唐书》卷9《赞》），但立长原则仍潜发其幽光。不唯敬宗、懿宗均以长子即位，唐文宗亦曾立长子为太子。唐宣帝时，因"爱夔王滋，欲立为皇太子，而郓王长，故久不决"（《新唐书·懿宗纪》）；文德元年（888年）三月，僖宗崩，"群臣以吉王长，且欲立之"（《新唐书·昭宗本纪》），后因观军容使杨复恭作梗，竟立僖宗弟；"乾宁元年（894年），李茂贞等以兵入京师，谋废帝（按：即昭宗）立（吉）王"（《新唐书·十一宗诸子传》），仍因吉王为长子。

不过，事情的另一面则是，并非长子为太子者皆可顺利承继大位，废长立幼等夺储之事并不少见，"唐代之太子实皆是已指定而不牢固之皇位继承者"[1]。此事所关涉者极为复杂，这里不拟详述。但其选立过程中的立长原则却一直时隐时现。这在隋唐时期皇位继承过程中往往出现宫廷政变的不稳定状态下，确实是一个很有趣的现象。

（二）隆重的册礼

天子立嗣，国之重典。唐代凡系临轩册命皇太子，皆先要卜日，告圆丘，告方丘、太庙，并先一日在太极殿设御幄及皇太子位。行礼当天，皇太子具服，远游冠，绛纱袍，百官以礼如列，其中严、外办、如次、鼓吹等皆有常仪，此不备举。中书侍郎以册案玺绶进授中书令，中书令各以册、玺授皇太子，皇太子拜受，退授太子左庶子，皇太子由舍人引出，侍中跪奏"礼毕"，然后，皇帝离御座，兴乐鼓吹，群臣依次而出。立为太子者"若未冠，则双童髻"，册命常行内册礼。内册之礼虽不如皇帝临轩册命仪式隆重，仍然仪有常式，存之礼典（以上参《通典·礼典·开元礼纂类二十·嘉礼四》）。

凡册礼成，诏告天下，并颁布全国大赦文。

（三）完备的东宫体制

皇太子的官署称"东宫"，东宫遂为皇太子的代称。隋唐之世东宫体制较为完备，表现为东宫官署的建制确立了对太子严格赞导和教育的制度，皇太子也可借此熟悉治道，谙练国家体制之运行的诸多环节与关联，以便能够在承继大统后很快进入角色并行使权力。

1　陈寅恪：《唐代政治史述论稿》中篇，第62页。

隋唐东宫官署设置承袭前代而有所厘革、调整。就其建置而言，东宫机构对于身为储君的太子来说，其意义类同于南衙百司（朝廷）之于皇帝。在一定意义上，东宫体制是一个相当完备的权力体系，或者说是一个"准朝廷"，因为事实上东宫体制正是一个微缩的朝廷。

隋唐东宫，设（甲）太子三师、三少与太子宾客，各掌对太子的辅导教谕、侍从规谏与赞相礼仪之职。（乙）太子詹事府，置詹事、少詹事等职。詹事府之制度大致类同于尚书都省并略有扩衍；下属太子司直，掌弹劾东宫僚属、纠举职事，掌同御史之职。（丙）左右春坊。左春坊，隋朝称门下坊，唐高宗时改易此名。左春坊设左庶子、中允、司议郎等。太子右春坊，隋朝时称为典书坊，设右庶子、舍人、通事舍人等，右春坊（典书坊）制度大体与中书（内史）省相似。（丁）太子内坊，自隋文帝时始置。设典内等职，其制度如同内侍省之内侍、内常侍。（戊）太子内官及司闺、司则、司馔，其制度比拟内宫及宫官六尚。（己）家令寺、率更寺、仆寺，受统于詹事府，其职掌与朝廷诸寺、监相类同。（庚）太子十率府，与朝廷之十六卫羽卫京师、宫禁毫无区别（以上参《唐六典》卷26 "太子官署" 诸条与《旧唐书·职官志》）。

由上可见，隋唐东宫体制已相当完备，并且与中央朝廷之政治体制构成了极其密切的对应关系。尽管从理论上来说，东宫体制也应包括在中央政治体制的系统之中。这一设计的政治意义正在于保证太子能够以储君身份谙练治道，为日后皇权的顺利交接做准备。像李弘为太子时，唐高宗即出于"为政之方，义资素习"的考虑，特降诏令皇太子"每五日于光顺门内坐，诸司有奏，事小者并启皇太子"（《唐大诏令集》卷30《大帝命皇太子领诸司启事诏》），太子可借此"接对百僚，决断庶务，明习政理"（《旧唐书·张行成传》）。故此，每当先皇晏驾，遗诏中常令皇太子"枢前"（或灵前）即皇帝位，以免在权力交接过程中出现权力的真空，此所谓"宗社存焉，不可无主……军国大事，不可停阙"（《唐大诏令集》卷11《太宗遗诏》））。新君立即登基，就是为"觐祖宗之耿光，绍邦家之大业"（同上《德宗遗诏》），永葆宗庙、社稷之固。东宫体制比拟朝廷的政治内涵也就在于此。

隋唐时期屡屡出现的以皇太子监国的情形，似可从另一侧面透露出何以东宫体制比拟中央朝廷的玄机。

所谓太子监国，即由太子总领百官，代摄国政，由皇帝"委以赏罚之权，任以军国之政……其宗庙社稷百神，咸令主祭，军国事务并取决断"（《唐大诏令集》卷30《太宗征辽命皇太子监国诏》）。监国之日，皇太子俨然君临天下，其东宫体制也随之升级。《唐六典》记载云："若皇太子监国，詹事及左、右庶子为三司使，则司直一人与司议郎、舍人分日受启状，详其可否，以申理之。"按：唐之三司，即御史台、中书省、门下省长官，"大事奏裁，小事专达"，权力极大。另外，"凡三司理事，（侍御史）则与给事中、中书舍人更直于朝堂受表"（《唐六典·御史台》）。如此看来，太子监国之日，太子詹事与左、右庶子职掌已可同中书、门下、御史台官员，其司直、司议郎、舍人与侍御史、给事中、中书舍人的某些职掌相合。即使"三司使"按胡三省的说法是"御史中丞、中书省舍人、门下省给事中"（《通鉴》"代宗大历十四年六月"条注），东宫官于太子监国日为此职任，也已超越了东宫官属的藩篱，是不言而喻的。

像职比门下、中书两省的太子左、右春坊，在太子监国之时，遂担当起如同中书、门下省的职责。如果宫内下令书，"事在尚书省，如令书之法"，即是由左、右春坊负责。左春坊将太子亲自签发的令书覆署留档，"更写令书，印署，注令诺，送詹事府"（《唐六典·左春坊》）。这样来说，太子监国之时，在一定程度上，朝廷中枢暂时移往东宫。另外，朝廷宰辅大臣常兼带东宫官衔，或者东宫官在太子登基后得任宰相，事在唐玄宗之前甚属寻常（参见《新唐书·宰相表上》），也大致反映出东宫体制之于国家政治体制的意义与隋唐时期东宫体制的某种特色。附带提一下，这一体制的特点，对于从国家体制的角度解释隋唐太子废立频繁的事实，或许不无价值。

三、皇权的补充——后妃制度

《礼记·曲礼下》云："天子之妃曰后。"后妃即帝王之妻妾，从表面形式来说，后妃制度乃帝王之家的婚姻家庭制度；就其内在的内容而言，后妃制度又是维护皇权（皇统）的必要补充，是体现并保证皇权至上与独尊的重要制度。隋唐时期的后妃制度也相当完备，并颇具特色。

（一）皇后是后宫的核心

自汉代以后，天子之正妻即称皇后，正位中宫，与皇帝之君临天下相对应，母仪天下。唐人颜师古云："后亦君也。天曰皇天，地曰后土，故天子之妃，以后为称，取象二仪。"（《汉书·外戚传上》注）后之于君，犹月之于日、阴之于阳，与君主正相对应。皇后要以"阴柔""坤顺"体现其存在。

隋唐时期，册后有隆重的礼制。无论皇帝纳册，还是临轩册命，皇后都在受册后受群臣贺，群臣上礼，外命妇朝会、皇后庙见（参《通典·礼典·开元礼纂类》《新唐书·礼乐志八》），其仪制皆详备。从唐代礼典来看，皇后不仅在正至日与皇帝同受群臣百官朝贺和外命妇朝贺，并行朝会（详参《通典·礼典·开元礼纂类十八》）。这种朝仪的规模虽然较之皇帝受朝贺要小，但这种前代所不曾有的朝仪被勒定于法定礼典之中，大致反映出唐代皇后地位较之前代有了提高。

皇后即立，遂为天下母仪。其舆服、卤簿、行止均有常仪。而且，隋唐皇后的名号同皇帝一样，有尊号、谥号，字数也逐渐有所增加。

隋唐时期皇后地位的提高，还突出表现在皇后可以直接参谋国议，在皇帝理政过程中施加其政治影响。隋"文献皇后功参历试，外预朝政，内擅宫闱"（《隋书·后妃传》序），就是很典型的例子。据《隋书·文献独孤皇后传》载："上（文帝）每临朝，后辄与上方辇而进，至阁乃止。使宦官伺上，政有所失，随则匡谏，多所弘益……后每与上言及政事，往往意合，宫中称为'二圣'。""二圣"格局，大致反映了这一时期皇后在国家体制中的不寻常地位。同样的情形在唐朝前期也多次出现，如唐高宗时期，皇后武氏也与高宗并称"二圣"。历史上对后宫参政预政颇多诟病，其实是出于社会习俗的偏见，若以国家体制的运作而言，皇后之预闻军国事务，正是对皇权的必要补充。唐高宗遗诏中所命令太子枢前即位，"军国大事有不决者，兼取天后进止"（《唐大诏令集·大帝遗诏》），倒可说明他深得其中精义。至于皇后之废立，甚至自唐玄宗废王皇后以后唐世几乎中宫虚位（玄宗甚加恩宠之武惠妃、杨贵妃都未被立后,只是仪比皇后),说明皇后只能在皇权意志的规范下活动,不能超越皇权所能容忍的界限,但不能说皇后在后宫是可有可无的。事实上,唐代中晚期诸帝皇后名号大多系死后追加,然而在制度上并无轻忽皇后之意。退一步讲,如果我们通观隋唐至两宋时期的后妃制度,就会发现,宋代自太宗以后,凡于新君践祚之始,皇太后垂帘听政成为习常之制,宋代礼典中,还专门制定了皇太后垂帘听政时的仪制(参《宋史·礼志·皇太后垂帘仪》),且从宋真宗皇后刘氏起,皇后由二字谥加为四字谥,这说明皇后在后宫的地位进一步得到提高,皇权也得到进一步强化。

(二)后宫的等级结构与组织系统

后妃制度的结构与组织系统是十分严密的,它以皇后为中心,下设内宫、宫官、内侍等,等级森严、组织严密,内官之等级还比附朝廷官爵的高下。

隋朝自开皇二年(582年)定内官之式,隋炀帝时,"参详典故,自制嘉名,著之于令"(《隋书·后妃传》序)。唐初,皇后以下,设四夫人(贵妃、淑妃、德妃、贤妃)、九嫔,婕妤、美人、才人各九人,宝林、御女、采女各二十七人,充八十一女御之位(参《旧唐书·后妃传》序)。唐玄宗开元年间,以皇后之下设四妃"失其所法象之意焉。因省嫔妇、女御之数,改定三妃、六仪、美人、才人四等,共二十人,以备内官"(《唐六典·内官》)。内官之属各有定级与品秩、职掌,不可逾越,其夫人、嫔妃、世妇、女御之间,备位内职,上统于皇后,从其结构而言等级森严。

内官之外，又设宫官（女官）。隋文帝兼采汉晋以来旧仪，置六尚、六司、六典，"递相统摄，以掌宫掖之政"，到隋炀帝时，改置六尚局，乃"准尚书省，以六局管二十四司"。唐朝宫官内职"多依隋制"（《唐六典·宫官》），唯六尚诸司名称及员属品级稍有不同。

内官、宫官之外，宫廷又设内侍，以供驱使。隋朝以内侍省署置诸内侍、内常侍，并有内谒者，仿秦汉以来之长秋、中常侍之属。隋大业三年（607年）改称长秋监，杂用士人。唐朝复称内侍省，光宅元年（684年）曾称司宫台。内侍之职，掌在内供奉，出入宫掖，宣传制令，总掖庭、宫闱、奚官、内仆、内府五局。内侍长官，贞观时乃四品阶，"其职但在阁门守御，黄衣廪食而已"（《唐会要·内侍省》），尚未超越后宫的藩篱。到唐玄宗时期，中官地位有了很大提高，"中官稍稍称旨者，即授三品左右监门将军"（同上）。像高力士因受玄宗亲重，"每四方进奏文表，必先呈力士，然后进御，小事便决之"。从此，"权未假于内官"之状况一去不复返（参《旧唐书·宦官传》）。史言"监军则权过节度，出使则列郡辟易"，"怙宠邀君，乃至守三公，封王爵，干预国政"，自唐德宗贞元以后，以宦官为神策军左右护军中尉、中护军，分掌禁军，更是威权日炽，至若"万机之与夺任情，九重之废立由己"（《旧唐书·宦官传》序）。宦官势力的膨胀，与其说是皇帝权力的变形，不如说是对皇权的一种补充，归根到底，任何一位宦官都不能失去皇权的支持。高力士之被贬流、李辅国求为宰相而不遂愿乃至代宗时之被盗杀、鱼朝恩之"雉经而卒"、程元振之被放归长流、窦文场之自请致仕、吐突承璀之为宪宗所诛杀、王守澄之被文宗鸩杀等，都说明内侍权力的扩张不能超出皇权所允许的框框。李辅国专决内外奏事，虽"随意区分"却"皆称制敕"，仍然打着皇帝的旗号。内侍典禁军，是皇帝为抗衡武臣典重兵所带来的弊端；持节任使、监军委事，是代天子节制大臣；内枢密使之口含天宪，也不过是褫夺南衙承旨之责，牵制外朝宰相。宦官之所谓专权，同后妃之临朝称制道理相同，只是皇权在运作形式上发生了某种变异，都折射出皇帝权力的强化，它们绝不是削弱，更不是否定皇帝之绝对权力。

四、皇权至上的物化形式

至高无上的皇权，不仅有一整套的法令、礼乐制度来维护，而且也有相应的一套物化的表现形式，使人能够摸得到、看得见，从而对皇权的威严至上产生极为直观的印象。在这方面，宫室、陵寝、舆服等都是很显性的物化表现形式，同时，相关的法典、礼典规范对此也给予了相应的保障。如自隋《开皇律》始创、唐《武德律》以后因循无改的"十恶"之名[1]就有这样的内容："谋反"就是指"谋危社稷"；"谋大逆"就是指"谋毁宗庙、山陵及宫阙"；"谋叛"系"谋背国从伪"；"大不敬"即指"盗大祀神御之物、乘舆服御物；盗及伪造御宝；合和御药，误不牢固；指斥乘舆，情理切害及对捍制使，而无人臣之礼"（《唐律疏议·名例》）。隋唐之律条均于《名例律》之下首列《卫禁律》，也正是为了"敬上防非"，侧重于宫阙、殿阁之禁卫，维护宫

1　十恶之名始于隋，汉《九章》律中已有"不道""不敬"之目，南北朝时期，亦有十条之名，只是未正式立此刑名（参《唐律疏议》卷1《名例》），说明其立法精神有其继承性。

殿、庙陵等不可侵犯。此律西晋以后、北齐以前径称《卫宫律》(《唐律疏议·卫禁》),可侧证其着眼点所在。唐令中也有《宫卫令》《仪制令》《衣服令》《卤簿令》等相关内容。

以下就宫室、陵寝等制度中有关的内容稍加叙述。

(一) 宫室

宫室制度包括都城建造、宫殿建筑及布局、结构和管理制度等内容。都城(京师)乃天子之居,《公羊传·桓公九年》:"京者何? 大也。师者何? 众也。天子之居必以众大之辞言之。"所谓"宫",因"天有紫微宫, 人君则之, 所居之处故曰'宫'"(《唐律疏议·名例》)。以此观之, 皇帝之居处的名称已有非常之义,从其布局、结构中更能体现出人君之威严。

隋唐之长安城(隋称大兴城),分宫城、皇城、外城等几个部分,界限分明。宫城为京师之重心所在, 建筑位置在龙首原上, 乃长安之最高点, 坐北临南,合帝王面南背北之义。国家之政治活动主要在宫城内举行,如举行朝会、议处国政等,已见前述。宫城与皇城以横街相分,后有禁苑, 且远离坊、市等居民区和商业区,不与之杂处,反映出帝王居处之尊严与居高临下。宫城之核心建筑在京城的中轴线上,如唐代长安城由南之明德门向北之朱雀大街、朱雀门、承天门至玄武门为一中轴线, 当时东归万年县, 西归长安县, 太极殿、两仪殿均坐落于此中轴线上, 居中而建,恰恰体现以皇权为中心的意蕴。太极殿左(东)为门下省,右(西)为中书省,太子东宫、掖庭宫亦分东、西相峙。大明宫之建筑亦与此毫无二致。

宫城之南即是皇城。皇城立百司，诸寺、监、台、省（尚书省等）、卫府分立，左有宗庙、右有社稷，天子临百司。据宋敏求《长安志》卷7载："自两汉以后，至于晋齐梁陈，并有人家在宫阙之间，隋文帝以为不利于民，于是皇城之内，唯列府寺，不使杂人居止，公私有便，风俗齐肃，实隋文新意也。"这一规则布局的新意之"新"，是使往代宫室与居民杂处的状况彻底改观，进一步突出了宫城、皇城的政治意义。

京城中实行宵禁。所谓"六街鼓绝尘埃息"，在布局整齐的坊市及皇城中，人员的随意走动是被禁止的，目的虽在于维护治安和秩序，但也突出表现了作为政治中心的京师所体现出的皇权的威严与不可侵犯感。至于进出、开启宫门，有专门的官员管理，进出宫门有门籍，都在一定程度上说明了这一点。

宫殿建筑的雕梁画栋与壮丽雄伟，处处形象地体现着天子之异于凡俗。其建筑之目的，用萧何修未央宫时所言于汉高祖刘邦者，就是为了"重威"，故而"金铺玉户"、"重轩镂槛"、雕龙画凤，无所不用其至极（《史记·高祖本纪》）。贞观初年马周曾就所见大安宫之"墙宇宫阙之制"尚为"卑小"的情形，上疏太宗皇帝，指出大安宫乃"至尊居之"，如此规模若"蕃夷朝见及四方观听，有不足焉"，希望能"营筑雉堞，修起门楼，务从高显，以称万方之望"（《旧唐书·马周传》，并参《新唐书》本传）。从太宗深纳其谏言并将马周由监察御史擢升为侍御史之结果看，马周上疏正是抓住了问题的要害，他所言者正与萧何之"重威"是一样的道理。

(二) 陵寝

陵寝制度包括山陵寝宫的营修、建造规模和布局以及陵城规制、卜陵、祭陵等一系列内容。与寻常人死后安葬之地称坟茔、墓冢等不同，皇帝（皇后合葬者同此）死后之葬所则被称为"陵"或"山陵"。据说，这是因为上古帝王乃因山而葬，如黄帝葬桥山。还有一种说法是"帝王之葬，如山如陵"，故称为山陵。这种说法在唐朝时已十分普遍（参《唐律疏议·名例》）。帝王陵寝之制，某种意义上可谓宫室之制的一种翻版。

隋朝和唐初所行陵制，是堆土为陵，像隋文帝泰陵和唐高祖献陵，均系此规制。从贞观年间起，唐帝陵乃因山为陵，太宗为长孙皇后卜陵于九嵕山（位今陕西礼泉），称昭陵。尔后唐帝所建诸陵均在渭北凿山起陵。陵址选择虽无严格的昭穆次序，但陵制均气势雄伟。

陵城建筑因山势而起，四门备列，门设阙，陵前有神马道，沿道两侧有石刻的人与兽。乾陵就有六十一蕃臣像，述圣记、无字碑分置两侧，使陵城威严之势逼人。一般来说，皇陵朱雀门内有献殿，供上陵拜祭和其他陈列祭祀仪式等使用；另有寝宫（下宫），以供养奉之法。陵园内城、外城，颇类于宫城、皇城。历代谒陵、祭陵都有隆重的礼仪，献殿、寝殿均为设祭之处。唐帝陵的建筑布局与规模制度都显示出帝王之至高无上，且贞观以后，因袭汉制许臣下或宗戚等陪葬，使帝王陵园更显得气势雄阔。后期帝陵陪葬虽然衰落，但有关帝陵的文物制度和规模建制却并无缩减。帝陵事关皇权的至上地位与尊严，虚应故事是不允许的（上参《唐会要》卷20有关记载）。

神圣不可侵犯的皇权在那一座座规模宏大的帝王陵寝上得到了

实实在在的体现。无论是堆土为陵还是因山而建，隋唐时期帝王陵的规模均颇为可观。从至今尚可目睹的列于高阜之地的巨大封土堆和陵址所在地的孤耸回绝、龙盘凤翥的山势，仍可遥想陵城当年雄伟壮阔的气势。唐律中将谋毁山陵、宫阙者归入"谋大逆"之罪，属十恶不赦之列，足以使天下臣民明悟，对皇权的服从也包括不能轻忽业已入土的皇帝。

除宫室、陵寝制度之外，宗庙、社稷、舆服、仪卫、卤簿等，都可视为皇权至上与独尊的物化形式，如常以万乘之尊指代皇帝，以龙衣、凤冠之属喻指帝后的服饰，大抵可视为千百年来对此情形的一种认识的积淀和总结。

五、皇权的限制

皇帝权力不唯至上，而且独尊，对一切制衡或威胁皇权行使的权力系统，它都有一种排抑与抵制的机能。这是皇权运行的一般法则。按照古代等级社会和权力结构的设计以及古代礼法规范的原则精神，皇权的被制约、限制是很难描绘的，因为帝者天号，皇帝是君临天下、号令四海的天子，古代人们普遍尊仰的"天"是与皇帝关系最为亲近的，故而尊天、敬神思想下的忠君、维护君权意志是天经地义的。皇帝主持的郊祭、圆丘等祭天大典以及封禅等礼仪使这一认识更加具体化，也更加深入人心。另外，皇帝又是人间最高统治者，对于天下黎民来说，皇帝是万民君父，所谓"天生烝民，不能相治，为立王者以统理之"（《汉书·谷永传》）。因此，毋庸置疑，无论"天"还是"人"都使

"君王"的尊贵无以复加。那么，皇权的至高无上是否意味着它可以随心所欲、无所顾忌呢？回答是否定的。

在皇权运作过程中，为了维护国家体统，同时也是为了保障皇权的顺利运行，皇权必须遵循国家现行体制的规范，维护现有的政治秩序。显然，这种限制其实正是为了维护皇权至高无上的地位，是保证皇权威严的需要，因为说到底，皇权的威严和地位是建立在一整套的现行国家体制和制度规范之上的，围绕皇权而制定的规范、制度和秩序，当然要求皇权垂范与恪守。皇权之所以必须接受这种限制，正是自身的运行机制所要求的。

皇权在运作过程中，常因对"后事"的担忧而能自觉地接受国家体制的制约。所谓"后事"有两层意思，一是身后江山社稷的前途，二是身后世人的评价，即青史之上的名声。越是有作为的皇帝，越是在这方面有着更强的自觉。像一代名君唐太宗就不止一次地表达过对这方面的担忧。《贞观政要》一书中记载了大量唐太宗对"为君之道"的探讨，其实很多都包含着这方面的意思。如《贞观政要·谦让》载：

> 贞观二年，太宗谓侍臣曰："人言作天子则得自尊崇，无所畏惧。朕则以为正合自守谦恭，常怀畏惧。……凡为天子，若惟自尊崇，不守谦恭者，在身倘有不是之事，谁肯犯颜谏奏？朕每思出一言，行一事，必上畏皇天，下惧群臣。天高听卑，何得不畏？群公卿士，皆见瞻仰，何得不惧？以此思之，但知常谦常惧，犹恐不称天心及百姓意也。"魏徵曰："古人云：'靡不有初，鲜克有终。'愿陛下守此常谦常惧之道，日慎一日，则宗社永固，无

倾覆矣。唐虞所以太平，实用此法。"

　　唐太宗的这番话，其实有两层意思，一是畏皇天，二是惧群臣（百姓）。对于群臣之惧，其实正可以从唐太宗之求谏、纳谏与对国家法令制度的信守等方面体现出来。皇帝之求谏、纳谏，对于皇帝的行动自然会产生某些限制，特别对于有违于现有典制刑宪的言行，群臣的谏诤往往能起到限制的作用。像贞观元年太宗下令处死选举中诈伪资荫不自首者，大理少卿戴胄据律定为流，最终使唐太宗收回成命（《旧唐书·戴胄传》）。应该说，谏诤对于皇权的随心所欲有所制约，但谏诤并不能从根本上制约皇权。我们认为，谏诤对于皇权的限制，与其说是限制皇权的随心所欲，不如说是为了更有效地保证皇权的行使，因为谏臣所维护的是国家法令的尊严，维护法令的尊严，就是维护国家体制的尊严，就是维护皇帝的尊严，因为说到底，皇权是国家体制的真正核心。皇帝对于群臣的进谏常视为"约朕以仁义，弘朕以道德""裨益政教"（《贞观政要·政体》），其实也无外乎关注宗庙、社稷之永固。贞观六年（632年）冬，唐太宗行幸洛阳途中对长孙无忌等说："虽帝祚长短，委以先天，而福善祸淫，亦由人事。……若欲君臣长久，国无危败，君有违失，臣须极言。"（《唐会要·行幸》）就很能说明这一问题。唐宪宗欲对谏官治罪时，近臣李绛就指出"杜天下之口，非社稷之福也"（《通鉴》"宪宗元和二年十一月"条》）。

　　君王对于皇天的畏惧，与上述对群臣的畏惧基于同样的理由。隋唐时期，君权神授的观念根深蒂固，皇帝作为天子的身份不容动摇。在唐代国家礼典中，对昊天上帝的祭祀礼仪空前完备。每逢祭天（圆丘）或行封禅大典，皇帝都要以臣子身份昭告天地。为了在祭天祝辞中有功绩奉告，皇帝在日常生活中要有所节制，这在史书中屡见不鲜。同样，出于对上天的敬畏，灾异之变往往能使皇帝警觉，反省理政中的过失，减少施政中的失误。往往在这种情况下，皇帝也较容易听从臣下的劝谏，天意、人事并非截然分开。由于皇帝之所敬畏者尚有一高高在上的天（上帝），使得皇权的至高无上有了某种限制，甚至皇帝有时把自己的生命与皇天后土联系在一起，像唐高宗临终前于洛阳所说："天地神祇若延吾一两月之命，得还长安，死亦无恨"（《旧唐书·高宗本纪下》），更让人觉得皇帝也不能随心所欲。从另一种意义上讲，皇帝权力的至高无上，一定程度上也体现着天的意志与品格。也就是说，敬天思想的深入人心，使皇帝权力更加牢固，皇帝在郊天祭祀及封禅大典中的独特身份，使其权力与人格进一步地被神圣化与神秘化。"上畏皇天"的实质，与其说是对皇权行使的限制，毋宁说是使皇权更加神圣化。无论是畏天还是惧人，皇帝都是基于同一点认识，那就是为了确保江山社稷的稳固。为了国家不致倾败，皇帝一要考虑"先存百姓"，不可嗜欲扰民，否则为君无道，会为民所弃；二要倡导君臣一体，同心协力，直言无隐，若君臣相疑，则为国之大害（参《贞观政要》卷1《君道》《政体》）。皇权在行使过程中受若干限制，只是在这种条件下才能实现。

除此之外，由于皇帝较多注意身后在历史上的地位及评价，所以在施政理政过程中和日常生活中也能有所节制。因此，修史制度对皇权也有一定的制约作用。

注重修史与秉笔直书，是我国古代的优良传统。按照古礼，设左史、右史,天子动则左史书之,言则右史书之。隋唐时期设起舍郎与起居舍人,职当左、右史之责;国家又设史馆,宰相往往监修国史,修史工作受到政府的高度重视,而且史官责任感较强,工作独立性较大。像所修起居注、实录、国史以及时政记等,都对君主具有规诫警示作用。贞观名臣魏徵说:

> 臣闻人主位居尊极,无所忌惮,惟有国史,用为惩恶劝善。
> (《贞观政要·文史》)

唐太宗曾同谏议大夫兼知起居注的褚遂良有如下谈话:

> 太宗问曰:"卿比知起居,书何等事?……"遂良曰:"今之起居,古之左、右史,以记人君言行,善恶毕书,庶几人主不为非法,不闻帝王躬自观史。"太宗曰:"朕有不善,卿必记耶?"遂良曰:"臣闻守道不如守官,臣职当载笔,何不书之?"黄门侍郎刘洎进曰:"人君有过失,如日月之蚀,人皆见之。设令遂良不记,天下之人皆记之矣。"(《贞观政要·文史》)

很明显,起居注、国史等均据实记录人君言行,善恶之迹均无虚隐,对帝王确可起到警示作用,使之有所忌惮。皇帝要想在青史上留下好名声,必然要注意对自己的行为有所约束、有所检点,做到谨言慎行。唐太宗即位后就很注意自己的言语,唯恐言语失当,所以"不敢多言"。他深知若出言不慎,则"成其耻累",以万乘之尊,更"不可出言有所乖失"。大臣对此也有相同的认识，给事中兼起居事杜正伦曾对唐太宗说："君举必书，言存左史。[1]臣职当兼修起居注，不敢不尽愚直。陛下若一言乖于道理，则千载累于圣德，非止当今损于百姓，愿陛下慎之。"（《贞观政要·慎言语》）

既然起居注、国史等所载会影响君王千载之后的声誉及评价，皇帝对于所载内容当然十分敏感。唐太宗因系发动玄武门之变夺储而立，所以，即位后顾虑史官对此事的记录，多次提出要看一看国史的记载，但被朱子奢、褚遂良等人拒绝，最后亲信房玄龄只得顺旨，删削国史成实录进呈。因见所载玄武门事变"语多微文"，恐后世究其真相，唐太宗遂以周公诛管、蔡而安周室为例相类比，要求史官重写，并美其名曰"改削浮词，直书其事"（《贞观政要·文史》）。唐太宗为了自己能在后世留下一个好形象，不惜一改帝王不亲观国史的旧例，殊不知，此举颇获讥于后代。但此事足可证明修史对于帝王的制约作用之大，也难怪唐太宗时常自我标榜，其目的恰如他所说："望尔史官不书吾恶。"（《唐会要·史馆杂录上》）

应该说，修史制度对于皇帝的制约是较为明显的，皇帝接受这一制约也较为自觉，像唐肃宗在至德二载（757年）时对史官讲："朕有过，卿宜书之。"（《唐会要·史馆杂录下》）隋唐时期的起居郎、起居舍人曾由给事中、谏议大夫兼领，这在贞观年间尤为典型。按：给事中、谏议大夫侍奉天子左右，职当规谏、讽议朝政，是朝廷谏官。他们

---

1 旧刻《旧唐书·杜正伦传》"左"下有"右"字，点校本据《册府元龟》《新唐书》本传删。按《礼》云：右史记言，"君举必书"，见《春秋传》，"左史"恐系"右史"之讹，或当讹夺"右"字。高宗、武则天时设右史之职。备考。

兼领史官之职，使史官执笔载事之权有了更加现实的政治内容，史官载事对于皇帝行动的限制是通过现实政治生活中的谏诤等形式得以体现的，这无疑加大了对于皇权行使之限制的范围，丰富了对于皇权行使之限制的现实意义。贞观年间政治清明，与这一制度的实施有很大关系。从这一意义上说，无论通过何种制度对皇权加以限制，其实都更加有利于皇权的有效行使，因为所谓诸种形式的限制，归根到底都是使皇权在行使过程中皇帝减少失误，而不是对皇权本身进行制约或束缚。这与皇权运作过程中皇帝对"后事"的担忧是一脉相承、异曲同工的。就是说，皇权之所以接受种种限制，是出于巩固与有效行使皇权的需要，是出于保障宗庙社稷永固，并使皇帝获得青史美名的需要。大抵皇权在行使过程中较能接受诸种限制之时，政治状况也较为清明。贞观时期唐太宗较能注意纳谏、能较严格守法，这一时期皇权行使当中的失误也较少，所以在历史上留下了一个颇令后世称誉的贞观之治。隋炀帝骄矜拒谏，举止毫无节制，随心所欲，终致以万乘之尊，死于匹夫之手。两相比较，皇权之接受限制的政治意义就不言自明了。

需要强调的是，不论是对皇权何种性质与何种形式的限制，归根结底是为了服务于皇权，是出于使皇权更加有效行使的需要。这些限制绝不能超越皇权、冒犯皇权的尊严，唐太宗以魏徵"每廷辱我"而想要杀之，就很能说明问题。甚至如唐太宗亲观国史，更能反映出皇权意志是可以凌驾一切的。元和初年任左拾遗的翰林学士白居易，因论事之际直言"陛下错"，唐宪宗大为恼火，认为白居易是"小臣不逊""无礼于朕"（《通鉴》"宪宗元和五年六月"条》《旧唐书·白居易传》）。可见，即使是谏官论事，也不能出言不逊、冒犯皇帝的尊严。

因此，归根到底，种种对皇权有所限制的制度与措施，都是基于保证皇权有效行使、维护皇权的尊严与地位这一目标而设计的。舍此而求证对皇权的限制与束缚，在以皇权为中心的隋唐时期，在专制等级社会的政治结构中，是很难想象的。

初版后记

　　现在交付出版的这本小书，是我2001年5月通过答辩的博士论文《唐朝玄、肃之际中枢政局研究》。这里应该对书稿有所交代的是，虽然本书是以"唐中枢政局研究"为题，其实只论述了唐玄宗和唐肃宗时期的中枢政局。书稿所讨论的内容可以简单地概括为"一个中心、两个基本点"和"虚实强弱"四个字。也就是以皇权政治为中心，以宰相和太子，即皇权的辅政权和继承权为基本点，论述宰相（主要是中书令）庶务权的增强和太子行政权的削弱，提出原来实体化的太子东宫体制在唐玄宗时期转变为非实体化体制的观点，进而提出皇权政治发展到唐肃宗时期，因为天宝时期的东宫非实体化体制而形成皇帝和太上皇之间的"二元"政治格局。

　　在论文修改完毕准备答辩之前，我曾在首都师范大学6号楼107室写下这些文字作为"后记"：

　　　　当把这份论文修改稿交付打印的时候，首先要向业师宁可先生、阎守诚先生与吴宗国先生表达我深深的感戴之情。其实，撰写论文只是三年读书生活的重要内容之一，他们为我花费的心血远远不止论文本身。

这篇论文的初衷是尝试以体制的视角考察政治史、研究政局变动。这样的研究方法并非我们的发明，陈寅恪先生讲授"晋至唐史"课时就早有提示："研究历史，要特别注意古人的言论和行事。……事，即行，行动，研究其行动与当时制度的关系。《通典》、《大唐六典》、《唐律疏议》皆讲制度（system）组织方面（structure），现在要研究其制度的施行（function），研究制度对当时行动的影响，和当时人行动对于制度的影响。"[1]斯言之精深，实"开拓学术之区宇"[2]也。在我着手对唐玄、肃时期政局进行研究时，宁可师特别提示：即使是进行阶段性的研究，也要注意用全局的观点去考察。要从社会的全局注意政治、经济、军事乃至思想观念上的变化；同时要注意法令条文在体现国家制度上的"滞后"特征。他还进一步说，唐代体制的变化是渐进式的，而且它的变化是被动的。它不可能突变，只有社会革命才有可能引起突变。由于它的变化是渐进的，所以很多问题常常不易被发现，因此也常常难以讲清楚；既要充分考虑到困难，又应该有解决困难的信心与勇气。阎守诚师更指示出，研究这一问题时，既要注意政治权力与国家制度对政局变动的

1　蒋天枢：《陈寅恪先生编年事辑（增订本）》卷中，上海：上海古籍出版社，1997，第97页。

2　陈寅恪：《王静安先生遗书序》，《金明馆丛稿二编》，上海：上海古籍出版社，1980，第219页。

影响与相互关系，又要注意政治权力与国家制度对政局所能产生影响的限度；既要句句话落到实处，又要在研究中注意分寸，要言出有据，不要把话讲得太绝对。吴宗国先生则对论文可能出现的偏差提出了具体的指导意见，特别是他要我一定要明确论文的关注点，使我少走了弯路。他们对论文初稿更是细心审读，从篇章结构到论点阐述均提出了具体的指导意见，甚至改正了文字的错讹。论文能够以现在的面貌呈现给大家，渗透着老师的辛劳与汗水。

三年纯粹的读书生活很快就要结束了，这些年生活的一幕幕场景将永驻在记忆中。自进入大学攻读历史系，已二十年于斯。许多的往事不时地在我心头萦绕。回望自己的足迹，每取得哪怕一点点进步，均与诸多师友的提携与帮助分不开，我深感此生福缘不浅；时至今日，这一浓浓的深情高谊早已化为我前进的动力。现在，我只想对关心爱护我的老师和朋友表达衷心的谢忱。

毕业论文的写作算是结束了，我知道自己在问学之路上的跋涉才刚刚开始。而且，这条路还很漫长。

现在，同处一室的小锋学兄再不必每晚三四点钟忍受我敲打键盘的噪音了，这使我几个月来内心的歉疚稍稍得到一丝宽慰，这也许是我论文完成后的又一个直接成果。说实在话，当三年读书时光将要逝去，一时竟不知心中是怎样滋味。身无长物，此心何堪！有道是：此时无声胜有声。噫！

结束读书生活以来，我经常会自己品味上面的文字，每逢此刻，心里总是有一种莫名难言的温馨和感动。现在很多时候都是自己在很奢侈地体味着那一段属于自己的日子。三年读书时光的记忆是这样的清晰，我发觉自己更加应该对那些给我各种帮助的师友表达内心诚挚的谢意。

仅仅在我的论文写作中，我就得到了业师宁可先生、阎守诚先生和北京大学历史系吴宗国先生的悉心指导，我的同门师兄中，刘屹、史睿、张小锋、魏明孔、李万生、刘玉峰、王元军等也助益颇多，吴宗国先生主持的北京大学历史系研究生、博士生读书班中的诸位同学也给了我很多的支持。在我的博士论文的评阅和答辩过程中，我得到过中国社会科学院历史所研究员李斌城先生、北京理工大学人文学院教授赵和平先生、陕西师范大学唐史研究所教授牛致功先生、陕西师范大学历史系教授胡戟先生、首都师范大学历史系教授王永平先生等的具体指导，这是我首先应该表示感谢的。

本书能够得以顺利出版，我更要对"东方历史研究出版基金会"和《东方历史学术文库》学术评审委员会和编辑委员会的先生们尤其是志华教授和阮芳纪先生表达我的衷心感谢。阮芳纪先生非常耐心和细心地指导我申请出版，令我倍感温暖。另外，我还要对审阅过我书稿的、至今仍然不知道姓名的先生表达我深深的敬意，他（们）对书稿的谬奖和认真的审读，使我感觉到学术的魅力和学问的庄严。本书改为现在这个名字，其实也正是接受了评审专家的意见。在本书的出版过程中，中国人民大学历史系教授孙家洲先生、中国社会科学院研究员王延中先生等也颇多关心，中国人民公安大学公安业务基础部和烟台师范学院的领导与同事提供便利，在此一并表达谢忱。

最后，我要对我的父母和妻儿表达我的感谢和歉疚。尤其是我的儿子，我知道，在我大学执教整整10年后又一次开始读书生活时，刚刚上小学三年级的儿子是多么需要自己的父亲。可是，他那时说我："呀！你才开始读一年级，真是把我的脸都丢尽了。"他用自己顽皮的方式给我的安慰使我难以忘怀。现在，我的博士论文修订出版的时候，和我约定一起成长的他已经开始了自己的初中学习生活。我在欣喜地看着他成长的时候，不免会在心的深处生发无限感慨。不由得我再次驰骋徜徉在古人前贤的人生感悟和高妙意境之中。真的是"此时无声胜有声"啊！

任士英

2003年元月谨记于木樨地南里之何意栖斋

新印赘语

博士论文应做有"结论"的研究

我的博士学位论文本来是以"唐朝中期中枢政局研究——主要以玄、肃两代为中心"开题设计的。后来改为《唐朝玄、肃之际中枢政局研究》（正式出版时定名为《唐代玄宗肃宗之际的中枢政局》）这个题目，并非由于自己的研究更加聚焦于唐玄宗和肃宗时期，而是因为我最后并没有完全实现最初开题时的设想。事实上，很多论文最后的呈现结果与开题时的设计框架相差很大，有的甚至南辕北辙。所以，我指导学生做学位论文时，很少关注他们在开题时设计的论文框架，而更愿意反复推敲他们提出的问题与工作思路，更关注他们的创新点与如何实施研究，只是在推敲他们的研究思路时才会留意其设计的框架。对于开题报告模板所要求的篇章框架，我也不甚在意。个别学生严格按照开题报告中设计的框架写作论文，写作过程中所经受的折磨，只有自己心中有数，可谓有口难言。

当年老师谆谆告诫，古人重"作"，要学习顾炎武所谓"必古人之所未及就，后世之所不可无，而后为之"之态度。对于学位论文的写作，我也有一些执念，未必可循，更非正确，只是顽固。基本的看法和思考，近些年我也和自己的学生谈得较多。

　　写作论文的大致规程，我觉得可以从以下几个方面来关注和把握。第一，要有问题意识。这基本上是一个共识，几乎所有学者都提到过。我主要强调论文题目的问题价值，特别强调论文题目的呈现，即在论文题目中便显示出问题的存在，通过论题体现问题意识。只有发现问题，才能解决问题。要找准论题的问题核心，我称之为"论题眼"。一篇论文需要有"眼"，且应在题目上就展陈论题眼。缺乏"论题眼"，论文就会失去灵魂。犹如棋盘对弈，无眼不活。第二，要拥有基本材料。材料的支撑是论文成功的基础，没有材料，就缺乏起码的工作条件。这基本上属于老生常谈，不过实施起来，大家的理解和要求并不相同。论题若没有问题意识，无从谈创新。有了问题却没有材料，则无法操作。新材料往往依靠机缘，可遇而不可求。仅仅依赖新材料（包括档案）来设计论题，有一定的风险。如果问题成立，又有材料支撑，研究工作就有基本条件，这一问题研究就有可能成功。第三，对问题和话题的表达要精准，也就是说在形式上要有"关键词"。关键词即论题的核心概念，核心概念如果不能成立，那么所研究的问题就无法入流。不入流的研究是无法得到肯定的评价的。不入流，就会让学术研究的成绩大打折扣。时下流行的"盲审"，就是一种评价。尽管学位论文在这一评价流程中处于弱势地位，但是对于评论者来说，论文入流是他与论文作者进行对话、交流，进而对论文给出评价的基本要求。论文的关键词和叙述形式是建立对话机制的重要介质。缺乏对话机制的论文，会遭到质疑而难以获得恰当的评价。在当今的学位论文评价机制下，尤其是一些培养单位缺乏自信，完全依赖外审结果评价论文质量，论文作者就更应当注意写作技法。第四，要有整体展示和细节展示的特色。这是研究的核心工作，但很多研究过于重视论证本身，往往多聚焦于论证，而忽视了诸如问题的"论题眼"、表达形式与材料支撑等。在论证过程中，研究者要注意论文的整体展示，这是最为关键的。所谓谋篇布局，就是论证的框架，也是论文作者想让读者看到的研究工作的最终呈现形态。在论证过程中，论文作者既要注重在整体上展示自我特色，又要注意在细节上展示自我特色。也就是说，既要在设计论证框架结构和展开讨论问题的布局时有创新和特色，又要注意语言词汇的使用。对论文整体形态的呈现，不仅要让人清楚论文的结构形态，还要让人适应论文的语言和辞藻。类同于做菜，最终追求的是一道色、香、味俱全的佳肴。不一定要把原材料的加工比如择菜、添加调料、整理下脚料等工作过程都加以呈现，否则会降低论证的质量，会淹没所论述问题的价值。当然，文献辩证与纠诬的研究是另外一回事。

关于博士学位论文，有一种流行的说法：博士生对自己的论文所做的研究最清楚，所以最有发言权。这其实是一个诬妄不实的说法，只是包含一丝善意的鼓励。如果博士生真的相信这一说法，就会认为"读者"对自己的论文所讨论的问题没有进行过深入的研究，不能和自己进行有效的学术对话，结果就会质疑包括外审专家在内的评论者的评判意见和评价结果。其实，评论者可能对具体研究的问题没有进行过深入的思考——有时未必没有进行过研究，但是对论文研究的实施过程、表达方式和呈现形态会有基本的学术判断。

博士论文的写作和论证，不能自说自话，要善于从反向论证，在证

"实"的过程中学会证"伪"。也就是说，在论证过程中，要更多地呈现论题的问题意识，提示"读者"多多关注研究的"论题眼"。把论题研究的主题作为真正的问题呈现出来，在论证过程中重视将主题论证为"问题"，注意是论证为真问题而不是伪问题，这样才能让自己的研究变得有学术意义和研究价值。

我自己在写作博士论文的过程中，可谓有得有失，聊以自慰的是，并没有患得患失。我的论文的旨趣是：通过对唐玄宗、肃宗之际中枢政局演变过程的解说，说明陈寅恪先生何以在《唐代政治史述论稿》中论说"玄宗之朝为时代划分界线"，做到以小见大，同时追求历史的真实与历史理解的真实之间的统一。讨论唐玄宗、肃宗时期的中枢政局，是因为在玄、肃时期，国家中枢政治体制发生了巨大变化，而玄、肃时期也是唐朝盛极而乱、由盛而衰的时期，从这一时期切入，正好可以从社会稳定与政治动荡的不同历史条件来研究国家行政体制的运作机制。我是以唐玄宗时期太子废立与中书令地位的变化为切入点来研究当时的中枢政局的，主要考察了以下两个方面的内容：其一，中书令与皇太子在唐朝中枢政治体制中职权地位的变化；其二，中书令与皇太子在皇权政治下的政治配置关系及变化。我大致按照时间与历史发展的逻辑顺序，对唐玄宗时期中书令与皇太子之间的矛盾斗争以及唐肃宗即位后与太上皇玄宗的关系进行了论述。在叙述中书令和皇太子的权力行使及变化时，我采用"一个中心、两个基本点"和"虚实强弱"的叙述模式，也就是以皇权政治为中心，以宰相（主要是中书令）和皇太子即皇权的辅政权和继承权为基本点，论述了宰相庶务权力的膨胀和皇太子行政权力的萎缩，提出皇太子东宫体制在唐玄宗时期由原来的实体体制转变为非实体化体制的论点，并在此基础上提出另一论点：皇权政治发展到唐肃宗时期，因为唐玄宗天宝时期的东宫非实体化体制而一度形成皇帝和太上皇并存的"二元"政治格局。为了详细论述自己的观点，我用了很大的篇幅叙述这一时期的案狱、司法活动、政变和兵变等，并对当时宰相与皇太子权力地位的升降变化做了深入的剖析，力图对这一时期中枢政局的变动进行立体和直观的展示。

以中枢政局作为博士学位论文的研究主题，是因为我当时对唐朝的国家政治制度、政治体制、政治运作、帝王将相关注较多，阅读的文献、关注的话题和撰写的论著，也与唐朝的政治制度、皇帝生平、后妃制度等有关。进入首都师范大学后，我便开始按照开题报告的要求进行更细致深入的研究。起初的纠结在于是研究体制结构，还是研究制度设计抑或政治运作，最终确定以唐朝中枢政局开展研究。对于这一研究，究竟应该如何下手，当时我经历了一个艰难的过程。我向老师反复请教，与同学们频繁交流与辩难，受益匪浅。在本书的初版后记中，我对业师宁可先生、阎守诚先生和吴宗国先生提出的具体的论文指导做了说明。我常常想，当时如果不是老师们及时点拨，我的博士论文不知道会是什么样子，篇幅至少会增加一倍，那样的话必然会使论文拉拉杂杂枝节增多，论题的主线被淡化，论题的核心被稀释，甚至导致论文无法得出"结论"。有时候，越勤奋会导致枝蔓越多，所以研究者在写作过程中要时不时回头看。开题后，我对皇权问题、皇帝制度等做了一些基础性的工作，确定了基本概念。不过，这些工作成果并没有被纳入论文中，只是作为研究背景呈现。此次新版的附录

《论隋唐皇权》，就是我当时做的一些先期的基础工作成果。附录在此，也是想呈现当时的工作内容与研究视域。

写作博士论文，是我第一次大规模进行电子化写作，此前我只借用程文进同学的高级电脑为学校的博士论坛写过一篇发言稿。当时我使用的是同事兼同学史福贵教授来校后帮我淘换的一台486电脑。在用小四号宋体字写到第49页时，电脑出现故障。热心的小师弟是电脑高手，他轻松地帮我处理好。不过，当时我把文稿存储在电脑桌面上——我并不知道电脑桌面上的文档其实储存在系统盘里——系统盘被格式化后，文档自然找不到了。幸好当时习惯在关机前用喷墨打印机将文稿打印出来，那49页文稿才得以留存。这一偶发事件对于我后来决心重新调整论文的结构和思路，起到了重要的推动作用。重新布局后，论文有了"结论"，也得到老师们的首肯。对于这一过程，我事后想来，甚感欣慰。

所有的研究工作都不免存在缺漏和遗憾，我对于中枢政局的研究也是如此。

为了让论文有"结论"，我没有严格按照确定的中枢政局的概念内涵，全面考察中枢政局中的权力系统及其运作形态。在时段上，我没有论及唐代宗时期中枢政局的面貌，未能完整论述这一时期皇权运作的始终。事实上，安史之乱之后，唐朝中后期的中枢政治体制发生了重大转型，我的论文若能包括这一部分，那么我对唐代中枢政局的研究将会更加深入。唐代宗、唐德宗以后，中枢政局因禁军重组和中官"四贵"而成一新局。无论"内宠"或"藩镇"，均与唐朝国运休戚相关。在中枢政局的研究中，关注政治制度与国家发展大势之间的关系，应该多关注国运。安史之乱后，唐朝国运的延续和最终的灭亡，影响着中枢政局的面貌；中枢政局的演进，也反映着政治体制的运作与唐朝国运的走势。研究中枢政局需要关注国家制度建设和国家命运前途之关系，这是一个主旨话题。我用制度史的视角来研究政治格局，在研究中枢政治与体制运作时，多有未能深究之处，以至于留下不少空白点。比如，制度的变革和体制的建构，在中央权威的重建、唐朝国家政治体制结构及运作当中，唐代前后不同时期之变化与唐帝国生存发展的面貌，特别是与国家暴力合理性运用的时空关系极为密切。对于唐朝的制度建设与国家制度所呈现的规制问题，未能论及不同时期的发展及演变；对于导致唐朝国运走势和最后灭亡的体制和非体制因素等，虽有提及，却未能深究；在研究过程中虽然形成了自己的解释框架，有自己的发明和心得，但能否成为解释这类问题的基本框架与依据，还有待考量；在国家体制的框架中，分析具体生动且丰富多彩的人的活动时，往往会因为分析框架与学科工具的差异而惑于何以"视其所以，观其所由"，困于"何以行之"。

在体制与制度研究中，制度建设一直是一个绕不过去的话题。人们往往会通过制度设计与制度实施的成效来评价制度建设，制度建设的首创与发明，成为人们关注的重点。制度建设属于创新，其首创之功往往不会被忽视。所以，历代开国之君在制度建设方面的作为容易被研究者重视，而后继之君的作为则往往被视作萧规曹随、因循沿革而被忽略。事实上，制度的落实和运作与制度的设计存在很大的"偏差"。有一种研究，关注制度实施中的偏差，不重视制度初创时的设计，以至于把偏差当作评价制度建设的依据，影响了对制度建设的历史评价。

围绕唐朝中枢政局，我陆续发表了若干篇相关论文。感谢《中国史研究》《历史研究》《人文杂志》《唐研究》《新亚论丛》《云梦学刊》《学术界》《历史教学》《扬州师院学报》《烟台师院学报》《周秦汉唐文化研究》等期刊给我提供和同行学习交流的机会，让我能够得到学界同仁的指正。其中的学术机缘常让我感怀不已。当然，最为感谢和感激的是我在初版后记中提及的恩师和论文评审专家，可惜现在宁可先生、吴宗国先生、赵文润先生和赵和平先生无法再听到我的感谢之声了。

我的博士论文能再版，我首先要感谢策划人谭徐锋先生。他费心通过孟宪实先生联系到我，劝说我重新修订再版。我本来没有这一考虑，因为论文是二十余年前写的，而且作为"东方历史学术文库"在2003年被"东方历史研究出版基金会"资助由社会科学文献出版社出版，当时耗费了很多专家学者与出版人的心血，且我认为自己的论文不是大众读物，很难给出版社带来经济效益。再说作为博士论文修订出版好像不太合适，因为"其中有自己的学术经历和回忆，也有老师的心血"。谭徐锋先生允准论文按照原样付印，当然他提出可以增加新的研究成果作为附录。这一建议打动了我，让我不禁在2022年秋冬防疫抗疫宅家期间重拾旧稿，自然也勾起当年工作状态的诸多记忆。谭徐锋先生后来的费力安排和沟通，让我体会到他的细致与学术情怀。对他的感谢是由衷的。也感谢重庆出版社的编辑，感谢他们的辛劳和无私付出。我有一个顽固的认识，认为博士论文的写作对于一个人的学术历程具有极为重要的意义，故而，我对于本书的出版和再版的重视异乎寻常，校订过程中与编辑的往返也就多了几分认真。不过，问题和遗憾依然难免，所幸不用再让老师批阅和审查，那就请有道方家和读者朋友严厉批评吧。

人之相与，俯仰一世，因寄所托，欣于所遇。金谷抒怀，惧其凋落；兰亭雅集，以为陈迹。情随事迁，感慨系之。口念"恍然如昨"，耳响"往事随风"，心中泛起东篱采菊之念，不免别生一番思绪。

学术之路无尽，探求之心无涯。闻道之途自行，问学之味自知。

任士英

2023年1月30日时癸卯年春节后十天记于京内复兴门外德风堂

2023年10月15日仲秋节后十五日又补